Sophie, koningin der Nederlanden

Biografie van Sophie van Württemberg (1818-1877) op basis van brieven en dagboeken

DIANNE HAMER

Hilversum
Verloren
2011

Deze publicatie werd mede mogelijk gemaakt dankzij financiële steun van de M.A.O.C. Gravin van Bylandt Stichting, de J.E. Jurriaanse Stichting en het Dr. Hendrik Muller's Vaderlandsch Fonds.

Illustraties op het omslag: Koningin Sophie, 1863, door F.X. Winterhalter (zie blz. 140) en achterzijde Huis ten Bosch, 1880, door J.J. Destrée (zie blz. 130).

ISBN 978-90-8704-201-1

Torenlaan 25, 1211 JA Hilversum
www.verloren.nl

Opmaak: Rombus, Hilversum
Omslagontwerp: Robert Koopman, Hilversum
Druk: Wilco, Amersfoort
Brochage: Van Strien, Dordrecht

Inhoudsopgave

Voorwoord

Sophie van Württemberg (1818-1877) is een vergeten koningin. 37 jaar lang was ze de echtgenote van Koning Willem III, waarvan 27 jaar koningin der Nederlanden. Ze was bij tijdgenoten zeer geliefd en toen ze stierf, was de droefenis groot. Toch vervaagde de herinnering aan Sophie al snel. Waarschijnlijk heeft dat mede te maken met het feit, dat de tweede vrouw van Willem III, Emma van Waldeck-Pyrmont, als moeder van troonopvolgster Wilhelmina en als regentes een belangrijkere rol heeft gespeeld in de Nederlandse geschiedenis dan haar voorgangster. Dat het gebrek aan aandacht voor Sophie onterecht is, blijkt uit deze biografie, die een intiem beeld schetst van haar bewogen levensloop.

Sophie was de dochter van de koning van Württemberg. Haar moeder stierf toen zij pas zeven maanden oud was. Ze werd daardoor voor een belangrijk deel opgevoed door haar vader. Met haar stiefmoeder, Pauline van Württemberg, kon ze het niet goed vinden: *vanaf mijn prilste jeugd voelde ik dat ik niet bij haar hoorde. Nooit haalde zij ons aan, nooit nam zij ons op schoot. Aan mijn kinderjaren bewaar ik dan ook geen enkele herinnering van tederheid. Wij groeiden op in een omgeving die een zekere afstand tot ons bewaarde. Want mijn vader, die al van nature weinig toeschietelijk was, beschouwde ons als heilige onderpanden van zijn overleden vrouw en was vooral bang ons te verwennen.* Maar haar vader zorgde er wel voor, dat zij een gedegen opleiding kreeg. Als tiener liet hij haar al allerlei staatsstukken lezen en besprak die uitvoerig met haar. Sophie groeide op tot een ontwikkelde en intelligente vrouw met een brede belangstelling.

Toen zij de leeftijd had gekregen om te gaan trouwen, zocht haar vader een geschikte kandidaat uit. Zijn voorkeur ging uit naar Willem, kroonprins van Oranje. Sophie twijfelde hevig of ze wel met Willem moest trouwen, maar gaf uiteindelijk toe. *Ons gesprek duurde niet lang; hij kuste mij, ik ging naar bed maar kon niet slapen. Ik had het gevoel alsof ik mijn eigen doodvonnis had geveld; af en toe was ik opstandig, dan zei ik hardop tegen mijzelf dat het onmogelijk was. Die hele nacht stond ik in vreselijke tweestrijd. Tegen de ochtend werd ik kalmer. Het scheen mij alsof alles nog niet verloren was, dat God mij zou bijstaan, dat de geest van mijn overleden moeder uitkomst zou brengen.* Hoewel Willem hartelijk en oprecht overkwam, was hij ook grillig. *De ene dag ging alles goed, de andere ergerde alles hem: de kleur van een jurk, de vorm van een hoed. De omgang met hem was moeilijk omdat men altijd voor een verrassing kon komen te staan; maar daar hoopte ik mettertijd verandering in te brengen en zijn onberekenbare wispelturigheid wat te minderen. Toen hij wegging, meende ik dat, al zou geen geluk mijn deel worden, voor mij tenminste een actief en nuttig leven zou zijn weggelegd. Aangezien wij dezelfde interessen hadden, leken er ruimschoots raakpunten voor dagelijkse omgang en echtelijke harmonie voorhanden te zijn.* Willem en Sophie hadden allebei belangstelling voor schilderkunst en muziek en beiden musiceerden niet onverdienstelijk.

Sophie's twijfels bleken terecht. Niet alleen was Willem dominant en opvliegend, hij trok zich ook nog eens weinig aan van de huwelijkse trouw. Hij ging volstrekt zijn eigen gang en betrok Sophie niet bij staatszaken, zoals ze had gehoopt. Sophie vond dit des te moeilijker accepteren, omdat Willem in haar ogen intellectueel haar mindere was. Over tal van zaken hadden zij onenigheid, vooral over de opvoeding van hun drie zoons: Willem, Maurits en Alexander. Aan haar trouwe vriendin, Lady Malet, schreef Sophie: *Ik ben zo gegriefd en in de war. Stel u voor, de prins verbiedt mij aanwezig te zijn bij de lessen van mijn oudste jongen! Die heeft nu een gouverneur, en ik wil er zo graag bij zijn wanneer hij geschiedenisles krijgt. Met laaghartige wreedheid tracht de prins mijn kind en mij van elkaar te scheiden – de enige rechtmatige echte troost die ik bezit van mij af te nemen – zo beestachtig heeft hij zich nog nooit gedragen.* Toen enige tijd later Maurits overleed, was Sophie gebroken. *Sindsdien heb ik haar nooit meer kalm of gelukkig gezien. Altijd op de vlucht voor zichzelf. Een eeuwigdurende marteling*, schreef diezelfde Lady Malet jaren later. Het huwelijk liep op de klippen en uiteindelijk werd op 25 december 1855 bij onderhandse akte een scheiding van tafel en bed geregeld, waaraan verder geen ruchtbaarheid werd gegeven. Een officiële scheiding was uitgesloten, omdat die *nadeelig zoude kunnen terugwerken op het Koninklijke gezag en het belang van den staat, daaraan zo nauw verbonden.* 's Winters bewoonden beiden hun eigen appartement in Paleis Noordeinde, terwijl Sophie van mei tot november op Huis ten Bosch woonde. Zoon Willem bleef bij zijn vader, zoon Alexander bij zijn moeder.

Sophie hield haar taken als koningin, maar mocht zich feitelijk nergens mee bemoeien. Zij zocht haar heil vooral in kunst en wetenschap en hield zich bezig met liefdadige werken. Verder vulde zij haar tijd met *eenzaam-zijn, lezen en dromen en met kijken naar de bomen en praten met arme mensen.* En ze schreef ontelbaar veel brieven: *Brieven schrijven is het enige genoegen uit mijn jeugd dat me gebleven is.* Met vriendinnen als Hortense Cornu, prinses Mathilde Bonaparte, Lady Malet, Lady Salisbury/Derby, Lady Russell en Lady Westmoreland wisselde ze ervaringen uit en deelde ze haar meest intieme gedachten. Ze wisselde ook brieven uit met de diplomaten Derby, Clarendon en Napier en de staatslieden Thiers, Napoleon III, prins Napoleon, Esterhazy, Gonzenbach, Hügel en Mohl en ging met al deze mannen op voet van gelijkheid om. Daarnaast stond ze in nauw contact met wetenschappers als de historici Ranke, Motley en Lecky, de oriëntalisten Mohl en Renan en de archeoloog Schliemann. In de correspondentie met deze gelijkgestemden vond ze de intellectuele uitdaging die ze in haar leven als echtgenote van Willem zo miste.

Langzaam maar zeker verslechterde Sophie's gezondheid. Een maand vóór haar dood schreef ze aan een vriendin: *Mijn toestand berokkent me veel last. Soms ben ik zo benauwd, zo opgezwollen dat ik niet van de ene kamer naar de andere kan lopen, en mijn schoenen en mijn japonnen mij niet meer passen – en dan gaat het ineens weer wat beter, zijn mijn voeten en mijn lichaam niet meer zo dik. Iedere dag neem ik digitalis in. Het leven is een last. Mijn lieve Alexander verpleegt mij, waakt over mij, beknort me wanneer ik de indruk maak mij onvoorzichtig te gedragen. Zijn aanwezigheid is mij een vreugde.* Op 2 juni 1877 stierf koningin Sophie op Huis ter Bosch.

Kort na Sophie's overlijden verscheen van de hand van Elise van Calcar een beknopte levensbeschrijving: *Sophia Frederika Mathilda, Koningin der Nederlanden, Als vorstin en moeder geschetst voor hare landgenoten.* Daarna bleef het lang stil. Er werd wel over Sophie geschreven in artikelen en overzichtswerken, maar een echte biografie ontbrak. In 1984 verscheen een vertaling van Sophie's eerste dagboek, van de hand van C.A. Tamse, onder de titel *Koningin Sophie 1818-1877. Jeugdherinneringen in de Biedermeierstijl van een Nederlandse vorstin uit Württemberg.* Het beschrijft haar jeugd tot aan haar huwelijk. In datzelfde jaar verscheen *Een vreemdelinge in Den Haag, Uit de brieven van Koningin Sophie der Nederlanden aan Lady Malet,* bezorgd door Hella Haasse en prof. S.W. Jackman.

Deze eerste uitvoerige biografie van Sophie is niet alleen gebaseerd op archiefonderzoek en literatuurstudie, maar vooral op onderzoek van haar dagboeken en haar correspondentie. Het grootste deel van haar brieven wordt bewaard in het Koninklijk huis Archief in Den Haag en in de Archives Napoléon (400AP) in Parijs. Vanwege de enorme omvang van de brievencollectie kon helaas niet alles worden verwerkt.

Om een zo persoonlijk mogelijk beeld te schetsen van Sophie's leven en karakter wordt veelvuldig uit deze brieven en uit haar dagboeken geciteerd, in vertaling. Er is ook gebruik gemaakt van officiële verslagen uit die tijd, zoals van de plechtigheden rond Sophie's doop, van een reis naar Frankrijk en van haar uitvaart. Deze verslagen geven een mooi tijdsbeeld. Uiteraard wordt ook geciteerd uit de brieven die vrienden en kennissen op hun beurt aan Sophie schreven. De openhartigheid en eerlijkheid over en weer, is opmerkelijk. Alles bij elkaar geven deze egodocumenten een indringend beeld van het tragische lot van de boeiende en intelligente vrouw die Sophie was.

Graag wil ik op deze plek mijn moeder, Adriana Hamer-Poolen, hartelijk danken, omdat zij degene was die mij op het idee bracht om het leven van Sophie te bestuderen en te beschrijven. Ook mijn man Rudi Andeweg, die met veel geduld mijn verhalen over haar heeft aangehoord, ben ik dankbaar. Voor hun hulp bij het vertalen van het in het Frans geschreven dagboek ben ik Marijke Dentz en Paulien Hesselink, deskundigen in de Franse taal- en letterkunde, zeer erkentelijk. De heer Tamse is zo vriendelijk geweest mij toestemming te geven om gebruik te maken van zijn vertaling van het eerste dagboek van Sophie, waarvoor hartelijk dank. Tenslotte heeft Hannie Tijman-Logtenberg mij enorm geholpen door het commentaar dat zij op mijn boek heeft geleverd.

Dianne Hamer

1 Duitse achtergrond

Het koninkrijk Württemberg

Op 30 oktober 1816 was Stuttgart, de hoofdstad van het voormalige koninkrijk Württemberg,[1] het toneel van een bijzondere gebeurtenis: Wilhelm I werd er tot koning gekroond. Twee jaar later zou zijn dochter Sophie geboren worden.

Deze Wilhelm I (1781-1864) was een afstammeling van het Huis Württemberg, dat teruggaat tot het begin van de dertiende eeuw. In de loop van de eeuwen waren er vele conflicten en strijdtonelen, maar de opeenvolgende vorsten wisten hun kleine land in het hart van het Europese continent te handhaven en zelfs te vergroten. Württemberg is een land van liefelijke heuvels en dalen, boomgaarden en bossen: het romantische pastorale Duitsland.

In de elfde eeuw werd Koenraad geboren, de zoon van Ulrich en Luitgarde. Hij bouwde een slot op een berg in Rotenberg in de buurt van Stuttgart-Untertürkheim. Ter ere van de gastvrijheid, maar misschien ook wel voor zijn vrouw Hedwig, noemde hij het *Wirthinberg*, 'Berg van de gastvrouw'. Dit kasteel werd het stamslot van de grafelijke familie en lang werd gedacht dat hieraan de naam 'Württemberg' was ontleend. Tegenwoordig wordt aangenomen dat de naam Württemberg is afgeleid van een eigennaam als Wiruto of Wirtino, terwijl ook wordt gedacht aan een Keltische plaatsnaam als Virolunum of Verdunum. Op deze plek, die de kern vormt van het grondbezit, werd in 1820 een kapel voor koningin Catharina Paulowna, echtgenote van koning Wilhelm I, gebouwd.

In 1806 werd hertog Frederik (1754-1816) als eerste tot koning van het vorstendom gekroond. Enkele maanden later nam hij deel aan het Rijnverbond en kreeg als beloning voor de geleverde troepen van keizer Napoleon een uitbreiding van zijn grondgebied. De regeringsjaren van Frederik waren stormachtig. Bovendien had hij een gepassioneerde natuur waardoor hij zich vreselijk opwond over alles wat er op zijn pad kwam. Het was dan ook niet verwonderlijk dat een zware beroerte een plotseling, maar niet onverwacht einde maakte aan zijn leven. Op de dag van zijn overlijden werd zijn zoon tot de nieuwe koning Wilhelm I gekroond: 'De koning is dood, leve de koning!'[2] De koninklijke familie van Württemberg resideerde in het barokke Neues Schloss (zie kleurenafb. 1), dat gebouwd werd door hertog Karl Eugen van Württemberg, die van 1744 tot 1793 regeerde. Het ligt niet ver van het Alte Schloss, de oorspronkelijke middeleeuwse burcht, in het centrum van Stuttgart.[3]

Koning Wilhelm I werd geboren in Lüben, een plaats in Pruisen. Als tweejarig jongetje werd hij door zijn ouders meegenomen naar Rusland. Zij waren daar uitgenodigd door grootvorstin Maria, de zuster van Wilhelms vader en de echtgenote van tsaar Paul. De familie woonde enkele jaren in St. Petersburg en Wilhelms broer Paul en zijn zusje Catharina werden er geboren. Wilhelms eerste herinneringen lagen in Rusland en steeds zou hij weer op dat land terugvallen.

Wilhelms moeder was Augusta van Brunswijk, die in 1780 met Frederik was getrouwd. Het huwelijk van Frederik en Augusta was erg stormachtig, vooral omdat Frederik een enorme driftkop was. Na het lange tijd geprobeerd te hebben, kon Augusta het niet meer volhouden om met haar man samen te leven. Zij vroeg tsarina Catharina II om bescherming en de tsarina zegde die toe. Daarom moest Frederik in 1786 ijlings Rusland verlaten, samen met zijn kinderen. Wilhelm was toen vijf jaar oud. Augusta mocht haar toevlucht nemen op het slot Lohde in Estland, waar zij onder begeleiding van de zestigjarige hofjachtmeester Von Pohlmann naar toe ging. Hij maakte misbruik van de situatie en Augusta stierf op 27 september 1788 op 24-jarige leeftijd na een miskraam. Haar werd namelijk om de zwangerschap te verdoezelen iedere medische hulp geweigerd. De tsarina wilde haar stoffelijk overschot niet naar Duitsland laten overbrengen omdat ze wilde voorkomen dat bekend zou worden op welke treurige manier Augusta aan haar einde was gekomen. Pas in 1816, 28 jaar na haar overlijden, werd haar lijkkist in Duitse aarde besteld.

Wilhelm trouwde in 1808 met Charlotte Augusta van Beieren, een huwelijk dat uit puur politieke overwegingen werd gesloten. Hij wilde namelijk voorkomen dat Napoleon hem zou dwingen met een Bonaparteprinses te trouwen.[4]

Wilhelm en Catharina

In november 1813 maakte grootvorstin Catharina Paulowna (1788-1819) (zie kleurenafb. 2) een reis door Europa. Zij stopte daarbij ook in Stuttgart, waar zij op familiebezoek ging. Zij was tenslotte het nichtje van de koning, want Catharina Paulowna was de vierde dochter en het zevende kind van tsaar Paul I en Maria Feodorovna van Rusland. Sinds 1812 was zij weduwe van prins Georg van Oldenburg en het werd tijd dat zij een nieuwe huwelijkskandidaat uitzocht. De reeds getrouwde kroonprins Wilhelm stond op haar lijst van potentiële huwelijkskandidaten. Zij had hem al eens eerder ontmoet en wilde hem weer zien.

Kroonprins Wilhelm werd beschouwd als een eerzuchtige man, zowel in militair als in politiek opzicht. Hij was zich zeer bewust van zijn macht, hij had veel doorzettingsvermogen en was autoritair. Veel mensen verwachtten van hem dat hij het verder zou schoppen dan alleen maar koning van Württemberg. Er werd zelfs gespeculeerd dat hij de eerste keizer van Duitsland zou kunnen worden. De eenwording liet echter nog enige tijd op zich wachten en het is dan ook nooit zo ver gekomen.

Wilhelm en Catharina konden van het begin af aan goed met elkaar opschieten, zo goed zelfs dat Wilhelm zich op staande voet van Charlotte wilde laten scheiden. In januari 1814 keerde Charlotte naar het ouderlijke hof in Beieren terug en haar vader schreef boos aan zijn minister: *Zo zie je maar weer, wat je bij de Paus voor elkaar kunt krijgen. Mijn dochter zal gelukkiger zijn, maar toch is het een pijnlijke aangelegenheid. De kroonprins is een gemene man ...* Het huwelijk van Wilhelm en Charlotte werd op 31 augustus 1815 door de Heilige Stoel ontbonden. Charlotte hertrouwde in 1816 met keizer Frans I van Oostenrijk. Intussen hield Catharina nog steeds andere opties open: zo beschouwde zij de Oostenrijkse aartshertog Karl ook als een goede huwelijkspartner.[5]

In het voorjaar en de zomer van 1814 was Catharina in Engeland, nog steeds op zoek naar de definitieve echtgenoot, maar ook met politieke doeleinden: zij moest Rusland vertegenwoordigen en de positie van dat land in Engeland verstevigen. Catharina had daar vele contacten met hooggeplaatste personen, maar deze verliepen niet allemaal even soepel. Zij was zelfbewust en liet zich niet zomaar wat zeggen. Bovendien was bekend dat zij op jacht was naar een nieuwe echtgenoot. De Engelse koning wilde graag dat zijn dochter Charlotte met de Nederlandse erfprins zou trouwen om een goede band te creëren tussen Nederland en Engeland. Catharina werd verweten dat zij door haar aspiraties deze toenadering verhinderde. Toen haar broer Alexander eind mei 1814 naar Engeland kwam, met in zijn gevolg kroonprins Wilhelm, werd na overleg met Catharina besloten dat hun zuster Anna Paulowna als huwelijkskandidate voor de Nederlandse kroonprins naar voren geschoven moest worden. Tot grote ergernis van zowel Engeland als Oostenrijk was deze coupe succesvol.[6]

Voor Catharina zelf was er nog steeds niet definitief iets geregeld, maar zij begon een hartstochtelijke verhouding met Wilhelm. Ze kregen een onstuimige relatie. Het gerucht ging dat zij hem regelrecht verkracht zou hebben. Het is onduidelijk wie nu daadwerkelijk het initiatief tot de affaire heeft genomen. Wilhelm had dankzij zijn vele escapades zelf een reputatie van vrouwenverleider. Als het gerucht op waarheid berust waren ze in ieder geval aan elkaar gewaagd. Ook bond hun gemeenschappelijke politieke interesse Wilhelm en Catharina, zij discussieerden uitvoerig over de Europese machtspolitiek en alles wat daaraan ten grondslag lag. Wilhelm en Catharina waren onafscheidelijk in Engeland en ze keerden dan ook gezamenlijk terug naar het vasteland van Europa. Zonder twijfel koesterden zij genegenheid voor elkaar. Ze leken ook op elkaar qua karakter: beiden waren heerszuchtig en verlangden naar macht, maar ook waren ze allebei onrustig van aard, ongedurig en spontaan. Hun hartstocht spreekt duidelijk uit hun brieven, kaartjes en losse notities.

Het besluit om te trouwen werd vooral genomen vanuit politieke motieven: zowel voor Rusland als voor Württemberg zou hun huwelijk gunstig zijn. Wilhelm had nog wel wat bedenkingen, vooral omdat hij vernomen had dat Catharina met haar neigingen tot extreem gedrag psychisch erfelijk belast was door haar vader tsaar Paul en dat zij bovendien lichamelijk niet goed in orde was. Ze leed aan regelmatig optredende flauwtes en krampen.[7] Hij vroeg zich af of hij met een dergelijke vrouw wel een goede erfgenaam zou krijgen. Als dat niet het geval was, zou zijn broer Paul de troon in Stuttgart kunnen opeisen.

In november 1814, tijdens het Congres van Wenen, raakte het voorgenomen huwelijk van Wilhelm en Catharina bekend, omdat zij zich in gezelschap verraadden. Liever hadden zij het nog een tijdje geheim willen houden. In juni 1815 bezocht Catharina Stuttgart en na een kort oponthoud maakte zij een verdere rondreis door Duitsland. Die hele zomer van 1815 onderhielden Wilhelm en Catharina een innige correspondentie.

In december van dat jaar reisde Wilhelm naar St. Petersburg om officieel de hand van Catharina te vragen. Catharina was inmiddels, na drie jaar reizen in Midden- en West-Europa, naar huis teruggekeerd. Zo kon zij volgens de traditie haar bruidegom in de schoot van haar familie ontvangen. Het huwelijksverdrag moest voorbereid worden en de erfenis van haar beide zoons uit haar eerste huwelijk moest geregeld worden. Toen alle formaliteiten geregeld waren, traden de geliefden op 24 januari 1816 in het huwelijk.

Een getuige van het huwelijk heeft zijn herinneringen aan de personen die daar aanwezig waren vastgelegd. Uiteraard was er voor de bruid en haar aanstaande niets dan lof, maar de andere aanwezigen werden allemaal zeer kritisch beschreven. Vooral over grootvorstin Anna Paulowna werd een vernietigend oordeel geveld: zij was niet knap en ook niet elegant. Haar aanstaande bruidegom, de prins van Oranje, was weliswaar lelijk, maar bezat wel zeer goede omgangsvormen. Catharina en Wilhelm bleven nog enige tijd in St. Petersburg, want dat hoorde zo: de eerste weken van een huwelijk moesten in de nabijheid van de moeder van de bruid doorgebracht worden. Na het huwelijk van Anna

Paulowna met kroonprins Willem op 21 februari 1816 vertrokken Catharina en Wilhelm naar Württemberg.

Het huwelijk van Catharina en Wilhelm werd niet alleen in St. Petersburg gevierd, ook in Württemberg hadden er vele festiviteiten plaats: diners, theatervoorstellingen, concerten en vuurwerk. Het huwelijk werd officieel bekend gemaakt op 7 februari 1816 door koning Frederik. Terwijl een lange colonne paardenwagens met bezittingen van Catharina de weg door Oost-Europa naar Stuttgart aflegde en er in Württemberg een paleis werd ingericht voor het kroonprinselijke paar, maakten Wilhelm, Catharina en haar twee zoontjes Alexander en Peter zich klaar voor hun vertrek. Op 12 maart verlieten ze St. Petersburg en op 13 april kwamen ze met een feestelijke intocht in Stuttgart aan.

Nadat Catharina's bruidsschat in Stuttgart aangekomen was werd alles in het paleis opgesteld en mocht de bevolking de kostbare voorwerpen komen bekijken en zich verbazen over de enorme rijkdom aan meubels, vaatwerk, linnengoed, sieraden, kleding, schoenen, bontmantels en allerlei modieuze accessoires die een Russische prinses ter beschikking moesten staan. Toch was Catharina geen verkwistende persoon. Zij voerde een goed geregelde en zuinige huishouding en ze nam ook vooral personeel uit Württemberg in dienst. Ze had wel enkele vertrouwde mensen uit Rusland meegenomen. Zo werd juffrouw Von Baur, de dochter van een ingenieur-generaal uit Rusland, hofdame van Catharina.

Het nieuwe vaderland van Catharina was straatarm en zij voelde zich geroepen om een groot deel van haar tijd te wijden aan weldadigheidswerk.Er waren allerlei problemen in het land. Zo was er in oktober 1816 een totaal mislukte oogst door verschrikkelijke weersomstandigheden. Als gevolg hiervan stegen de prijzen van de levensmiddelen enorm en er was een toenemende criminaliteit. De bevolking van Württemberg werd door de hongersnood gedreven tot waanzin, zelfmoord of volkomen apathie. Ook trokken vele mensen uit het land weg. De koninklijke regering voerde diverse maatregelen in om deze crisis het hoofd te bieden: de woekerhandel werd bestreden, de uitvoer van voedingsmiddelen werd verboden en er werd graan uit Rusland ingevoerd. Wilhelm concentreerde zich op het oplossen van de economisch-politieke en sociale vraagstukken en streefde naar een moderne samenleving met behoud van de koninklijke macht, terwijl Catharina zich toelegde op het bevorderen van de sociale welvaart, de economie, kunst, cultuur en wetenschap.

Op 30 oktober 1816 overleed koning Frederik I en Wilhelm en Catharina bestegen de troon. Op dezelfde dag werd hun oudste dochter Marie Friederike geboren. Wilhelm en Catharina hielden veel van elkaar, desondanks hield Wilhelm er zelfs in de verlovingstijd talloze affaires op na. Al in het voorjaar van

1817 waren er veel hartstochtelijke en woedende ruzies over zijn ontrouw. Het was in die dagen gebruikelijk dat vorsten er verschillende maîtresses op na hielden en hun echtgenotes hadden zich er maar in te schikken. Eén van Wilhelms geliefden was Blanche de la Flèche, een vroegere hofdame van zijn zuster Catharina.

Naar buiten toe vormden Catharina en Wilhelm een ideaal paar, zij verschenen vaak gezamenlijk in het openbaar. In het seizoen 1817/18 verschenen zij op 83 hoffeesten en 158 theateropvoeringen aan het hof! Zij wilden aan hun hof glans en waardigheid verlenen, het moest een centrum voor kunst en cultuur zijn, waar niet alleen kunstenaars maar ook bijvoorbeeld geleerden graag wilden komen. Een eigen hoftheater, mooie kastelen en paleizen, belangrijke geleerden, schrijvers en musici deden het aanzien en het prestige van een hof toenemen. Voor Catharina en Wilhelm was het een aantrekkelijk idee om van Stuttgart een centrum van de Duitse schilderkunst en beeldhouwkunst te maken.[8]

In de herfst van 1817 was Catharina, ondanks haar slechte gezondheid en ongezonde manier van leven, opnieuw in verwachting. Ze hoopte, voor de tweede keer, vurig op een troonopvolger. Haar tweede dochter, Sophie, kwam op 17 juni 1818 ter wereld.

De kleine Sophie werd op 28 juni 1818 om 4 uur 's middags in het koninklijke paleis in Stuttgart gedoopt. In het doopregister van de hofkerk staat precies beschreven wie daarbij aanwezig waren. Natuurlijk de dopeling zelf, de 'koninklijke prinses Sophie Friderike Mathilde', en haar ouders: Zijne Majesteit Koning Wilhelm van Württemberg, evangelisch-luthers, en Catharina Paulowna, Grootvorstin van Rusland, Grieks-orthodox.

Er wordt een hele rij getuigen genoemd, zowel aanwezige als afwezige. De twee aanwezige getuigen waren Hare Majesteit de weduwe Koningin van Württemberg, Hare Hoogheid de weduwe Hertogin Lodewijk van Württemberg. Afwezige getuigen waren Zijne Majesteit Keizer Alexander van Rusland, Hare Majesteit de Koningin Moeder, Zijne Keizerlijke Hoogheid Grootvorst Nicolaas van Rusland, Hare Majesteit koningin van Engeland, Zijn Koninklijke Hoogheid Prins Willem van Oranje, de latere koning Willem II, Hare Koninklijke Hoogheid Prinses Anna Paulowna van Oranje, een zuster van Catharina Paulowna, Zijne Koninklijke Hoogheid de Prinses Wilhelm van Pruisen, Hare Doorluchtigheid de weduwe Hertogin van Braunschweig en Zijne Doorluchtigheid Prins August van Holstein-Oldenburg.[9]

De zwangerschap, de bevalling en haar rusteloze en intensieve manier van werken – in combinatie met de niet vlekkeloos verlopende verstandhouding met Wilhelm – zorgden voor een ondermijning van de gezondheid van Catharina. Tussen mei en augustus 1818 nam zij nauwelijks deel aan activiteiten van het hof.

Op 9 januari 1819 overleed Catharina. Haar plotselinge dood heeft tot op de dag van vandaag aanleiding gegeven tot veel speculaties. Aanhangers van Catharina vonden de volgende verklaring voor haar doodsoorzaak: Catharina verraste op 4 januari in Scharnhausen haar echtgenoot bij een tête-à-tête met een vrouw, vermoedelijk La Flèche. Ze zou zich vertwijfeld in een open koets geworpen hebben, om de tien kilometer terug naar het paleis af te leggen. Daarna zou ze twee uur op haar paard rondgereden hebben, woedend, vol tranen en vol haat. De daarbij opgelopen schok zou bij haar eenzelfde reactie als de dood van haar eerste man, Georg von Holstein-Oldenburg, veroorzaakt hebben: een heftige psychosomatische crisis die uiteindelijk leidde tot een beroerte.

Waarschijnlijker is dat zij door een wandeling die zij op 3 januari met Wilhelm maakte, een verkoudheid heeft opgelopen, door haar natte en koude voeten. 's Avonds, bij het naar bed gaan, ontdekte zij in de rechter mondhoek een klein blaasje, dat zij met een naald doorprikte. De volgende dag maakte zij een tochtje in de koets met Wilhelm, waardoor haar verkoudheid verergerde. Die avond bleek er een gezwel in haar mondhoek en een deel van haar lippen te zitten, een infectie die in gezichtsroos uitgemond is. Ze kreeg toenemende pijn, werd koortsig en het gezwel breidde zich verder uit. Er werd geprobeerd om het gezwel met geneeskrachtige kruiden te bestrijden, maar dit mocht niet baten. Na een slapeloze nacht bleek dat het gezwel naar de binnenkant van haar rechterwang en ook naar de bovenlip was uitgebreid. Door vijf bloedzuigers op haar tandvlees te zetten, werd de druk in de zwelling verminderd, maar 's avonds nam deze weer toe en breidde het gezwel zich nog verder uit, over haar kin en de hele mond. Na enige tijd bedekte het gezwel de hele rechterhelft van haar gezicht, de koorts nam nog steeds toe en ze had een onregelmatige pols. Tot de laatste dag, 9 januari, namen al deze verschijnselen in ernst toe. De artsen legden kompressen aan en smeerden haar lichaam in met zalven van natuurgeneesmiddelen. Er werd geen enkele verbetering geboekt. Het gezwel op haar gezicht werd roder en roder en de koorts bleef toenemen. Op de ochtend van de negende januari verslechterde de situatie dramatisch: haar gezicht werd blauwachtig rood, de polsslag werd heel snel en oppervlakkig en haar ademhaling werd heel snel en rochelend. Een dosis van muskus en kamfer hielp haar niet, net zo min als mosterdpleisters. Catharina stierf om half negen 's ochtends.[10]

Sophie heeft later in haar leven haar jeugdherinneringen opgeschreven en zij vertelde over haar moeder en haar eigen geboorte: *Mijn moeder was opgewekt, jong en onverschrokken. Zij leefde intens, deed vol overgave liefdadig werk, kon weinig tegenspraak velen en viel dan heftig uit. Zij had een veelbewogen leven. Na haar huwelijk met prins Georg van Oldenburg op haar twintigste, bleef zij in Rusland wonen, waar zij zich vestigde in Tver en een actief en nuttig leven leidde. Toen Napoleons invasie van Rusland dreigde, stichtte zij ziekenhuizen, zorgde voor de nodige fondsen en organiseerde allerlei hulpacties. Zij bracht een eigen regiment op de been en was geweldig populair. Men vergeleek haar met haar broer* [Alexander I] *en die vergelijking viel in haar voordeel uit; er was sprake van dat zij de Russische troon zou bestijgen. Het stadsbestuur van Moskou waagde het zich tot haar te richten met een verzoek in die geest. Aan haar man was zij zeer gehecht; hij stond haar terzijde bij haar nuttige werk en stierf aan tyfus opgedaan in een militair hospitaal. Op haar vierentwintigste was zij een weduwe met twee zoons. Omdat haar gezondheid geleden had, werd haar aangeraden in Duitsland te gaan kuren in een badplaats. Na Napoleons val bezocht zij Holland en Engeland; van het laatste land was zij verrukt.*

Het is duidelijk dat Sophie hier haar eigen voorkeur een rol liet spelen, zij was zelf dol op Engeland, terwijl haar moeder juist Nederland bijzonder waardeerde. Catharina reisde er drie weken rond, vanaf 1 maart 1814. Zij zag in tsaar Peter de Grote, die naar Nederland was gegaan en daar in de Zaanstreek gewerkt had, haar grote voorbeeld. Aan een vriend schreef zij dat de tsaar Nederland als rolmodel beschouwde voor alle veranderingen die hij in zijn eigen land wilde doorvoeren en dat hij een genie was, omdat hij voor zijn land de Hollandse zeden en gebruiken beter geschikt vond dan de Duitse.

Catharina reisde vanuit Rotterdam via Almelo, Kampen en Harderwijk naar Zeist, waar zij de Hernhutters bezocht en ging daarna naar Utrecht, Haarlem, Leiden, Den Haag, Delft en Rotterdam. Ook bezocht ze Zaandam en Broek op Waterland, in Hellevoetsluis scheepte zij zich in voor haar vertrek naar Engeland. Zij was onder de indruk van de orde, bedrijvigheid en werklust in Nederland en schreef aan een vriend: *[...] de dorpen en steden worden op een manier onderhouden, waarvan men zich bij ons geen voorstelling kan maken. U kent mijn voorliefde voor regelmaat, die hier totale bevrediging heeft gevonden: tuinen, lanen, kanalen, alles aaneengeregen, er heerst hier een voortreffelijke geest.*

Ook was Catharina onder de indruk van wat zij de 'Hollandse revolutie' noemde, de recente terugkeer van de Oranjes op de troon: *[...] het huis van Oranje triomfeert, en de regerende vorst kan zich verheugen in een onbeperkte machtsuitoefening. [...] Men is hier in hoge mate tegen de Fransen gekant. De Hollanders hebben ook veel te lijden gehad van dat vervloekte volk: alle kapitalen zijn met eenderde verminderd.*

Sophie beschreef in haar dagboek hoe haar moeder op het Congres van Wenen verscheen en daar veel indruk maakte: *Ik weet niet of zij een echte schoonheid was, maar op allen die haar ontmoetten oefende zij een onweerstaanbare aantrekkingskracht uit. Zij werd bewonderd om haar gelaatskleur en ogen, had tanden als parels, een lenig en slank figuur en de kleinste voetjes ter wereld.*

Het huwelijk van mijn vader en moeder duurde op een paar dagen na precies drie jaar. Mijn oudste zuster werd om zo te zeggen aan het sterfbed van mijn grootvader geboren. Mijn vader werd koning op 30 oktober 1816. In 1817 brak een vreselijke hongersnood uit. Mijn moeder zorgde ervoor dat de armen voedsel kregen; wat zij binnen een paar maanden tot stand bracht was onvoorstelbaar, zij organiseerde overal hulpacties. Op 17 juni 1818 kwam ik voortijdig ter wereld. Ik was mijn moeders vierde en mijn vaders tweede kind. Ik had een zoon moeten zijn en ik was een meisje, zo teer en klein dat mijn tante (de koningin van Westfalen) in haar dagboek schreef: 'Dit kind is zo zwak en nietig dat ik niet geloof in zijn levensvatbaarheid.'

Mijn moeder stond op het hoogtepunt van haar leven. Zij was moeder van vier kinderen, werd aanbeden door mijn vader en vereerd door allen. Zij was zijn inspiratie en deelde in alles waarmee haar man zich bezighield. Haar twee zoons Van Oldenburg woonden bij haar, mijn vader hield veel van hen. Haar geluk was op zijn hoogst, een vijfde zwangerschap kondigde zich aan, toen zij in de eerste dagen van januari 1819 een aanval van belroos aan het hoofd kreeg. Zij kreeg koude rillingen. Op 8 januari was zij niettemin nog van plan om haar schoonzuster keizerin Elisabeth[11] *tegemoet te reizen die op 9 januari bij haar zou komen. De nacht die daaraan voorafging, was tamelijk rustig. Om zeven uur 's morgens slaakte zij een kreet. Haar Engelse kamenier Miss Drust snelde naar haar bed; zij bewoog krampachtig in haar stervensnood en gaf kort daarna de geest zonder iets ten afscheid te hebben kunnen zeggen tot mijn vader, die tegelijkertijd ook nog een ongeboren kind verloor. Mooi, gelukkig en aanbeden was zij, nog pas dertig jaar; toen riep God haar tot zich – een benijdenswaardige dood.*[12]

2 Kind zonder moeder

Stiefmoeder Pauline

Wilhelm was ontroostbaar door het overlijden van zijn vrouw en hij schreef aan zijn zuster Catharina van Westfalen dat de Voorzienigheid hem had getroffen met de verschrikkelijkste klap die hem kon overkomen: *mijn lieve Catharina, mijn lieve echtgenote is niet meer. Je hebt ons geluk gezien, lieve zuster. Je zult mijn ongeluk en mijn wanhoop waarin dit verlies mij stort, begrijpen, het is voor mij en voor mijn arme kinderen onherstelbaar.*[1]

Bij het overlijden van hun moeder was Marie twee jaar oud en Sophie (zie kleurenafb. 8) was een baby van zeven maanden. De twee halfbroertjes uit het eerste huwelijk van hun moeder werden naar hun grootouders in Oldenburg gebracht. Sophie heeft nooit het contact met hen verloren. Heel verdrietig was zij door het overlijden van Alexander op 16 november 1829, die toen pas negentien jaar oud was. Voor haar halfbroer Peter had ze grote bewondering. Hij was uitermate intelligent en als er iets was, wat Sophie van groot belang achtte, dan was het wel een scherpe geest. De beide halfbroers kwamen om de twee jaar in de herfst drie of vier weken in Stuttgart logeren: *Wij hielden van elkaar met een toewijding die aan verheerlijking grensde. Zij voelden dat hun zusjes de enige familieband vormde die hun restte. En wij, wat waren wij trots op de genegenheid van die twee broers, van die twee mannen! Mijn vader hield van hen als was hij hun vader en hun terugkeer bracht altijd grote vreugde in ons huis. Toen ik mijn broer Alexander de laatste maal ontmoette, was hij achttien jaar. Hij was heel knap en zou nog knapper geworden zijn als hij geheel zou zijn uitgegroeid. Hij was groot en krachtig, had prachtige ogen en tanden en leek het toonbeeld van levenskracht en gezondheid, terwijl mijn broer Peter ziekelijk en lelijk was. Alexander had een karakter uit één stuk dat echter weinig plooibaar was. Zijn toekomst lag in Rusland. Hij had veel achting voor mijn vader en mijn stiefmoeder en ging met ons om met een voor zijn leeftijd uitzonderlijke zachtzinnigheid en inschikkelijkheid. Hij stierf op zijn negentiende levensjaar door gebrek aan goede verzorging, ten gevolge van een slecht behandelde inwendige ontsteking. Dat was een groot ongeluk; hoewel wij nog kinderen waren, hadden wij het gevoel dat wij gedoemd waren eenzaam te blijven.*

Altijd zal ik mij die naargeestige dag in november herinneren waarop wij het bericht van zijn dood ontvingen. Mijn vaders onuitgesproken verdriet was schrijnend en ik durfde in zijn bijzijn niet te huilen. Op die dag eindigden mijn kinderjaren. Om hem te troosten en hem afleiding te bezorgen werd Peter naar ons gezonden; hij bleef enige weken bij ons. Zijn verdriet had iets eigenaardigs. Hij vond dat de dood zich aan hem vergrepen had door hem zijn broer te ontnemen. Hij wilde zijn hele verleden vergeten, ermee breken en naar Rusland gaan om een nieuw bestaan op te bouwen. Het was een begrijpelijke reactie, maar deze nieuwe scheiding vond ik ontzettend! Ik hield zoveel van hem en nu ging ik hem verliezen. Ook hem! Toen hij terugkeerde naar Oldenburg – hij ging nog niet naar Rusland – was ik wanhopig. Iedere zondag schreef ik hem. Hij beloofde ons te bezoeken voor hij Duitsland definitief zou verlaten. Hij hield woord en kwam de volgende herfst afscheid nemen. Prins Peter van Holstein Oldenburg is later met een Russische grootvorstin getrouwd en woonde met haar in St. Petersburg. Hun leven lang hebben Peter en Sophie elkaar regelmatig opgezocht.

Wilhelm besloot enige tijd na het overlijden van Catharina om te hertrouwen, er was immers nog geen mannelijke erfgenaam. Nadat hij verschillende kandidaten de revue had laten passeren, koos hij voor zijn nichtje Pauline van Württemberg (1800-1873), een meisje van negentien jaar oud. Haar ouders waren Henriette van Nassau en hertog Lodewijk van Württemberg. Op 15 april 1820 werd het huwelijk voltrokken. Wilhelm en Pauline kregen drie kinderen, twee dochters en een zoon, die later koning Karl I werd.

Pauline leek uiterlijk veel op Catharina, maar ze had niet dezelfde intellectuele capaciteiten. Wilhelm was van het begin af aan niet bijzonder op Pauline gesteld en hun onderlinge verstandhouding raakte in de loop der jaren zelfs bekoeld tot onder het vriespunt. Dit werd onder andere veroorzaakt doordat Wilhelm een langdurige verhouding had met de uit Stuttgart afkomstige toneelspeelster Amalie von Stubenrauch. Voor Pauline was het bovendien erg moeilijk dat ze voortdurend vergeleken werd met haar voorgangster Catharina. In het kasteel Friedrichshafen stond een beeld van de vroegere koningin in de werkkamer van de koning en in het hele land herinnerden verschillende weldadige instellingen aan Catharina. Er was bijvoorbeeld een Catharina-ziekenhuis en nog verschillende andere instituten droegen – en dragen tot op heden – haar naam. Toch wist ook Pauline zich bij het Württembergse volk zeer geliefd te maken: er werden talrijke straten en pleinen naar haar vernoemd.

Haar laatste levensjaren bracht Pauline grotendeels in Zwitserland door. Toen Wilhelm overleed, werd de vervreemding van het paar publiek bekend: de koningin was per testament van de erfenis uitgesloten. Pauline overleed in maart 1873 op 72-jarige leeftijd in Stuttgart.

Sophie hield niet zo erg veel van haar stiefmoeder ook al herinnerde zij zich haar ouderlijk huis niet van voor haar komst: *[...] vanaf mijn prilste jeugd voelde ik dat ik niet bij haar hoorde. Nooit haalde zij ons aan, nooit nam zij ons op schoot. Aan mijn kinderjaren bewaar ik dan ook geen enkele herinnering van tederheid. Wij groeiden op in een omgeving die een zekere afstand tot ons bewaarde. Want mijn vader, die al van nature weinig toeschietelijk was, beschouwde ons als heilige onderpanden van zijn overleden vrouw en was vooral bang ons te verwennen. De kinderen van zijn tweede vrouw liefkoosde hij, met ons causeerde hij. Mijn stiefmoeder kreeg verscheidene kinderen: mijn zuster Catharina in 1821, de zo vurig gewenste zoon Karl in 1823 en mijn zuster Augusta in 1826.*

Mijn stiefmoeder had geen slecht karakter, maar haar ondeugd kwam voort uit haar middelmatigheid. Zij was matig onderlegd en deed geen enkele moeite haar blik te verruimen. Niets interesseerde haar, niets las zij en datgene waarvan zij niet op de hoogte was vond zij onbelangrijk. Zij was eerzaam en liefdadig; wie haar oppervlakkig kende zou menen dat zij goedhartig was. Maar de geringste tegenspraak wekte haar woede op en daaraan gaf zij dan lucht op een heel platvloerse manier. Met haar zelfzucht, afgunst en incidentele leugenachtigheid – niet uit berekening, maar uit machteloosheid overigens – kon zij niet passen bij een fijnzinnig en eminent man als mijn vader die er altijd naar streefde zijn kennis te vergroten en zijn geest te verrijken. Hij was verliefd op haar, maar haar schoonheid was niet van dien aard dat zij lang bleef boeien. Zij was jeugdig-fris, had prachtige tanden, mooie armen en een fraai decolleté, maar bezat elegantie noch distinctie.

Toen na 8 of 10 jaar de verliefdheid van haar man verdwenen was, lukte het haar niet om zijn liefhebbende, behulpzame levensgezellin te worden. Bij gebrek aan blijken van zijn liefde aanvaardde zij zijn eerbetoon en voorkomendheid, want hij bleef haar ridderlijk zijn hoogachting bewijzen, betoonde zich jegens haar inschikkelijk en liet haar een volledige vrijheid waarvan zij geen misbruik maakte. Deze fantasieloze, dorre natuur wist haar dagelijks leven niet geriefelijk en aantrekkelijk te maken. Zij zag zelfs geen kans haar eigen kamer in te richten, zich er gezellig te installeren. Tussen haar en mijn vader gaapte een kloof.[2]

Koningin Pauline was een goede vriendin van Lady William Russell (Elisabeth Anne Rawdon). Haar man was in de jaren 1834/1835 ambassadeur voor koningin Victoria aan het Württembergse hof. Pauline en Elisabeth correspondeerden met elkaar en in een aantal brieven beklaagde Pauline zich over haar situatie: haar man was koel en onverschillig tegen haar, hij vergezelde haar niet op haar reizen en bovendien moest zij zijn relatie met Amalie von Stubenrauch tolereren. Ook had Pauline problemen met het moeilijke karakter van haar stiefdochter Sophie en zij verzuchtte in één van haar brieven: *Als God eens zo genadig zou zijn om mij te verlossen van Sophie! De vrede zou dan tenminste een beetje terugkeren tussen deze muren. Ik weet zeker dat een heleboel dingen dan makkelijker te verdragen zouden zijn.*[3]

Sophie op haar beurt voelde feilloos aan dat haar stiefmoeder het verfoeide om aan haar voorgangster herinnerd te worden: *Instinctief beseften wij dat er in haar aanwezigheid nooit over onze moeder gepraat mocht worden.* Ook het contact van Sophie met haar oudste halfzuster verliep niet altijd vlekkeloos: *Haar oudste dochter Catharina die drie jaar jonger was dan ik, werd samen met ons opgevoed. Terwijl wij gezond en sterk waren, had zij juist een heel zwak gestel. Ik was ongedurig en luidruchtig, zij in zichzelf gekeerd en gesloten. Het Engelse woord 'peevish' leek voor haar te zijn geschapen: altijd mopperde of huilde zij. Waarschijnlijk plaagde ik haar dikwijls – meer dan ik mij bewust was overigens, want ik had vaak medelijden met haar. Zij nam wraak door alles te verklikken wat ik deed, met de waarheid nam zij het meestal niet zo nauw. Ik kreeg standjes en straf; heel zwaar gestraft werd ik voor vergrijpen die ik niet had begaan. Mijn stiefmoeder gaf steeds haar dochter gelijk en mijn vader was zo bang om ons te verwennen, dat hij ons over de kleinste tekortkomingen streng onderhield.*

Met het ouder worden is Catharina's karakter sterk veranderd: nu is zij oprecht en rechtschapen en geeft zij haar mening onomwonden, zonder aanzien des persoons. Haar gezondheid is nooit florissant geworden. Zij slijt haar leven in een heel klein kringetje en gelukkig is zij niet. Hoewel haar persoonlijkheid zich niet in het volle leven heeft kunnen ontplooien, bestaat er tussen God en zulke eenzame levens een geheimzinnige band die hen steunt, omvat en beschermt. Wij houden innig van elkaar, want wij zijn loten van dezelfde stam, maar verder hebben wij niets overeenkomstigs.[4]

De twee zusjes Marie en Sophie waren onafscheidelijk na de dood van hun moeder, zij hadden van hun vader een gemeenschappelijke kamer gekregen en behalve hun kleren deelden zij alles. Totdat Sophie ging trouwen waren zij altijd bij elkaar: *Mijn zuster was een alleraardigst kind: lief, rustig, altijd netjes en gesoigneerd, met een houding vol gratie die haar nu nog eigen is. Ik zag er niet onaardig uit zolang mijn haar in natuurlijke krullen mijn gezicht omgaf. Toen ze moesten worden weggebonden, omdat ik hard begon te groeien en mijn gezicht langer werd, verzekerde men mij dat ik erg lelijk was en op een hondje leek. Daar had ik geen enkel bezwaar tegen, want ik was dol op Doerak, de hond van mijn moeder, en ik was aangenaam verrast op haar te lijken. Ik had een enorme behoefte aan springen, rennen en ravotten; ik zag er dan ook altijd slordig uit: mijn jurken waren gescheurd, mijn handschoenen had ik verloren en mijn weerbarstige haren waren ontsnapt aan de kam die ik maar al te graag achterwege liet. Hoewel ik niet behendig of sterk was, was ik zó lenig, dat ik overal in kon kruipen en me verstoppen.*

Vanaf het ogenblik dat ik bewust kon denken, miste ik mijn moeder – een gevoel dat bij mij hand in hand ging met het ontzag voor God. Ik bad tot mijn moeder, vroeg haar mijn voorspraak bij God te zijn. Maar de gedachte die later zo dikwijls bij mij opkwam, waarom mij dit verdriet was aangedaan, verontrustte mij niet in mijn jeugd. Dat komt omdat jonge mensen van nature gelovig zijn. Twijfel en opstandigheid komen later. Kinderen geloven en aanvaarden.

Gouvernantes

Maria Feodorowna, de moeder van Catharina, was zeer verdrietig over de dood van haar dochter en voelde zich mede verantwoordelijk voor de opvoeding van haar beide kleindochters. Zij stuurde een Russische gouvernante naar Stuttgart, mademoiselle Kakhovsky, die in Rusland een functie had bekleed aan een onderwijsinstituut. Deze hield zich de eerste jaren met de opvoeding van de meisjes bezig. Sophie herinnerde zich weinig van haar, want ze vertrok toen Sophie nog geen vier jaar oud was: *Ik zie haar voor mij als een mager, uitgedroogd wezen in sombere kleren die me tot voorzichtigheid maande als ik wilde hollen of klimmen. Naast haar bed had zij gekleurde en vergulde afbeeldingen waar ik niet aan mocht komen, terwijl ik brandde van verlangen om ze te bekijken. Zij had een soort gezelschapsdame, Mademoiselle Wapmuth, die een blonde pruik en een oranje shawl droeg. Mademoiselle Kakhovsky noemde ons 'Madame Marie' en 'Madame Sophie', sprak voortdurend van 'onze lieve oom en onze grootmoeder' (onze Russische familieleden) en vertelde wat er over ons gezegd werd in St. Petersburg – waarbij zij tezeer uit het oog verloor dat wij Duitse en protestantse kinderen waren.*

Mijn vader zag al gauw in hoe onmogelijk een dergelijke opvoeding was. Hij ontsloeg Mademoiselle Kakhovsky en haar gezelschapsdame. Mijn grootmoeder was daar diep verontwaardigd over, maakte mijn vader hevige verwijten en raakte met hem gebrouilleerd.

Behalve deze gouvernante was er nog een andere Russin in dienst, Maria Sapozhnikov, een goedhartige, toegewijde en bescheiden volksvrouw. Zij aanbad de twee kleine prinsesjes en verzorgde ze trouw. Jammer genoeg was ze nogal morsig en dronk ze vaak meer dan goed voor haar was. Ze probeerde zich daarvoor te verontschuldigen door voortdurend kruisjes te slaan, iets wat Sophie en Marie zeer intrigerend vonden. Zij werd dan ook weggestuurd, tot verdriet van de twee zusjes die haar meer betreurden dan de chique gouvernante.

Hiermee kwam een einde aan het Russische element in de opvoeding van Marie en Sophie. Ze hoorden niet veel meer van hun Russische familie. Van Sophie is bekend dat ze nooit erg gesteld was op Rusland en alles wat Russisch was. Het contact met hun Russische grootmoeder werd later min of meer hersteld. Toen Sophie vijf jaar oud was, maakte zij met haar vader en haar zusje een reisje naar Ems. Daar ontmoetten zij twee zusters van hun moeder, de grootvorstinnen Maria Paulowna, die met de groothertog van Weimar getrouwd was, en Anna Paulowna, de echtgenote van de Prins van Oranje, de latere koning Willem II. Sophie's vader hoopte door de bemiddeling van deze twee schoonzussen de goede verstandhouding met Maria Feodorowna te herstellen, want zij was nog altijd boos op hem.

Sophie ontmoette daar voor het eerst haar toekomstige echtgenoot, Willem van Oranje, en zijn broer Alexander. Zij hielden ezelrennen met elkaar en Sophie had hier een heel vrolijke herinnering aan. Over haar tantes vertelde ze: *De groothertogin van Weimar was een oudere zuster van mijn moeder; zij sloot ons teder in haar armen en stortte tranen van ontroering. Zij was mijn moeders lievelingszuster. De prinses van Oranje boezemde ons alleen maar angst in. De eerste keer dat ik haar ontmoette droeg zij een blauwe japon, een rode tulband en enorme parels. Maar ondanks alles hield ik van mijn tantes, ik dweepte met hen en toen wij weer vertrokken waren, dacht ik aan het ogenblik van weerzien als ik groot zou zijn. Waren zij niet de zusters van mijn aanbeden moeder?*

Wilhelm slaagde erin om de goede verstandhouding met zijn schoonmoeder te herstellen en als gevolg daarvan moesten Sophie en Marie haar twee keer per jaar een brief schrijven: ter gelegenheid van haar naamdag (de dag gewijd aan de heilige van wie men de naam draagt) en van Nieuwjaar: *De brieven hoefden alleen eerbied en verknochtheid uit te drukken. Wij moesten zo'n brief zelf opstellen en dan werd hij daarna gecorrigeerd: wee als men vond dat hij niet foutloos en smaakvol gesteld was. Bij de dood van tsaar Alexander* [op 9 november 1825] *begon ik mijn condoléancebrief als volgt: 'Lieve grootmoeder, dat heeft mij veel verdriet gedaan', enz. Toen ik mijn brief liet nakijken, kreeg ik een flink standje; in tranen en vernederd ging ik terug naar mijn schrijftafel. Vergeefs probeerde ik een ander begin te vinden. 'Dat heeft mij veel verdriet gedaan' kwam echter steeds terug. In de nacht die erop volgde kreeg ik een koortsaanval met hevige keelpijn: het bleek roodvonk te zijn en ik werd erg ziek. Vanuit mijn veilige bed verheugde ik mij erover die ongelukkige brief niet te hoeven schrijven; de koerier vertrok zonder mijn condoléancebrief.*

Uit de huishouding van hun moeder was de Engelse *nurse* Miss Drust overgebleven. Van haar leerden de meisjes zeer goed Engels. Het leren van talen kostte Sophie geen enkele moeite. Behalve Engels leerde zij heel gemakkelijk en vlot Frans, Italiaans en Spaans. Zij kon daarmee toegang krijgen tot wetenschap, geschiedenis, poëzie, literatuur en kunst en maakte daar gretig gebruik van. Haar geest dorstte naar kennis en zij nam alles met het grootste gemak in zich op.

Aan Miss Drust behield Sophie vele herinneringen: *[...] Mijn moeder was in haar armen gestorven. Zij was gehuisvest onder onze vertrekken op de parterre van het kasteel, in het appartement waar ik na mijn huwelijk altijd logeerde. Zij was sinds de dood van mijn moeder altijd in het zwart gekleed; ik zie haar nog voor mij: witjes, vriendelijk en rustig, ernstig en liefdevol.*

Zaterdags dronken wij altijd thee bij haar en dan mochten wij met bibelots van mijn moeder spelen. Van ons vieren was mijn broer Alexander haar het liefst, maar zij hield van ons allemaal. Zij streelde vaak mijn haar dat haar deed denken aan mijn moeder en kneep in mijn vingertoppen om ze dunner te maken. Zij leed aan borstkanker, wat haar vreselijk pijn deed. Maar zij klaagde nooit tegenover ons en kwijnde langzaam weg.

Op een zomeravond kwamen wij van buiten de stad om te vragen hoe het met haar was. Sally, haar Engelse gedienstige, nam mij in haar armen en droeg mij naar haar kamer. 'Honey, look' zei ze tegen me. Ik zag Miss Drust krijtwit in haar bed liggen, met gesloten ogen, naar de muur toegedraaid, en ik hoorde het verschrikkelijke geluid van een stervende die naar adem snakt. Hoewel ik niet bang was, ben ik die herinnering toch nooit kwijt geraakt. Zelden ben ik later in die kamer gaan slapen zonder aan de stervende te denken. Enkele dagen later, toen ik begreep dat zij er niet meer was, overviel de wanhoop mij en huilde ik urenlang in een hoekje. Vaag begreep ik dat een van de laatste banden die mij met mijn moeder verbonden had, nu verbroken was.

Toen Sophie zeven jaar was werd zij voor het eerst meegenomen naar het graf van haar moeder, die na haar dood voorlopig was bijgezet in een protestantse kerk. Catharina had vóór haar sterven zelf de plek aangegeven waar ze begraven wilde worden. Op deze bergtop werd een grafmonument in een Griekse kapel gebouwd en Sophie werd door haar vader meegenomen om het mausoleum (zie kleurenafb. 5 en 6) te bekijken: *Het mausoleum bekroont een verrukkelijk landschap vol poëzie en bekoring.*[5] *Bovenop de kapel staat een verguld kruis dat in het zonlicht dikwijls straalt als een aureool. Teksten uit de Evangeliën zijn in gouden letters op het blauwe marmer geschreven; alles spreekt er van wederopstanding en hoop. Maar dit eerste bezoek boezemde mij alleen maar een verschrikkelijke angst in. Wij moesten onder de grond afdalen; in het duister brandde slechts één klein lampje. Ik huilde niet, maar voelde een ontzetting die veel erger was dan aan het sterfbed van Miss Drust. Mijn vader, diep ontroerd, toonde ons de plaats waar hij zelf bijgezet wilde worden. Toen wij weer naar boven gingen, beefde ik en snikte ik het uit.*

Vader Wilhelm besloot zelf de personen uit te zoeken die zijn dochters moesten opvoeden en hij stelde een grootmeesteres, een gouvernante en een hofdame aan. De grootmeesteres was gravin Von Beroldingen, die in Sophie's kinderherinneringen een stokoude dame is, maar niet veel ouder dan vijftig jaar moet zijn geweest: *Zij was enigszins mismaakt en foeilelijk. Vanwege haar huwelijk met een bejaarde man – vader van acht of negen kinderen – had zij zich gewillig de rol van oudere dame aangemeten. Als telg van een oud katholiek geslacht uit het Rijnland en als kanonikes van een stift voor adellijke dames, had zij haar jonge jaren gesleten aan het hof van de geestelijke keurvorsten. Haar eenzaamheid en mismaaktheid hadden haar voor verleidingen behoed. Maar zij was getuige geweest van het leven van een verdorven gemeenschap – vol onverfijnde vrolijkheid en ongelovige godsdienstigheid. Een inschikkelijker katholicisme dan het hare was niet denkbaar. 's Zondags ging zij naar de mis, maar met vasten hield zij zich niet op. Zij begeleidde ons graag naar de protestantse kerk, woonde zonder een woord te zeggen onze godsdienstlessen bij en maakte zich alleen boos als er iets goeds over Pruisen werd gezegd. Na haar huwelijk had zij verscheidene jaren in Wenen doorgebracht en er een ware verering voor Oostenrijk opgevat.*

Zij was inschikkelijk zolang men maar een bepaalde voorkomendheid jegens haar in acht nam. Met haar vrijgevigheid en gastvrijheid, haar hooghartigheid en gemeenzaamheid vertegenwoordigde ze zozeer een andere tijd, dat ik haars gelijke nooit zal tegenkomen. Zij beschikte over een grote aangeboren schranderheid, verbeeldingskracht, begaafdheid en een soort koddige gratie. Haar ontwikkeling was onsamenhangend: zij kende Latijn maar van de spelling wist zij niets; een groot aantal historische anekdotes had zij tot haar beschikking, maar de geschiedenis zelf bleef een gesloten boek voor haar. Ik bezit nog enkele van haar merkwaardige brieven vol vreemde onwelluidende klankcombinaties. Napoleon noemde zij 'Buonaparté'; met overgave las zij zijn Mémoires de Ste. Hélène *en sprak zij met ons over hem alsof hij een wonderbaarlijk wezen was: half engel, half duivel. Door haar toedoen ging hij in mijn verbeelding le-*

ven en ging ik hem heimelijk vereren. Zeker zou ik vandaag de dag een dergelijk onderricht van de jeugd niet goedkeuren, maar toen vond ik het heerlijk en met genegenheid denk ik aan haar terug. Met genoegen herinner ik mij haar lange verhalen die weken in beslag namen, de goede zorgen waarmee zij mij overstelpte als ik ziek was, de talloze tekeningetjes die zij met ongelofelijk gemak schetste. Ja, ik denk met dankbaarheid terug aan 'de oude gravin' zoals wij haar noemden en die het zo goed met ons voorhad. Zij stierf in 1851 op ruim tachtigjarige leeftijd.

De gouvernante, Marguérite Sauvan, was een Zwitserse afkomstig uit Neuchâtel. Zij verbleef maar één jaar, in 1824, bij de prinsessen Marie en Sophie. Toch stond zij Sophie nog heel duidelijk voor de geest: *[...] een knappe, mooie, ontwikkelde jonge vrouw, heel goed in staat om de verbeeldingskracht van kinderen te boeien, maar nauwelijks bij machte hun leiding te geven. Wij adoreerden haar en gehoorzaamden haar blindelings. Zij wekte ons verlangen naar kennis, zij stimuleerde onze eerzucht, maar zette onze verbeeldingskracht teveel en dikwijls op een onverstandige manier in beweging. Voor mijn moeders nagedachtenis koesterde zij grote verering, op de onvolkomenheden van onze stiefmoeder maakte zij ons opmerkzaam. Op zekere dag, tijdens een wandeling, sprak zij met ons over de toekomst. Zij zei dat mijn zuster er goed aan zou doen om de kroonprins van Beieren te huwen en dat ik de oudste zoon van de prins van Oranje maar moest trouwen. Die gedachte sprak tot mijn kinderlijke voorstellingsvermogen en de herinnering eraan is nooit verdwenen.*

Het liep niet goed af met Marguérite Sauvan als gouvernante, zoals blijkt uit Sophie's herinneringen. Zij liet zich door haar '*romantische neigingen tot onbedachtzame daden*' overhalen en moest plotseling vertrekken. Het was voor de meisjes een hard gelag dat iemand van wie zij zoveel hielden, ineens uit hun leven verdween. Sophie en Marie maakten vele plannetjes om haar later, als ze hun eigen baas zouden zijn, weer bij zich in huis te nemen. Marguérite trouwde, maar het was geen gelukkig huwelijk. Zij liet zich van haar echtgenoot scheiden en leidde daarna een teruggetrokken bestaan met een jaargeld dat zij van Sophies vader ontving. Zij wijdde zich aan liefdadigheid en was heel vroom geworden. Sophie zag haar nog maar heel af en toe terug.

De vroege jeugd van Sophie werd gekenmerkt door onbestendigheid: haar moeder overleed jong, met haar stiefmoeder had ze een matig tot slecht contact en met het personeel dat werd aangesteld om haar en haar zusje te verzorgen kon zij geen hechte band opbouwen. Hier werd de basis gelegd voor de eenzaamheid, die zij vooral later in haar leven zo sterk zou voelen, en ook voor haar onvermogen om een goed contact met een ander op te bouwen. Zij was daarin vaak te heftig en emotioneel uit angst die persoon weer te verliezen. Ook speelde haar karakter daarin een rol. Ze was erg gevoelig, haast overgevoelig en haar stemmingen konden sterk wisselen: het ene moment *himmelhoch jauchzend*, het volgende *zum Tode betrübt*. Dit levendige karakter en het scherpe verstand had zij van haar moeder Catharina geërfd.

De Zwitserse gouvernante Marguérite Sauvan werd opgevolgd door een andere Zwitserse, Constance de la Harpe. Haar zuster Cornélie werkte al aan het Württembergse hof als gouvernante van Sophie's halfzusje Catharina en over haar vertelde Sophie: *Zij was een zeer bekwaam pedagoge. Zij was waarheidslievend, oprecht, een beetje droog maar goed en rechtvaardig; tevens beschikte zij over een aangeboren elegantie die in alles tot uitdrukking kwam – en dat zonder een zweem van koketterie. Haar taalgebruik, haar omgangsvormen, haar kleding, ja haar gehele voorkomen waren gedistingeerd. Met een wat gelijkmatiger humeur zou zij een volmaakte gouvernante geweest zijn. Zij was zeer godvruchtig – een beetje puriteins – en oprecht gelovig. Vanwege haar huwelijk verliet zij ons huis in 1834; na tien jaar huwelijksleven overleed zij na een verschrikkelijk lijden dat zij met waarlijk christelijke berusting droeg.*

Haar jongere zuster Constance leek echter vrijwel in geen enkel opzicht op haar. Toen zij bij ons werd aangesteld, was zij pas negentien jaar oud. Zij was nogal knap maar miste iedere verfijning; zij was goedaardig en waarheidslievend behalve wanneer zij kwaad werd – en dat laatste kwam maar al te dikwijls voor. Ik kan wel zeggen dat zij mij niets anders heeft bijgebracht dan whisten, een spel dat zij uitstekend beheerste.

De meest elementaire historische begrippen waren haar dermate vreemd, dat wij haar in onze ondeugendheid konden wijsmaken dat Alexander de Grote en Caesar tijdgenoten waren, dat Demosthenes een beroemd veldheer was en Frederik Barbarossa een broer van Lodewijk de Heilige en nog meer van dergelijke absurditeiten. Heimelijk minachtten wij haar en ik kan wel zeggen dat zij ongewild onberekenbare schade heeft toegebracht aan mijn intellectuele ontwikkeling. Zij was een gelovige vrouw, maar haar godsdienstigheid stuitte mij tegen de borst. Gebrek aan niveau is een euvel dat men altijd bij vulgaire lieden vindt; het komt bij hen zelfs tot uiting in zoiets intiems als het geloof. De armen van geest daarentegen zijn niet banaal. Hun eenvoud heeft namelijk niets gemeen met de dorheid en betweterigheid van eerstgenoemden.

Ik nam afstand van haar vervelende en grove gedogmatiseer en vormde mij een eigen – naar ik vrees – weinig orthodox geloof. Mijn vader die wel door had dat zij niet de geschikte persoon was, voelde toch niet voor nieuwe veranderingen. Zo bleef Mademoiselle De Laharpe bij ons tot aan mijn huwelijk. Later trouwde zij met een zekere mijnheer De Saussure en kreeg twee kinderen. Zij woont thans in Lausanne en is er oprecht van overtuigd dat zij ons heeft gevormd.

Voor de opvoeding van de meisjes werd Charlotte Baur gevraagd, die hofdame van Catharina Paulowna was geworden, nadat deze met Wilhelm was getrouwd. Ze was een begaafde vrouw, die goed kon schilderen en musiceren, zij speelde uitstekend piano en harp. Sophie schreef over haar: *Mijn moeder trad haar welwillend tegemoet; haar scherpe blik ontdekte al spoedig Charlottes buitengewone toewijding. Charlotte was hartstochtelijk aan haar gehecht. Mijn moeders dood was een ramp waar zij nooit overheen kwam. Zij koesterde een soort verering voor haar nagedachtenis; dat was de enige passie die ik ooit bij haar heb opgemerkt. Zij was lang en slank, had bekoorlijke blauwe ogen waar liefde en fijnzinnigheid uit spraken: zij moet beeldschoon zijn geweest. [...]*

Charlotte ging nooit uit, maar ontving vrienden thuis en legde alleen bij hoge uitzondering bezoeken af. Haar brieven waren meesterwerken van elegantie en ongekunsteldheid. Heel haar bestaan scheen gericht te zijn op het volbrengen van een gelofte waaraan zij zich geheel had gewijd. Zij hield van ons met toewijding en tederheid, al liefkoosde zij ons nooit, maar wat zij zei was één en al toegeeflijkheid, tederheid en goedheid. Waren er stormen in haar leven? Ik heb het nimmer geweten. Hoe het zij, het geheim daarvan heeft zij in haar graf meegenomen en ik herinner mij haar als volmaakte puurheid. Zij ontsliep op 30 augustus 1841; helaas kon ik niet tegenwoordig zijn bij haar sterven.

Leraren

Behalve deze dames werden er ook enkele leraren aangesteld. De twee belangrijkste waren de heer Rost en monsieur Toussaint, die de grondslag hebben gelegd voor Sophie's kennis. De eerste gaf Duitse taal- en letterkunde, geschiedenis en aardrijkskunde. Hij was sinds 1818 docent aan het Königin-Katharina-Stift in Stuttgart en heeft les gegeven aan Marie en Sophie, en later ook aan prins Karl en zijn zusjes Catharina en Augusta: *De geschiedenis was voor hem geen aaneenrijging van biografieën of anekdotes, zoals iedere goede geleerde zag hij de grote lijn. Dikwijls heb ik gedacht dat als men enkele van zijn aantekenschriften had gepubliceerd waarin hij in onleesbaar handschrift zijn notities bijeenbracht, de wetenschap nu enkele nuttige en gewetensvol samengestelde werken rijker zou zijn geweest. Hij zelf was te bescheiden om dat in te zien. Hij had een zachtmoedig, verlicht en levend geloof. Steeds als ik na mijn huwelijk in Stuttgart kwam, haastte hij zich om mij te bezoeken. Helaas, de laatste keer toen hij mij bezocht, namen wij afscheid van elkaar zonder dat ik vermoedde dat het voor altijd zou zijn. In januari 1865 schreef hij mij: 'Ik heb vijf leerlingen gehad, maar U was altijd mijn lievelingsleerling en daarom kom ik U een kleine financiële ondersteuning vragen'. Hij stierf korte tijd later en het is mij een troost dat ik zijn laatste dagen wat heb kunnen verlichten.*

Over monsieur Toussaint, die ook leraar was aan het Königin-Katharina-Stift, vertelde Sophie: *Uiterlijk had hij niets van een Fransman. Hij was lang en benig, bewoog zich voort alsof zijn benen niet bij zijn lichaam hoorden; hij droeg een pruik die op zijn wenkbrauwen hing en een enorme bril die tot zijn pruik reikte. Daar stond tegenover dat hij een puur klassieke smaak bezat. Hij las Boileau*[6] *als een gebedenboek, Racine*[7] *was zijn halfgod. Als hij Zaïre*[8] *las weende hij altijd en hij wist mij geheel in zijn geestdrift mee te slepen. Dankzij zijn milde levensbeschouwing was hij gelukkig. [...] Zijn onderwijs was buitengewoon helder en logisch: het was een plezier om hem te volgen. Ik was zeer aan hem gehecht en kreeg een voorkeur voor de Franse literatuur boven de Duitse. Ik dweepte met Corneille*[9] *en Racine en in mindere mate ook met Voltaire*[10] *en was zo vermetel om dit aan de heer Rost te vertellen. Deze was zeer verontwaardigd en overlaadde mij met strafwerk waarin ik mij vrolijk schikte.*

Onze twee leraren omringden ons met liefhebbende aandacht en vriendelijke waakzaamheid. Zij streefden ernaar ons verstand en oordeel te ontwikkelen. Aan hen dank ik de heilzaamste les die men in zijn jeugd kan ontvangen voor zijn hele leven, namelijk: waardering voor serieuze studie en respect voor persoonlijke verdienste. Sophie had een ijzersterk geheugen, maar van de wiskundelessen bracht zij nooit veel terecht: *[...] sloofde mij uit zonder resultaat en was daar geprikkeld en ongelukkig over.*

De kinderen moesten iedere dag studeren, zij hadden nooit vakantie. Koning Wilhelm was niet altijd even tevreden over de vorderingen van zijn kinderen en hij besloot daarom om hen gezelschap te geven, een meisje van hun leeftijd kwam aan hun lessen deelnemen. Dit was Bertha von Trott, de dochter van een voormalige gezant van de koning van Westfalen die in Württembergse dienst was getreden. Bertha was iets ouder dan Marie en was een lief en leergierig meisje, erg geschikt om met de twee zusjes op te trekken. Volgens Sophie was Bertha meer op haar zusje Marie gesteld dan op haar, omdat ze Sophie vaak te onrustig vond. Bertha heeft niet lang kunnen deelnemen aan de lessen van Marie en Sophie want ze verhuisde met haar ouders mee naar Frankfurt. Toen Bertha weg was, kwam er niemand anders voor haar in de plaats, maar de meisjes hielden wel van leren en werkten en studeerden ijverig door.

Tweemaal per jaar werden ze geëxamineerd en vader Wilhelm en stiefmoeder Pauline waren daarbij aanwezig: *Mijn vader luisterde met aandacht, ernstig en streng, mijn stiefmoeder met duidelijke tegenzin. Mijn zuster was hierbij altijd op haar best en werd dan ook meer geprezen dan ik. Haar antwoorden waren ordelijker en nauwkeuriger dan de mijne. Ik was onhandig in mijn voortvarendheid, zei dingen waarnaar niet gevraagd werd en wilde alles tegelijk zeggen. In feite werkte ik harder dan mijn zuster en ik geloof ook dat ik meer wist dan zij, maar ik was ongeduldig en heftig wat vooral afbreuk deed aan mijn gedachtegang en inzicht.*

Tegenstrijdig is dat Sophie vertelt dat zij uitblonk in haar muziekstudie, terwijl ze tegelijkertijd zegt dat deze studie haar helemaal niet zinde: *Ik had er zo'n hekel aan dat men mij met mijn ceintuur aan de rugleuning van mijn stoel vastbond en gedurende een bepaalde tijd toonladders liet spelen. Zodra ik alleen was en de gouvernantes in de aangrenzende kamer zaten, plaatste ik een boek op de muziekstandaard. Aan het eind van de toonladder draaide ik het blad om en dan las ik op die manier naar hartenlust Griekse en Romeinse geschiedenisboeken waar ik dol op was. Mijn vingers waren soepel en lenig, ik had uitstekende leermeesters en ik heb zeer goed piano gespeeld. Maar nu ik niet meer stelselmatig oefen, is mijn ijver bekoeld en gaat mijn piano nog maar zeer zelden open.*

Bij het onderwijs aan de zusjes hoorde niet het leren van Latijn en Grieks. Het werd voor meisjes van belang geacht dat zij algemeen gevormd waren, wat kennis hadden van geschiedenis, literatuur en talen en dat ze goed konden tekenen en musiceren. Het leren van oude talen voerde te ver.

Een bijdehante woelwater

Sophie was in haar jeugd nooit alleen. Zij was omringd door alle personen die aangesteld werden om haar op te voeden en te onderwijzen en had bovendien ook altijd haar zusje Marie bij zich. Veel vrije tijd om zomaar te spelen en te doen waar zij zin in had, was er niet. Ieder uur was gevuld, niet alleen met leren, maar ook met visites. De dames van het hof mochten tijdens de pauzes binnenkomen en de meisjes moesten dan hun spel stoppen en *deftig plaatsnemen en converseren als kleine dametjes.*

Een voorbeeld daarvan was het bezoek van de grootmeesteres van de koningin, mevrouw Von Seckendorff, die binnenkwam op het moment dat Sophie net van plan was om met het schaap van de tuinman te gaan spelen: *Slecht gehumeurd ging ik zitten en hoorde ik zwijgend de bijzonderheden aan over het huwelijk van een zekere Betty von Massenbach (zij werd mevrouw Von Spitzenberg), een nichtje van de grootmeesteres. Maar het schaap wachtte, ik verloor mijn geduld en uit de grond van mijn hart riep ik onverhoeds: 'Ik zou Betty wel willen kelen!' Ontzetting en verbijstering waren het gevolg. Ik kreeg een pak slaag. Mijn woedeaanval verdiende een bestraffing. Toch denk ik dat ook tegenwoordig nog mijn ongeduld de overhand zou krijgen als ik gebabbel moest aanhoren!*

Sophie was niet het soort meisje dat ervan hield met poppen te spelen. Wel las ze erg graag en ook wilde zij rennen en ravotten, maar dat mocht niet: *Aan een bewuste toepassing van gezondheidsregels voor kinderen werd in die tijd nog niet veel gedaan. Ons leven was regelmatig, onze voeding eenvoudig, onze tijd goed ingedeeld. Maar een gezond, levendig, ongeduldig kind heeft er behoefte aan te rennen, te springen en zijn krachten in evenwicht te houden door ze te gebruiken. In plaats daarvan verplichtte men ons regelmatig lange wandelingen te maken, die mij enorm vermoeiden, terwijl het mij veel plezier en goed had gedaan als ik vrij in de tuin had mogen ravotten. Ik groeide heel hard: op mijn veertiende was ik bijna even lang als ik nu ben. Mijn zuster die twee jaar ouder dan ik was, bleef klein en had minder behoefte aan frisse lucht en vrijheid.*

In de zomer ging de koninklijke familie altijd de stad uit. Vlak bij de Neckar, een halve mijl van Stuttgart, lag Bellevue, een plek waar zij twee huizen bezat. Sophie's moeder had deze ingericht en ze namen een speciale plek in haar hart in. Sophie vertelde over een droom die ze daar had gehad: *Ik zag mijn moeder hoog op een berg gekleed in een witte japon en een rode shawl. Ze zei tegen me: 'Ik blijf bij je, maar als je dertig bent neem ik je mee.' De droom herhaalde zich en ik raakte ervan overtuigd dat ik op mijn dertigste zou overlijden. Ook kreeg ik nog een ander droombeeld, maar toen was ik klaar wakker. Ik zag mijzelf liggen sterven in een groene kamer, omringd door kinderen; ik had een dochter! Om vijf uur 's middags overleed ik. Dit droombeeld staat mij nog helder voor de geest en ik heb al mijn slaapkamers groen laten behangen om in mijn eigen huis te kunnen overlijden.*

De familie bracht de zomers niet alleen door. Zo af en toe kwam er iemand logeren en het leukste was het natuurlijk als er dan ook kinderen bij waren. Met Maria, die later koningin van Hannover werd, heeft Sophie de tuin omgeploegd: *Zij was net zo'n woelwater als ik in die tijd. Op een dag stelde ik haar voor een heel diep gat te maken, de aarde te doorgraven en er aan de andere kant weer uit te komen. Tijdens de weinige ogenblikken die ons werden gegund om in de tuin te spelen, begonnen wij te graven. Zij was veel sterker dan ik en verzette meer werk in de steenachtige Württembergse grond, maar ik vertelde haar wat wij allemaal zouden vinden aan de andere kant en wat een lauweren wij zouden oogsten. Mijn zuster zag ons spottend aan en men verbood ons dit spel al gauw omdat wij ons zo vreselijk vuil maakten.* Soms speelde haar vader met haar na het souper van acht uur en hier genoot zij met volle teugen van.

Bellevue werd echter ingeruild voor een ander buitenverblijf, omdat koningin Pauline dacht dat de lucht niet gezond was voor haar kinderen, die er koorts kregen. De huizen werden met de grond gelijk gemaakt en Sophie was er heilig van overtuigd dat de werkelijke beweegreden van haar stiefmoeder voor het niet meer bezoeken van Bellevue was dat zij er teveel aan haar voorgangster werd herinnerd. Voortaan werden de zomers doorgebracht op kasteel Friedrichshafen aan het Meer van Konstanz: *Alle kamers kwamen uit op enorme overwelfde gangen, de tuin was omringd door een kloostermuur die aan één kant grensde aan het prachtige meer dat één van de grootste van Europa is. Men geniet er uitzicht op de Alpen, het is een fraai verblijf met een heel aparte atmosfeer. Het landschap is er vrij vlak en moerassig, de mensen zijn er achterlijk, goed katholiek en vroom, zoals dikwijls het geval is bij een bevolking die lang onder de invloed van de geestelijkheid heeft gestaan. Langs de wegen stonden grote kruisbeelden waarvoor ik heimelijk een gebedje deed. Achter het kasteel aan de kant van de kerk verhief zich een hoog buxuslaantje. Daar leerde ik mijn lessen uit het hoofd, en ik denk dat ik nog altijd de verzen waar ik zoveel van hield, zou kunnen opzeggen voor dat oude laantje. Een enkele keer maakten wij een uitstapje naar Zwitserland, maar de verbindingen waren langzaam en moeilijk: op het meer was maar één enkele stoomboot, die zich bovendien voortbewoog met een slakkengangetje.*

Diepe indruk maakte het bezoek van groothertogin Stephanie van Baden[11] die door Sophie in lyrische termen werd beschreven. Vooral het feit dat zij Catharina Paulowna had gekend en erg lovend over haar sprak, was in haar voordeel. Sophie's neiging tot romantiseren kwam hierbij sterk tot uitdrukking: *[...] bewaarde voor haar in mijn hart een diepe, onuitgesproken verering. Zij was gekleed in een witte jurk en een rode shawl, zoals in de droom over mijn moeder. Nooit is de verering die ik haar toen toedroeg verdwenen.*

De familie ging echter niet ieder jaar naar Friedrichshafen: *[...] de zomer werd niet in Friedrichshafen doorgebracht omdat mijn stiefmoeder weigerde erheen te gaan. Mijn vader ging voor zeebaden naar Livorno en mijn stiefmoeder installeerde zich met ons in de badplaats*

Dennach in het Zwarte Woud. Het regenachtige weer, de sombere naaldbomen, het gebrek aan uitzicht, de donkere, vochtige en koude kamers en het ontevreden gezicht van mijn stiefmoeder, dat alles liet een akelige indruk bij mij na.

Sophie gaf geen enkel blijk van inlevingsvermogen in de omstandigheden van Pauline die met een stel kinderen opgescheept zat, van wie er in ieder geval eentje niet zo dol op haar was. Sophie ging haar moeder, naarmate ze ouder werd, steeds meer missen. Zij werd zich ervan bewust dat zij en haar zusje niet veel echte familie meer hadden, behalve hun vader: *Mijn vader vormde niet alleen de spil van ons bestaan, maar hij bezielde het ook. Wij zagen hem vier of vijf keer per dag, soms maar voor enkele minuten, maar hij wenste steeds op de hoogte te blijven van ons doen en laten. Hij was streng, deelde zelf straffen uit, maar was altijd rechtvaardig als hij tenminste niet werd misleid door mijn stiefmoeder of Constance de la Harpe. Zijn wil was wet. Zijn voorkeur ging uit naar Marie die zoveel bezadigder was dan ik en die zich beter wist te gedragen en uit te drukken. Van haar superioriteit was ik geheel overtuigd. Als hij niet naar de schouwburg ging bracht hij de winteravonden bij ons door. Hij deed dikwijls een dutje op de canapé na het lezen van de kranten wanneer mijn stiefmoeder zich verkleedde om uit te gaan. Dan probeerde ik stilletjes achter de bank te kruipen en zijn nog dik krullend haar te strelen. Als mij dat lukte, voelde ik mij gelukkig.*

De familieleden van haar moeder hadden geen contact meer onderhouden met Sophie en Marie en dat gemis veroorzaakte bij Sophie een toenemend gevoel van eenzaamheid. Zij beschreef uitvoerig de ontmoetingen die zij had met nog resterende familieleden. Een voorbeeld daarvan was haar Engelse grootmoeder, Charlotte Mathilde van Groot-Brittannië en Ierland (1766-1828). Zij was de tweede vrouw van haar grootvader, die in het grote slot Ludwigsburg woonde, niet ver van Stuttgart: *Toentertijd was zwijgzaamheid een blijk van respect en wanneer wij mijn grootmoeder gingen opzoeken, moesten wij – hoe lief en hartelijk ze ook altijd was – stil op een taboeretje zitten terwijl zij met mijn ouders sprak.*

Toen zij op een dag onderwerpen behandelden waarmee wij niets te maken hadden, werden wij naar een andere kamer gestuurd. Daar hing een groot schilderij dat met een gordijn bedekt was. Al lang waren wij benieuwd wat er achter dat gordijn zat. Ik was de langste en nam het daarom op me dat te ontdekken. Ik klauterde op een stoel, trok het gordijn weg en ontwaarde het gelaat van een grijsaard met een grote baard, gekleed in een wijde jas. Het was George III ten tijde van zijn krankzinnigheid. Op hetzelfde ogenblik ging de deur open en werd ik op heterdaad betrapt juist toen ik mij aan schandelijke nieuwsgierigheid bezondigde; de straf kwam in volle zwaarte op mij te rusten.

Mijn arme grootmoeder leed aan waterzucht. Zij kon niet meer liggen en werd steeds zwakker. De dood zag zij met de grootste kalmte onder ogen en haar einde was rustig. Op een ochtend toen zij zich als gewoonlijk had aangekleed, installeerde zij zich in haar grote leunstoel. De dokter die haar elke dag bezocht merkte aan haar polsslag dat zij stervende was. Mijn vader in Stuttgart werd gewaarschuwd. Hij kwam, zij liet merken hoe prettig zij het vond hem te zien en sprak met hem over koetjes en kalfjes tot plotseling haar ogen verstarden en haar vingers verstijfden – zij was dood. Mijn vader sloot haar ogen. Dat was op 6 oktober 1828. Twee uur later, toen wij kwamen, zat zij nog steeds in haar armstoel en zag er volstrekt niet angstaanjagend uit. Wij kusten haar hand. Mijn broertje die haar het laatste kuste, tilde haar hand op, liet hem daarna weer los en was stomverbaasd de hand levenloos te zien terugvallen. Mijn zuster en ik mochten bij de begrafenis zijn. Het was een naargeestig en aangrijpend schouwspel. Mijn stiefmoeder kreeg zenuwaanvallen, maar er waren zoveel mensen dat ík niet bang was.[12]

3 Tienerjaren

Jérôme, Mathilde en Napoleon

Tijdens de vakantie in Livorno ontmoette Wilhelm zijn zuster Catharina, die ooit de koningin van Westfalen was, weer. De laatste keer dat zij elkaar gezien hadden, was 14 jaar daarvoor. Catharina was getrouwd met Jérôme Bonaparte, een broer van Napoleon. Zij kregen drie kinderen: Jérôme, geboren in 1814, Mathilde in 1820 en Napoleon in 1822. Door de verbanning van keizer Napoleon en de restauratie van de Bourbons waren alle Bonapartes in ongenade gevallen en hadden hun positie moeten opgeven. Catharina maakte zich ernstig zorgen over de toekomst van haar kinderen. Vandaar dat haar broer Wilhelm Jérôme en Mathilde opnam in zijn paleis in Stuttgart en ze liet opvoeden samen met zijn eigen kinderen.

Napoleon, die ook wel Plon-Plon werd genoemd, werd naar Arenenberg gestuurd, waar zijn tante Hortense woonde. Hortense de Beauharnais (1783-1837) was de dochter van Josephine de Beauharnais, die getrouwd was geweest met Napoleon Bonaparte, maar van hem gescheiden was. Hortense was in 1802 uitgehuwelijkt aan Napoleons broer Lodewijk Napoleon, die in 1806 koning van Holland werd; zodoende was Hortense koningin van Holland. Hun zoon Lodewijk Bonaparte werd in 1852 keizer Napoleon III (1808-1873). Later ging Plon-Plon ook naar Stuttgart, samen met zijn neef Lodewijk Napoleon.

Sophie was erg blij met haar nieuwe huisgenoten en beschreef ze uitvoerig: *Jérôme was achttien jaar en zoals alle Zuid-Europeanen leek hij ouder dan hij was. Hij was een knappe, wereldwijze jongeman vol grootspraak, die goede manieren, goedmoedigheid en grote inschikkelijkheid tentoonspreidde en opging in zijn genoegens – kortom een charmante nulliteit. Van een meisje van veertien jaar zoals ik nam hij volstrekt geen notitie, terwijl ik hem vol bewondering aanstaarde. Wanneer hij 's zondags bij het diner toevallig naast mij kwam zitten, was ik in de wolken maar kon geen woord uitbrengen. Hij vond mij onhandig en vervelend en schroomde niet dat te zeggen tegen één van mijn nichtjes, die ouder was dan ik. Ik denk dat hij van haar hield, want tijdens zijn laatste ziekte in 1847, toen hij op zijn sterfbed lag, sprak hij alleen maar over haar. Van mijn bewondering had hij niet het flauwste vermoeden. Het ongeluk, of liever het geluk, wilde dat ik ontdekte hoe ontzettend hij kon liegen. Hij maakte zijn verhalen altijd mooi-*

er, niet uit kwade trouw, maar omdat hij eindeloos doorpraatte. Het was hem letterlijk onmogelijk de waarheid te spreken. Mijn ontdekking veranderde alles. Ineens was de man die ik grenzeloos had vereerd niets meer dan een vriendelijke, beleefde jongeman zonder betekenis. Jarenlang trof ik hem dagelijks aan tafel. Hij bewees mij veel vriendschap; wij praatten en lachten samen, maar ieder spoor van verliefdheid was verdwenen. Tot besluit van het verhaal over mijn neef Jérôme moet ik zeggen dat ik met een zekere bekoring aan hem terugdenk. Nog steeds bewaar ik een paar Duitse gedichten die ik in die periode schreef en die mijn gevoelens goed weergeven. De vervoering van een meisje van veertien is nog geen echte liefde, maar duidt erop dat het hart ontwaakt. Omdat Jérôme nooit iets van mijn gevoelens voor hem heeft geweten, is er bij mij geen bitterheid overgebleven. Ik had mij vergist door mij het beeld voor te spiegelen van iemand die niet bestond. Het was Gods waarschuwing aan mij die geen geluk zou kennen. Toen dat alles in rook opging, keerde mijn rust terug.[1] Sophie was ervan overtuigd dat haar tante Catharina het bijzonder prettig zou hebben gevonden als zij met Jérôme was getrouwd. Hij volgde in Württemberg een militaire opleiding.

Met de andere twee, Mathilde en Napoleon, had Sophie een hechte band: *Haar dochter van dertien was werkelijk beeldschoon. Wij vatten grote vriendschap op voor elkaar die tot op de huidige dag voortduurt.* Sophie en Mathilde bleven 48 jaar lang hartsvriendinnen en schreven elkaar al die tijd vertrouwelijke brieven. Zij zochten elkaar ook regelmatig op. Een paar jaar later kwam Mathilde weer ter sprake in Sophie's jeugdherinneringen: *Mijn oom Jérôme kwam met zijn dochter naar Stuttgart – overladen met schulden en zonder een 'home'. Hij liet zijn dochter bij ons achter en vertrok zelf naar Rome om zijn oude moeder te bezoeken die enige maanden later overleed. Mathilde was op haar vijftiende jaar werkelijk een van de betoverendste wezens die ik ooit heb ontmoet. Zij was door haar moeder streng opgevoed. Zij wist dat het de bedoeling was dat zij met prins Lodewijk Napoleon zou huwen en zij sprak met genegenheid over hem. Deze echtverbintenis was haar altijd in het vooruitzicht gesteld; zo'n huwelijk lachte haar wel toe, al zou het geen huwelijk uit liefde zijn, want zij was bijzonder op haar tante gesteld en schepte genoegen in dit behaaglijke maar al te inschikkelijke familieleven. Dikwijls sprak zij met mij over haar toekomst. De gehele winter en een deel van het voorjaar bleef zij bij ons. Haar jongste broer kwam haar toen halen; hij was veertien jaar, maar leek al een jongeman. Voor mij, zijn oudere nicht, koesterde hij nog altijd dezelfde verering. Zij reisden naar Arenenberg en vandaar naar Florence, waar Mathildes huwelijk aan het eind van het jaar [1836] gesloten zou worden.*[2]

Mathilde trouwde echter niet met haar neef Lodewijk Napoleon, want deze pleegde op 30 oktober 1836 een mislukte staatsgreep, waardoor hij naar Amerika moest vluchten. Mathilde trouwde met de Russische prins Anatole Demidoff, die zij zelf had uitgekozen – in die tijd een ongehoorde stap. Deze schatrijke Rus was een afstammeling van een wapensmid, die van tsaar Peter de Grote uitgestrekte mijnen gekregen had. Anatole had de groothertog van Toscane veel geld toegestopt en hem daardoor zover weten te krijgen dat hij hem

Afb. 1 Portret van prinses Mathilde Bonaparte, 1853, fotolithografie naar een schilderij door E. Girard (Koninklijke Verzamelingen).

verhief tot prins van San Denato. Een huwelijk met het nichtje van Napoleon paste goed in het straatje van deze eerzuchtige prins. Op deze manier had hij niet alleen een mooie titel verworven, maar ook nog een vrouw van zeer goede afkomst. Hij hoopte zo toegang tot de hoogste kringen te krijgen. Hij hielp zijn aanstaande schoonvader Jérôme uit de financiële problemen en in juli 1840 werd het huwelijk met veel pracht en praal ingezegend in de kathedraal van Florence. Het werd een rampzalig huwelijk dat eindigde in een echtscheiding.

Later hield Mathilde Bonaparte in Parijs een bekende salon waar zij veel interessante mensen ontving. Beroemde intellectuelen, schrijvers en kunstenaars bezochten haar in de Rue de Courcelles. Om er slechts een paar te noemen: de schrijvers Alexandre Dumas en George Sand, de schilders Eugène Delacroix, Gustave Doré en Jean-Auguste Ingres, de historicus Ernest Renan, de politicus en historicus Adolphe Thiers, de scheikundige en bioloog Louis Pasteur, de gebroeders Goncourt, die allebei schrijver waren, en de componist Franz Liszt.

Mathilde had een hekel aan etiquette en in haar salon heerste dan ook een ongedwongen sfeer. Iedereen werd aangemoedigd zich vrij te uiten en zo werden er vele interessante discussies gevoerd met Mathilde als het stralende middelpunt. Zij werd bewonderd om haar schoonheid en had volgens overlevering *l'un des plus beaux décolletés d'Europe*. In Mathildes salon kwam ook haar neef Lodewijk Napoleon, de latere keizer, regelmatig; hier ontmoette hij voor het eerst zijn toekomstige echtgenote Eugénie de Montijo de Palafox de Guzman. Sophie zocht haar nichtje Mathilde vaak in Parijs op en kwam zo in aanraking met allerlei boeiende personen. Met velen van hen sloot zij vriendschap en correspondeerde zij de rest van haar leven. Lodewijk Napoleon en Eugénie behoorden tot haar intieme vrienden.[3]

De derde en jongste van de kinderen van Jérôme en Catherine van Württemberg was prins Napoleon. Toen Sophie hem leerde kennen, was hij elf jaar en hij werd verliefd op haar: *Terwijl ik in de ogen van zijn broer nog maar een meisje was, leek ik voor hem een jonge vrouw. Zijn verering aanvaardde ik daarom als puur kinderspel.*

Later werkte prins Napoleon als politiek adviseur nauw samen met zijn neef keizer Napoleon III. Hij was onder andere gevolmachtigd minister in Spanje, maar had daarnaast een militaire loopbaan. Zijn bijnaam Plon-Plon zou een verbastering zijn van 'Craint-Plomb' (vreest lood) – een naam die hem door het leger was gegeven omdat hij niet aanwezig was geweest bij een belangrijke veldslag. Hij trouwde met Marie Clothilde, dochter van koning Victor Emmanuel II van Sardinië. Mathilde was niet zo verrukt van haar schoonzusje en vertelde in haar salon over Clothildes bekrompen geest en kwezelarij. Daarbij haalde ze graag voor haar gasten een brief van Sophie aan, die daarin over Clothilde zegt dat *een prinses die door een Chinese muur van trots wordt omgeven het nooit zal redden in Frankrijk.*

Plon-Plon was geen populaire man. Hij was te kil, te onverschillig en te hooghartig om geliefd te zijn bij het volk, terwijl hij door de elite als te onafhankelijk, te openhartig en te cru werd gezien. Aan het Franse hof vonden ze hem te eerlijk en te intellectueel. Hij had niet veel vrienden, maar degenen die hij had bleven dat voor het leven. Sophie herinnerde zich hem zo: *Napoleon gedroeg zich onhandelbaar en hoogmoedig, zo jong als hij was. Hij ontzag niemand; hij kon beleefd zijn, maar was met evenveel genoegen onaangenaam in de omgang, zodat hij zich veel vijanden maakte die hem om de een of andere reden niet mochten. Maar dezelfde man die voor niemand aan de kant ging, stortte zich in het water om een verdrinkende arbeider te redden, gaf heimelijk het weinige geld waarover hij kon beschikken aan een vriend, en ontzegde zich zonder klagen de pretjes die hij daarmee had kunnen bekostigen. Hij werd beheerst door een ware passie voor alles wat Frans en napoleontisch was. Omdat hij meende dat dit gevoel door niemand in zijn omgeving werd gedeeld, speelde zich vaak een zware tweestrijd af in zijn hart – dat hart waar dodelijk gekwetste trots de boventoon leek te voeren, maar waar nog zoveel edels en goeds leefde. Dikwijls nam hij mij in vertrouwen en ik kon het nooit laten zijn partij te trekken en hem tegen alles en iedereen te verdedigen.*

Het contact tussen Plon-Plon en Sophie duurde hun hele leven en ze lieten geen gelegenheid na om elkaar te kunnen ontmoeten. In 1868 bijvoorbeeld kwam hij naar Torquay waar Sophie aan het kuren was. In de villa van prins Napoleon zijn ongeveer zevenhonderd brieven van haar gevonden, gericht aan haar vertrouweling en '*cher ami*'. Bij haar overlijden zijn deze brieven door hem verzegeld. Momenteel bevinden zij zich in de Nationale Archieven in Parijs.

Op de eerste bladzijden van deze collectie staat: *Ik heb 724 brieven van mei 1839 tot 22 mei 1877 opgeborgen in 31 pakjes (sinds 1850 ieder jaar apart in een pakje gedaan met het aantal brieven erbij).* Het zijn brieven van *Sophie, Koningin van Nederland, geboren Prinses van Württemberg, Brieven die ze me heeft geschreven van 1839 tot 1877. Er zijn brieven die historisch van belang zijn en die bewaard moeten worden en andere die alleen een persoonlijk en intiem karakter hebben, die vernietigd moeten worden en verbrand. Als mijn oudste zoon Louis volwassen is op het moment van mijn dood, dan moet hij het werk doen, zo niet dan mijn executeurs testamentairs tenzij ik anders beslist heb.* Ondertekend door Napoleon, waaraan hij nog toevoegde: *In ieder geval moeten deze papieren met de grootst mogelijke discretie worden beheerd en bewaard.*[4]

Een ontwikkelde jonge vrouw

Sophie ontwikkelde zich tot een zeer intelligente, belezen jonge vrouw. De bekende Duitse oriëntalist Julius Mohl, die Perzisch, Arabisch en Chinees had gestudeerd en afkomstig was uit Stuttgart, noemde haar *een licht en zonnig ding met een buitengewoon levendig karakter.* Haar vader liet haar stukken inzien en sprak met haar over politiek. Bovendien wekte hij bij haar belangstelling voor de Europese diplomatie, waarin zij een goed inzicht ontwikkelde. Hij liet haar uittreksels en vertalingen maken: *omdat ik correcter Frans schreef dan zijn secretarissen. Ik kreeg een zekere vaardigheid in dit werk, al ontwikkelde mijn Franse schrijfstijl zich daarbij minder gunstig, omdat men bij het vertalen al te gemakkelijk de zinswendingen overneemt van de vreemde taal. Dit soort bezigheden verveelden mijn zuster en zij vroeg ervan vrijgesteld te worden. Zo kwam alles op mijn schouders neer, wat ik heerlijk vond. Dikwijls bleef ik diplomatieke stukken vertalen in plaats van mij te kleden voor het bal, en wachtte ik tot het laatste ogenblik om aandacht te besteden aan mijn japon en kapsel. Mijn vader zal met al dat werk uiteindelijk niets hebben gedaan, maar ik heb daardoor veel inzicht in het verleden gekregen, in tradities die in onze tijd al te snel vergeten worden.*

Sophie's vader was zijn hele leven actief betrokken bij de Duitse en Europese politiek en tot zijn dood in 1864 maakte hij zijn dochter steeds deelgenote van zijn staatkunde. Wilhelm I was in politiek opzicht liberaal in zijn opvattingen, maar het was wel een liberalisme van een gematigd karakter. Sophie werd hierdoor beïnvloed, maar ook door de Duitse tijdgeest die door de historicus Renan als volgt omschreven werd: *De Duitse geest toen leek op Jehova, die naar de mooie uitdrukking van Job 'vrede sticht vanuit de hoogte'. Men wilde niets vernietigen, men wilde alles verzoenen. De Koningin* [d.i. Sophie] *bleef haar leven lang trouw aan deze geest.* Ondanks haar progressieve opvattingen bleek later in haar leven dat Sophie in zaken betreffende haar directe omgeving zeer behoudend kon zijn. Misschien omdat zij volgens een behoorlijk streng protocol was opgevoed?

Sophie las erg veel: *Het stond mij vrij om alle boeken te lezen die ik maar wilde. Van romans hield ik gelukkig niet. De eerste roman die ik las –* Mathilde en Malek Adhel *van Madame Cottin – deed mij schateren van het lachen, terwijl mijn zuster erom huilde. Daarom werd ik uitgemaakt voor iemand die geen hart had. Ik had een lievelingsstudie waarover ik weinig sprak, uit angst te worden uitgelachen: ik las Kant*[5] *en Hegel.*[6] *Ik dweepte met Hegel. Het lijkt een zonderlinge voorliefde, zeker voor een vrouw, want wat drijft men al de spot met abstracte filosofen en metafysici. Men vergeet daarbij hoe belangeloos deze dorst naar kennis is die ons meevoert naar een ver verschiet, ons doet uitstijgen boven onze beperkingen naar hoogten van inzicht waardoor wij onszelf kunnen vergeten. Wat een kostelijke gave! Zij verschaft ons het hoogste genot, verrijkt onze jeugd en vlecht, als wij op jaren komen, nieuwe levensdraden door de oude. Als ik heb weten te ontsnappen aan de sleur waarin vorstinnen doorgaans leven en het bestaan van anderen heb leren kennen, begrijpen en delen, dan heb ik dat voor een belangrijk deel te danken aan mijn studie. Zij deed mij beseffen hoe nietig de individu is en hoe verheven God en zijn schepping zijn. Men moet mij mijn heimelijke voorliefde voor de metafysica maar vergeven; ik doe er niet meer aan. Maar in ieder geval verliest men daardoor zijn behoefte aan oppervlakkige lectuur en voelt men behoefte aan steviger en gezonder geestesvoedsel.*

Op godsdienstig gebied volgde Sophie haar vader, zij was net als hij een aanhanger van een ondogmatisch christendom. De liturgische gebruiken in de lutherse en anglicaanse kerken vond zij prachtig en zij benijdde de roomskatholieken en de Nederlandse calvinisten omdat zij zo zeker waren van hun geloof. Wat zij niet kon uitstaan waren hun dogma's. Zij las zelf de Bijbel en zocht daarin steun, er waren momenten dat zij voelde dat God tot haar sprak en dan kon zij bidden.

Zij raakte als echte romantica in vervoering door bijzondere natuurverschijnselen, door mooie landschappen en zag daarin hoe de grootheid van God werd onthuld. Weliswaar was vader Wilhelm wat rationeler dan Sophie op godsdienstgebied, maar zij hadden dezelfde belangstelling en hadden vaak identieke opvattingen. De bijzondere band tussen vader en dochter werd hierdoor alleen maar versterkt.

In deze periode van haar jeugd had het corps diplomatique in Stuttgart een voor Sophie bijzonder lid. Engeland werd vertegenwoordigd door Lord William Russell, de oudste broer van Lord John. Hij bezat een zeldzame distinctie, was eenvoudig en bescheiden, op het verlegene af, en vatte vriendschap voor Sophie op omdat zij leek op prinses Charlotte.[7] Zijn vriendschap duurde tot zijn dood. Zijn vrouw, die zijn sympathieën zelden deelde, nam haar ook onder haar vleugels.[8] Lady William Russell correspondeerde met Sophie van 1838 tot haar dood in 1874. Zij was dezelfde vrouw die door Pauline, Sophie's stiefmoeder, in vertrouwen werd genomen over het moeilijke karakter van haar stiefdochter en de onverschillige houding van haar echtgenoot.

Voor haar [Lady William Russell] koesterde mijn vader grote bewondering, omdat zij op mijn moeder leek. Zij was destijds nog beeldschoon, beschikte over een eruditie die men bij een vrouw zelden aantreft en bezat een karakter dat niet vrij van boosaardigheid was. Iedere keer als ik haar weerzag, vertelde zij mij hoezeer zij leek op mijn moeder.

Lord William Russell was van 1834 tot 1835 in Württemberg gestationeerd als minister voor koningin Victoria. Hij beschreef aan zijn broer Lord John zijn ervaringen in Stuttgart en John noteerde in zijn dagboek: *[...] een dochter Sophie, het stoutmoedige meisje dat zo werd bewonderd door Lord William. Dat hij tedere gevoelens in haar gewekt zou hebben wordt ondersteund door het verhaal dat zij soms briefjes onder de deur van zijn kamer schoof.*

Lord William bezocht met enige regelmaat festiviteiten aan het hof. Hij schreef dan altijd zijn indrukken op: *De Koning zou een verstandige, aardige man zijn in ieder gezelschap, maar hij is als een slaaf onderworpen aan domme etiquette en een stupide entourage. Zijn dochters zijn knap en zien er beschaafd uit, de Koningin heeft duidelijk een slechte gezondheid.*

Bal aan het Hof. Prinses Sophie met wie ik veel gepraat heb, is bijzonder intelligent, maar ze ziet er teringachtig uit.

Dineerde aan het Hof. De Koning is intelligent, maar het beperkte en vleierige gezelschap waarin hij leeft heeft zijn ideeën beperkt, bovendien wordt hij vaak opzettelijk door de Russen bedrogen. De Koningin is heftig in politiek en niet al te verstandig, verder wel een goede vrouw.

Gedineerd met de Koning en de Koningin. Ik ben verrukt over de Prinsessen, ze zijn zo vrolijk, zo natuurlijk, zo goed opgevoed. De tweede leg is ook veelbelovend. De Koningin heeft een zeer vriendelijke gezichtsuitdrukking. Het Paleis is een creatie van de vorige Koningin, een vrouw met een grote geest voor het goede en het prachtige.

Bal ter ere van Prinses Sonderhausen née Oehringen, drie dagen getrouwd. Ik danste met haar, met de Koningin, de Prinsessen en anderen. Ik ben betoverd door prinses Sophie. Ze heeft de grootse ziel van haar moeder; ze vertelde me dat ze Lady Hester Stanhope adoreerde, dit is romantisch, maar het is een romantisch verhaal in een jonge geest die tot iets bruikbaars kan worden verfijnd.

Dineerde met de Koning en vertrok en nam een zeer teder afscheid van prinses Sophie, een zeer charmant meisje, dat iedere troon in Europa tot eer zal strekken.

Er waren nog andere diplomaten aan het hof van haar vader verbonden, met wie Sophie veel contact had, zoals de secretaris van Lord William, Henry Wellesley, de latere lord Cowley. Deze trouwde in 1833 met Olivia de Ros, een van Sophies oudste en dierbaarste vriendinnen: *Zij is meer dan innemend, zij is hartveroverend, goedhartig, geestig en werpt als een zon haar stralen op alles wat binnen haar bereik is. De buitenwereld kent slechts haar schitterende kwaliteiten, maar wie intiem met haar omgaat, leert pas haar echte verdiensten, haar goede hart, haar onzelfzuchtigheid, haar rechtvaardigheidsgevoel en haar scherpzinnig verstand op hun juiste waarde schatten. Zij kende geluk in haar leven en dat was verdiend; voor één keer tenminste is het lot rechtvaardig geweest.* Ook met Olivia Cowley (1807-1885) heeft Sophie haar hele leven gecorrespondeerd.

Zij koesterde bijzondere herinneringen aan de Franse gezant, Vicomte de Fontenay, die haar liefde voor de beeldende kunst bijbracht: *De gezant was een liefhebber van kunst en cultiveerde die belangstelling. Zijn grote trots waren enkele schilderijen van bekende meesters die hij de zijne mocht noemen. Zijn manier van doen was die van een oude man, maar zijn belangstelling ging uit naar jonge mensen. Hij was de eerste die mij liefde voor de beeldende kunst bijbracht. Op zijn aanraden las ik Vasari*[9] *en ging mij bezighouden met kunstgeschiedenis en kunsttheorieën.*

Toen Sophie 16 jaar oud was, ging zij op reis naar Italië, haar eerste grote buitenlandse reis: *Het vooruitzicht van die reis verheugde mij geweldig en gedurende de weken die eraan voorafgingen was ik doodsbang dat er onverwachts iets tussen zou komen. Eind juni vertrokken wij vliegensvlug via de Splügenpas, wij waren korte tijd aan het Comomeer en kwamen in Milaan. Als ik herhaalde wat mijn indrukken waren, zou ik mij waarschijnlijk belachelijk maken. Want in mijn jeugdig enthousiasme nam ik duizenden impressies in mij op van de Italiaanse luchten en van die krachtige, kleurrijke natuur.*

In Milaan zag ik de eerste mooie schilderijen: de Hagar van Guercino,[10] *het Martelaarschap van de Heilige Catharina door Ferrari;*[11] *wat heb ik ze bewonderd en wat bewonder ik hen nog steeds. Het aanschouwen van mooie schilderijen is een van mijn grootste genoegens: het tilt mij uit boven mijzelf.*

Wij gingen in snel tempo van Milaan naar Genua waar wij ons inscheepten. [...] Niets was primitiever dan de Italiaanse schepen die diensten onderhielden op de Middellandse Zee. Zij waren vuil en langzaam en voeren erg onregelmatig. Tenslotte kwamen wij in Napels aan. Sindsdien heb ik Napels nooit meer gezien, maar in mijn herinnering is alles nog schitterend. Die stralende morgen waarop zich voor mijn ogen een ongeëvenaard panorama ontvouwde, blijft voor altijd in mijn geheugen gegrift.

Wij brachten een paar dagen in Napels door en gingen ons daarna installeren in Castellamare voor de zeebaden. Wij leefden er teruggetrokken en verkenden de omgeving waar zelfs nog geen wegen waren: Sorrento kon men alleen te paard of per boot bereiken. Ik herinner mij een heerlijke tocht naar Paestum vanuit Salerno waar wij overnachtten. Wij waren toen bijna alleen met mijn vader die het grootste deel van ons gevolg in Castellamare had gelaten. [...]

Ons reisgezelschap was zo talrijk en mijn vaders tijd zo beperkt dat wij dezelfde weg terug namen, zodat ik noch Rome noch Florence bezocht. Toen wij aan de voet van de Alpen bij het Co-

momeer kwamen, bleek ons dat de wegen vernield waren door een verschrikkelijk noodweer. Wij moesten op onze schreden terugkeren en naar huis reizen via de Brennerpas en Tirol. Het was een droevige thuisreis, want het speet mij geweldig de voornaamste kunstschatten van Italië niet te hebben gezien; ik voelde mij er bijna ziek van. Het kostte mij moeite weer met werken te beginnen, want het maken van uittreksels en copieën verveelde mij opeens. Wij kregen een lange, strenge winter. Met Pasen, op 19 april, sneeuwde het nog.[12]

Het 'jongedamespensionaat'

Sophie en Marie waren zo langzamerhand op de leeftijd gekomen dat er over een huwelijk moest worden nagedacht. Verschillende kandidaten passeerden de revue, een van hen was de hertog van Orléans:[13] *Louis-Philippe liet mijn vader polsen. Marie, dol op haar neef* [Frederik van Württemberg], *voelde er niets voor, hoewel het mij juist een aantrekkelijke gedachte leek. Terwijl mijn vader nog aarzelde, stelde een brief van mijn halfbroer Peter de kwestie in alle duidelijkheid aan de orde. De tsaar van Rusland die nooit naar ons geïnformeerd had of ons een levensteken gezonden had, liet in die brief op besliste toon mijn vader het volgende weten: 'Als één van uw dochters met de hertog van Orléans huwt, verbreek ik voor altijd de familierelatie tussen U en mij en erken ik U niet meer als bloedverwant.'*

Wilhelm wilde de zaak niet op de spits drijven en liet het verder rusten. Hij was een slimme diplomaat en wilde de goede verstandhouding van Württemberg met Rusland, die hij altijd gecultiveerd had, niet in de waagschaal stellen door zijn dochter aan een Franse troonpretendent uit te huwelijken. Sophie heeft de hertog van Orléans nooit ontmoet.

In diezelfde periode scheen ook nog een andere echtverbintenis tot de mogelijkheden te behoren. De hertog van Clarence,[14] *op dat moment koning William IV, was altijd gehecht gebleven aan de familie van zijn zuster. Toen hij in 1830 koning was geworden, nodigde hij mijn vader uit voor een bezoek waarbij hij hem de Orde van de Kousenband verleende en hem met bewijzen van vriendschap overlaadde. Om hem voor een nieuw bezoek uit te nodigen, zond hij in 1835 Lord Elphinstone, een van de heren van zijn hofhouding. Dit tweede bezoek kwam niet tot stand, maar kort erna liet de Engelse koning via zijn Hannoverse minister, baron von Stralenheim, vertrouwelijk aan mijn vader weten dat hij graag een van diens dochters met zijn neef Wilhelm van Brunswijk in het huwelijk zou zien treden. Van kindsbeen af hadden wij horen praten over Brunswijk. Mijn vader had de grootste verering voor zijn grootvader, de befaamde hertog van Brunswijk die in 1806 overleed. In zijn jeugd had hij menig gelukkig ogenblik doorgebracht in Brunswijk, waar hij vaderlijke genegenheid had gevonden. [...] Er werd overeengekomen dat hij naar Stuttgart zou komen. Maar eerst wenste de koning van Engeland hem weer in Londen te ontmoeten, waar ook de prins van Oranje*[15] *met zijn twee zoons en de hertog van Coburg met de zijnen zouden komen. De prins van Oranje hoopte vurig zijn zoon Alexander aan prinses Victoria uit te huwelij-*

ken, terwijl de hertog van Coburg erop rekende de echtverbintenis tussen zijn zoon Albert met de erfgename van Groot-Brittannië te kunnen bewerkstelligen.[16]

Hertog Wilhelm kwam zonder huwelijksaspiraties naar Engeland; voor hem was het een weerzien met het land waar hij zijn jeugd had doorgebracht. Hij reisde vandaar linea recta naar Stuttgart, waar hij de vogels gevlogen vond.

Wilhelm had Marie en Sophie, net als het jaar daarvoor toen de hertog van Orléans in het spel was, van huis gestuurd. Dit keer naar Weimar om een andere vrijer te ontlopen: koning Otto van Griekenland. Deze was naar Duitsland gekomen om een echtgenote uit te zoeken: *Zijn vader, koning Ludwig, had hem op het hart gedrukt een vrouw met een Griekse naam te nemen. Noch mijn kwaliteiten noch mijn charmes hadden de keus op mij doen vallen – het was alleen mijn naam. De eerste koningin der Hellenen moest Sophie heten. Mijn vader had altijd de schepping van dit kleine bastaardkoninkrijk afgekeurd en evenmin had hij zich kunnen verenigen met de keuze van de jonge prins van Beieren (tot koning). Toen men hem dan ook vanuit München schreef dat koning Otto in aantocht was met een huwelijksaanzoek, antwoordde hij met een weigering – zonder daarover met ons ook maar met een woord te reppen. Ik weet niet precies wat het Beierse hof kwetste; maar het antwoordde dat Otto naar Stuttgart zou komen, huwelijk of geen huwelijk. [...] Otto kwam in Stuttgart, vond het nest verlaten en vertrok naar het Noorden om er een prinses van Oldenburg te huwen. Korte tijd later kwam de hertog van Brunswijk. Hij was verbaasd en misschien ook wel gekwetst om degenen die hij zocht niet aan te treffen. Men verzocht hem terug te komen; dat beloofde hij en daarop reisde hij verder naar Wenen en Berlijn.*

Sophie was op bezoek bij haar tante Maria Paulowna, die zij sinds haar zesde jaar niet meer gezien had. Maria Paulowna was groothertogin van Weimar en betreurde het dat het huwelijksaanzoek van koning Otto niet serieus genomen werd. Sophie had een prettige tijd in Weimar: *Het kleine hof van Weimar was overigens bijzonder aardig. Er werd een etikette in acht genomen die grotesk was wegens de kleine schaal waarop alles zich afspeelde. Naast die etikette heerste er verder een ongeveinsde goedmoedigheid. Haar echtgenoot, de groothertog, was een braaf man en bovendien een eigenaardig type. De manier waarop hij zich uitdrukte, zijn wijze van doen, zijn voorraad anekdotes – alles wat grotesk aan hem, en zijn vrouw was de enige die deed alsof zij dat niet opmerkte. Zij overheerste hem, beschermde hem met haar waardigheid en stond niemand toe in beleefdheid jegens hem tekort te schieten. In dat opzicht is zij altijd bewonderenswaardig geweest. Hun zoon is precies zo oud als ik. Hij maakte mij het hof, maar leek zo op zijn vader dat ik hem niet serieus kon nemen. Toen hij eens in een rijtuig een liefdesverklaring afstak, antwoordde ik met een heleboel gekheid. Het gehoor van zijn moeder was slecht, behalve in een rijtuig. Zij hoorde wat ik zei. Stuurde ik haar plannetjes in de war? Ik weet het niet, maar ik mag aannemen dat zij het nooit vergeten is. Tot zijn eer moet ik hieraan toevoegen dat haar zoon altijd een vriend gebleven is, ook nu nog.*

Sophie bracht zes weken door in Weimar en vertrok daarna naar Friedrichshafen, want de hertog van Brunswijk zou zich daar bij haar en haar gezelschap voegen. Op 24 augustus 1836 stuurde graaf von Bismarck, gezant van Sophies vader bij de hoven van Noord-Duitsland (Berlijn, Hannover en Brunswijk), een brief aan koning Wilhelm. In deze brief vertelde de graaf dat hertog Wilhelm hem tijdens zijn verblijf in Hannover naar Brunswijk had laten komen: *Hij had hem nog eens gezegd hoezeer het hem speet ons niet te hebben ontmoet, dat het hem op het ogenblik onmogelijk was om weer naar Württemberg te gaan. De vragen van de graaf ontwijkend, beweerde hij rekening te moeten houden met omstandigheden waarop hij geen invloed kon uitoefenen. Mijn vader schudde het hoofd: 'Daar zit meer achter', zei hij. Ik had de hertog nooit gezien, maar had mij een huwelijk met hem in het hoofd gezet en die hoop vervloog nu in rook. Voor een prinses zijn er zo weinig geschikte partners van dezelfde rang en dezelfde godsdienst dat men het kringetje gauw rond is. Wij hadden formidabele concurrentes in prinses Victoria en de dochters van tsaar Nicolaas. Onze beperkte vooruitzichten maakten onze toekomst duister en onzeker.*[17]

In 1837 ging Sophie met haar vader op reis naar Nederland om er zeebaden te nemen. Ook wilde hij naar Engeland om daar de grote spoorwegondernemingen te bezichtigen die ze in Duitsland nog niet kenden. *Wij mochten wel mee naar Holland, maar niet naar Engeland en dat heeft mij bitter gespeten. Zodoende bezocht ik het land waar mijn verdere leven zich zou afspelen. Ik zag het bij mooi zomerweer en hoewel het op mij een stijve en eentonige indruk maakte, stond het mij niet tegen.*

Sophie bracht met haar vader en haar zuster Marie zes weken door in Nederland. Zij bezochten de grote steden met de belangrijke musea en andere bezienswaardigheden. Ook gingen ze naar de Zaanstreek, om het beroemde Czaar Peterhuisje te bekijken. Ze gingen op visite bij de Nederlandse koninklijke familie, tenslotte was Anna Paulowna de tante van de twee zusjes: *Koning Willem I ontving ons welwillend; hij vond het prettig met mijn vader over bestuurlijke en financiële zaken te spreken – onderwerpen waar hij zelf zoveel belang aan hechtte. Zijn echtgenote, de koningin,*[18] *die weinige maanden later overleed, was roerend hartelijk. De prins van Oranje – de latere koning Willem II – was een zeer charmante, aantrekkelijke persoonlijkheid. Hij vond dat ik net een Engelse leek met mijn lange blonde krullen. Onze tante, de prinses van Oranje,*[19] *ontving ons uitgesproken koel en onbeleefd. Zij was altijd jaloers geweest op mijn moeders schoonheid en overwicht. Haar huwelijk was destijds samengevallen met het tweede huwelijk van mijn moeder, die in Rusland een veel vooraanstaander positie innam dan zij. Deze vrouw haatte graag en nam met vreugde wraak op de dochters van haar overleden zuster. Haar zoons waren grote, sterke jongens zonder goede manieren en matig onderlegd.*[20] *Ofschoon Prins Willem achttien maanden ouder was dan ik, leek hij mij jonger door zijn gebrek aan verstandelijke ontwikkeling. Wij ontmoetten elkaar weinig. Zij bevonden zich bij het veldleger in de provincie Brabant, want met België was nog steeds geen vredesverdrag gesloten. Het was een ongelukkige toestand die miljoenen kostte maar niets positiefs opleverde.*

Ze verbleven enkele weken in Den Haag en Sophie ontmoette voor het eerst prins Frederik,[21] de broer van de latere koning Willem II. Met hem sloot ze vriendschap. Haar vriendin Olivia Wellesley (later Cowley) logeerde met haar man en kind in hetzelfde hotel in Den Haag: *wij vormden samen een alleraardigst kringetje.*

Wilhelm reisde door naar Engeland, Marie en Sophie gingen met hun gezelschap terug naar huis. Toen Wilhelm thuiskwam, lagen er brieven voor hem uit Den Haag, waarin stond dat de oudste zoon van de prins van Oranje, de zogeheten erfprins, zó verrukt was van zijn nichtjes dat hij naar Stuttgart wilde komen: *Omdat er werd gesproken van nichtjes in het meervoud, nam mijn vader aan dat het mijn zuster betrof. Marie had weinig zin in dit huwelijk: daarvoor zag zij het leven teveel als een roman. Mijn vader wist haar echter geleidelijk ertoe over te halen en zij beloofde haar vooroordelen aan de kant te zullen zetten. Toen de jongeman arriveerde, bleek helaas al na drie dagen dat ik mij geen illusies moest maken: ik was de uitverkorene! Ik deelde het meteen aan mijn vader mee en vroeg of ik de prins moest ontmoedigen. Dat verbood hij mij; maar ik zag dat hij het jammer vond dat 's prinsen verlangens niet naar mijn zuster uitgingen, daar hij voor mij een andere toekomst op het oog had. Arme vader. Hij besefte niet dat de toekomstmogelijkheden van zijn kinderen erg beperkt waren. Ik was niet verliefd op de prins; ik was op niemand verliefd. Met de* Almanach de Gotha[22] *was ik bekend; ik wist dus dat er weinig geschikte huwelijkskandidaten waren en vele concurrenten. Mijn verstand pleitte ervoor een eventueel aanzoek aan te nemen, maar mijn hart kwam daartegen in opstand. Wat mij kalmeerde in deze tweestrijd was de hoop dat de tijd in mijn voordeel zou werken. De prins vertrok naar Italië met de verzekering dat hij spoedig terug zou keren. In stilte hoopte ik dat hij nooit meer terugkwam.*

Het is maar de vraag of koning Wilhelm zich niet gerealiseerd heeft dat er weinig huwelijkskandidaten voor zijn dochters waren. Hij had ook nog de dochters uit zijn derde huwelijk én prinses Mathilde, voor wie hij zich eveneens verantwoordelijk voelde. Deze meisjes moesten allemaal trouwen: '*Mijn huis lijkt wel een jongedamespensionaat*', zei hij vaak.

Sophie hoopte dat de prins van Oranje niets meer van zich zou laten horen: *Na het vertrek van de prins van Oranje gingen verscheidene weken voorbij zonder dat wij iets uit Holland hoorden. Koningin Wilhelmina was zo pas gestorven;*[23] *iedereen was er in de rouw en die stilte nam tijdelijk mijn ongerustheid weg.*

Maar er kwam wel degelijk weer een brief van koning Willem I. Hij schreef dat de herinnering aan het bezoek van de Württembergse koning met zijn interessante familie hem had vervuld *met een levendig verlangen de banden van mijn familie met die van Uwe Majesteit nog hechter te zien worden.* Het verblijf in Stuttgart had zijn kleinzoon in de gelegenheid gesteld om *de aandoenlijke kwaliteiten te waarderen, die Prinses Sophie zo eminent onderscheiden.* Bovendien was de erfprins *diep doordrongen van de overtuiging dat de hand van deze prinses voor zijn hele leven de waarborg zou worden van zijn huiselijk geluk. [...]*

Willem I voegde daar verder aan toe: *Ik weet maar al te goed, Sire, uit eigen ervaring wat de scheiding van een geliefde dochter het vaderlijk hart kost, om niet aan te voelen welk offer deze verbintenis voor Uwe Majesteit zal meebrengen. Maar ik moge U verzekeren, dat ik en de mijnen met voortdurende zorg zullen trachten de heilige plicht te vervullen het leed te verzachten door ons te verbinden de Prinses, die ik als mijn eigen dochter zal beschouwen, alle vaderlijke genegenheid te doen terugvinden waaraan Hare Koninklijke Hoogheid gewend is en die Haar in tal van hoedanigheden toekomt.*

Er kwam ook een brief van de vader van de prins, waarin aan Wilhelm om de hand van zijn dochter Sophie gevraagd werd: *Het was een treffende brief vol warmte. [...] Ik was de prins van Oranje* [de vader] *toegedaan en vond in die brief iets troostrijks. Toch verzocht ik om bedenktijd en mijn vader stond mij dat toe.* Sophies vader beantwoordde deze brief en stelde voor om elkaar het volgende voorjaar in Berlijn te ontmoeten, waar ook de tsaar en tsarina van Rusland aanwezig zouden zijn evenals een groot aantal andere soevereinen, prinsen en prinsessen. Zo had Sophie meteen haar bedenktijd en stootte de altijd voorzichtig manoeuvrerende Wilhelm niemand voor het hoofd. Sophie speculeerde dat zij daar misschien een gelegenheid zou hebben om het lot te ontwijken dat haar boven het hoofd hing.

Beslissing in Berlijn

In mei 1838 vertrok Sophie met haar familie naar Berlijn en ze reisden met de postkoets heel Duitsland door. Onderweg bezocht het gezelschap op 22 mei, de verjaardag van Sophies moeder, het monument voor Gustaaf Adolf van Zweden, in de buurt van Lützen. Hij was daar in 1632 tijdens de veldslag bij Leipzig gesneuveld. Het was een mooie voorjaarsavond toen ze er aankwamen en de zon ging juist onder. De herinnering aan de grote historische gebeurtenis die op die plek had plaatsgevonden, samen met de gedachte aan haar moeder en het gevoel dat ook haar eigen lot spoedig beslist zou worden, zorgde bij Sophie voor *één diep, religieus gevoel dat mij bereid maakte een offer te brengen. Ik nam mij voor eerst aan mijn vader en dan pas aan mijzelf te denken.*

Na aankomst in Berlijn vertrokken ze naar de schouwburg waar het hele gezelschap vorsten, prinsen en prinsessen zich verzameld had: *Wij werden een salon achter de statieloge ingeleid en wachtten er op de komst van de doorluchtige personages. Intussen nam men ons scherp op met niet bepaald welwillende aandacht. Geen mensen zijn zo hard, zo vol negatieve kritiek, als prinsen en prinsessen – en wij hadden geen moeder om ons in die wereld wegwijs te maken. [...] Lange tijd wachtten wij in die salon op de komst van de belangrijke personages. [...] Eindelijk kwamen de groten der aarde. Tsaar Nicolaas, in wit uniform, liep achter de tsarina die haar vader een arm had gegeven. De koning van Pruisen was stram maar goedhartig*

Afb. 2 Prinses Sophie, 1838, lithografie naar het schilderij van A.C. Kruseman (Beeldbank Haags Gemeentearchief).

en sprak altijd in de onbepaalde wijs. Als hij vroeg: 'Wandelen? Dansen?', betekende dat: 'Hebt u gewandeld? Houdt u van dansen?' Zijn afgemetenheid nam niet weg dat hij de jeugd goedgezind was. De tsarina leek erg oud voor haar leeftijd, hoe schitterend haar diamanten ook waren, hoe elegant haar kleding en hoe slank en rijzig haar gestalte ook was. Haar hoofd beefde, haar ogen lagen diep weggezonken in hun kassen. Zij was ziekelijk, nerveus en grillig. Later, toen ik haar beter leerde kennen, ben ik haar gaan waarderen zoals zij werkelijk was, maar op dat ogenblik leek zij bepaald niet vriendelijk en harmonieus. Als Nicolaas ergens binnenkwam, ging hij altijd tegen een muur of een deur staan om zijn majestueuze gestalte en zijn regelmatige profiel beter te laten uitkomen. Vanaf die plek liet hij dan zijn heersersblik dwalen over de menigte die tot taak had vol aandacht en ontzag te zijn. Hij poseerde altijd, zelfs als hij hartelijk en gevoelvol wilde lijken. Zijn barse stem had altijd een bevelende toon en zijn ogen – die volgens hemzelf vuur *konden schieten – waren leeg; daar ontbrak de goddelijke vonk aan. Overigens beschouwde hij zichzelf terecht als de scheidsrechter der koningen, want men toonde hem de meest slaafse eerbied en bewondering. Wij werden gelukgewenst met de voortreffelijke wijze waarop hij ons begroette, maar waarin ik geen enkele hartelijkheid kon bespeuren. Juist de man die ons enkele jaren tevoren had laten meedelen 'dat hij ons niet meer als familieleden zou erkennen', gaf ons nú niet het gevoel tot zijn familie te behoren als de kinderen van zijn diep betreurde zuster.*

Er passeerden nog vele andere hoogheden de revue en Sophie ontmoette toen ook de hertog van Brunswijk: *Daar was nu de man over wie ik zoveel gedroomd had. Hij was bijzonder knap. Hij liet zich meteen aan ons voorstellen maar gedroeg zich koel, bijna hooghartig.*

Later trof ze hem bij een souper nog een keer: *De hertog van Brunswijk baande zich een weg door de menigte en kwam naast mij zitten. Hij praatte geanimeerd: zijn gezicht leefde op, het straalde en kreeg een aantrekkelijke uitdrukking. Zijn gewone afgebeten manier van spreken werd vriendelijker en een andere aard leek tevoorschijn te komen; nu zijn terughoudendheid was weggevallen, zag men zijn ware inborst. Hoe vol gebeurtenissen was dit korte souper. En hoe vaak heb ik eraan teruggedacht. Toen wij opstonden, was mijn handschoen gevallen; hij raapte hem op. Die handschoen heb ik lang bewaard. Toen wij de trap afdaalden, liep hij achter ons aan. Hij ging te voet naar huis, maar eerst wachtte hij bij de deur totdat wij in ons rijtuig hadden plaatsgenomen. Ik kwam thuis, opgewonden en gelukkig. Ik kan niet zeggen dat ik van hem hield, maar ik zou van hem hebben kunnen houden.*

De volgende dag ontliep de hertog van Brunswijk haar bij een diner, want hij had te horen gekregen dat Sophie verloofd was met de prins van Oranje. Sophie kreeg gezelschap van prins Willem, die naast haar kwam zitten. Ze vond hem goedhartig, vaderlijk en charmant. Zij voelde zich door het gedrag van de hertog van Brunswijk vernederd en ongelukkig, maar de manier waarop de prins Willem met haar omging deed haar goed. Sophies vader herhaalde vele malen dat hij het erg op prijs zou stellen als zij zou besluiten met de prins van Oranje te trouwen. Hij was een groot voorstander van het huwelijk en zette zijn onwillige dochter onder druk om het Nederlandse aanbod aan te nemen.

Wilhelm I had Sophie een intellectuele opvoeding gegeven, waardoor zij veel ontwikkelder was dan andere vrouwen van haar tijd. Ook had hij haar kennis laten maken met de internationale politiek, een volledig door mannen gedomineerd gebied. Maar toen er dynastieke belangen op het spel stonden, moest zij zich als meisje toch onderwerpen aan de beslissing van haar vader. Hij beoordeelde of een huwelijkskandidaat geschikt was voor haar en zij moest als jonge getrouwde prinses zorgen voor een paar troonopvolgers, in die tijd natuurlijk het liefst prinsen. Wilhelm had uiteraard wel het beste met zijn dochter voor, maar het was voor de eerzuchtige koning een aantrekkelijk idee dat zijn dochter in het huwelijk zou treden met een troonopvolger. De prins van Oranje liet de hertog van Brunswijk ver achter zich wat zijn toekomstige positie betrof.

Sophie vroeg twee dagen bedenktijd en die werden haar toegestaan. De toestand bleef onveranderd tijdens die twee dagen, de hertog ging haar zorgvuldig uit de weg. Ze ontmoette een oude bekende, de Engelse gezant Lord William Russell, die tijdens een bal naar haar toekwam: *'Ik zie dat u ongelukkig bent; wat is er aan de hand?' 'Ik moet een beslissing nemen en ik kan dat niet'*, antwoordde Sophie hem. Hij adviseerde haar: *'Hak de knoop door, dan zult u zich beter voelen.'*

Sophie nam haar besluit. Na het bal ging zij met haar vader naar diens kamer en vertelde hem dat ze besloten had met de erfprins te trouwen. Ze vroeg hem wel om het geheim te houden tot na hun vertrek uit Berlijn. Haar vader was geroerd en zei dat op dat besluit zijn zegen rustte. Hij moest het wel vertellen aan de prins en zijn vader, maar verder beloofde hij het nog geheim te houden: *Ons gesprek duurde niet lang; hij kuste mij, ik ging naar bed maar kon niet slapen. Ik had het gevoel alsof ik mijn eigen doodvonnis had geveld; af en toe was ik opstandig, dan zei ik hardop tegen mijzelf dat het onmogelijk was. Die hele nacht stond ik in vreselijke tweestrijd. Tegen de ochtend werd ik kalmer. Het scheen mij alsof alles nog niet verloren was, dat God mij zou bijstaan, dat de geest van mijn overleden moeder uitkomst zou brengen. Bij het opstaan was ik zó moe en zó bleek dat mijn kamermeisje vroeg of zij een dokter moest laten komen.*

Later die dag kwamen de prins van Oranje en zijn zoon op bezoek: *Ik was als versteend en had zelfs niet de kracht om ongelukkig te zijn. Het leek alsof alles wat er gebeurde, met iemand anders te maken had. Of de erfprins verliefd was, weet ik niet. Hij wilde in het huwelijk treden om onder zijn vaders bevoogding uit te komen en had het oog op mij laten vallen. Hij sprak van liefde en toewijding en ik dacht dat hij goedig was. Zijn vaders vreugde en hartelijkheid bemoedigden mij. Toen deze mijn handen pakte, vielen zijn ogen op de rouwband die hij nog om zijn arm droeg vanwege de rouw om zijn moeder. 'Als jij hem afdoet', zei hij, 'zal me dat geluk brengen.' Ik ging even mijn schaar pakken van het tafeltje bij het raam: een begrafenisstoet ging net aan het venster voorbij – ik verstijfde van ontzetting.*

De geheimhouding van het voorgenomen huwelijk waar ze om had gevraagd, werd niet in acht genomen. De prins van Oranje kondigde het aan bij de tsaar, die Sophie ermee feliciteerde en haar daarbij op haar schouder kuste, wat volgens ingewijden het summum van zijn welwillendheid was. Sophies vader schreef aan koning Willem I: *Uwe Majesteit is zelf zo'n goede Vader, dat U goed ingeschat heeft, Sire, van welke gevoelens ik doordrongen moet zijn op zo'n plechtig moment: Maar de verzekeringen die Uwe Majesteit me namens Uzelf en Uw familie geeft om mijn dochter dezelfde familiebanden te laten terugvinden die ze hier verlaat en het vertrouwen haar altijd als een geliefde dochter behandeld te zullen zien, overtuigen mij ter verzekering van het toekomstig huiselijk geluk van mijn dochter een oprechte voldoening te vinden in de verlening van mijn toestemming tot de voorgestelde verbintenis met de kleinzoon van Uwe Majesteit. Moge de hemel onze gebeden verhoren door onze kinderen zijn goddelijke zegeningen te verlenen.*

Sophie bracht nog twee dagen in Berlijn door en kwam steeds weer 'haar' hertog tegen, die haar met zijn blikken volgde, maar zij spraken niet met elkaar. Zij schreef vlak voor haar vertrek, op 31 mei, aan Lady William Russell: *Toen ik hier kwam, waren mijn eerste gedachten aan u, mijn lieve en buitengewone vriendin; de vreugde om u terug te vinden was het warmste gevoel dat ik ken, maar de dagen gingen voorbij en u kwam niet. Lord William had me wat hoop gegeven over uw komst en tot gisteren verwachtte ik u. [...] Ik ben dankbaar dat u de twee meisjes die u in hun eerste jeugd zag, niet bent vergeten. [...] Op maandag vertrekken we, maar aangezien we langzaam reizen, stoppen we in Potsdam [...] en nu heb ik een voorstel. Kunt u, wilt u daar met mij afspreken? [...] Ik zou erg verdrietig zijn als ik u niet zou kunnen zien. Er kunnen jaren voorbijgaan voordat het lot ons weer samen zal brengen en ik wil de meest gedistingeerde vrouw die ik ooit in mijn leven heb ontmoet, weer zien.*

Sophie verontschuldigde zich voor de verwardheid en onduidelijkheid van deze brief, maar sprak nogmaals de hoop uit dat ze haar zou kunnen ontmoeten omdat ze haar heel erg graag wilde spreken. Het is goed mogelijk dat Sophie door haar besluit om te trouwen steun en bemoediging nodig had van een vrouw die zij vertrouwde en respecteerde. Ze voelde zich erg ongelukkig en verdrietig en wilde alles met haar bespreken zoals ze dat mogelijk met haar moeder zou hebben gedaan als deze nog geleefd had.

Op 2 juni schreef ze opnieuw aan Lady William Russell om de afspraak vast te leggen en vervolgde: *Ik heb u veel dingen te vertellen van de afgelopen twee jaren en u ook; [...] Ik ben ouder geworden, en in deze acht dagen heb ik over mijn lot beslist en over mijn toekomst. [...] Ik ben voor altijd verbonden aan de zoon van een man die u veel ontmoet heeft, de Prins van Oranje. Bewaar mijn geheim, lieve vriendin, niemand hier is ervan op de hoogte. [...] Mijn lichamelijke kracht is op en ik zal blij zijn om mijn rustige kamer in Stuttgart terug te vinden en mijn boeken en al mijn dagelijkse gewoonten die een dubbele charme krijgen door de scheiding.*

Twijfels

Toen Sophie weer in Stuttgart was, sprak ze weinig met haar vader over haar toekomst. Hij overlaadde haar wel met betuigingen van genegenheid en Sophie was zich ervan bewust dat ze hem een dienst had bewezen. Op verzoek van de prins van Oranje schreef ze een brief aan haar toekomstige schoonmoeder, koningin Anna Paulowna: *Ik had haar de verzekering gegeven van mijn oprechte toewijding en eerbied, terwijl ik haar verzocht om genegenheid en bescherming. Haar antwoord was weerzinwekkend, koud en wreed; ik beschouwde het als een voorproefje van haar haat. Toen mijn vader de brief gelezen had, zei hij tegen mij: 'Het is een nare brief, maar je brengt haar nog wel op andere gedachten.' Hij dacht dat andere mensen precies zo waren als hijzelf, helaas. Zij gaf zich nooit gewonnen en bleef trouw aan haar afgunst, aan haar haat.*

In juli ging Sophie met haar vader naar Wiesbaden, waar hij wilde kuren en zij de prins van Oranje weer ontmoette: *Hij scheen zich aan mij te hechten en ik meende dat hij hartelijk en oprecht was. Maar hij had eigenaardige grillen. De ene dag ging alles goed, de andere ergerde alles hem: de kleur van een jurk, de vorm van een hoed. De omgang met hem was moeilijk omdat men altijd voor een verrassing kon komen te staan; maar daar hoopte ik mettertijd verandering in te brengen en zijn onberekenbare wispelturigheid wat te minderen. Toen hij wegging, meende ik dat, al zou geen geluk mijn deel worden, voor mij tenminste een actief en nuttig leven zou zijn weggelegd. Aangezien wij dezelfde interessen hadden, leken er ruimschoots raakpunten voor dagelijkse omgang en echtelijke harmonie voorhanden te zijn.* Sophie hoopte dat er, ondanks haar twijfels, voldoende raakvlakken waren om een goede relatie met haar toekomstige echtgenoot op te bouwen. Zowel Willem als zijzelf hielden veel van muziek en musiceerden niet onverdienstelijk, ook hadden zij allebei veel belangstelling voor schilderkunst.[24]

Tsaar Nicolaas bezocht de familie in kasteel Friedrichshafen, waar zij de zomer doorbrachten en hij praatte met Sophie over zijn zuster, haar toekomstige schoonmoeder. Hij vertelde haar dat ze een moeilijk karakter had en noemde haar '*bijna onmogelijk*', maar hij was ervan overtuigd dat het goed zou komen tussen hen beiden omdat Sophie heel geestig was en haar daarmee voor zich kon winnen.

Terug in Stuttgart stonden de voorbereidingen ten aanzien van het voorgenomen huwelijk niet stil. Koning Willem I nam op voordracht van zijn minister van Buitenlandse Zaken op 6 oktober 1838 een besluit, waarvan het eerste artikel als volgt luidde: *De Graaf A.F.J.A. van der Duyn van Maasdam, Grootmeester van het hof van wijlen Hare Majesteit de Koningin Onze teder geliefde gemalin, wordt belast met een buitengewone zending naar Stuttgart ten einde uit Onzen naam bij Zijne Majesteit den Koning van Wurtemberg voor Onzen beminden oudsten Kleinzoon Prins Willem aantehouden om de hand van Prinses Sophia Frederika Mathilda, Hoogstdeszelfs tweede dochter, en bij die gelegenheid aan Hoogstdenzelven te overhandigen eenen tot dit onderwerp betrekkelijken brief, waarmede hij door Ons zal worden voorzien. Hij zal dit aanzoek met 's Konings toestemming bij voornoemde Prinses herhalen.*

Erfprins Willem zocht Sophie in november weer op. Ze werd verscheurd door twijfels: *Ik zou over dit verblijf waaronder ik zo geleden heb, liever helemaal niets zeggen. Ik wenste dat ik er mij niet ongunstig over hoefde uit te laten! Zeker, ik was in Berlijn niet standvastig genoeg geweest. Ik had moeten weigeren, ik had niet blindelings een beslissing moeten nemen en mij het leed moeten besparen dat over mij kwam. Al was ten gevolge van de afgunst en de plagerijen van mijn stiefmoeder mijn 'home' niet vrij van narigheid, toch had ik het niet moeten verruilen voor zware beproevingen van geheel andere aard. Maar ik was in het geheel niet verdacht op wat mij overkwam. Met mijn verloofde sprak ik en ik schreef hem brieven. Ik zei dat ik te oud voor hem was.*

Willem was geboren op 19 februari 1817 en was dus ruim een jaar ouder dan Sophie. Misschien dacht zij dat een groter leeftijdsverschil tussen man en vrouw gunstiger was, maar het lijkt aannemelijker dat zij ieder excuus aangreep om onder deze verplichting voor het leven uit te komen: *[...] dat onze karakters niet bij elkaar pasten. Haast uitzinnig kwam hij bij mij terug, vroeg mij vergiffenis en verzekerde mij dat hij zijn best zou doen om mij gelukkig te maken. Ik zei dat als ik in de eerste plaats tegenover hem eerlijk moest zijn, ik die eerlijkheid ook aan mijn vader verschuldigd was. En ik sprak dan ook met mijn vader. Deze was kalm en beslist en zei eenvoudigweg dat verbreking van de trouwbelofte onmogelijk was, dat zulke romantische gedachten nergens toe leidden en dat ik mij moest inspannen om gelukkig te worden.*

Ik was zo gewend hem te gehoorzamen dat ik mij weer eens schikte. Later las ik de brief die ik aan mijn verloofde geschreven had nog eens over. Toen schreef ik hem opnieuw. Zowel voor hem als mij was ons huwelijk een ramp. Ik was hem in ontwikkeling voor, bezat het plichtsgevoel dat hem altijd ontbroken heeft. Want mensen en dingen zijn voor hem speelgoed. Ik leed eronder hem niet de genegenheid te kunnen schenken waarop hij terecht aanspraak mocht maken. Maar ik kon niet veinzen, geen komedie spelen.

Willem vertrok naar regimenten bij de grens tussen Nederland en België: de vijandschap tussen beide landen was weer opgelaaid. Sophie was van mening dat dit verblijf in het legerkamp hem veel kwaad had gedaan: *Hij bevond zich daar in minderwaardig gezelschap, werd gewoon bevelen uit te delen en eigenmachtig te handelen. [...] Een prins vindt altijd meelopers en vleiers. Sinds die tijd is hij zich gaan overgeven aan uitspattingen.*

Bij wet van 8 december 1838 werd in Nederland toestemming voor het huwelijk gegeven. Op 2 mei 1839 werd het huwelijksverdrag van Sophie en Willem gesloten tussen de koning van Württemberg en koning Willem I der Nederlanden: *Wij Wilhem, door de gratie Gods koning van Wurtemberg laten hierbij weten dat als gevolg van het verlangen dat Zijne Majesteit de Koning der Nederlanden ons heeft getoond, een hechtere band tussen onze twee Huizen gesmeed zal worden [...]*

Na de inleiding volgden zestien bepalingen waarin van alles geregeld werd zoals de bruidsschat en het feit dat het huwelijk dat in Stuttgart gesloten zou worden. Sophie bracht in het huwelijk een privé-fortuin mee dat niet alleen bestond uit geld maar ook uit sieraden, zilveren en gouden voorwerpen en andere zaken afkomstig uit de nalatenschap van haar moeder. Over deze nalatenschap, de bruidsschat, de toelage die zij van de Nederlandse koning kreeg en alles wat zij tijdens haar huwelijk mogelijk zou erven, sparen of verwerven, had zij de vrije beschikking. Ook werd haar een eigen hofhouding ter beschikking gesteld, die zij niet zelf hoefde te bekostigen. Eventuele kinderen zouden worden opgevoed op kosten van de Nederlandse kroon en deze kinderen zouden altijd onder voogdij van de koning van Nederland en zijn opvolgers blijven. Ook de erfenis werd geregeld evenals haar huisvesting.

Sophie bracht de laatste winter van haar jeugd in een koortsachtige toestand door. Er was niemand bij wie ze zich werkelijk kon uiten en ze was onderhevig aan sterk wisselende stemmingen: *Nu eens genoot ik vrolijk en lachend voor de laatste maal van mijn jeugd, dan weer gaf ik mij over aan ware wanhoopsgevoelens.* In maart 1839 schreef koningin Pauline van Württemberg aan Lady William Russell: *[...] het vertrek van Sophie is een groot geluk, zij is hatelijker dan ooit [...] Ze verafschuwt haar toekomst en toch zegt ze dat ze een man wil [...]*

In het voorjaar van 1839 gaf haar vader een groot diner voor zijn Eerste Kamer en daar hoorde ook graaf Von Bismarck bij. Sophie sprak met hem en hij vertelde haar dat hij een brief had ontvangen van de hertog van Brunswijk: *Hij is ontroostbaar en voelt zich bedrogen. Al vóór uw verloving werd hem meegedeeld dat u verloofd zou zijn. Hij durfde uw vader daarom niet om uw hand te vragen. Nu weet hij alles en betreurt de hele gang van zaken diep.*

Sophie voelde zich hierdoor zowel gelukkig als verdrietig: *Ik had mij het liefst in mijn vaders armen willen werpen, mijn huwelijksbelofte verbreken, maar ik wist dat ik daar te pletter zou lopen op het onmogelijke. Weer onderwierp ik mij. In mijn innerlijk vond een wonderlijke ommekeer plaats: ik werd kalmer. Want degene aan wie ik mijn leven graag had willen geven, was zelf ook tot in zijn ziel gekwetst.*

Om zich voor te bereiden op haar nieuwe leven in een nieuw land, besloot Sophie Nederlands te leren en zij ging op zoek naar een leraar. Dit was niet zo gemakkelijk: *Tenslotte diepte men een oude Duitser op die lange tijd in Amsterdam op een handelskantoor had gewerkt. Toen de heer Osiander zijn onderwijs begon en mij de grammatica wilde bijbrengen, moest hij mij bekennen dat hij die zelf niet beheerste. Hij beloofde echter datgene te zullen onderwijzen wat hij wel goed kende, namelijk lezen en spreken. Hij nam boeken voor mij mee en liet mij bepaalde woorden en zinsneden opschrijven zodat ik ze kon onthouden. Al was het geen leuk werk, toch was het geen slecht idee. [...] Toen ik in het huwelijk trad, sprak ik nog geen correct vloeiend Hollands, maar ik kon mij al wel van die taal bedienen.*[25]

4 De bruidegom

Willem II en Anna Paulowna

De moeder van Willem III was Anna Paulowna, de jongste dochter en het achtste kind van tsaar Paul en Maria Feodorowna, een geboren prinses van Württemberg. Tsaar Paul werd na een schrikbewind van vijf jaar in 1801 vermoord door een groep officieren en edellieden, die zijn woonvertrekken in het Michaelspaleis in St. Petersburg waren binnengedrongen. Ze wurgden hem met een zijden sjaal en toen de dood niet snel genoeg intrad, werd hij uiteindelijk doodgeslagen met een met verguld brons beslagen malachieten presse-papier.

Op 28 november 1815 was haar toekomstige echtgenoot, Willem II, naar Rusland gereisd met een groot gevolg. Hij was kort daarvoor geopereerd aan de nasleep van een schouderwond die hij bij de slag bij Waterloo had opgelopen. Een kuur in Spa was niet voldoende geweest om hem daarvan te genezen en er moesten enkele achtergebleven beensplinters worden verwijderd.

Hij arriveerde op 22 december in St. Petersburg en ontmoette Anna Paulowna diezelfde dag nog. Zij moest toestemmen in het huwelijk, want tsaar Peter de Grote had bepaald dat geen Romanov mocht trouwen zonder dat de toekomstige partners elkaar van te voren hadden ontmoet en toestemden in de verbintenis. Anna vond dat ze van hogere geboorte was dan de prins van Oranje, maar toch verliep de ontmoeting heel goed. De Franse gezant in Petersburg, Le Moussaye, schreef aan zijn regering in Parijs: *De Prins van Oranje heeft een groot succes geboekt. Hij heeft niet veel 'esprit', maar zijn manieren zijn beleefd en galant. Zonder echt mooi te zijn is zijn houding gracieus en ridderlijk.*

Het huwelijkscontract kon worden opgemaakt. Anna kreeg een bruidsschat mee van één miljoen roebel, waarover haar schoonvader beloofde vijf procent rente te zullen betalen. In een afzonderlijke akte werd afgesproken dat de kinderen een protestantse opvoeding zouden krijgen. Anna zelf bleef het Russisch-orthodoxe geloof trouw. Nadat eerst de in Rusland gebruikelijke 'kerkelijke verloving' had plaatsgevonden in de kapel van het keizerlijke paleis, werd op 21 februari 1816 het huwelijk naar Russisch-orthodox ritueel voltrokken. Daarna bevestigde de Waalse predikant De la Saussaye volgens de protestantse liturgie het huwelijk in de Witte Zaal van het Winterpaleis in St. Petersburg. Hierna volgde een reeks feestelijkheden, recepties, galamaaltijden en bals van een buitengewone pracht en praal. Door de stad trokken muziekcorpsen en ere-escortes. Op het Peterhof werd een feestmaal gehouden waarbij het pasgetrouwde paar werd bediend door leden van de hoogste adel: grootvorsten en grootvorstinnen en leden van prinselijke families. In het paleis de Hermitage werd een operavoorstelling gegeven waarbij de hele keizerlijke familie aanwezig was. De festiviteiten namen vele maanden in beslag, de hele winter en het daaropvolgende voorjaar. Anna was op 19 januari 1795 geboren en was dus op haar trouwdag 21 jaar oud.[1]

In augustus 1816 kwamen Willem II en Anna Paulowna voor het eerst als getrouwd paar in Nederland aan. De bruid was in verwachting van haar eerste kind. Het stel vestigde zich tijdelijk aan het Lange Voorhout in Den Haag,

Afb. 3 Allegorie op de geboorte van Willem III, prins van Oranje. Op een schaal zit een naakt jongetje gedeeltelijk nog in de schil van een vrucht die omgeven is door een takje waaraan twee bloemen en één bloemknop zitten. Links op de voorgrond staan twee gekroonde wapenschilden van de ouders van de pasgeborene. De grote klok op de achtergrond geeft kwart voor elf aan. Op de vier hoeken van de klok staat een W afgebeeld. Bovenop de klok zit achter een neerhangend gordijn een figuurtje dat met zijn wijsvinger wijst naar de woorden op de klok: 'Il est né'. Gravure door J.J. Wolff, 1817 (Beeldbank Haags Gemeentearchief).

vanaf 1817 bewoonden Willem en Anna afwisselend het paleis aan de Kneuterdijk en het paleis aan de Wetstraat in Brussel. In dit paleis werd op 19 februari 1817 de troonopvolger geboren: Willem Alexander Paul Frederik Lodewijk. De tweede en derde naam waren afkomstig van de laatste Russische tsaren, de oom en grootvader van de kleine jongen. Aan de buitenwereld werd het nieuws hoogdravend gemeld: *De teerbeminde gemalin van 's lands dierbare kroonprins verloste den 19[2] Februarij des avonds te half elf zeer voorspoedig van een prins die zich in den volmaaktsten welstand bevond.*

Zowel in het Noorden als in het Zuiden was iedereen blij met de geboorte van een sterke jongen, het voortbestaan van het Oranjehuis was voorlopig veiliggesteld. In Brussel was men erg trots dat het prinsje juist daar was geboren. Dat gold eveneens voor Willem en Anna Paulowna, omdat ze beiden een bijzondere voorliefde hadden voor de Zuidelijke Nederlanden. Koning Willem I schreef aan zijn moeder dat het pasgeboren kind een grote en stevige jongen was. Tsaar Alexander van Rusland was erg verheugd over de geboorte en stuurde een kostbare luiermand met daarin allerlei voorwerpen die in Rusland geweven en geborduurd waren. Generaal-majoor Trip bracht, als afgezant van het Nederlandse hof, de tijding aan de tsaar. Hij werd hartelijk omhelsd en kreeg twee gouden snuifdozen cadeau met een waarde van *f* 10.000,–. Ook werd de pasgeborene onderscheiden met de Orde van St. Anna.

Op 27 maart 1817 werd Willem gedoopt. In een schitterende stoet van twaalf galakoetsen reed het gezelschap naar de Augustijnerkerk. Ds. W.L. Krieger was zeer welsprekend: *De Held der Nederlanden, overwinnaar in den strijd, keerde tot ons terug, bedekt met lauweren, en nu, versierd met een olijftak des vredes, gewint Hij eenen Zoon, die, zooals wij biddende hopen, Hem tot geenen minderen roem zal verstrekken dan zijn wapentuig in den strijd. Zouden wij het niet met verrukking gadeslaan! God spreekt door daden en zegt: 'Het Stamhuis van Oranje zal bestendig zijn'.*

Bij de doop waren drie schilders aanwezig om het tafereel vast te leggen. Eén daarvan was Matthieu Ignatius van Bree,[2] die een groot schilderij wilde maken van de gebeurtenis en dan ook herhaaldelijk verzocht om de vorstelijke personen naar het leven te mogen afbeelden. (zie kleurenafb. 7) Uiteindelijk is het bij een olieverfschets gebleven. Centraal staat de prins van Oranje met de dopeling en rechts daarnaast koning Willem I, koningin Wilhelmina van Pruisen, de grootmoeder Wilhelmina van Pruisen en haar dochter prinses Louise. Op het tweede plan staan centraal de beide ooms van het kind, prins Frederik en Nicolaas, grootvorst van Rusland. Op de tafel ligt een doopmantel klaar. Links achter de dominee houdt de grootmeesteres mevrouw Fagel-Boreel de doopsluier van Mechelse kant, geschonken door de raad van Antwerpen, in de handen. Naast haar staat een vrouw met een eenvoudige geplooide muts, baker Truy, en wat vager een vrouw die ook in de kraamkamer werkzaam kan zijn geweest. Op de officiële doopprogramma's stond overigens hun aanwezigheid niet vermeld, terwijl ze zelfs plaats hebben mogen nemen in het rijtuig van de dopeling.

Na deze eersteling werden er nog vier kinderen geboren: drie zonen en één dochter: Alexander in 1818, Hendrik in 1820, Ernst Casimir in 1822 (dit zoontje is als baby gestorven) en Sophie in 1825.[3]

Romanov-bloed

Prins Willem, die als kind al vaak onhandelbaar was, werd opgevoed door Thierry Juste Baron de Constant Rebecque de Villars, die hem op vijfjarige leeftijd als gouverneur werd toegewezen. Tot zijn achttiende jaar bleef De Constant Rebecque zijn leraar. In 1834 maakte Willem op zeventienjarige leeftijd een reis naar Rusland om zijn familie daar te bezoeken. Anna Paulowna vond dat het hoog tijd werd dat hij ze leerde kennen: *per slot van rekening ben je een halve Rus, een afstammeling van de grote tsaren!* zei ze tegen Willem. Die was diep onder de indruk van de onvoorstelbare weelde die er heerste aan het keizerlijke hof, in vergelijking daarmee stelde het Nederlandse hof niet veel voor. Hij kon het erg goed vinden met de latere tsaar Alexander – iets wat wel bijzonder genoemd kan worden, omdat hij over het algemeen niet zo'n goede indruk maakte.

In eigen land was de jonge prins niet erg populair, hij was nors en had soms angstaanjagende woedeaanvallen. Dan werd er gefluisterd: '*Dat is zijn Romanov-bloed*', want tsaar Paul, Willems grootvader, was zenuwziek en was berucht om zijn grillige buien en onverwachte woede-uitbarstingen. Anna was bezorgd om haar zoon. Moest deze onbeheerste jongen later koning van Nederland worden? Ze schreef daar vaak over aan haar broer, tsaar Nicolaas. Zo meldde ze in de tijd dat hij in Leiden studeerde: *Er was enige verbetering in de richting, die wij wensten. Ik schrijf deze verbetering toe aan een uitmuntende officier, die sinds de vorige lente in de nabijheid van de jongen was en die het klaar heeft gespeeld zich geliefd te maken en gelukkig maakt hij* [Willem] *er gebruik van door zich toe te leggen op een serie colleges.*

Die officier was Hendrik Frederik Christoph Forstner de Dambenoy, die vanaf 17 maart 1835 werd toegevoegd aan het gevolg van de Prins van Oranje. Willem heeft tweeënhalf jaar – van november 1834 tot mei 1837 – in Leiden gestudeerd. Hij liep college bij de hoogleraren H.W. Tydeman, staathuishoudkunde, P.H. Hofman Peerlkamp, algemene en vaderlandse geschiedenis, en H. de Cock, staatsrecht. De studie interesseerde hem niet zo veel en het Leidse studentenleven evenmin. De studietijd werd afgesloten door een examen bij zijn hoogleraren, die concludeerden dat de prins het er goed van afbracht. Professor De Cock en zijn medehoogleraren werden bij de Prins van Oranje te dineren gevraagd en uitgebreid bedankt voor hun studiebegeleiding. Professor De Cock werd later uit erkentelijkheid voor de positieve uitslag van het examen door de koning benoemd tot Ridder in de Orde der Nederlandse Leeuw.

Godsdienstonderwijs kreeg Willem van zijn vader, die zijn kinderen persoonlijk bijbelles gaf. Willem maakte ook reizen naar Berlijn en Londen, om zijn blik te verruimen. In 1837 bezocht hij Stuttgart.

Toen hij 21 jaar oud was, nam hij zitting in de Raad van State. Zijn installatie vond zonder feestelijkheden plaats vanwege een ernstige ziekte van zijn vader, die daar nog maar net van was hersteld. In *De Amsterdamsche Courant* verscheen hierover het volgende bericht: *Eene even onverwachte als grievende tijding vervulde eensklaps alle harten met ontsteltenis en meegevoel; een doorluchtig gezin was een prooi van beangstigende bezorgdheid; onze dappere getrouwe legerscharen, als door een donderslag getroffen, schenen in dof stilzwijgen de plaatsen te aanschouwen, waar nog weinig dagen tevoren de krijgshaftige stem huns edelaardigen bevelhebbers had geklonken; de Amsterdamse beurs was verschrikt; het Staatscrediet scheen te verflauwen; een gehele bevolking was als plotseling in knellende onrust gedompeld; Nederland had al het dringende gevoel van gevaar, dat de onschatbare dagen van den Kroonprins en Veldmaarschalk, den prins van Oranje, bedreigde.* De Prins kon zijn zoon slechts met een korte toespraak in de Raad van State binnenleiden.

Ook werd er aandacht besteed aan een militaire opvoeding. Voor de militaire opleiding droegen generaal-majoor Baggelaar en Baron Forstner de Dambenoy, die later minister van Oorlog werd en hem in Leiden begeleidde, zorg. In februari 1827, toen Willem nog maar tien jaar oud was werd hij door zijn grootvader in een plechtige ceremonie tot kolonel benoemd. Hiervoor werd op het Koningsplein in Brussel een militaire plechtigheid gehouden, waarbij de hele koninklijke familie aanwezig was. De troepen stonden in een *carré* opgesteld en de koning sprak zijn kleinzoon toe: *[...] dat de Prins, wanneer de gelegenheid zich daartoe mocht aanbieden, bereid diende te zijn voor zijn vaderland zijn bloed te vergieten en zelfs zijn leven te geven.* Toen de kolonelsepauletten op zijn schouders waren vastgemaakt, legde Willem een plechtige gelofte af: *[...] zich zijn afkomst waardig te tonen en de verwachtingen van Nederland nimmer teleur te stellen.* Willem hield zijn leven lang veel belangstelling voor het leger en liep graag in uniform, maar voerde nooit het bevel over actieve troepen.

Willem had een aantal hobby's zoals schilderen, musiceren en schrijnwerken. Dit laatste deed hij zo graag dat hij zelfs les nam bij een bekende schrijnwerker in Den Haag. Hij speelde graag op de grote vleugel in de bibliotheekkamer van het paleis op het Plein en componeerde zelfs af en toe een melodie. Ondanks dit alles had de jonge Willem niet veel te doen en amuseerde hij zich met een stel studentikoze vrienden, met wie hij in Brussel en Den Haag naar wilde feesten ging. Al voor zijn twintigste jaar werd hij door de satirische journalist Petrus de Vos omschreven als '*het beest der beesten*'.

Hij stond als erfprins op het derde plan, na zijn grootvader, de koning, en zijn vader, de troonopvolger. Af en toe kreeg hij een speciale opdracht, maar dat was slechts tijdelijk en daarna liep hij weer doelloos rond. Kort voor zijn troonsbestijging zei hij tegen een van zijn ministers: *Ik kan u niet aanzien zonder te bedenken hoeveel gij voor het vaderland hebt gedaan, en zonder bij mij zelf droefheid te gevoelen dat ik nog geen gelegenheid heb gehad er* ***iets*** *voor te doen.*

Als troonopvolger werd Willem door zijn vader buiten de dagelijkse gang van zaken gehouden, hij werd niet voorbereid op zijn toekomstige taak als koning. Het boterde niet erg tussen vader en zoon. Willem werd door hem geremd in zijn activiteiten en over veel zaken waren zij het niet met elkaar eens. Een bekend voorbeeld was de grondwetsherziening van 1848. Willem vond zijn vader te toegeeflijk tegenover de nieuwe democratische grondwet. Uit protest verliet hij het land.

Onder leiding van de Leidse hoogleraar J.R. Thorbecke hadden al in 1844 negen liberale leden van de Tweede Kamer een voorstel tot grondwetsherziening ingediend. Het was in eerste instantie door de Tweede Kamer verworpen, omdat men het voorstel te radicaal vond. In maart 1848 verzocht koning Willem II Thorbecke om voorzitter te worden van de Grondwetscommissie om een nieuw ontwerp te maken. Dit werd door de Staten-Generaal aangenomen en op 23 november werd het wet. Het hele proces was gepaard gegaan met diverse aanvaringen tussen de koning enerzijds en de ministers en het parlement anderzijds.

Voor Willem II was de vermindering van de koninklijke macht, die het gevolg was van deze grondwetswijziging, moeilijk te verteren. Mede door de revolutie van 1848 in Frankrijk, die ook in Nederland relletjes en samenscholingen tot gevolg had, veranderde de koning van gedachten en ondertekende de nieuwe wet. Tijdens een audiëntie met gezanten van Engeland, Pruisen, Oostenrijk en Rusland zei hij over zijn omwenteling: '*U ziet hier voor u een man, die in vierentwintig uur van zeer conservatief zeer liberaal is geworden. Maar iedereen had mij in de steek gelaten en ik stond eensklaps geheel alleen. De gehele conservatieve partij was overstag gegaan en ik gevoelde mij overboord gezet. Ik was toen van oordeel dat het verstandiger was om te doen alsof ik uit vrije wil datgene toestond, waartoe men mij anders toch zou hebben gedwongen.*' Nederland was een constitutionele monarchie geworden.

Bij optredens in het openbaar leek Willem uiterst verveeld. Een mogelijke oorzaak hiervan kan zijn geweest dat hij het niet eens was met de gang van zaken en daarin bovendien geen enkele zeggenschap had. Prinses Marianne, Willems tante, had toch een tamelijk gunstig oordeel over hem als jonge man. Zij schreef in 1844 aan de toenmalige grootmeesteres van de prinses van Oranje, mevrouw Falck-de Roisin, dat hij in de grond goed was. Hij was weliswaar geen '*homme aimable*', maar hij was wel eerlijk en oprecht, niet hard en achterbaks, want hij had een goed hart en zijn vrouw zou hem in de toekomst bijstaan om op het rechte pad te blijven.

Tijdens zijn leven als volwassene is Willem III (zie kleurenafb. 9) uiteraard ook vele malen omschreven. Een van die beschrijvingen was van de hand van A.W.P. Weitzel (1816-1896), generaal-majoor en minister van Oorlog onder koning Willem III. Deze Weitzel legde op een zeer openhartige manier zijn indrukken van zowel Willem als Sophie vast. Over de koning schreef hij: *De bekrompen intellectueele ontwikkeling des Konings gevoegd bij Zijne eigenaardige geestes-richting moet de voornaamste oorzaak worden geacht van de minder gelukkigen toestand die later in het leven trad.*

De Koning heeft het Russische Czaren-bloed in zijne aderen en even als zijn overgrootvader Peter III, zijn grootvader Paul I en vele hunner afstammelingen lijdt hij aan partiële krankzinnigheid.

Eer men het verschijnsel der krankzinnigheid zo grondig had bestudeerd als in onze dagen, was het schier misdadig een Koning te verdenken daaraan te lijden. Volgens oude vooroordelen toch – wier gevolgen helaas nog niet geheel zijn uitgeroeid – werd een krankzinnige geacht door den duivel te zijn bezeten, of was hij althans iemand die diep was gezonken, doordien zijn ziel in slavernij werd gehouden door de zonde. Krankzinnigen moesten ook op den duur wartaal spreken en allerlei abnormale handelingen verrichten, of werden niet als zodanig herkend. Thans weet men beter; krankzinnigheid is een ziekte gelijk alle anderen en waaraan helaas iedereen is blootgesteld. Men neemt zelfs partiële krankzinnigheid aan en geeft toe dat de zieke daarbij volkomen gezond kan oordelen en volkomen rationeel kan handelen zolang zijne manie slechts geen aanstoot ondervindt.

Willem III lijdt aan monomanie, hij heeft 'un sentiment personnel excessif', anders gezegd 'grootheidswaanzin'. Wat dit in een Koning moet betekenen is bij eenig nadenken licht te begrijpen.

Zonder er opzettelijk over te hebben nagedacht, geheel onbewust en alsof het volkomen natuurlijk ware, komt de lijder er toe, aan zichzelven tegenover anderen, niets dan rechten, aan anderen tegenover zich, niets dan plichten toe te kennen. Wat men voor hem, of op zijn verlangen, doet is men hem schuldig; wat hij voor anderen doet is gunst. Als hoofd van den Staat en als hoofd van zijn gezin is hij volkomen ongenegen over iets, met iemand in overleg te treden; hij wil of hij wil niet. Met de jaren wordt hij meer en meer prikkelbaar en meer en meer naijverig op zijn gezag en de meest zijdelingschen en vaak volkomen schijnbare aanrandingen daarvan, duidt hij euvel.

Het is niet tegen te spreken dat met een dergelijke manie een groote mate van egoïsme onafscheidelijk moet zijn verbonden en dat een volslagen egoïst geen aanspraak kan maken op het bezit van een goed hart. Ook is het een karaktertrek van alle lijders aan monomanie dat zij van lieverlede onverschilligheid, ja eindelijk afkeer aan den dag leggen zelfs jegens hen die zij vroeger groote genegenheid toedroegen.

De naijver, op gezag en prérogativen, eigen aan zijne zielsziekte strekt zich bij Willem III uit, zelfs tot de eerbewijzen, ovatiën of huldeblijken die aan de leden van zijn Huis door de bevolking worden gebracht; ze zijn hem nimmer aangenaam en hebben hem menigmaal vertoornd. De Koningin, de Koninklijke Prinsen en Prinsessen zijn slechts iets door hunne verhouding tot hem, geenszins door eigen verdienste, Hunne grootheid is slechts een afschaduwing van de Zijne. De vrouwelijke leden van Zijn Huis staan bij hem geheel op den achtergrond en zij beteekenen in Zijne oogen weinig meer dan dat zij in maatschappelijken rang verheven zijn boven vrouwen van niet vorstelijke geboorte. Partieel krankzinnigen kunnen de vrouw, in het algemeen, slechts beschouwen als uitsluitend te zijn geschapen tot nut en vermaak van haar heer en meester.

Niet alleen door zijn driftbuien deed Willem III denken aan zijn Russische voorouders, ook zijn bulderende stem en zijn uiterlijk herinnerden daaraan. Hij was rijzig, goed gebouwd en had vanaf zijn vroegste jeugd een uitmuntende gezondheid. Misschien was zijn karakter niet zo koninklijk, zijn uiterlijk was dat zeker wel. Eén van zijn lijfartsen, J. Vlaanderen, drukte het zo uit: *Zijner Majesteits voorkomen was dan ook flink, forsch mannelijk en bepaald vorstelijk.*[4]

5 Het huwelijk van Willem en Sophie

18 Juni 1839

De datum van het huwelijk van Sophie en Willem was vastgesteld op 18 juni 1839, een datum die niet voor niets was gekozen. Het was de herdenkingsdag van de overwinning op Napoleon in de slag bij Waterloo. Op 18 juni 1815 werd Napoleon daar verslagen door een combinatie van Brits-Nederlandse en Duitse legers, onder leiding van de hertog van Wellington en generaal Blücher. Napoleon werd naar het verlaten eiland Sint-Helena verbannen waar hij na een verblijf van zes jaar op 5 mei 1821 overleed. Zijn stoffelijk overschot werd naar Parijs overgebracht en bijgezet in de Dôme des Invalides.

Prins Willem, de vader van de jonge bruidegom, had meegevochten in de slag bij Waterloo en werd geroemd om zijn strijdlust. In 1815 had hij ook meegestreden in de slag bij Quatre-Bras, waar hij als militair bevelhebber succes boekte. Napoleon schreef over de deelname van Willem aan Quatre-Bras: *[...] zonder de heldhaftige vastberadenheid van de Prins van Oranje, die met een handjevol manschappen gedurfd heeft om zijn positie bij Quatre-Bras in te nemen, had ik het Engelse leger zonder slag of stoot overwonnen en was ik als overwinnaar naar voren gekomen. De Prins van Oranje heeft op die dag het bewijs geleverd dat hij een geboren militair is. Alle eer van deze campagne komt hem toe. Zonder hem zou het Engelse leger verslagen zijn zonder slag geleverd te hebben en had Blücher pas aan de andere kant van de Rijn zijn toevlucht kunnen nemen.* Mogelijk heeft Napoleon zich zo uitgedrukt om de rol van de Engelsen en de Duitsers wat af te zwakken, zeker is dat een compliment aan het adres van de echte strategen Perponcher en Constant-Rebecque niet minder op zijn plaats zou zijn geweest.[1]

Tijdens de Slag bij Waterloo raakte Willem gewond aan zijn schouder, hiervoor kreeg hij de eretitel 'Held van Waterloo'. Het is echter de vraag hoe heldhaftig hij werkelijk is geweest, hierover zijn de meningen verdeeld. Zijn paard Wexy overleefde de slag in ieder geval niet, hij werd uit eerbetoon opgezet en staat nu in het museum van de Koninklijke Stallen in Den Haag. In Nederland maakte het optreden van de Prins van Oranje diepe indruk en Willem werd geroemd om zijn heldhaftigheid. Overal waar hij kwam werd hij gefêteerd en bewierookt, de hoogste eerbewijzen vielen hem ten deel.

Er werd veel over de veldslag geschreven en er verschenen diverse lofdichten, nog jaren daarna. Een voorbeeld daarvan is het gedicht 'Ter Verjaring van den Veldslag bij Waterloo', van Isaac da Costa (1798-1860):

Griekenland was vrijgevochten, en het schaatrend zegelied
had den wapenkreet vervangen, op zijn bloedig grondgebied!
't Hart, ontlast van 't moedig krijgsvuur dat hun kracht gaf in den strijd,
gaf zich over aan een invloed, even krachtig, meer gewijd!
Nog bevlekt van 't bloed des vijands, greep de dichterlijke hand
't door een God besnaarde speeltuig voor 't geredde Vaderland!
Lofgezang vervulde 't luchtruim, en verkondigde overal
de overwinning van de Vrijheid, en des overheerschers val!
Alles luisterde, alles voelde 't, alles werd op eens bezield,
en bood hulde aan 't zwaard der volken, dat hun rechten heilig hield!
Leed en kommer was vergeten, en het fiere heldenoog
zag de neêrlaag slechts des Konings, waar heel Aziën voor boog!
   Meer beschaafd, en meer gevoelig, kweekte Pallas stad alleen,
midden in haar zegefeesten, midden in haar krijgstrofeên
't droef geheugenis der helden, die haar redden met hun bloed,
en de vreugd verloor haar woestheid in het diep geroerd gemoed!
Dus, dus vierde Atheen haar zegen, en een somber poëzy
vloeide aandoenlijk van de lippen der Atheensche dichtrenrij,
en de lof-, en treur-, en lijkzang vloeide met een tranenplas
op het eerlijk graf der helden, dierbaarst offer aan hun asch!
Dichters! dit 's een zang, u waardig, en de redders van Euroop!
Zingt hen aan het roemrijk einde van hun aardschen levensloop!
Wie de zege mocht beleven, huldigt heel een juichende aard;
maar den dooden held te kroonen, bleef voor uwe hand bewaard!
Zoo vereeuwig' hen uw zangtoon, en vervang' het ruwer lied,
dat de volheid van mijn boezem aan hun nagedachtnis biedt!
Wanhopig op het graf gebogen
   van 't kroost, gesproten uit haar schoot,
verwijt, met blind gekreten oogen,
   het brekend moederhart zijn dood
aan heel de wereld, die haar 't leven
   van den op 't roemrijk oorlogsveld
voor 't Vaderland gevallen held
   niet weêr kan geven!
Zy vloekt den oorlog en zijn plagen,
   verwenscht dat onmeêdogend zwaard,
naar dolle staat- en eerzuchtsvlagen
   verdelger van de kermende aard;

met hem, die, uit een rots gesproten,
het eerst het gruwelstuk bestond,
't metaal te delven uit den grond,
om 't in een menschenborst te stoten!
Rampzalige! Ja! wy ook treuren
in uw onlijdelijke smart!
Wie 't zwaard voor 't onrecht op kan beuren,
is meê vloekwaardig aan ons hart!
Het bloed, dat druppelt van zijn handen,
zal op hem kleven tot in 't graf,
en tot een eindelooze straf,
op 't schuldig harte branden!
Maar wie, om de eerbanier te volgen
van Recht en Onschuld, 't zwaard aanvat,
dien is geen Godheid ooit verbolgen
om 't bloed, dat om zijn voeten spat!
Die hiervoor dood- en krijgsgevaren
met onverschrokken hart bespot,
diens degen is gewijd aan God,
den God der legerscharen!
Dit zwaard, o Noordelijke helden!
blonk in uw ridderlijke vuist
op Waterloos roemruchte velden;
en Frankrijks krijgsmacht werd vergruisd!
Te sterven onder 't zegepralen
was 't wenschlijkst lot voor uwen moed,
gy, braven! die met eigen bloed
Europes vrijheid mocht betalen!
Dus wenschten die rechtschapen zielen,
en 's Hemels wil bestemde 't zoo!
Met d' overwonnen vijand vielen
ze op 't zoenaltaar van Waterloo!
Nog treurt Europe in 't triumfeeren
om 't heldenvolk dat zy verloor,
en dankbaar zal zy, de eeuwen door,
hun zegepraal, hun graf vereeren!
Dat lijkcypressen 't oord versieren,
waar 't zielloos lichaam molmt tot stof,
en eeuwig groenende laurieren
verkondigen des dooden lof!
De wind, die dartelt in die luchten,
verspreide op d' uitgestrekten vlerk

den naam, die schittert op den zerk,
en dien den vijand nog zal duchten!
Waar 't bloed gevloeid heeft dier getrouwen,
daar durft geen vijand ooit meer staan!
By wien hun tombe mag aanschouwen
zal nooit de vrijheidzucht vergaan!
Zoo voer' de heiligste der dagen
het nakroost zamen op hun graf,
en legge 't daar den eed met geestdrift af,
om nimmermeer den vreemden dwang, der vreemden naam te dragen![2]

Wat Sophie van de keuze van deze datum vond is nog maar de vraag. Zij had nauwe familiebetrekkingen met de Bonapartes en koesterde een grote bewondering voor Napoleon en de zijnen. De keuze voor deze dag kan een wat wrange bijsmaak hebben gegeven.

Afb. 4 Prinses Sophie in 1838, lithografie door M. Mourot (1803-1847), (gr.B 1194 Den Haag).

Een dag vóór haar huwelijk vierde Sophie haar 21e verjaardag voor de laatste keer in haar eigen vertrouwde familiekring. Voor Sophies vertrek naar Nederland werd zij geportretteerd door de Württembergse hofschilder Carl Leybold. Op het schilderij is ze ten halven lijve uitgebeeld en draagt ze een prachtige japon en een diadeem waarin klassieke cameeën prijken. Dit schilderij was in het bezit van Sophies vader en later vererfde het op haar zuster Marie. Zij schonk het in 1887 via een legaat aan de Sophia Stichting in Scheveningen. Jammer genoeg is het schilderij zoekgeraakt.

Sophie was wanhopig over haar huwelijk en ze schreef korte tijd voor de huwelijksdatum aan haar goede vriend Plon-Plon dat hun genegenheid, *als wij bestemd zijn om het leven ver van elkaar verwijderd door te brengen, zowel de toekomst als het verleden zal doorstaan.* Ze had een dans voor hem gecomponeerd, die in haar ogen een uitdrukking van zijn karakter en zijn hartstocht was en ze hoopte dat hij trouw zou blijven aan de eer en de vrijheid die de grondbeginselen van zijn leven waren. *Het gevoel dat ik voor u koester is voor mijn hele leven. [...] Wanneer ik de kroon zal dragen, dan verliest u niet het trouwe oog van een vriendin, van een zuster, mijn vriend, dat over u waakt en u geluk zal brengen. God zal u zegenen, mijn goede Napoleon. Ik draag u in mijn hart.*[3]

De bruiloft

De achttiende juni brak aan, een brandend hete zomerdag. Ik was zó uit het veld geslagen dat mijn vader mijn Bijbel ging halen en hem open in mijn handen legde bij het vijfde hoofdstuk van Paulus' brief aan de Efeziërs. Hierin staat onder andere 'Vrouwen weest aan Uw mannen onderdanig als aan de Here... Mannen, hebt Uw vrouwen lief, evenals Christus zijn gemeente heeft liefgehad'. *Mijn schoonvader was uit Den Haag gekomen. Ook zijn aanwezigheid gaf mij moed. Om drie uur kreeg ik mijn bruidskleding aan. Ik zag er beeldschoon uit, zei men.* Sophie droeg een lange japon van zwaar wit damast, dat doorweven was met zilveren bloemen en versierd met een heel brede strook zilver brokaten kantwerk. De kanten sluier was aan haar hoofd vastgemaakt met een krans van mirten en oranjebloesem. Op haar voorhoofd droeg ze een prachtig diadeem, dat ze van haar vader had gekregen.

Het huwelijk werd voltrokken in de grote *Marmorsaal* van het koninklijke paleis, het Neues Schloss. Op een verhoogd altaar, dat speciaal voor de gelegenheid was geplaatst, lagen de trouwringen in een gouden schaal. Ook stond daar het crucifix uit de slotkerk. Onder aan het altaar stond een roodfluwelen bidbank voor het bruidspaar, terwijl daarboven een beeld van de Verlosser hing.

Tussen drie en vier uur 's middags kwam het hof bijeen in de *Marmorsaal*, evenals Von Beroldingen, de Württembergse minister van Buitenlandse Zaken, de leden van het corps diplomatique en Graaf van der Duyn, Zijne Excellentie de Koninklijke Nederlandse Heer Staatsraad en Opperhofmeester van Hare Majesteit de Koningin der Nederlanden. Verder waren er nog vele civiele en militaire autoriteiten aanwezig.

De leden van de koninklijke familie, het bruidspaar en de aanwezige leden van de vorstenhuizen van Nederland en Württemberg verzamelden zich intussen in de vertrekken van de koningin van Württemberg. Aanwezig waren de koning en koningin van Württemberg, prins Karl, de prinsessen Marie, Catharine en Augusta van Württemberg, prins Friedrich, hertog Friedrich Paul Wilhelm en hertogin Henriette van Württemberg, de prins van Oranje en markgraaf Wilhelm van Baden met zijn echtgenote, een geboren prinses van Württemberg. Toen de stoet geformeerd was en vertrok, begonnen de klokken van de kathedraal en de slotkerk te beieren.

Toen ik naar de plechtigheid werd geleid, maakte zich een gevoel van mij meester dat ik niet kan beschrijven; het kwam mij voor alsof ik uitsteeg boven mijn eigen leven – ik leed niet meer. Het kost mij erg veel moeite dit allemaal te vertellen. Ondanks mijn goede geheugen ben ik door Gods genade de eerste paar dagen van mijn huwelijk bijna vergeten. Ik denk dat ik teveel geleden had en verdoofd was.

Ober Consistorial Rat dr. Carl von Grüneisen, de hofprediker, wachtte het bruidspaar bij het altaar op en toen iedereen zat, nam hij het woord. Het Württembergse hof had een eigen religieus ceremonieel dat slechts een korte toespraak van de prediker voorschreef. Toch nam dr. Von Gruneisen de tijd en na een gebed hield hij een rede waarin zowel bruid als bruidegom persoonlijk werd toegesproken. Het huwelijk noemde hij '*een goddelijke leerschool voor de daarin verenigde gemoederen*' en hij prees het Nederlandse volk: *Zo niet alleen in dit uur maar al de dagen van Uw leven met elkaar God voor ogen te hebben en in het hart, zij U aanbevolen te midden van een volk dat van oudsher niet alleen de aardbodem onder alle windrichtingen maar ook de geesteswereld op al haar gebieden tot vaderland heeft, voornamelijk echter het Evangelie van onze Heiland waarvoor eens zijn vaderen onder de glorierijke banier van Oranje hun hartenbloed vergoten hebben, ook in onze dagen nog als de bron van waarachtig leven en onvergankelijk heil belijdt en zorgvuldig bewaart.*

Ook memoreerde hij de Slag bij Waterloo en dit schoot Jérôme Bonaparte, Sophies 25-jarige neef, in het verkeerde keelgat: hij werd niet graag herinnerd aan de ondergang van zijn oom, keizer Napoleon. Hij verliet demonstratief de trouwzaal. Sophie keek geschrokken om en zag haar neef razend weglopen. Het werd haar even te veel en de tranen rolden haar over de wangen, zij had tenslotte een innige band met de Bonapartes.

Na zijn toespraak vroeg de hofprediker aan de bruidegom: *Uwe Koninklijke*

Hoogheid, Willem Alexander Paul Frederik Lodewijk, Erfprins van Oranje, wilt Gij het godsdienstig huwelijksverbond sluiten met Hare Koninklijke Hoogheid Prinses Sophie Frederika Mathilde van Württemberg en haar liefde en trouw beloven tot aan de dood, evenals de vervulling van alle plichten die Uw geweten en het geloof van Jezus Christus U opleggen gedurende de verbintenis, die U voor het leven aangaat; bevestig dan dit plechtig voornemen tegenover God, voor de illustere getuigen en allen die hier zijn vergaderd.

Hij stelde eenzelfde vraag aan de bruid en toen beiden bevestigend hadden geantwoord, daalde de hofprediker het altaar af met de gouden schaal met de ringen. Hij gaf de ringen aan de bruid en bruidegom en zij wisselden deze uit onder klokgelui en het bulderen van 25 saluutschoten. Vervolgens vroeg de prediker het bruidspaar elkaar de rechterhand te geven en zij knielden hand in hand. Dr. Von Grüneisen zegende het huwelijk in met zijn hand uitgestrekt over die van de prins en prinses, met de woorden: *Wat God vereend heeft, zal de mens niet scheiden.* Hierna stonden de pasgetrouwden op en de hofprediker ging terug naar het altaar om de dienst te besluiten met de voorbeden en de zegen.

In de huwelijksakte was vermeld dat het huwelijk volgens de gebruiken van de Evangelisch-Lutherse Kerk was voltrokken en dat de verbintenis voor het altaar tot een rechtmatige, christelijke echt was ingezegend en bevestigd. Dit werd nog eens bekrachtigd door een aangehechte bijzondere oorkonde van de hofprediker, waarin deze verklaarde de prins en prinses naar de orde van de Evangelische-Lutherse Kerk in de echt te hebben verbonden. Daarna is het echtpaar samen tot de Nederlands-Hervormde Kerk toegetreden, zoals geregeld was in het huwelijkscontract.

Na de plechtigheid werden in de andere zalen van het paleis gelukwensen in ontvangst genomen en werd er een banket aangericht. 's Avonds was er een *Bal des Polonaises.* De vrouwelijke leden van de Württembergse koninklijke familie dansten met de erfprins en prinses Sophie danste vervolgens met verschillende personen, waaronder de leden van het corps diplomatique en een aantal leden van de Eerste Kamer.

De volgende dag werd een theater bezocht en de derde dag werd landelijk doorgebracht op slot Rosenstein, waar men kon genieten van een prachtig uitzicht over het Neckardal en de Zwabische Alp. Hier werd een *dejeuner-dansant* gehouden, het enige onderdeel waarbij de heren niet in gala-uniform maar in rokkostuum verschenen. Op dit landfeest was Sophie eenvoudig in het wit gekleed, haar japon en haren versierd met rozen. De enige kostbaarheid die zij droeg was een parure van fijne parels, een cadeau van de bruidegom. Op de vierde dag was er een *grande académie musicale* en op de vijfde en laatste dag was er nog een *bal masqué.*

Op reis naar een nieuw vaderland

Uiteindelijk waren de officiële feestelijkheden voorbij en wachtte het vertrek naar Nederland. Een maandenlange huwelijksreis ging niet door op last van Anna Paulowna. Zij had haar zoon gesommeerd direct na de huwelijksvoltrekking terug te keren naar Nederland. Sophie moest afscheid nemen van haar vader, haar zusje Marie en de rest van haar familie, maar ook van haar vrienden en haar geliefde vaderland: *Op 26 juni verliet ik Stuttgart – acht dagen na de huwelijksplechtigheid. Mijn vader en Marie gingen mee tot Ludwigsburg, dat enorme verlaten slot waar alleen mijn neef Napoleon nog woonde. Op dat ogenblik zag ik hem niet, hij keek echter vanuit zijn raam naar mijn vertrek.*[4]

Na haar vertrek uit Ludwigsburg, dat Sophie te haastig vond, schreef ze aan Plon-Plon: *zoveel emoties spelen zich af, zoveel verdriet en zoveel vrees, dat ik stom bleef: het woord ontbrak mij en zonder* [onleesbaar] *koud. Nooit voelde ik echter zo goed wat u betekent voor mij en ik heb er onder geleden mijn vriend en van* [onleesbaar] *dat wij bestemd zijn om zonder elkaar te moeten leven. Nadat ik u heb verlaten, sinds die vreselijke avond bij mij waar ik ten gevolge van* [onleesbaar] ~~*gek*~~ *was geworden. Ik heb genoeg nagedacht... Deze sympathie is geen toeval maar het gevolg van een innige broederschap van onze zielen.*

Ik ben hier drie dagen, en ik zal de 3e mijn reis vervolgen naar Frankfurt, waar ik goede kennissen heb, in ieder geval, langzaam varend over de Rijn zal ik de 16e juli in Den Haag aankomen, waar ik uw nieuwtjes hoop aan te treffen, maar vergeet niet op uw brieven te zetten Prinses van Württemberg. [...]

Adieu, lieve vriend, ik heb aanleiding gegeven tot uw verdriet en uw [onleesbaar] *door de gevoelens die ik u toedraag: ik denk dat u* [onleesbaar] *en dat is wat mij* [onleesbaar] *geeft. Dat verandert niet.*[5]

In haar dagboek schreef Sophie over haar reis naar Nederland: *Wij maakten korte dagreizen. Mijn Hollandse hofhouding wachtte mij op in Mainz; daar zou mijn Württembergse hofhouding afscheid van mij nemen – weer zo'n hartverscheurend moment.*

Twee kamerheren, een grootmeesteres en twee hofdames vormden mijn Hollandse hofhouding. De kamerheren zijn L. van Pallandt van Eerde (1809-1885) en H. Steengracht van Oosterland (1808-1875). De Württemberger W.K.A. von Weckherlin (1807-1872) bleef tot zijn dood in dienst van Sophie als privé-secretaris.

Mevrouw von Knobelsdorff, de grootmeesteres, was klein, rimpelig en bejaard en droeg een onwaarschijnlijke pruik van donkere zijde. Haar man was gezant in Constantinopel. Uit Turkije had zij de zonderlingste opschik meegebracht – twintig tot vijfentwintig jaar oud. Zij was geen slecht mens, maar wel een nieuwsgierige, indiscrete kletskous die graag overal haar neus instak. Altijd was zij bezig rond te snuffelen en mensen uit te horen. Wij gingen bijna drie jaar met elkaar om; niettemin wist ik de relatie met haar altijd goed te houden. Wij scheidden als goede vrienden toen zij buiten wilde gaan wonen om haar goederen te beheren.

De twee hofdames waren lelijk. Hoewel freule van Stirum[6] *meer dan dertien jaar bij mij is geweest, heb ik nooit aan haar gezicht kunnen wennen.*

Freule van Pabst[7] *was verre van mooi, maar zij zag er fris uit en haar gezicht had een goedhartige uitdrukking. In de omgang is zij zeer gelijkmatig; ik kan van haar geen enkele slechte eigenschap noemen, maar toch heeft zij geen aantrekkelijk karakter.*

Sophie vond het moeilijk om goed contact met haar nieuwe hofhouding te leggen. Zij voelde zich te jong en levendig voor dit gezelschap: *Ik spande mij in om toenadering tot hen te zoeken, maar had geen enkel succes daarmee. In mijn bijzijn spraken zij steeds Hollands, in de veronderstelling dat ik daar wel wat van afwist. Daardoor heb ik leren beseffen hoe vervelend het is om een taal te horen spreken die men niet begrijpt.*

Het is duidelijk dat de taallessen van de Duitser Osiander nog niet zoveel vrucht hadden afgeworpen. Later leerde zij het Nederlands beter spreken, maar zij vond het geen mooie taal. Het was goed om er wat in te praten, maar verheven gedachten kon je er niet mee uitdrukken, vond ze. In dit opzicht was zij beïnvloed door de onder Duitse intellectuelen en literatoren heersende opvattingen over Nederland, dat in die tijd een weinig dynamisch land was, en over de Nederlandse taal, die zij onmuzikaal vonden.

In Mainz bleef het gezelschap twee dagen. De oudoom van haar echtgenoot, prins Wilhelm van Pruisen, was daar commandant. Terwijl hij Sophies man de kazerne liet zien, ging zijn echtgenote met de prinses wandelen: *'Lieve kind', zei zij tegen mij, 'ik heb je in Berlijn met belangstelling gevolgd; ik zag hoe je in tweestrijd stond. Iemand heeft je steeds met zijn blikken gevolgd.'*

'Wie?' vroeg ik. 'De hertog van Brunswijk. Hij heeft tegen Elise [Sophies nicht, de kroonprinses] *gezegd, hoe graag hij met je had willen trouwen'. Ik boog het hoofd en vroeg niets. Ik hoefde niets te vragen.*

Vanuit Mainz vertrokken zij naar Bieberich en daarna naar Koblenz. Overal werden zij feestelijk onthaald. In Koblenz scheepten zij zich in en voeren naar Arnhem. Sophie voelde zich eenzaam en vond de reis benauwend. Over haar man zei ze later: *Ik kan nu* [zij schreef deze herinneringen in 1866] *met de grootste kalmte over mijn man spreken. Het is mij volkomen duidelijk, dat hij niet de volledige beschikking over zijn verstandelijke vermogens heeft. Zijn verstand is slechts in bepaald opzicht ontwikkeld en laat hem zonder een duidelijk aanwijsbare reden in de steek. Hij heeft een scherp waarnemingsvermogen, maar het is hem onmogelijk een logische redenering te volgen. In zijn leven gaan edelmoedige handelingen gepaard met daden zo laag en wreed dat het niet te geloven is. Zijn aanvallen van razernij en gewelddadigheid treden periodiek op: zij komen vooral voor in de maanden februari, juli en augustus. Misschien houden zij verband met wat zijn moeder tijdens haar zwangerschap meemaakte. Aan moreel besef ontbreekt het hem totaal. Zijn karakter en zijn denkvermogen zijn zo vol tegenstrijdigheden en zo onsamenhangend, dat men hem moet kennen om het te kunnen geloven.*

Welkom in Nederland

Na vijftien dagen kwam het gezelschap in Nederland aan, het was zaterdag 13 juli 1839. De dichter Nicolaas Beets had ter verwelkoming van het bruidspaar een gedicht gemaakt:

O koningsdochter, Vorstenbruid!
Oud-Holland strekt z'n armen uit;
Om U met vreugde en eer te groeten;
Want vroolijk vloog de mare rond,
Dat gij de prinselijke voeten
Haast zetten zoudt op Hollands grond.

Ons Haagsche Hof zich fier betoont
Op al den luister, die het kroont,
En roemt op Keizerlijke Vrouwen;
Maar 't harte trekt, om 't lieflijk hoofd,
De schoone leest van haar te aanschouwen
Die aan onz' Erfprins is verloofd.
De Burgerij naar 't zoet gelaat,
Met liefde en eerbied, de oogen slaat,
Dat 's Prinsen hart vermocht te boeien;
En, ziet gij minzaam op haar groet,
Hoe zult gij aller hart ontgloeien!
De glimlach staat een Bruid zoo goed.
Dan heffen we, in zoo blijd een stond,
De kleine kindren van den grond,
Opdat hun oogjes de uwe ontmoeten;
En zeggen, schoon 't hun wonder schijn',
Dat wij onze Erfprinsesse groeten,
Die eens hun Koningin zal zijn.
Dan neemt ge uw plaats in ons gemoed.
In 't Hollandsch hart vloeit eerlijk bloed,
Getrouw aan vorstelijke panden;
Maar, wie de Kroon eens sieren zal,
Dezulken draagt het op de handen,
Dezulken eert het bovenal.
Wees, schoone Duitsche, luid gegroet,
De Leeuw valt hoflijk U te voet,
En buigt zich voor Uw zedige oogen;
De Oranje strekt zijn schaduw uit,
En Hollands juichtoon stijgt ten hoogen;
Wees Welkom, koninklijke Bruid!

Afb. 5 Prins Willem en prinses Sophie worden verwelkomd door koning Willem II en koningin Anna Paulowna in hun paleis op 17 juli 1839. Lithografie, maker onbekend (Beeldbank Haags Gemeentearchief).

In Arnhem werden ze opgewacht door prins Alexander, broer van prins Willem. Ze werden eveneens verwelkomd door de bevelhebber in het tweede groot militair commando, de gouverneur en de commandant van de provincie. *Eindelijk kwam ik in Holland aan. Het was een van de ondragelijkste ogenblikken van mijn bestaan. In Arnhem betrad ik de bodem van mijn nieuwe vaderland; wij hielden verblijf bij de gouverneur van de provincie en bleven anderhalve dag in die stad. 's Morgens, toen ik alleen in mijn kamer was, las ik de kranten door die mijn gastheer had laten brengen. In een Belgische krant,* Le Commerce, *stond een artikel van een correspondent uit Holland. Volgens dit artikel was verzuimd te voldoen aan de belangrijkste formaliteit rondom de huwelijksvoltrekking van de erfprins, namelijk de bekendmaking van de huwelijksafkondiging ten stadhuize.*[8] *Daarom was het huwelijk ongeldig en deed de erfprins zijn intrede in het land met een vrouw die niet wettig de zijne was. Zodra ik mijn man zag, toonde ik hem de krant en vroeg ik hem dat afschuwelijke gerucht te verklaren. Hij antwoordde dat 'dit mij niet aanging'. Maar het gerucht was waar. Allen hadden deze onontbeerlijke formaliteit veronachtzaamd. [...] Ik maakte bezwaar, pas na enig talmen werd de fout hersteld.*[9]

Op 15 juli werd Utrecht bereikt en op dinsdag 16 juli arriveerde het paar bij paleis Huis ten Bosch: *Toen ik in Den Haag aankwam na mijn huwelijk, verbleef het hoofd van de familie, koning Willem I, in Huis ten Bosch, waar hij de zomer van 1839 resideerde en daar was het waar ik de eerste 24 uur doorbracht. Wij kwamen iets voor het afgesproken uur aan en de koning ontving ons alleen, met veel goedhartigheid. Hij stond op het hoge en grote bordes dat ik zo vaak heb beklommen en zijn ontvangst was van een liefdevolle goedheid. Een tel later arriveerde prins Frederik, zijn echtgenote was op weg naar Lausanne. Hij was welwillend en hartelijk zoals hij altijd is gebleven gedurende al die lange jaren die wij samen hebben doorgebracht. Het duurde nog even voordat mijn schoonvader en mijn schoonmoeder eindelijk aankwamen. De manier waarop ik door mijn schoonmoeder werd ontvangen, deed mij een blik in de toekomst werpen. Zij wilde mij niet omarmen en toen ik mij voorover boog om haar de handen te kussen, duwde ze me terug en zei tegen me: 'U weet dat ik uw huwelijk niet gewenst heb.' Mijn schoonvader nam me in zijn armen en mompelde: 'Dit zal allemaal veranderen.'*

Deze berekenende haat uitte zich vanaf het eerste moment in frivole en bespottelijke beuzelarijen, die echter wel betekenisvol waren. Zo liet zij mijn man bijvoorbeeld beloven om mij links te plaatsen in het rijtuig bij mijn plechtige intrede 'zodat ik', zoals ze zei, 'meteen mijn inferioriteit kon voelen ten opzichte van haar'. Zij liet niet na dit uitdrukkelijke bevel te herhalen en terwijl ik haar gehoorzaamde, voelde ik de boosaardigheid van de ene en de zwakheid van de ander. Er is mij later verteld dat als ik vanaf het begin had weten te antwoorden, als ik op de speldenprikken van iedere dag gericht tegen mijn woorden, mijn activiteiten, tegen al mijn gewoontes, had weten te reageren met een ferm antwoord, een ironische of valse opmerking, dat ik haar dan bang had gemaakt, want dit karakter van een wild dier kende geen enkel ander gevoel dan angst. Zij was bang voor haar man, hij had haar getemd tot op de dag dat hij, gebroken door ziekte, door onophoudelijk verdriet, uiteindelijk zwichtte en stierf. Maar een dergelijke energie lag niet in mijn aard. Ik heb nooit kunnen strijden en twisten. Als ik iedere dag had moeten vechten voor mijn brood, dan zou ik waarschijnlijk gestorven zijn van de honger.[10]

De volgende dag was de '*plechtige intrede der residentie*'. De erfprins en zijn echtgenote werden met 21 saluutschoten begroet, de klokken luidden en het hele garnizoen stond in groot tenue in slagorde opgesteld. De vorstelijke stoet bestond uit een detachement cavalerie, de koetsen met het gevolg van het prinselijke paar, de koets van Willem en Sophie, de gouverneur van de residentie aan de linkerzijde van de koets en de adjudanten te paard er achter en ten slotte een tweede commando cavalerie. Den Haag was rijkelijk versierd met bloemen en vlaggen en de tocht ging langs de Kneuterdijk, de Lange en Korte Vijverberg naar het Plein, waar het paleis voor het jonge paar was ingericht.

Op donderdag 18 juli nam het paar in dit paleis gelukwensen in ontvangst, van achtereenvolgens het corps diplomatique, de ministers, de hoofden van administratie, de leden van de Raad van State en de Staten-Generaal, de generaals en vlagofficieren, daarna van de hoge colleges van staat, de officieren van land- en zeemacht, en de geestelijkheid. Ten slotte van *alle de personen, welke reeds ten hove voorgesteld zijn geweest.* De ceremonie begon om 12 uur en ging door tot in de avond.

Er werden naar diplomatiek en dynastiek gebruik kennisgevingen van het huwelijk gestuurd aan de keizers van Oostenrijk, Brazilië en Rusland, aan de Ottomaanse sultan, aan de paus, aan de koningen van Frankrijk, Beieren, Denemarken, Groot-Brittannië, Griekenland, Hannover, Pruisen, Sardinië, Spanje, Saksen, beide Siciliën, Zweden en Noorwegen, aan de groothertogen van Baden, Hessen, Mecklenburg-Strelitz, Mecklenburg-Schwerin en Oldenburg, aan de hertog van Nassau, de kleine Duitse vorsten en vrije steden, aan de Zwitserse Confederatie en de presidenten van Mexico en de Verenigde Staten. De Belgische koning ontving geen kennisgeving. *Tengevolge van 's Konings beschikking, mondeling aan den Minister gegeven, is er niet aan den Koning der Belgen geschreven.* Willem I was van mening dat Leopold I zijn zuidelijke provincies had geüsurpeerd en daarom geen officieel bericht verdiende.

De dichter Tollens zorgde voor een 'Ode aan het bruidspaar', waarvan het tweede couplet luidt:

> Nu hecht Oranjes wakkre zoon
> Een nieuw juweel aan Nassaus kroon:
> Hij heeft van God een bruid verkregen.
> Nu schalt het dubbel feestlied rond
> Bij 't jubel van hun echtverbond
> En 't roesten van den oorlogsdegen.
> Nu rollen over veld en vloed
> De zegenwensch, de welkomgroet.
> En de echoos schaatren: 'Welkom! Zegen!'

Korte tijd na het huwelijk deed het prinselijke paar zijn officiële intocht in de hoofdstad. Amsterdam vierde verscheidene dagen feest en de stad gaf een zilveren plateau van zeven bladen en vierentwintig kandelaren als bruidscadeau. Van heinde en verre waren de mensen naar de hoofdstad gekomen om het bruidspaar met eigen ogen te zien. Een tijdgenoot omschreef het als volgt: *Hoe schoon en innemend waren die welgemaakte jongelieden in den bloei en de kracht des levens. De forschgebouwde Prins, in de losse sierlijke uniform der marine gedost, stond glimlachend aan de zijde zijner welbeminde, fier en gelukkig in de open calèche, naar alle zijden vriendelijk wuivend met zijn rijk gepluimden hoed, en zij zat daar zoo rustig en lieftallig aan zijne zij, als een hemelsche gestalte, die in een wolk van kostbaar kant gehuld scheen. Toen zij dan ook te zamen hand aan hand op het balkon van het paleis verschenen, geraakte het volk in een onbegrensde verrukking, en het was of er aan het gejuich geen einde zou komen. Zulk een geestdrift heb ik voor of na nooit bij eenig volksfeest waargenomen. De avond werd bekroond met een luisterrijke illuminatie, die wel nimmer uit het geheugen is gegaan van wie er getuige van geweest is.*

De huwelijksakten werden op 1 augustus 1839 in het register van de huwelijken van de stad 's-Gravenhage overgeschreven. Dit verliep niet helemaal vlekkeloos, want volgens ambtenaar D. van de Wijnpersse had de erfprins geen bewijs overgelegd dat hij *aan de verpligting ten aanzien der Nationale Militie voldaan heeft*, de akten waren niet geregistreerd, de handtekeningen niet gelegaliseerd en bovendien waren de stukken geschreven *in de Hoogduitsche taal en met de Hoogduitsche letter*. De burgemeester van Den Haag vroeg de minister van Justitie Van Maanen wat hieraan gedaan moest worden, maar deze veegde alle bezwaren van de tafel.[11]

Zoals bij de eerste ontmoeting al was gebleken, was Sophie's schoonmoeder fel gekant tegen dit huwelijk. Anna Paulowna vond Willem nog te jong en ook was zij geen voorstandster van een huwelijk tussen volle neef en nicht. Zij was gelovig Russisch-orthodox en in haar ogen was dit huwelijk een vorm van bloedschande. Bovendien had ze nooit een goede verstandhouding gehad met Sophies moeder, haar zuster Catharina, en ze richtte haar rancuneuze gevoelens nu op dochter Sophie. Mensen die Catharina goed gekend hebben, vonden dat Sophie veel op haar moeder leek, zowel qua uiterlijk als karakter. De protesten van Anna tegen het huwelijk hadden niets uitgehaald. Haar stem telde niet, ook al was zij kroonprinses en grootvorstin van Rusland. Alleen mannen beslisten. Haar schoonvader, haar man en haar zoon wilden dat dit huwelijk doorgang vond. Daarom was ze ook niet naar het huwelijk in Stuttgart gekomen.

De kille ontvangst op Huis ten Bosch kwam niet alleen door haar persoonlijke bezwaren tegen dit huwelijk, maar ook omdat ze veel waarde hechtte aan etiquette. Willem had zijn bruid officieel aan haar moeten voorstellen, ze waren tenslotte al een aantal dagen in Nederland, en Sophie had haar niet het eerbiedige briefje geschreven dat sinds mensenheugenis door vorstelijke bruiden aan hun nieuwe schoonouders moest worden geschreven. De schoonvader van Sophie, Willem II, was ervan overtuigd dat deze houding in de loop van de tijd zou veranderen. Hij schreef aan zijn zwager, tsaar Nicolaas I: *Het schijnt dat het idee van Willems huwelijk nog aan haar* [d.i. Anna Paulowna] *knaagt, het is uiterst betreurenswaardig; en Sophie moet zeer behoedzaam te werk gaan om zichzelf geliefd te maken en Anna recht te doen. Ik wanhoop echter niet, want Sophie is schrander genoeg. Hoe zal Willem zich van zijn huwelijkse plichten kwijten?*

Anna zelf schreef op 10 juli 1839 aan haar broer: *Onze Willem is getrouwd! Hij is acht dagen geleden met zijn vrouw aangekomen. Ik heb hun komst afgewacht alvorens te antwoorden op je brief van 8 juni, beminde broer, waarvan de inhoud me veel pijn deed. Ik geloof dat het advies dat je mij geeft aan hen meer besteed ware geweest, want mijn hele leven, en de drie-*

entwintig jaar die ik met de familie van mijn man in dit land heb doorgebracht, zijn voldoende bewijs dat ik er altijd naar heb gestreefd de harmonie met mijn verwanten te bewaren. Ik ben van mening, dat ik in de kwestie van dit huwelijk gewetensvol de waarheid heb gezegd aan hen die er het meest bij betrokken waren. Er werd niet naar geluisterd! Mijn zoon doet wat hij zelf wil en vertrok om te gaan trouwen zonder zelf om mijn zegen te vragen. Zijn vrouw schreef mij drie weken later om het huwelijk mede te delen, zodat ik die brief een paar dagen voor haar aankomst hier ontving. Toch ontving ik haar hartelijk. Ze heeft mij daarvoor geprezen tegenover haar vader en ik heb het bewijs daarvan in een brief die de koning van Württemberg mij schreef om me daarvoor te bedanken.

Het is dus niet aan mij om deze zoenadviezen te ontvangen, integendeel, je zou ze moeten richten aan het adres van haar, die zojuist is aangekomen, alsmede aan mijn tweeëntwintigjarige zoon, die er sterke behoefte aan heeft. Ik weet niet hoe je ertoe gekomen bent aan mij te twijfelen, beminde broer, ik dacht niet dat ik dat van jou verdiend had. Het eerste pijnlijke moment van de aankomst van het jonge echtpaar is voorbij, en het verliep God zij dank beter dan ik had durven hopen, hoewel mijn zoon mij de eerste ogenblikken zeer kil bejegende. Je mag raden hoe een moeder zich daarbij voelt. De volgende dag, toen hij zijn vrouw aan mij voorstelde, omhelsde hij me, en ik vermoed dat zijn geweten uiteindelijk ontwaakte, want hij deed het uitbundig, zij het zonder te spreken. Ik durf te hopen dat het een gebaar van berouw was en daar ik gewoon ben geraakt aan de moeilijke en netelige positie me te allen tijde opofferingen te getroosten om harmonie en familievrede te bewaren, heb ik van meet af aan gehandeld met de hartelijke eenvoud die ik in al mijn relaties leg. De rest zal afhangen van de gevoelens die ik in het jonge huishouden aantref. Ik vind ze erg koel met elkaar voor een pasgetrouwd paar. Mijn echtgenoot, die getuige was van het stormachtige begin in Stuttgart, is van mening dat ze met tact optreedt tegen Willem, wiens opvliegende karakter en prikkelbaarheid onophoudelijk botsen. Maar naar mijn mening kan tot op heden niemand nog een oordeel vellen. Tegen mij is Sophie lief en zeer tegemoetkomend. Maar het verbaast me hoeveel ouder en volgroeider ze is dan mijn zoon, die naast haar niet meer dan een jongetje is. Ze koestert zeker geen sympathie voor hem, maar in haar eerzucht aanvaardt ze hem in het vooruitzicht van een briljante toekomst. Als je het kon zien, zou je mijn mening delen. Vandaag, 11 juli, eindig ik deze brief en ga naar de stad terug, waar we gisteren een bal gaven voor het jonge paar. Ik geloof dat het een succes was, ik ging om drie uur in de morgen naar bed en mag mij dus vermoeid voelen.

De verstandhouding tussen Anna en Sophie is altijd problematisch gebleven en later ontmoetten zij elkaar alleen nog maar bij officiële gelegenheden.[12]

6 De eerste huwelijksjaren

Het paleis in Den Haag

Het jonge paar nam zijn intrek in het paleis aan het Plein 23 te Den Haag. Dit is een groot en statig gebouw in barokstijl, gebouwd in 1737. Het paleis was oorspronkelijk het logement van de Stad Amsterdam, een luxueuze ambtswoning voor de gedeputeerden van de hoofdstad die tijdens een Statenvergadering een waardig onderkomen in Den Haag moesten hebben. Op het dak is het wapen van de stad Amsterdam nog steeds zichtbaar. Na de Franse overheersing heeft het gebouw voor het eerst dienst gedaan als koninklijk paleis: Wilhelmina van Pruisen (1751-1820), moeder van koning Willem I, en haar dochter Louise (1770-1819) waren de eerste vorstelijke bewoonsters. Zij lieten het in 1814 als winterresidentie inrichten. Na de dood van deze twee vrouwen werd het nog maar zelden gebruikt totdat Willem en Sophie het betrokken. Later was hier het Ministerie van Buitenlandse Zaken gevestigd. Het gebouw is in 2003 gerestaureerd en maakt nu onderdeel uit van de Tweede Kamer.

Sophie vond het paleis erg klein, zeker vergeleken met wat zij gewend was in Duitsland. Daar stond zelfs het kleinste vorstendommetje vol met prachtige paleizen. In Nederland waren buitenplaatsen en statige patriciërshuizen, maar eigenlijk geen echte paleizen: *Het huis dat wij in Den Haag bewoonden was somber, naargeestig en ongezond met uitzondering van twee kamers die bestemd waren voor ontvangsten. In geen enkele kamer zat meer dan één raam.*[1]

Sophie besteedde veel zorg aan de inrichting van het Haagse paleis en probeerde met diverse kunstvoorwerpen en schilderijen haar eigen sfeer te creëren. Zij raakte erg gehecht aan haar appartementen. In 1849 liet Sophie haar privé-vertrekken in vier aquarellen vastleggen, iets wat zij bij iedere verhuizing deed. Zo had ze ook aquarellen laten maken van haar meisjeskamer in Stuttgart, de kamer van haar zusje en de werkkamer van haar vader, evenals van de andere zalen van het Neues Schloss, kort voordat zij naar Nederland ging. Er zijn ook stadsgezichten uit haar geboorteplaats: de markt, het Altes Schloss en de villa Berg van haar broer Karl, iets buiten de stad. Ook van de zomerresidentie, het slot Friedrichshafen aan het Bodenmeer waar Sophie veel heeft gelo-

Afb. 6 Paleis aan het Plein, 1848, lithografie door C.C.A. Last (1808-1876), (Beeldbank Haags Gemeentearchief).

geerd, zijn er vier aquarellen. Verder zijn er aquarellen en tekeningen van reisherinneringen.

Al deze aquarellen bevinden zich in een souveniralbum, dat rond 1855 is gemaakt door de boekbinder en étuiwerker J.H. Bouscholte uit Den Haag in opdracht van Sophie. Hij bleef nog jarenlang als *Hofboekbinder van Z.M. de Koning en H.M. de Koningin en van meerdere hoven* de leverancier van *prachtbanden, albums en encadrementen.* Dit album heeft een band van zwart leer met gestempelde versieringen, die gedeeltelijk verguld zijn. Op de rug en het voorplat staat: ALBUM. Op het voorste schutblad staat de volgende notitie: *Na mijn dood teruggeven aan de heer Beyerman Aide-de-Camp van Zijne Majesteit de Koning der Nederlanden, ter herinnering aan mijn zuster Sophie overleden 3 Juni 1877 en mijn beide beminde neven de twee prinsen van Oranje Willem overleden 11 Juni 1879 en Alexander overleden 21 Juni 1884. Dit is mijn laatste wil! Stuttgart 25 April 1885 Marie prinses van Württemberg.*

In dit album heeft Sophie niet alleen aquarellen maar ook tekeningen verzameld, die voorzien zijn van eigenhandige notities. In een tweede album, dat ook door Bouscholte is gemaakt, zijn aquarellen opgenomen die gemaakt zijn in de periode 1858-1868. De vier aquarellen van de vertrekken in het paleis aan het Plein zijn van de hand van de schilder Herman Frederik Carel ten Kate

(1822-1891) en laten de werkkamer, de salon, de bibliotheek en de ontvangstkamer zien. (zie kleurenafb. 10, 11, 12)

Herman ten Kate had een band met het Nederlandse hof die al uit zijn studietijd bij de schilder Cornelis Kruseman (1797-1857) dateerde en die vele jaren stand zou houden. Na het overlijden van de schilder Nicolaas Pieneman in 1860 werd hij de vertrouweling van koning Willem III in kunstzaken. Hij was bijna ieder jaar te gast op Paleis Het Loo.

Met het aanleggen van een souveniralbum volgde Sophie een mode die in de negentiende eeuw in heel Europa voorkwam. Er zijn nog verschillende van dergelijke verzamelingen bewaard gebleven. Een voorbeeld daarvan is de collectie die door koningin Victoria is aangelegd en die zich bevindt in de bibliotheek van Windsor Castle in Engeland. Ook zijn er van koningin Olga, de echtgenote van Sophies broer Karl, aquarellenverzamelingen overgebleven, waarvan in de loop der jaren op veilingen gedeeltes te koop zijn aangeboden.

Belangrijk bij dergelijke souveniraquarellen zijn de afbeeldingen van het interieur, waarbij de inrichting tot in de details nauwkeurig werd weergegeven. De kunstzinnige waarde stond niet voorop, want deze aquarellen waren eigenlijk alleen voor eigen gebruik bestemd. In Nederland was er in de negentiende eeuw geen traditie op dit gebied. Er zijn bijna geen afbeeldingen bekend van interieurs van paleizen uit de tijd van het Koninkrijk (vanaf 1813), behalve die in het album van Sophie. Het is overigens wel mogelijk dat de prinsessen Marianne, de tante van Willem III, en Sophie, de zuster van Willem III, bij hun huwelijken in respectievelijk 1830 en 1842 afbeeldingen mee hebben gekregen van de woonvertrekken in hun ouderlijk huis (de paleizen Noordeinde en Kneuterdijk).[2]

Aan de hand van de interieuraquarellen van Sophie is goed voor te stellen hoe zij als jonge prinses in haar werkkamertje, *mon cabinet*, in het paleis aan het Plein haar correspondentie verzorgde: er is een schrijftafel vol met paperassen en boeken. Het zijn er zo veel dat er naast de tafel nog een laag kastje en een etagère[3] nodig zijn om boeken in op te kunnen bergen. Op het bureau staat een kleine buste in biscuit[4] van de moeder van Sophie. Op de lage kast naast de schrijftafel staat een palissanderhouten miniaturenkastje. In het kastje zitten haakjes waaraan miniaturen gehangen kunnen worden. Voor dit kastje staat een buste van prins Maurits die door Sophie zelf is gemaakt.

Boven de schrijftafel hangen portretten van familieleden en geliefden, waaruit blijkt dat Sophie hier heel graag zat. Bovenaan hangt het portret van Maria Feodorovna, de tweede echtgenote van tsaar Paul I en grootmoeder van moederszijde van Sophie. Daaronder hangen de portretten van haar moeder Catharina en haar vader Wilhelm van Württemberg. Links hiervan hangen de portretten van haar oom tsaar Alexander I en rechts haar broer Karl van Württemberg. In de hoek van de kamer staat op een witgeverfde houten piëdestal[5] een marmeren buste van haar moeder Catharina. Aan de andere muur is een landschap te zien dat waarschijnlijk de Rotenberg met de grafkapel van haar ouders voorstelt; twee andere portretten van haar ouders hangen aan weerszijden hiervan. Hieruit spreekt duidelijk de verering en liefde uit die Sophie koesterde voor haar ouders. Zij heeft haar hele leven de gewoonte gehad om zich te omringen met portretten van haar ouders, ooms, tantes en andere dierbare familieleden. Het kabinet is behangen met beigegrijze coteline[6] of gesatineerd papier en het staat tamelijk vol met meubels. Deze negentiende-eeuwse gewoonte om de kamers vol te proppen met meubilair was iets wat ook Sophie altijd zou blijven doen.

Sophie had ook meubilair meegebracht van huis, zoals in inventarislijsten terug te vinden is: een mahoniehouten vleugel van Erard en nog een tweede niet nader omschreven piano, daarbij horen een pianotaboeret en een muziek-etagère: een kastje voor het opbergen van muziekbladen. Ook uit Stuttgart kwam de eigen schrijftafel, die staat afgebeeld op de aquarel van de meisjeskamer van Sophie, evenals een mahoniehouten ingelegd kastje bij de schrijftafel. Verder had zij een grote mahonie boekenkast met een trap en hangboekenkastjes, een palissander shawlkist, een ingelegd werktafeltje, piëdestallen met vazen en diverse fauteuils meegenomen. De palissanderhouten kist staat op een laag onderstel met gebogen poten. Op het bovenblad van de kist staat het wapen van Württemberg in messing en op de voorzijde de initialen S.W. (Sophie van Württemberg). De voorzijde kan naar beneden geslagen worden. De kist is aan de binnenkant bekleed met beige fluweel en heeft drie laatjes die met messing biezen en met parelmoer zijn versierd. Deze kist is in de jaren 1835-1839 in Parijs gemaakt door Henri Schneider.

Dan zijn er een aantal 'boulle'[7] meubelen, die als pronkstukken hebben gediend voor Sophies vertrekken. Zij zijn altijd met haar mee verhuisd. Deze meubels zijn in de jaren 1830 in Frankrijk gemaakt. Het zijn twee fauteuils en twaalf stoelen met kronen, een toiletspiegel, een schrijftafel, een schrijfkistje, een toiletkastje en vier piëdestals. Het grootste deel van deze kwetsbare meubels is tot op heden bewaard gebleven.

Op de aquarel van de salon is te zien dat het een lichte kamer is met een goudgeel damasten behang. Aan het wit gestuukte plafond hangt een kaarsenluchter van porselein met vergulde ornamenten. Opmerkelijk is dat er in de salon alleen kaarsverlichting te zien is. Ook op de schoorsteen staan kandelaars, geen olielampen. Dit komt waarschijnlijk omdat olielampen ergens anders bewaard werden en pas tegen de schemering binnengebracht werden. Op de vloer ligt een tapijt, dat kamerbreed is, met een eigentijds patroon van naturalistische bloemboeketten, omlijst door krulmotieven in Lodewijk XIV-stijl. Er is een open haard met neorococo ornament, de marmeren schoorsteen en de spiegel erboven zijn in empirestijl uitgevoerd.

De klok en porseleinen vazen, onder glazen stolpen, staan op een roodfluwelen kleedje met een witte franje. In het midden van de salon staat een grote poef, die in 1855 door de stoffeerder Windt tot een dubbele divan met een gemeenschappelijke rug werd omgewerkt.

Op deze aquarel staan nog twee canapés die niet meer zijn teruggevonden. Er is een hoekcanapé met op de rug een etagère met spiegels met wild gebogen contouren in de stijl van het neorococo. Voor de canapé staat een verguld tafeltje met een onderstuk van verguld brons. Het tafelblad is ingelegd met mozaïek en laat een voorstelling zien van duifjes en vlinders. De tweede canapé is een 'causeuse' of 'tête-à-tête': als twee personen hierop zitten, zitten ze vanzelf schuin tegenover elkaar.

Ter weerszijden van de deur staan twee taboerets met armleuningen. Bijzonder zijn de verlakte meubels: het tafeltje voor de 'causeuse', de etagèrekast, rechts van de deur, en een laag tafeltje op een voetstuk. Deze meubels zijn afkomstig uit Japan en dateren uit de jaren 1820-1849. In deze jaren was Japan nog gesloten voor het Westen. Het enige handelscontact was met de Nederlandse factorij op Deshima, een eiland voor de Japanse kust. Pas na 1860 ging Japan op grote schaal voor de Europese markt werken. Deze Japanse meubels zijn en waren dus zeer zeldzaam. Ook deze meubels verhuisden altijd met Sophie mee. Aan de muren hangen enkele portretten.

De zitkamer is ook met geel damast behangen, de gordijnen zijn van wit satijn met borduursels, die met *embrasses* in de vorm van brede koorden met kwasten worden opgehouden. Links van de schoorsteen hangt een groot portret van de prinsen Willem en Maurits dat in 1847 door de schilder N. Pieneman werd geschilderd. Er hangen rechts van de schoorsteen nog twee schilderijen, een berglandschap en een zeegezicht. Op de schoorsteen voor de neorococo spiegel staan aan weerszijden van de klok vier olielampen in de vorm van vazen die in verguld brons zijn gevat met groene kapjes.

Ook in deze kamer staan wat 'boulle' meubels, enkele piëdestals waarop grote rode porseleinen vazen staan met afbeeldingen van Berlijn. Er zijn twee schrijftafels, waarvan er één beladen is met boeken. Hierop staat ook een schrijfkistje waarin zich een schrijfblad en schrijfbehoeften bevinden. Er staan een paar comfortabele fauteuils en voor het raam staan de uit Stuttgart meegebrachte piëdestals met porseleinen potten met planten. Op een metalen paneel op het haardscherm is een ruiterportret van Sophies vader geschilderd.

Tenslotte is er nog de bibliotheek waarin een grote palissanderhouten boekenkast staat, die Sophie tussen 1847 en 1849 had laten maken. Deze boekenkast wordt bekroond met een rijk gesneden guirlande van bloemen, vruchten en vogels. Aan weerszijden van deze grote boekenkast staan twee lagere open boekenkasten, waarboven de portretten van keizer Karel V en zijn zuster Eleonora, geschilderd door Joos van Cleve,[8] hangen. Hier staat ook de vleugel van Erard. Boven deze vleugel hangt het portret van de hertog van Brunswijk, een kopie naar het schilderij van Johann Georg Zieseniss.[9] Boven de deur hangt het portret van Catharina van Westfalen, Sophies tante.

Paleis het Loo

’s Zomers gingen Sophie en Willem altijd naar Paleis Het Loo in Apeldoorn. Hier beschikte Sophie ook over haar eigen appartementen, waarvan ze echter geen aquarellen heeft laten maken. Voor haar was Het Loo overigens meer een logeeradres dan een echt ‘thuis’. Haar appartementen bevonden zich op de bel-étage,[10] aan de westkant van de grote vestibule in het middengebouw, het zogenaamde *corps de logis*: de blauwe salon die toegang gaf tot de rode salon, met daarachter de slaapkamer, de toiletkamer, de garderobe en de badkamer. In 1849 werden deze kamers opnieuw behangen en gestoffeerd en werden enkele ameublementen opnieuw bekleed, waarvoor Sophie zelf de nieuwe stoffen had uitgezocht.

Ze nam naar Het Loo ook een aantal persoonlijke bezittingen mee, zoals drie aquarellen van landschappen en een blauwe, vergulde kroonluchter die aan het plafond in de blauwe salon hing. Ook van haar waren een aantal canapés, een *chineesche etagère op een voet,*[11] een ‘boulle’ pendule, twee tafellampen, twee gebronsde bloemhangers met standaard, twee (later drie) *chineesche* tafeltjes, een mahonie vleugel, een mahonie schrijftafel en een bronzen beeldje op marmeren voet van de Princesse de Montfort.[12] De overige meubels waren het bezit van haar man.

De slaapkamer was groen gestoffeerd en behangen, net als alle andere slaapkamers van Sophie. Het hemelbed heeft groen zijden gordijnen en ook de toilettafel is gehuld in een wolk van groene zijde en kant. Zelfs de bekleding van de stoelen is van groene zijde.

Heel bijzonder is Sophies toiletkamer in ‘Moorse’ stijl. In 1879 mocht Ds. Craandijk, bekend van zijn *Wandelingen door Nederland*, Het Loo bezichtigen en hij beschreef het als *een overrijk toiletkamertje in Turkschen stijl, goud en rood, groen en blauw, weelderig en schitterend, maar toch vol harmonie.* Misschien wilde Sophie hiermee haar vader navolgen, die van 1842 tot 1846 door de architect Karl Ludwig Wilhelm von Zanth een paleis liet bouwen in Moorse stijl. Het zou 'Maurisches Bad' gaan heten, maar uiteindelijk kreeg het de naam 'Wilhelma'. Hier werden in 1857 grote feesten gehouden waarbij keizer Napoleon III van Frankrijk en ook Sophie aanwezig waren. Dit slot werd in de Tweede Wereldoorlog vernietigd, er zijn nog wel afbeeldingen van. Hierop is te zien dat zowel het exterieur als het interieur in bonte kleuren was uitgevoerd.

In de toiletkamer stonden een *psychée*, een grote draaibaar gemonteerde kleedspiegel, een lavabo of toilettafel, en twee bijpassende stoelen. Deze toiletkamer werd in de late negentiende eeuw verwijderd, de *psychée* en de lavabo bleven bewaard evenals de ontwerptekeningen. Tijdens de laatste restauratie op Het Loo bleek dat onder latere overschilderingen het beschilderde plafond en de kroonlijst nog vrijwel intact waren. Deze werden vrijgemaakt, terwijl de beschildering van deuren en lambriseringen[13] opnieuw is aangebracht naar de bewaard gebleven ontwerpen. Daarom kan tegenwoordig de toiletkamer van Sophie, met de bont beschilderde en van verguldsel voorziene meubelen, in Paleis Het Loo bewonderd worden.

Op 2 april 1856 werd het grootste deel van het persoonlijke eigendom van de koningin per beurtschip van Apeldoorn naar Huis ten Bosch verzonden. Een paar van Sophies eigendommen bleven achter, zoals de kroonluchter in de blauwe salon.[14]

De hofhouding van Sophie

De koning had de beschikking over een hofhouding die hem hielp bij het uitvoeren van zijn taken en hem bijstond in het hooghouden van zijn koninklijke waardigheid. Er waren een aantal kerntaken, namelijk het secretariaat, de huishouding, de ceremoniën, het vervoer, de jacht, financiën, het onderhoud van de gebouwen en de dagelijkse begeleidende dienst. Hiervoor waren een particulier-secretaris, een hofmaarschalk, een kamerheer-ceremoniemeester, een stalmeester, een jagermeester, een thesaurier, intendant(en) en de begeleidende dienst door adjudanten, kamerheren en hofdames van dienst aangesteld.

Ook de koningin had haar eigen hofhouding. Zij had enige *dames du palais* (meestal twee in Amsterdam, één in de provincie en de overige in Den Haag) om haar, wanneer het nodig was, te begeleiden en bij te staan. Zij regelden en woonden audiënties bij, ontvingen dames, schreven veel brieven en wonnen inlichtingen in en/of verstrekten die over personen die aan de koningin werden voorgesteld. Het was niet altijd gemakkelijk deze personen te vinden die deze onbetaalde functie op zich wilden nemen: er moesten, voor eigen rekening, veel kosten gemaakt worden voor ontvangsten, toiletten en equipages. Zo iemand moest dus zeker bemiddeld zijn. Sommigen waren geschikt maar wilden niet en anderen die wel wilden, waren niet vermogend genoeg.

Dan waren er nog hofdames die werden aangesteld ten behoeve van de koningin of bij een prinses en haar moesten vergezellen bij verschillende openbare functies, vergelijkbaar met die van de *dame du palais*. Een koningin of prinses mocht nooit alleen weg. De hofdames schreven audiëntiebriefjes, telegrammen en brieven, en hielden de koningin of prinses, als zij daar prijs op stelde, gezelschap. Zij gingen overal met de koningin mee naartoe. Zij hadden hun eigen kamers in het paleis, meestal in de buurt van de appartementen van de koningin. Ook deze functie bracht hoge kosten met zich mee, maar voor de aanschaf van nieuwe toiletten werden zij, weliswaar karig, gehonoreerd. Daarom waren er diverse minder vermogende hofdames die deze functie accepteerden om financiële redenen.

Iemand werd niet zomaar hofdame: men werd gevraagd. Toch was het niet zo dat iedereen stond te popelen, er werden nogal wat eisen gesteld aan de meisjes die altijd van adellijken huize moesten zijn. In de eerste plaats mocht men niet getrouwd zijn en werd het ook op prijs gesteld als dat zo bleef. Er zijn namelijk hofdames geweest die vrij snel na hun aanstelling hun voorgenomen huwelijk aankondigden. Dit werd niet gewaardeerd, omdat dit niet in verhouding stond tot de periode dat men dienstbaar was geweest. Andere eisen die aan een hofdame gesteld werden, waren dat zij van onbesproken gedrag moest zijn, lichamelijk goed gezond en sterk was, maar niet te lang van stuk. Zij mocht natuurlijk niet boven de koningin uit torenen! Bij ziekte mochten hofdames tijdelijk vervangen worden door zogenaamde hofdames-*honoraires*: deze deden een beperkte periode dienst en woonden niet per se intern; ook mochten zij getrouwd zijn.

De grootmeesteres stond aan het hoofd van de dameshofhouding en stond in rang boven alle *dames du palais* en hofdames. Zij deelde de diensten in van de hofdames, regelde audiënties voor dames die door de koningin ontvangen werden en stelde de audiëntielijsten samen. Bij plechtige gebeurtenissen bevond zij zich direct achter de koningin. Bij de opening van de Staten-Generaal stond zij bijvoorbeeld achter de troon, rechts naast de koningin; de dienstdoende *dame du palais* stond links.

Voor Sophie werkten onder andere als *dame du palais* mevrouw Van Zuylen-Boreel en freule Emilie van Pabst, die *eerste hofdame met de persoonlijke titel van Mevrouw* was. Zij mocht zich, hoewel ongehuwd, Mevrouw de barones van Pabst van Bingerden noemen. Emilie van Pabst bleef dertig jaar lang op haar post.[15]

Het was voor Sophie niet gemakkelijk om geschikte personen te vinden die zij graag om zich heen had. Zij beschrijft in haar dagboek hoe ze gezocht heeft: *Ik probeerde door te dringen in de Hollandse samenleving die ik nog maar nauwelijks aangeroerd had. Ik had de behoefte om te leren kennen, me te binden, een gevaarlijke behoefte voor een prinses. Van mijn eigen persoon het middelpunt en belangrijkste voorwerp van mijn bezigheden maken heeft mij altijd onmogelijk toegeschenen. Niemand kon mij leiden in mijn hofhouding. Mijn schoonmoeder had het valse verlangen om me van de rechte weg te brengen. Ik was alleen, helemaal alleen.*

Ik keek om mij heen in deze saaie en stille samenleving en ik zag twee bijzondere vrouwen: mevrouw Fagel en mevrouw Groeninx. Mevrouw Fagel, die al grootmoeder was, was nog steeds een erg knappe vrouw. Zij moet verrukkelijk geweest zijn, zij had een zeer kenmerkende gratie die typerend voor haar was. Haar echtgenoot, die ik niet meer gekend heb, hij was veel ouder dan zij, was een van de broers Fagel, allen hooggeplaatste mannen die opvallen in de geschiedenis van hun land. Zij had veel van hem gehouden. Zij betreurde hem enorm en leefde min of meer teruggetrokken terwijl zij zich bezighield met de opvoeding van haar jongere kinderen. Zij was zowel opmerkelijk van geest als van karakter. De enige fout die ik ooit bij haar heb kunnen vinden was een lichte mate van ijdelheid. Ze leek minder werelds dan ze werkelijk was. Wat erg bijzonder was, was dat deze deugdzame en godsdienstige vrouw was opgevoed door Mme De Nerat, de vriendin van Mirabeau.[16] *Mejuffrouw Van Haren (Madame De Nerat) was Hollandse van geboorte. Toen zij terugkwam uit Parijs werd zij, hoe weet ik niet, gouvernante bij de familie Boreel.*[17] *Zij bezat een massa brieven van Mirabeau. Toen ze haar einde voelde naderen, gaf zij ze aan een lid van de familie Boreel en verzocht hem om ze te verbranden zonder ze te lezen. Dit gebeurde. Opmerkelijke keuze om een jong meisje op te voeden, maar het was zeer geslaagd. Toen ik bezig was mijn hofhouding samen te stellen, vroeg men Mevrouw Fagel*[18] *om mijn grootmeesteres te worden. Zij weigerde dit omdat ze nog twee kinderen had wier opvoeding nog niet was voltooid. Ik heb dat altijd betreurd. Ik zou haar adviezen opgevolgd hebben, omdat ik van haar gehouden zou hebben, en haar adviezen zouden goed geweest zijn, omdat haar ziel mooi was.*

Mevrouw Groeninx is een ander type. Van haar moeder heeft ze Iers bloed. Zij is een echt 'Keltisch elfje', door haar buitengewone schoonheid, door haar briljante en verwarde geest. Haar geest en schoonheid oefenen op mij een fascinerende aantrekkingskracht uit. De Hollandse vrouwen hebben over het algemeen een doffe en saaie geest, ze zijn niet frivool, maar onverschillig. Het vuurwerk van mevrouw Groeninx trekt mij aan en amuseert mij. Verbluffend mooi, nu nog steeds, en zij is niet gemeen. Zij verschuilt zich niet, maar ze is niet oprecht. Ze is trots op haar schoonheid, maar zij lijdt onder haar kleine onvolkomenheden en benijdt stilzwijgend vrouwen met kleine handen en kleine voeten. Ik geloof niet dat zij op mij gesteld is, maar er is tussen haar en mij en ook van mij naar haar een onverklaarbare aantrekkingskracht. Ze is een lieve en toegewijde moeder. Zij minachtte haar man. Maar na zijn dood deed zij alsof zij hem betreurde.

Baronesse Groeninx van Zoelen werd *dame du palais* van Sophie. Zij woonde 's winters in Den Haag aan het Lange Voorhout 38 en 's zomers op het Huys ten

Donck bij Ridderkerk. Iedere zondagavond kwam Sophie '*op 38*' eieren bakken, maar de vriendschap tussen beide vrouwen werd minder, toen dochter Caroline trouwde met een officier bij de Garde de Corps in Potsdam en dochter Lilly met een Pruisische diplomaat. Sophie hield niet zo van de Pruisen.[19]

Henriette d'Oultremont, de tweede vrouw van de oude koning Willem Frederik, hielp Sophie bij het zoeken naar een goede grootmeesteres. Zij wist dat Sophie zich eenzaam voelde en hoopte dat haar vriendin Zézette Falck, geboren De Roisin, Sophie een steuntje in de rug kon geven. Misschien ging het beter als zij een vertrouwelinge had. Sophie schreef Zézette op 4 maart 1843: *Ik heb mevrouw, mijn stem die u vrijwel vreemd is niet willen vermengen met de droefheid van de eerste dagen,* [Zézette Falck is net weduwe geworden] *maar een gevoel van sympathie, en laat mij hieraan toevoegen van vriendschap, doet mij zich tot u wenden. U moet voelen, dat U nog vrienden resten, onder hen durf ik mijzelf te rekenen. Ik durf ook te hopen dat u aan mij zult denken, zowel nu als in de toekomst. Schrik niet van het voorstel dat ik u ga doen, verwerp het niet, vergeet de positie die ik inneem en bedenk dat ik spreek van vrouw tot vrouw. Wilt U zich in mijn nabijheid vestigen? Terwijl U Uw onafhankelijkheid behoudt – mij helpen met Uw raadgevingen en Uw ervaring, met Uw gehechtheid aan het Huis van Oranje, die Uw echtgenoot bezegeld heeft met de toewijding* [haar man was een trouw en toegewijd dienaar van Willem I geweest] *van heel een leven. Ik ben jong, ik heb een kind en ik zal er spoedig twee hebben. Ik heb de raadgevingen van een vriendin nodig om me te helpen op een weg die soms moeilijk en gevaarlijk is. Wees er voor mij, neem het voorstel aan. Haast u niet met antwoorden, over een paar dagen vertrek ik om een paar maanden in Duitsland door te brengen; laat uw besluit mij bereiken wanneer U de gemoedsrust heeft om U met uiterlijke zaken bezig te houden. Vergeef mij dat ik U gesproken heb over mijn zorgen op zulk een wreed ogenblik. Mijn echtgenoot belast mij met zijn complimenten aan U en met de oprechte betuiging van zijn medeleven.*

In juni stemde Zézette Falck toe om bij Sophie in dienst te komen. Nadat Sophie in de zomer weer terug was in Nederland, maakte ze definitieve afspraken met Zézette. Sophie bouwde een goede band met haar op en toen Zezette in 1844 ernstig ziek was, bezocht ze haar twee keer per dag.[20]

In 1852 was Agneta C.C. van de Poll-van Stralen *dame du palais* van Sophie. Anna Deutz-Rendorp, die vanaf 1851 *dame du palais* was, werd in 1852 op nadrukkelijk verzoek van Sophie grootmeesteres. Zij was niet verplicht op het paleis te overnachten dan wel er te dineren of de thee te gebruiken, als haar dat niet uitkwam. Deze benoeming betekende voor de hele familie van Anna een grote verandering: ze verhuisden van Amsterdam naar de Vijverberg in Den Haag. Anna's aanstaande schoonzoon Willem schreef over de benoeming aan zijn verloofde Adolphine: *Ik ben zeer verrast geweest door het nieuws dat jij mij vertelde, vooral het nieuws dat mevrouw Deutz verzoeken heeft gehad van Het Loo; het is mij zeer aangenaam om daar het bewijs te vinden dat men erkentelijk is voor de bewezen diensten en vooral omdat men een dame kiest die geacht en bemind wordt door de Koningin. Het schijnt dat de harmonie weer een beetje hersteld is in die familie. Ik beklaag vooral mijnheer Deutz en de arme Agnes* [dochter van Anna] *voor de komende winter. Vaarwel mooie plannen om niet meer 'uit te gaan' en de comfortabele salon op de Vijverberg niet te verlaten, maar nu deze onderscheiding dan toch vreugde geeft in de gehele familie, verheug ik mij erover van ganser harte en ik weet niet hoe ik jou blijk moet geven van het plezier dat dit bericht mij doet ...*

Ondanks de blijdschap om de eer die de familie was betoond, doorkruiste het hun privé-plannen: Anna's dochter Adolphine moest haar voorgenomen huwelijk met Willem uitstellen, omdat haar moeder meeging op een reis van Sophie. Deze wilde naar Ischl voor een kuur en later haar vader en familie in Stuttgart bezoeken. Uit de brieven van Willem blijkt wel dat noch hij noch zijn schoonmoeder er veel plezier aan beleefden: *Ik geloof dat het nu niet slecht uitkomt dat mijn verlof niet eerder kan beginnen dan de eerste dagen van augustus, want anders zou de reis van de Koningin onze plannen op een nog onaangenamer wijze hebben doorkruist. Als mevrouw Deutz, zo ver verwijderd van alles wat haar dierbaar is en haar interesseert, enige bekoring in haar uitstapje zou kunnen vinden, zeker in de schoonheid van het land dat zij doorkruist, zou dat veel bijdragen aan de geneugten van die reis.*

Tot ontzetting van Willem werd de reis van Sophie voor onbepaalde tijd verlengd: *Er is één passage in jouw brief die mij in 't geheel niet bevalt, aangaande het droevige nieuws over de verlengde afwezigheid van mevrouw Deutz; het geval is dus dat ik nu geen twee maanden verlof durf te vragen, maar mij tevreden zal moeten stellen met een kleine onderbreking en mijn langer verlof in Den Haag weer moet uitstellen totdat de terugkeer van de Koningin is vastgesteld. Wanneer zullen wij aan het eind van al onze tegenvallers zijn?*

Pas begin november kwam Sophie met haar gezelschap terug in Nederland.[21] Later in haar leven had Sophie als hofdame Elizabeth van Dedem, met wie ze zeer goed bevriend was. In september 1867 reisde Sophie naar Engeland en Elizabeth vergezelde haar. Uit een brief van 11 september 1867 van Sophie aan een Engelse vriendin, Lady Mary, markiezin van Salisbury en gravin van Derby,[22] blijkt hoezeer ze altijd rekening moest houden met haar gevolg: *Ik moet nog één keer schrijven voor ik naar Engeland kom en je vragen of het jou en Lord Salisbury schikt om me zaterdag 21 september te ontvangen? Vind je het goed als ik twee dames en een heer meebreng? Het zijn de oude mevrouw Van Pabst, Mademoiselle Van Dedem en graaf Bylandt, die Engels spreekt als een Engelsman, omdat zijn moeder Engelse was. Ik zou mevrouw Van Pabst in het Claridges* (een hotel) *achter kunnen laten, maar er is vaak veel ontevredenheid en afgunst, en een koningin is nooit vrij om te gaan en te staan waar ze wil.*

In 1871 trouwde Elizabeth van Dedem met de Engelse historicus William Lecky. Sophie bleef de rest van haar leven corresponderen met Elizabeth en vertelde haar allerlei nieuwtjes zoals huwelijken van kennissen en schreef over haar gezondheid en haar hofdames, hoe lastig het soms was om ze tevreden te houden terwijl ze haar zoveel mogelijk gezelschap moesten houden. In 1872 werd Elizabeth's zusje Pauline hofdame bij Sophie.[23]

Wennen in Nederland

In de eerste tien jaar van haar huwelijk probeerde Sophie zich zo veel mogelijk toe te leggen op haar intellectuele vorming. Zij was vooral geïnteresseerd in geschiedenis en internationale politiek. Het kan zijn dat zij zich hierop heeft gestort, omdat het leven aan het hof en dat van de Nederlandse *society* haar niet erg boeide. Deze geestelijke activiteit lag in het verlengde van de opvoeding en interesses die zij in haar jeugd heeft gehad. Zij vond het vaderland van haar man benepen en over het Nederlandse volkskarakter was zij niet erg te spreken. De Nederlanders vond ze traag, zwijgzaam, achterbaks en egoïstisch en omdat ze er niet erg tactvol over was, luchtte haar schoonmoeder haar hart bij haar broer Nicolaas: *Holland is te klein en te lelijk voor haar en ze vindt de mensen erg saai.*

Ook de levenswijze van de Nederlandse adel en de Amsterdamse aristocratie lieten niets meer zien van de vroegere Nederlandse grootheid. Sophie kwam tot deze conclusie, toen zij zag hoe sober en ingetogen de hogere standen leefden. Zij vond dat ze niet genoten van hun kunstschatten en hun mooie huizen. Jammer genoeg stopten ze hun mooie schilderijen van oude meesters weg in donkere kamertjes waar niemand ze kon bewonderen. Op een keer bezocht zij een rijke verzamelaar die uiterst sober leefde in een achterkamertje van zijn huis, te midden van de mooiste schilderijen. *Zulke zonderlingen vindt men alleen in Nederland en in de romans van Balzac*, verzuchtte Sophie.

De positie van de Nederlandse vrouw was niet erg gunstig. Tot haar ontzetting merkte Sophie al snel na haar huwelijk dat een Nederlandse prinses, maar dit gold trouwens voor alle vrouwen uit de hogere standen, niets anders te doen had dan kinderen baren, liefst zoveel mogelijk om de troonopvolging zeker te stellen en dan de kleuters te bemoederen tot ze werden overgedragen aan een gouverneur of gouvernante. Verder was niet veel toegestaan, behalve een leven vol uiterlijk vertoon en sierlijke onbenulligheid. Het werd Sophie dan ook niet makkelijk gemaakt zich aan haar geestelijke activiteiten te wijden:[24]

De sfeer in Holland met zijn grote wolken maakte mij onuitsprekelijk triest. Ik miste niet alleen de liefde van mijn Vader en van allen die mij omringd hadden, maar er kwam bij dat het intellectuele leven, de stimulans van iedere dag, volledig had opgehouden te bestaan. Ik wilde gaan lezen, studeren. Dat verhinderde men mij op alle mogelijke manieren. Men hield niet op tegen mij te herhalen dat het voor een vrouw een grote schande was om te leren.

Afb. 7 Prinses Sophie ten voeten uit, 1840, lithografie, maker onbekend (Beeldbank Haags Gemeentearchief).

Ledigheid is voor mij altijd onmogelijk geweest, ik begon te fantaseren. Men had op alles wat aan te merken. Nooit meer, tijdens geen enkele andere periode van mijn leven, heb ik me zo ontzettend verveeld. Niets te doen hebben en alleen zijn. [...]

Maar wat was mijn leven geïsoleerd! Zoveel lange uren waarvoor ik bezigheid moest vinden. Om mij heen was er niets om mij te stimuleren, op te wekken en ik ben noch sterk genoeg, noch voortreffelijk genoeg om alles alleen te dragen. Mijn talenten gingen verloren. Mijn piano ging niet meer open. Alleen het lezen bleef over, dat heeft me nooit in de steek gelaten. Maar al deze kiemen bleven alleen bij mij. Geen frisse bries voerde ze verder om ze ontwikkeld en tot bloei gekomen terug te brengen.[25]

Aan haar vriend Napoleon schreef ze: *Ik heb getwijfeld aan alles, de verveling en de walging hebben mijn leven verwoest.* Ze zag de toekomst somber in en in haar zwartste momenten overwoog ze zelfmoord. Enige tijd later was ze wat rustiger en schreef ze hem: *Mijn dagen verlopen veel rustiger, veel kalmer, de een net als de ander, het zijn geen mooie dagen... Adieu, mijn vriend, in mijn lange uren van eenzaamheid doet niets me meer plezier dan een brief van u.*[26]

In haar dagboek schreef ze: *Mijn schoonvader kwam me opzoeken. Dat was mijn tijdverdrijf en ik denk dat ik dat ook voor hem was. Hij vond het fijn om bij mij te zijn, hij vertrouwde me zijn huiselijke problemen toe, zijn stemmingen, en hij raakte niet uitgepraat over de gewelddadigheden van zijn vrouw. Hij vertelde me herhaaldelijk dat ik bij hem herinneringen aan Engeland naar boven haalde, dat mijn handen leken op die van prinses Charlotte van Wales, over wie hij een diep verdriet koesterde. Haar portret bevond zich verstopt in zijn kamer, hij liet het mij een keer stiekem zien. Toen hij overleed, haalde ik het op en ik heb het bewaard. Ongelukkig genoeg was de liefde van mijn schoonvader noch verstandig noch onbevangen: in plaats van zijn zoon op te voeden en te onderwijzen, verpletterde hij hem, gaf hij hem te verstaan dat hij niets voorstelde, dat hij niets wist, iets wat zijn zoon woedend maakte en die woede kwam tot uitbarsting als zijn vader was vertrokken. Zo werden deze visites, die voor mij een afleiding vormden, vaak de oorzaak van heftige scènes.*

Er was één persoon heel lief voor mij: hertogin Bernard von Sachsen Weimar, die toen nog in Den Haag woonde, dat zij in het voorjaar van 1840 voorgoed verliet. Zij nam haar zoon van 20 jaar mee, een charmante veelbelovende jonge man. Haar leven zat vol beproevingen, als echte christin accepteerde zij deze gelaten en leidde, zonder zich te beklagen, een hard leven, vol met ontberingen, haar vertroostingen waren voor mij een grote steun en ik zal ze nooit vergeten.[27]

Deze periode was het niet alleen maar kommer en kwel voor Sophie, ze ging ook veel op reis. Van deze reizen maakte ze uitvoerige verslagen, waarin ze nauwgezet vastlegde waar ze geweest was en welke bezienswaardigheden ze bezocht had. In 1839 en 1840 ging ze naar Alexandrië, bezocht ze de tweede cataract van de Nijl in Nubië, Caïro, de Sinaï, Petra, Jeruzalem, Beiroet, Damascus en Constantinopel. Ze was erg geïnteresseerd in kunst, ze bezocht alle musea en monumenten en ze hield van winkelen. Over Caïro schreef ze op 29 maart 1840 aan een vriend: *Beste C, Ik ben hier nu ongeveer een maand en ik heb me erg goed vermaakt en het is zeer interessant. Deze stad is schitterend Oosters en pittoresk. Het uitzicht vanaf de Citadel is een van de mooiste in de wereld, en de stad staat vol met oude moskeeën en tombes van kaliefen, Saracenen en Mamelukken: lees Lane's* Egypt *en je ziet het helemaal voor je alsof je er bij was. De Piramides maken afzonderlijk niet zoveel indruk maar als je de hele rij ziet, 20 mijl langs de rand van de woestijn uitkijkend op de Nijl (dat kan op sommige plekken) dan zijn ze echt indrukwekkend. Ik beklom de grote piramide en nooit eerder in mijn leven was ik zo bang; ik zou er iets voor gegeven hebben om veilig weer beneden te zijn. Gelukkig zijn de Arabieren erg handig, en er is nog maar één keer een ongeluk gebeurd, maar ik zou het niemand om wie ik gaf toestaan naar boven te gaan.*

Op 25 april 1840 beschreef ze in Jeruzalem het vertrek uit Caïro: *Ik verliet Cairo met het volgende gevolg, aan het hoofd Hoessein, iemand van de Arabische Sinaï-stam, 10 kameeldrijvers, 10 bagagekamelen en drie dromedarissen voor mijzelf en bedienden.* Uit haar beschrijvingen wordt niet helemaal duidelijk of ze deze reizen alleen maakte, slechts in het gezelschap van personeel of dat iemand haar vergezelde.

In augustus 1842 maakte ze een toer door Rusland en aan de Wolga werd ze geteisterd door de muskieten: *[...] en toen ik het rijtuig volledig had laten uitroken, stapte ik er in en sloot mijzelf op, en ik liet iedereen die een pijp had tabaksrook onder de kap blazen, totdat ik zowat stikte, en toen ik bijna dood van vermoeidheid was viel ik in slaap. 's Ochtends toen ik wakker werd, merkte ik dat al mijn voorzorgsmaatregelen voor niets waren geweest, en dat ongeveer 100 muggen met volstrekt rookbestendige constituties zich in het rijtuig hadden gewerkt en me zo erg hadden gestoken dat ik nauwelijks mijn ogen of mijn mond open kon doen; hoewel ze zo slim waren geweest om in mijn rijtuig te komen waren ze te zorgeloos geweest om er uit te komen, en ik ontdekte het merendeel van ze verzadigd met mijn bloed en totaal inert; ik nam snel wraak op ze en ik ervoer voor de eerste keer in mijn leven de verrukking van de Corsicaanse vendetta.* Op deze reis bezocht ze onder andere ook Tiflis en maakte uitvoerige beschrijvingen van alles wat ze om zich heen zag.[28]

Sophie was romantisch en impulsief van aard en was zo sterk in haar eigen zielenroerselen verdiept dat zij niet veel begrip voor anderen op kon brengen. Zij kon niet van haar man houden en zij gaf daarom haar pogingen op om Willem voor zich te winnen. Zij was ook trots en dat speelde haar parten. Als haar man grof optrad in de familiekring of in het openbaar, dan klaagde zij daarover bij haar schoonvader. Zij kon het niet laten om haar man er regelmatig aan te herinneren dat zij hem in geestelijk opzicht veruit de baas was. Dit alles nam niet weg dat zelfs een heilige het moeilijk zou hebben uitgehouden met een echtgenoot als Willem: hij was enorm impulsief, met driftige woedeaanvallen die snel werden afgewisseld door zeer goede buien. Hiermee werkte hij op de zenuwen van zijn familie en zijn hofhouding. Sophie was steeds bang voor weer nieuwe ruzies.

In dit verband is het interessant om te lezen wat A.W.P. Weitzel in zijn privédagboeken heeft geschreven. In de jaren 1873-1875, toen Willem en Sophie sinds vele jaren koning en koningin waren, schreef hij: *Hoewel ik menigmaal in aanraking ben geweest met de Koningin en zelfs nu en dan een vertrouwelijk gesprek met haar heb gehad, zoo vond ik toch minder gelegenheid haar te bestudeeren dan den Koning. Zij zal ook wel hare gebreken hebben, en men mag aannemen dat bij de verwikkelingen die tusschen de echtelieden plaats hadden het ongelijk ook wel eens aan hare zijde is geweest, maar al ware zij volmaakt, goede verstandhouding was hier op den duur onmogelijk. Als men nu overweegt dat een Koning en een Koningin schier in het openbaar leven en dat den Koning alle zelfbeheersching ontbreekt, dan is er veel grond om te beweren dat men haar groten dank is verschuldigd dewijl de goede verstandhouding althans schijnbaar en in voorzooveel het gros der natie kan beoordelen, bleef behouden.*

Zeer zeker is de Koningin – met al de gebreken die zij dan ook moge hebben – een voortreffelijke, een buitengewone Vrouw. Zij paart een uitgebreide wetenschappelijke kennis aan veel smaak en kunstgevoel en zij is nederig genoeg om nog altijd te willen leeren van personen die zij in het een of ander bijzonder kundig of ervaren acht.

Weitzel schreef bij een andere gelegenheid: *Het moet voor een naar den geest zoo rijk begaafde en veelzijdig ontwikkelde vrouw als de koningin Sophia Mathilde was, een ware ramp zijn geweest zich voor immer geketend te weten aan een man als dien wij beschreven. Er zijn bewijzen aan te voeren dat zij in hare laatste levensjaren, zijn karakter en zijn geestes-richting volkomen doorzag, maar het is meer dan onwaarschijnlijk dat zij dit van den aanvang af, heeft gedaan. Meermalen moest zij hem in hare eerste huwelijksjaren, zonder eenig opzet, aanstoot hebben gegeven. Zoo als een ieder doet die dagelijks of dikwerf met hem in aanraking komt. Later bij de opvoeding en leiding hunner kinderen, moeten botsingen met een man, met wien niet te beraadslagen of te overleggen viel, onvermijdelijk zijn geweest. Daarbij was de Koningin als ieder ander een menschenkind. Haar levendigen geest en haren gansch niet onderworpen aard kunnen zeer licht uitbarstingen hebben bewerkt die misschien hadden kunnen worden vermeden, maar die tot verzet hebben geleid daar waar berusting mogelijk en wenschelijk ware geweest. Maar al ware Zij den volmaaktheid nabij gekomen, een goede verstandhouding was hier op den duur onmogelijk. Haar toestand werd echter ondragelijk toen de Koning zich ook niet meer ontzag de huwelijks-trouw schier onbewimpeld en op ergerlijke wijze te schenden. In den boezem der Koningin hoopten zich toen de grieven der beleedigde echtgenote op met die van het zoo menigmaal beleedigde gezond verstand der voortreffelijke en buitengewone vrouw.*

Tot haar lof zij gezegd dat zij in gesprekken met personen die haar vertrouwen genoten wel eens handelingen van den Koning onverholen heeft afgekeurd, maar dat zij zich nimmer op onbetamelijke wijze heeft uitgelaten noch over den echtgenoot, noch over het hoofd van den Staat.[29]

Sophie zelf beschreef haar leven in de eerste jaren van haar huwelijk in haar dagboek als volgt: *Wij hadden een eigen huishouding, maar twee keer per week aten wij bij onze grootvader, een keer per week bij onze schoonvader. Iedere dag zocht ik mijn schoonmoeder op. Ik vond het fijn om naar grootvader te gaan, het was een serieuze en saaie hofhouding, maar met perfecte manieren. Hij was boven alles een zakenman, maar hij liet zijn bezigheden een aantal keren in de steek om met mij te praten. Buiten de maaltijden om zagen wij hem niet. Hij stond iedere dag om 5 uur op, hij veroorloofde zich alleen verwarming in zijn vertrekken van november tot maart en hij ging altijd om half 10 naar bed. Tijdens de wintermaanden ging hij alleen maar uit om te voet naar de kerk te gaan, blootshoofds en zonder jas.*

Hij at maar 1 keer per dag, zeer overvloedig om 4 uur. Dit monotone kloosterachtige leven, zonder luxe, zonder comfort, werd alleen afgewisseld met zakendoen, dit werd zonder veel ruchtbaarheid afgehandeld in een handelshuis. Holland was zijn bank. Zijn zakelijke speculaties waren vaak gelukkig, soms zelfs grandioos. Hij nam een geruïneerd land over, hij richtte het op, maakte het welvarend. Maar zijn politieke speculaties mislukten bijna allemaal.

In mijn huishouding kon niemand gelijk met mij op leven, behalve mijn secretaris, meneer Von Weckherlin, die mijn vader mij had gegeven en die zich vanaf dat moment aan mij wijdde en mij nooit in de steek liet; maar ik durfde het nooit aan om hem langer dan enkele seconden te zien, want de prins behandelde hem met groot wantrouwen.

Uiteindelijk vroeg ik toestemming om Charlotte von Baur te laten komen. Zij kwam toegesneld. Ik stelde mezelf de regel om mezelf niet te beklagen, om niet te kreunen en steunen bij haar, maar haar bij mij te hebben gaf mij kracht en troost. De zeebaden brachten groothertogin Stephanie en haar dochter Marie, die later hertogin van Hamilton zou worden, hier. Mijn kinderlijke vervoering veranderde in een serieuze en diepe genegenheid. De groothertogin zei vaak tegen mij: 'Sophie, jouw lot doet me aan het mijne denken.' Wat een geluk waren die lieve gesprekken met deze bewonderenswaardige vrouw.[30]

Vaak werden ze onderbroken door het slechte humeur van mijn man, maar zij was altijd vriendelijk en toegewijd en beschikte over geestkracht en verleiding, zij wist hem te kalmeren en zijn slechte humeur om te buigen. Deze opklaring duurde kort. De hertogin vertrok in oktober. Charlotte volgde haar niet lang daarna en de lange winter begon – een Hollandse winter! Ik moet hieraan nog toevoegen dat een andere persoon ook vertrok, iemand wie ik nooit sprak, maar een stilzwijgende ontmoeting met hem deed mij rillen. Lucien Bonaparte, de broer van Napoleon I, onderhandelde in Den Haag over de verkoop van zijn Etruskische antiquiteiten. Hij verbleef er enkele maanden en wij kwamen elkaar onophoudelijk tegen. Wij groetten elkaar in stilte en hij was zeker op de hoogte van de buitengewone belangstelling die ik voor hem had. Hij was groter dan zijn broers, met een mooi, typisch 'Napoleon' gezicht. Ze vertrokken allemaal en de duisternis begon.

Mijn gezondheid werd plotseling slechter. Het scheen mij toe of de dood langzaam naderbij kwam maar het was geen zachte dood, die al mijn lijden afbakende. Het was een graftombe met al zijn afgrijzen, en daar boven op de mateloze verveling. In plaats daarvan begon er een nieuw leven in mij. Ik was in verwachting maar ik was zo zwak dat ik na 2 maanden, op 26 januari, bijna een miskraam kreeg. Ik bracht 6 maanden onbeweeglijk door, met vastgebonden voeten om iedere beweging te vermijden vooral als ik sliep. Zelfs toen had mijn man geen werkelijke tederheid of zachtheid voor mij: ik was zijn 'ding', hij had het recht me te kwellen. Toen mijn schoonvader mij tot zo'n penibel bestaan veroordeeld zag, had hij medelijden met mij. Hij kwam iedere dag, probeerde mij op te vrolijken, en nooit zal ik zijn vriendelijkheid in die tijd vergeten. Een brief die hij schreef aan mijn vader en die mijn vader aan mij gaf, heb ik bewaard als dierbare getuigenis. Ik heb het origineel onder mijn ogen: 'Hier in onze jonge huishouding, weet u, hopen wij op een zwangerschap. Sophie is al in haar vierde maand. Wij hebben nu wel iets gemeenschappelijks, u en ik, als grootvaders, het wordt ernst! Wat Sophie betreft, ze gedraagt zich altijd als een engel en zelfs als ik iets zou willen zoeken om haar te kritiseren, dan zou ik niets weten. Mijn Willem kan zich gelukkig prijzen dat hij een dergelijke levensgezel heeft ontmoet en God zal u genadig zijn omdat u hem en ons allemaal uw Sophie heeft geschonken. Voor mij is zij een echt kind en de hele familie houdt van haar en gaat haar meer en meer waarderen.' (14 maart 1840)

Toen hij zei dat 'de rest van de familie haar meer en meer gaat waarderen' vergiste hij zich, of liever, wilde hij zich vergissen.

Toen het mij na mijn lange afzondering werd toegestaan om uit te gaan, nam ik altijd de weg naar Delft, want levend of dood, daar wilde ik heen, levend was het de weg naar Duitsland, en dood: de spelonk van de familie bevindt zich in Delft. Het enige wat mij tegenhield, was de hoop mijn vader en mijn vaderland terug te zien.

Het liefst wilde ze weg, weg uit Den Haag en terug naar haar vader, haar familie, haar vertrouwde omgeving: *Op een dag in april toen ik voorbij de helft van mijn zwangerschap was, zag de dokter geen enkel bezwaar tegen een reis: ik wierp mij om de hals van mijn schoonvader en ik vroeg hem te mogen vertrekken naar Stuttgart. Hij vond het meteen goed en liet mij dronken van blijdschap achter – maar de volgende dag, nadat hij door mijn schoonmoeder bewerkt was, trok hij zijn toestemming in en verbood het me. Ik was diep bedroefd. Mijn hoop en mijn moed lieten me in de steek. Er gingen vijftien dagen voorbij. De lieve hertogin Bernard, die met mij meeleefde, praatte met mijn schoonvader. Zij had veel ervaring, had 7 kinderen gekregen en verzekerde mijn schoonvader dat ik de kwellingen van het heimwee niet langer kon verdragen, als hij me niet liet gaan. Dit was haar afscheid van Holland. Zij ging zich vestigen in Duitsland. Haar laatste daad was een weldaad. Mijn schoonvader die eigenlijk heel goed was, had medelijden, en op een avond, toen ik alleen aan het huilen was, mijn man was uit, kwam hij. Ik was zo gewend aan het geluid van zijn rijtuig, dat ik het herkende vanaf het moment dat hij de straat opdraaide. Ik ging voor hem staan. Hij kondigde aan dat ik kon vertrekken. Ik liep over van blijdschap. En ik kon het niet verbergen. Vertrekken uit mijn gevangenis, mijn vader weerzien, mijn zuster, mijn hemel, mijn bergen, het bestaan terugkrijgen dat voor mij verloren leek. Ik telde de uren af tot ons vertrek begin mei. Wat dit betreft was mijn man lief voor mij. Hij zelf had zin om te vertrekken en een tijdje verlost te zijn van de voogdij waaronder men hem liet leven. We moesten beloven eind juni terug te zijn.*

Er gingen zeven weken voorbij. Nu ik het verleden beoordeel, zeg ik dat het voor mijn positie, voor al mijn betrekkingen met anderen, verkeerd was om te vertrekken. Men kende mij nog maar weinig. Ik had verschillende weken doorgebracht zonder een mens te zien. Mijn schoonmoeder en haar partij, de Russische partij, verspreidden het gerucht dat ik er niet van hield om in Holland te leven; mijn schoonvader, die naast zijn mooie en goede kwaliteiten erg jaloers kon zijn en vol wantrouwen, vergaf het mij niet dat ik weg wilde gaan. Aan de andere kant, mijn kind zou niet sterk en gezond zijn geworden als ik me niet in de lucht van mijn geboorteland had ondergedompeld. Ik gaf misschien gevolg aan het overlevingsinstinct, maar uit politiek oogpunt had ik ongelijk en dat geef ik toe.

We vertrokken dus op een middag in mei, we scheepten ons in in Rotterdam en gingen in Mannheim van boord. Nooit had de lente me zo mooi toe geleken. Mijn zuster en haar man voegden zich bij ons in Mainz. Marie was een aantal weken eerder getrouwd, zij was in haar wittebroodsweken, gelukkig en vol vertrouwen in de toekomst! Ik raakte erg gehecht aan haar man, die een verheven en aangenaam karakter had, hij sloot niet gauw vriendschap, maar mij adopteerde mij en hij hield van mij als een zuster totdat het verstand hem had verlaten. Dit verlies is er één waarom ik altijd zal huilen!

Mijn vader wachtte op enige afstand van Stuttgart op me en nam mij mee naar zijn huis. Ik was gelukkig hem weer terug te zien maar toch kwam ik thuis met een gebroken hart. Ik huilde om de verwachtingen van een leven! Het was een moment vol van verdriet en liefde. Ik werd gehuisvest in het appartement van Mevrouw Drust, vlak bij mijn vader en naast dat waar mijn moeder had gewoond, waar zij was gestorven. Ik sliep in de kamer waar Mevrouw Drust overleden was, maar ik zag er geen enkele lugubere verschijning. Al mijn vrienden uit mijn kindertijd omringden mij weer. Mijn neven Bonaparte en mijn nichtje Marie woonden nog in het huis van mijn vader, en wij zagen elkaar iedere dag. Mijn man mocht mijn neven erg graag en wilde ieder moment met hen doorbrengen. De zes weken gingen voor mij te snel voorbij. Toch had mijn geluk een bijsmaak. Ik houd er niet van om over de gewelddadigheden van mijn man te spreken, maar ik denk aan datgene wat hij mij liet ondergaan, onder andere een scène waarbij hij mij wilde pletten tegen een marmeren console. Deze indrukken hebben hun uitwerking gehad op het karakter van mijn zoon. Ik moest mijn smart onderdrukken, vaak terwijl ik de rebellie van mijn zoon zag. Ik herinner me deze beproevingen, ik moet zwijgen en lijden. Hij liet zich volledig gaan, waardoor ik teveel heb geleden. Toen hij Stuttgart wilde verlaten, werd ik overvallen door een soort misselijkheid van verdriet. Mijn leven in Den Haag weer oppakken leek me nog vreselijker dan de eerste keer. Om me te bemoedigen bood Charlotte von Baur aan mij te begeleiden en de uitstekende arts Ludwig die mij tijdens mijn kindertijd had verzorgd, begeleidde me tot aan Keulen.

Eind juni 1840 kwam Sophie terug: *Ik ging dus terug en ik ging niet in mijn sombere huis wonen, maar in een klein landhuisje dat in het park van mijn schoonvader ligt, niet ver van zijn eigen zomerverblijf. Zorgvliet (de naam van het landhuisje) was een eenvoudige gelijkvloerse woning, erg vochtig zonder fundering, gebouwd direct op de grond. Het park was mooi, en zou werkelijk heerlijk voor mij zijn geweest, maar mijn schoonmoeder verbood mij er te wandelen omdat zij er last van zou hebben. Ik was dus eenzaam zonder te kunnen genieten van het buitenleven. Charlotte, die al zwak en ziek was, was een echte heldin door haar lijden te overwinnen en mij af te leiden. Terwijl ik urenlang in bed lag, luisterde ik naar haar pianospel en droomde ik slaapwiegend weg. Zij ging terug naar Stuttgart voor mijn kraamtijd begon en Cornelie Hardigg, die daar ervaring mee had, kwam me verzorgen.*

Wiwill wordt geboren

Voor de bevalling vertrok ze naar Den Haag waar zij haar zoontje ter wereld bracht: *Ik ging eind augustus terug naar de stad en ik beviel op 4 september 1840 om 12 uur 's middags van een mooie en sterke jongen die bijna doodging, toen hij ter wereld kwam.*

Mijn schoonvader die mij heftig pijn zag lijden en, dat durf ik wel te zeggen, ik was moedig, was erg geagiteerd. Mijn schoonmoeder ging ontzettend te keer, je hoorde haar razen en tieren in de aangrenzende kamers. Haar man stuurde haar weg. Toen ik was bevallen, stonden er drie generaties om de wieg van mijn zoon. Koning Willem I, mijn schoonvader en mijn man. Toen koning

Willem I me kwam feliciteren, vroeg ik hem om mijn man iets te doen te geven omdat ik wist dat dit de enige manier was om hem te redden en om onze toekomst te redden. De koning was ontroerd om me op zo'n moment te zien, in beslag genomen door deze gedachte. Hij boog zich naar me over en zei tegen me: 'Ik had het wel gewild, mijn kind, maar het is te laat' – woorden waarvan ik korte tijd later de betekenis zou begrijpen. [Willem I zou al spoedig troonsafstand doen].

Ik had liever een meisje gehad. Zij had mij meer toebehoord! God heeft er anders over beschikt. Maar ik begreep al snel terwijl ik naar mijn schat keek dat mijn leven een ander doel had. Vanaf die dag dat ik wortel schoot in deze familie, in dat land, legde dat grote geluk mij een zware plicht op. Ik begon met het voeden van mijn zoon, maar na enkele weken deed men het voorkomen dat ik niet voldeed als voedster en werd ik vervangen door een zwangere vrouw die ik, omdat ik werd afgevoerd, wel kon schieten. Mijn hele leven was veranderd. In plaats van leegheid had ieder moment zijn betekenis, dat was de glimlach of de schreeuw van het kind. Hij ontwikkelde zich snel en groeide voorspoedig. Een straal zonlicht viel over mijn leven.[31]

Willem was verheugd dat er een troonopvolger was geboren, maar dat was dan ook alles wat hij erover zei. De kersverse grootvader was zeer gelukkig met de geboorte van zijn kleinzoon. Als herinnering aan de blijde gebeurtenis metselde hij eigenhandig een gedenkplaat in een muur van de Gotische Zaal, die in aanbouw was bij het paleis Kneuterdijk en waar hij zijn schilderijencollectie wilde onderbrengen. Op de gedenkplaat staat: *Gebouwd en eerste steen gelegd door Z.K.H. Willem Frederik George Lodewijk, prins van Oranje enz. enz. Op den heugelijken geboortedag van deszelfs kleinzoon den 4den September des jaars 1840.*

De geboorte van de kleine prins werd in Den Haag met 101 saluutschoten aangekondigd. Hij kreeg de namen Willem Nicolaas Alexander Frederik Karel. Op 6 september werd het prinsje op het paleis ingeschreven in het register van de burgerlijke stand, waarbij de ministers van Justitie en Buitenlandse Zaken als getuigen fungeerden. Gedurende de eerste dagen na de bevalling ontvingen de dames van het hof van twaalf uur tot half vier al het bezoek op het paleis en werd hun kandeel (een traditionele kraamdrank) en kaneelkoekjes aangeboden.[32]

Sophie schreef op 29 september 1840 vanuit Stuttgart over de geboorte van haar zoontje aan haar vriend Napoleon: *Ik wist, mijn lieve vriend, dat u aan mij zou denken als u zou horen dat ik moeder ben van een jongen; maar ik had behoefte om het tot me door te laten dringen, en uw brief was een beloning die ik kon waarderen. Wie kan het zeggen, of dit kind het voorwerp van verdriet of vreugde zal zijn? Maar in ieder geval heb ik iets levends en* [onleesbaar] *om te verwarmen, om liefde op te wekken. Als God mij het leven geeft, weet ik dat ik zal doen wat ik kan, vanaf dit moment dat alles heeft veranderd, totdat hij man zal zijn geworden, de principes veranderen niet. Houden van* [onleesbaar] *dit kind, dat me mijn deel van geluk geeft,* [onleesbaar] *van liefde,* [...][33]

Deze vierde Willem werd op 4 november in de Kloosterkerk in Den Haag gedoopt door Ds. Van der Broek, in aanwezigheid van zijn ouders, grootouders en overgrootvader en vele andere leden van de koninklijke familie. Zijn vader droeg zelf het kindje in de prachtige doopjurk naar het doopvont.

Om niet te veel verwarring te krijgen met alle andere Willems in de familie, werd de baby door Sophie al snel Wiwill genoemd. Zij was dol op haar zoontje en verwende hem enorm, dit tot grote ergernis van haar man. De eerste jaren van zijn leven groeide hij op in de kinderkamer van het paleis, waar hij het mooiste speelgoed had: schommelpaarden, speelgoedkoetsen, een leger van blikken en tinnen soldaten en ook een staf bedienden: een baker, een kinderjuffrouw, een gouvernante en een kamerdienaar of lakei.

Wiwill was een moeilijk opvoedbaar kind. Hij had vaak heftige driftbuien en woede-uitbarstingen. Van jongs af aan gooide hij zich op de grond als hij zich ergens over opwond en schreeuwde en krijste dan om zijn moeder. Sientje, zijn baker die altijd bij hem in de kinderkamer was, wist zich geen raad als hij met een vuurrood hoofd tegen de grond beukte. Zijn gouvernante, Miss Eusden, maakte hij aan het huilen door haar te schoppen en te bijten. Alleen zijn moeder kon hem kalmeren. Zij nam hem naast zich op de *chaise longue* en terwijl hij met haar juwelen speelde, vertelde zij hem voortdurend verhalen over haar mooie vaderland waarin haar heimwee doorklonk. Zij vertelde hem over haar eigen jeugd, hoe zij altijd wild speelde en het liefste wilde lezen en leren. Al deze verhalen wekten de ergernis op van haar man en van het personeel.

Sophie verlangde ernaar om haar zoon haar kennis over te dragen, zij wilde hem alles leren van literatuur, geschiedenis en politiek. Zij maakte van het jongetje dat nog in een speeljurkje in de kinderkamer rondliep een vroegwijs kind. Wiwill was doodsbang voor zijn vader, omdat deze altijd tegen zijn moeder schreeuwde, haar pijn deed en haar aan het huilen maakte.[34]

Tussen Sophie en Willem ging het heel slecht. Toen zij in verwachting was, merkte zij dat hij haar ontrouw was. Haar kwam ter ore dat hij regelmatig een bordeel in Amsterdam bezocht en ze liet dat niet zomaar passeren: ze stuurde een staatsiekoets met zes paarden naar Amsterdam en liet de koets pal voor de deur van het bordeel wachten. Dit veroorzaakte een enorme oploop in het kleine straatje en zo was iedereen er meteen van op de hoogte dat de prins zich vermaakte met dames van lichte zeden.

Bij een andere gelegenheid liet Sophie naar de Franstalige pers in België uitlekken dat haar gemaal, de prins van Oranje, volledig krankzinnig was geworden. Zij liet hem merken dat ze hem minderwaardig vond en hij probeerde dit te overstemmen met zijn gebulder. Zij schold hem uit voor ‘boer’, ‘bojaar’ of ‘Kozak’ en dit werd door bedienden overgebriefd aan Willem. Ze had geen enkel begrip voor de betuigingen van spijt die in het begin van hun huwelijk nog volgden op zijn uitbarstingen van woede en razernij.

Sophie had er veel moeite mee zich te schikken in een huwelijk met een man die ze minachtte, in een positie waarin ze door gehoorzaamheid aan haar vader was gebracht. Wat voor haar nog erger was, was dat Willem haar niet toestond hem te adviseren of bij te staan. Zij kon zo niet de belangrijke rol vervullen waarop zij had gehoopt.

Koning Willem II

Terwijl Sophie in haar kraambed lag, vond er een andere belangrijke gebeurtenis plaats: koning Willem I deed troonsafstand: *Voordat ik nog uit mijn kraambed was, kwam mijn schoonvader mij op een dag toevertrouwen dat er een grote gebeurtenis zou gaan plaatsvinden, dat zijn vader troonsafstand ging doen. Ik barstte in tranen uit. De oude man was altijd vaderlijk voor mij geweest, hij koesterde een teder gevoel voor mij, was beschermend, een fijn gevoel om iemand daartoe te inspireren, hij hield van mijn jeugd en ik amuseerde hem. Hij had mijn komst altijd met werkelijke vreugde toegejuicht, net als zijn hele oude hofhouding. Enfin, hij vormde een tegenwicht voor mijn schoonmoeder. Hij hield niet van haar, kon haar bazigheid niet verdragen, kende haar valsheden en vertelde daar heel grappig over, met een beetje kwaadaardigheid. Het moment voor de troonsafstand was slecht gekozen, hij had zijn kroon moeten opgeven vóór de ondertekening van het verdrag dat het bestaan van België erkende. Dan had hij met een zekere grandeur kunnen eindigen, want toen hij zag dat zijn werk verwoest werd door superieure krachten, had hij het aan anderen overgelaten om te zorgen voor het reconstrueren van een verkleind Holland. De situatie binnenslands was ook veranderd.*

Men vroeg om wijzigingen van de Grondwet, een grotere openbaarheid en een grotere ministeriële verantwoordelijkheid. De verwarde financiën, ontstaan door negen jaar de last van het leger, vereisten pijnlijke uitleg. Hij had enkele onechte toezeggingen gedaan, met weinig soepelheid, en in plaats van te stoppen voor het nieuwe tijdperk, legde hij vermoeid en vernederd, bruusk zijn last neer. Tenslotte verlangde hij door een treurige romance ook naar rust in zijn privé-leven. Enkele weken vóór mijn huwelijk had Willem I besloten te trouwen met gravin Henriette d'Oultremont, vroegere hofdame van zijn overleden echtgenote, de Koningin.

Om niet zijn eigen huwelijksafkondiging bekend te hoeven maken, had hij die van ons achtergehouden en mij daarmee de bedroevende verrassing bezorgd om de onwettigheid van mijn huwelijk te horen verkondigen. Hij nam zijn drie kinderen in vertrouwen over zijn plannen en ondervond geen weerstand. Mijn schoonvader had gezegd: 'Ik houd meer van deze vrouw dan een stiefmoeder die koningin zou worden.' Prins Frederik had als goede zoon geen bedenkingen en wenste zijn vader veel geluk toe. De dochter, prinses Marianne, die zich met haar losbandige leven wilde losmaken uit de verveling van de lange verblijven bij die saaie hofhouding, zag geen enkel bezwaar behalve voor haar deel van de erfenis, en zij gaf vrolijk haar instemming, toen zij op dat punt was gerustgesteld.

Hij had meteen moeten trouwen, maar hij vergiste zich door het plan toe te vertrouwen aan zijn oude hofhouding, vooral aan de vroegere hofdames. Hun kabaal was schrikwekkend. Zij deden alsof de gravin d'Oultremont, die katholiek en Belgisch was, haar man zou bekeren. Het publiek mengde zich erin en de afkeuring was algemeen. Toen liep mijn schoonvader over. Hij verklaarde dat hij nooit een voet zou zetten in het hof van zijn vader, hij bewerkte de kranten, slaagde er in de publieke opinie te bespelen. Hij was ongeduldig om op de troon te komen. Treurig schouwspel! Henriette speelde vergeefs de rol van Bérenice: 'Ik houd van u en ik vertrek, ik offer u op voor uw kroon', zei ze tegen haar oude aanbidder. En ze vertrok naar Italië. Ze was een verstandige en eerlijke vrouw, ze had geld, was van goede geboorte, zij had een prettig en vol leven kunnen hebben temidden van haar eigen familie, die veel van haar hield. Maar omdat ze trots en eerzucht had en haar schoonheid, die toch al nooit erg stralend was, op zijn einde liep, vond ze het niet erg om deze rol te spelen.

Men moet erbij zijn geweest om zich de publieke woede tegen de 'Paapse en Belgische' te kunnen voorstellen. Er werden allerlei leugens verzonnen. Men deed alsof Henriette de maîtresse van de koning was geweest, dat zij de moeder was van twee kinderen (infame laster). In de provincie was er een vrouw, die een beetje op haar leek en die voor haar werd aangezien, de bevolking gooide met stenen naar haar en ze werd bijna in het water gesmeten. De opvolger maakte slinks misbruik van de misdadige dwalingen van de publieke opinie.

Juist omdat men erg gehecht was aan Willem I was de reactie zo heftig. Hij was er verdrietig van. Soms leek hij overwonnen, verpletterd, wilde zijn plan opgeven, maar dan kwam zijn koppige aard in opstand en kwam hij er hardnekkig op terug. Zijn zoon kende deze schommelingen en het werd in het oog gehouden en becommentarieerd door de kranten. Zo bleef het publiek bezig met deze droevige geschiedenis, die alleen maar medelijden kan opwekken. Tenslotte kondigde Willem I na 15 maanden vermoeid en uitgeput zijn voornemen om af te treden aan.

Hij tekende de troonsafstand in de grote zaal van Het Loo op 7 oktober 1840 in aanwezigheid van zijn zoon, zijn twee kleinzoons (mijn man en zijn broer Alexander), zijn ministers en de leden van de Staten-Generaal. Hij schreef aan Henriette dat hij vrij was om haar toe te behoren en vier maanden later trouwde hij met haar in Berlijn.

Wat ons betreft: op 8 oktober begroetten wij Willem II.[35]

Koning Willem II werd op 28 november 1840 in de Nieuwe Kerk in Amsterdam ingehuldigd. Een dag eerder was hij met zijn echtgenote, zijn zoons, dochter en schoondochter naar de hoofdstad vertrokken en de koninklijke familie maakte een vorstelijke entree: *De koning en de prinsen Frederik, Willem, Alexander en Hendrik waren te paard, koningin Anna Paulowna reed met haar dochter Sophie, kroonprinses Sophie en prinses Frederik in een prachtige staatsiekoets. De koningin was gehuld in blauw fluweel met wit bont afgezet, terwijl de prinsessen rose en groen satijn droegen. Zowel de geestdrift onder het volk als de versieringen waren ongekend. Een voorbeeld: in de Kalverstraat liet zekere Van Embden, 'optisch en physisch instrumentmaker' een luchtbal uit zijn venster hangen, met een opgerold Oranjevaandel. Toen de koning voorbijreed, ontrolde zich dit vaandel en regenden er bloemen uit op 'Hoogstdezelve'. Vervolgens werden de koorden der ballon losgemaakt en steeg deze snel omhoog, tot voldoening van het publiek en ook van de passerende vorst!*[36]

De inhuldiging was vol pracht en praal, iets wat in Nederland altijd veel stof tot commentaar opleverde. Ook dit keer was dat niet anders. Velen namen aanstoot aan de luisterrijke plechtigheid. Buiten was een onafzienbare massa mensen op de been, zelfs de dakgoten zaten vol toeschouwers. In de stampvolle kerk, die uitbundig versierd was, hingen trofeeën en vlaggen, iets ongewoons voor Nederlandse begrippen. De koningin had een indrukwekkende troonzetel laten maken van moiré (gevlamd) mahonie, overtrokken met scharlakenrood fluweel, waarop de letters W A P stonden: de initialen van het koninklijke paar.

Voor de troon stond de credenstafel, waarop de symbolen van het rijk en het koningschap lagen: de kroon, de rijksappel en de scepter. De kroon was open met een gouden hoofdband, waarop verschillende soorten juwelen waren aangebracht. De rijksappel was een wereldbol met een kruis, de antieke gouden rand was ingelegd met edelstenen. De scepter tenslotte was een holle zilveren vergulde staf, die een el lang was en fraai bewerkte uiteinden had. Deze kostbare voorwerpen waren gemaakt door Nederlandse goud- en zilversmeden. Ook lag er op de tafel een kostbaar gebonden exemplaar van de grondwet. Hiernaast was het rijksvaandel van witte moiré zijde, beschilderd met het rijkswapen, opgehangen. Een hofdignitaris droeg het rijkszwaard met het antieke lemmet en mooie bewerking.

De koning was gekleed in een uniform van donkerblauw fluweel en goud en hij had de nieuwe kroningsmantel van purperrood fluweel om. De mantel was bezaaid met gouden leeuwen en gevoerd en omboord met hermelijn. Op zijn hoofd droeg hij een baret met een sneeuwwitte verenbos. De toeschouwers waren diep onder de indruk van de praal en de keizerlijke statie waarmee Anna Paulowna binnenschreed, *haar majestueuze tred en edele zwier.* Ze droeg: *een lang blinkend zilverlakens gewaad, met een zes el wijde en een halve el brede hermelijnen rand, erover een mantel 'à la cour' van goudstof en daarover een mantille van het fijnste hermelijn en een mof van dito stof. Haar gordel was van purper fluweel, bezet met diamanten, en op haar hoofd fonkelde een diadeem van briljanten. Pages droegen haar lange sleep. Toen zij de voorzitter van de beide kamers passeerde, boog zij in zijn richting met onnavolgbare gratie.*

Het koninklijke paar werd omringd door generaals, hoge officieren en hofdignitarissen. Bij de inhuldiging sprak de koning de eed uit met ontbloot hoofd en hij deed een belofte: *Gelijk het mij heeft mogen gebeuren voor de onafhankelijkheid van Nederland met het zwaard te strijden, zo zal ik daaraan ook nu geheel mijn leven en al mijn krachten toewijden.*

Na deze plechtigheid hield de hervormde predikant Wolterbeek een preek, die in zijn eenvoud sterk afstak tegen alle pracht en praal. Buiten werden door de zogenaamde koningen van wapenen zilveren en bronzen penningen rondgestrooid. Dit veroorzaakte een geweldig gedrang zodat zij *'met paard en al in de lucht werden getild, en heen en weder werden geslingerd als eene loodsboot in ene vliegende storm!'*, zoals een ooggetuige vertelde.

Ook Sophie heeft de belevenissen vastgelegd: *Wij gingen naar Amsterdam in november. De inauguratie van de nieuwe koning zou plaatshebben, dat wil zeggen zijn kennismaking met de regels van de grondwet en die van de Staten-Generaal. Ik moest mijn kind verlaten en vond dat verschrikkelijk. Het was erg koud en dat grote kasteel dat men nauwelijks kon verwarmen was afschuwelijk om in te wonen.*

Ik was niet goed in orde na mijn kraambed en ik leed erg. De dag van de inauguratie, 28 november, was moeizaam en een beetje belachelijk. Mijn schoonvader, beroofd van zijn ridderlijke gratie, slaagde er niet in te imponeren. Hij was gekleed in een soort geborduurde jas, op zijn hoofd droeg hij een kozakkenmuts, die met diamanten was versierd, en de grote koninklijke mantel. Hij stond onbeweeglijk, hij groette met zijn hoofd zonder zijn lichaam te bewegen, waardoor hij er een beetje als een pop uitzag.

De Koningin droeg een lange sleep van een gouden stof die op wasdoek leek. Zij was letterlijk overdekt met diamanten, maar die verbazend grote, smakeloze stenen vormden zware ornamenten die een beetje deden denken aan de hangers van een lichtkroon. Luxe is weinig aantrekkelijk als deze niet door smaak wordt begeleid! Ze had erg weinig haar en omdat ze bang was voor de kou in de grote kerk waar de plechtigheid plaatsvond, droeg ze boven op haar hoofd een pruik samengesteld uit diamanten, die er dwars over waren gezet. Ze kon alleen met horten en stoten bewegen en zij geloofde aan haar waardigheid te kort te doen als zij het hoofd gebogen had; men glimlachte.

Eén enkel moment leek mij opmerkelijk. Na het afleggen van de eed sprak de Koning zijn rede uit. Hij beloofde gerechtigheid, vrede, trouw aan al zijn onderdanen. Hij stopte en legde nadruk op het woord 'alle' waarmee hij zich richtte tot de afwezige Belgen maar ook tot de aanwezige Hollanders. De Belgische minister, Prins Joseph de Chimay, vatte het net zoals wij op. De Koning heeft tot het einde toe altijd de gedachte gekoesterd om België terug te winnen.

Het was tijdens het verblijf in Amsterdam dat ik voor de eerste keer de verandering van de Koning naar mij toe merkte. Mijn jeugd en mijn uiterlijk beviel de massa. Misschien was het ook mijn lijdende uitdrukking die aansprak. Mijn schoonvader hield niet van deze populariteit waarmee ik werd omgeven, God weet dat ik die niet gezocht heb!

Ik voelde er echte pijn door, want ik was erg op hem gesteld. Maar hij die tegen zijn eigen vader had samengespannen, hij verdroeg de herinneringen aan zijn verleden, dat hem beroofde van de veiligheid van het heden. Na acht dagen van representatie, van vermoeidheid en kou, keerden wij terug naar Den Haag waar de feesten opnieuw moesten beginnen. Maar er was geen vreugde in de harten maar veel onbehaaglijkheid en onzekerheid ondanks de pogingen van het hof. Men wist van de deplorabele staat van de financiën en iedereen voorzag onontkoombare opofferingen.[37]

7 Barsten in het huwelijk

Naar Stuttgart

Na de geboorte van Wiwill (zie kleurenafb. 13) bleef Sophies gezondheid lange tijd slecht: *Mijn gezondheid verbeterde niet. Ik had een hardnekkige hoest, van tijd tot tijd hoestte ik wat bloed op. De arts die men mij had opgedrongen slaagde erin mij te schaden. Hij tastte in het duister, probeerde wat uit, probeerde mijn koorts te doorbreken met behulp van kinine zonder te bedenken dat koorts slechts een symptoom van innerlijke verstoring is. Maar afgezien hiervan betekende het kind ieder moment vreugde en geluk. Hij liet al gauw bewijzen van zijn intelligentie zien, praatte snel, hij was zo stevig dat het moeilijk was om hem te dragen.*

Een extra belasting voor Sophie was het grote aantal feesten en ontvangsten die zij moest bijwonen in de ambtswoningen van diverse ambassadeurs en in de paleizen van de leden van de koninklijke familie. Aan een Engelse vriendin, Lady Malet,[1] schreef zij: '*Ik haat die bals!*' (zie kleurenafb. 14 en 15) en in haar dagboek: *Mijn schoonvader wilde dat de eerste winter schitterend zou zijn, wij moesten talloze feesten geven, en de krachten ontbraken mij. Niets is moeilijker dan het in beweging krijgen van de hogere standen van Den Haag. Ik weet niet of dat komt door het klimaat of door de aard van de mensen, maar feit is dat men over het algemeen het verlangen, de behoefte heeft om zich te isoleren, om geen moeite te doen voor zijn naasten. Men veronderstelt dat het klimaat van Amerika positief bijdraagt aan de activiteit en de beweging. Hier is het tegenovergestelde het geval. Men moet een sterke wil hebben om op den duur de belastende invloed van het klimaat te weerstaan.*

De Duitser uit het zuiden leeft in het algemeen makkelijk, is vrolijk en intelligent. Hij heeft behoefte aan gezelschap, om zonder plechtstatigheid bij elkaar te komen. De Hollander heeft een angst voor en een diepe afkeer van de buitenlander. De voorgaande generatie sprak uitstekend Frans. De generatie na ons spreekt en wil ook alleen maar Hollands spreken. Welnu, tot op zekere hoogte maakt de taal de mens. De band met het buitenland is verbroken. Men leeft onder elkaar. Men verjaagt, vermijdt nieuwe indrukken.

Door de gemakkelijke verbindingen kan de Hollander reizen, maar zijn reizen leveren zelden nieuwe kennis op, vers verkregen indrukken. Hij neemt zijn persoonlijkheid mee zonder er afstand van te doen. Droevig resultaat.[2]

's Winters werd er altijd veel geschaatst door de hovelingen en vaak verlieten de heren in galakleding de balzalen om aan de Vijverberg te gaan schaatsen. Sophie genoot van dit schouwspel en beschreef dit aan haar vriendin Lady Malet: *Dan alleen zijn die stijve Hollanders zwierig, de dames in hun donkere winterjaponnen glijden als zwarte zwanen over het ijs.*[3]

Een bijzondere plechtigheid vond zij de opening van de Gotische Zaal die in opdracht van Willem II in 1842 werd gebouwd in de toen zeer populaire neogotische stijl. Deze zaal was gebouwd voor de grote collectie schilderijen van Willem en werd door een lage vleugel verbonden met het paleis aan de Kneuterdijk. Ook nam zij deel aan door haar echtgenoot georganiseerde toneelvoorstellingen en bal masqués: *Ik verveel me dood bij al dat gepraat over mutsen en fluweel, enzovoort. De prins is net een klein kind, wel tien maal per dag moet hij kostuums passen, zich verkleden. Maar hij is tenminste in een goed humeur.*

Willem had veel belangstelling voor theater en opera. Hij kon goed zingen, schilderde lang niet slecht en ook componeerde hij. Zijn voorkeur ging uit naar lichte muziek, terwijl Sophie liever de klassieken hoorde evenals de romantische avant-gardistische eigentijdse componisten. Zij speelde heel goed piano en toen Franz Liszt te gast was op Het Loo, speelde ze quatre-mains met hem.

In 1841 vertrok Sophie om gezondheidsredenen van maart tot juni naar Stuttgart: *In de lente van 1841 was mijn gezondheid, die nooit meer helemaal goed was gekomen na mijn kraambed, zodanig ondermijnd dat ik op een angstaanjagende manier veranderde. Iedereen voelde aan dat een verandering van lucht noodzakelijk was. Deze keer verzette mijn schoonvader zich er niet tegen, maar hij wilde niet dat ik mijn kind meenam. Zonder hem wilde ik niet, kon ik niet weggaan. Hierover was nog wat gekibbel. Men wendde zich tot mijn vader, die besloot dat ik het kind zou meenemen, zijn kostbare kleinzoon. Wat was ik trots om hem te laten zien! We vertrokken in mei en we bleven in Stuttgart tot juni. Dat is het langste verblijf dat ik er ooit heb gehad.* [Sophie ging ieder jaar een aantal weken naar Stuttgart.] *Rijk met mijn zoon, met hem en mijn vader was ik zo gelukkig als ik maar kon zijn. Maar wat een doornen in mijn leven! De artsen ontdekten dat mijn borst niet in orde was, behandelden dit met zorg en wisten een opmerkelijke verbetering te bewerkstelligen. Zij schreven me voor naar Ems te gaan, vanaf het moment dat het seizoen geschikt zou zijn, dat wil zeggen in juni. Terwijl ik daarop wachtte, bleef ik bij mijn vader. Mijn baby kreeg zijn eerste tandje, werd bewonderd en geliefkoosd door de hele familie. Terwijl hij in Den Haag door de familie van zijn vader bijna werd vergeten. Olivia Wellesley*[4] *die in Stuttgart was aangekomen, maakte een tekeningetje van hem op een blauwe sofa waar hij aan het spelen was. Zij was net bevallen van haar vierde kind, een klein meisje, van wie ik peetmoeder was en dat nu de mooie Lady Royston is.*

Mijn neef Napoleon was ook in Stuttgart. In de herfst van 1840, toen verwikkelingen in het oosten oorlogsdreigingen hadden veroorzaakt, had hij de dienst willen verlaten en uit Duitsland vertrekken, omdat het hem tegenstond deel te nemen aan voorbereidingen voor een strijd tegen Frankrijk. De bewolking was overgedreven. Zijn vader vroeg hem om nog een jaar bij zijn oom door te brengen. Het kwam hem goed uit hem daar gehuisvest en onderhouden te weten op de kosten van een ander. Napoleon verveelde zich dood. De militaire dienst vond hij vervelend, maar wat hem vooral irriteerde was het hofleven dat hij gedwongen was te leiden. Hij at iedere avond bij mijn vader, zat naast de koningin, in uniform. Hij vond iedereen gruwelijk vervelend en hij liet het ze goed merken ook. Men hield niet van hem, wat op hem werd afgereageerd en deze buitensporige, verhitte natuur die steeds om hevige gevoelens vroeg, leed diep. Hij studeerde met horten en stoten. Zijn grote intelligentie en zijn welsprekendheid ontwikkelden zich in deze innerlijke strijd. Ik ben er zeker van dat deze periode in zijn leven voor hem nuttig is geweest. Maar hij vervloekte het, hij droomde van Frankrijk, of bij gebrek daaraan, van Italië. Bij mij luchtte hij vaak met verbittering zijn hart. Was hij verliefd op mij? Ik weet het niet. Ik wekte bij hem meer vertrouwen, meer sympathie op dan wie dan ook. Ik was niet verliefd op hem, maar ik onderging zijn invloed. Ik verzette mij daartegen, ik kwam ertegen in opstand, maar deze was er. In deze strijd scholen een kwelling en een bitter genot. Ik kende zijn fouten, maar zijn intelligentie en de eer die hij mij bewees, oefenden op mij hun fascinatie uit. Ik ging ertoe over het aan mijn man te vertellen en smeekte hem mij mee te nemen. Hij was afschuwelijk. Hij was diep onder de indruk van Napoleon, kon niet bestaan zonder hem en zocht hem onophoudelijk op. Napoleon, wie het vaak verveelde, behandelde hem als een kind en dat deed mij zelfs zeer. Toen ik tegen mijn man zei dat Napoleon te vaak bij ons was, te vaak bij mij, dat ik te jong was om er niet door gecompromitteerd te worden, deed hij alsof ik met mijn onuitstaanbare ijdelheid deze attenties had verzonnen, dat hij alleen maar bij ons kwam om te genieten van zíjn gezelschap.

Toen ging ik naar mijn vader en luchtte mijn hart en zei hem dat ik wilde vertrekken. Mijn vader wilde dat ik bleef om mijn medische behandeling af te maken, maar hij overzag al snel de situatie: hij gaf me gelijk en besloot dat we moesten vertrekken. Hij alleen had het gezag om de prins ermee in te laten stemmen.

Ik geloof dat dat vertrek een van de beste daden uit mijn leven is geweest. Hierdoor werd ik tegengehouden en dat was waardevol. Weinig vrouwen zijn ongevoelig voor de prettige sensatie gewaardeerd te worden, zeker als ze ongelukkig zijn. Napoleon was niet gelukkig. Banneling die hij was, verlangde hij naar zijn vaderland. Het is nutteloos om op deze gevoelens terug te komen. Wat ons is gebleven, zowel bij hem als bij mij, is een natuurlijke en verstandige genegenheid, een waardering en een wederzijds vertrouwen. En dat is niet zo bij diegene die toegeeft aan de passie.

Met grote moeite kreeg ik mijn man mee. Ik werd naar de wateren van Ems gestuurd, maar we moesten eerst terug naar Den Haag om daar het kind te brengen, dat wij niet konden blootstellen aan een hotelleven. Daarna vertrokken we naar Ems, via Soestdijk, het buitenhuis van mijn schoonmoeder, waar zij verbleef en langs Het Loo, historisch bezit van de Oranjefamilie. Ik kwam er voor de eerste keer en in de volle pracht van de zomer. Ik bewonderde het mooie park, ik wilde ervan genieten. Het levende en stromende water, de mooie bomen, en buiten het park, de bossen, de heide, het golvende terrein – dat alles leek niet op de natuur die ik in Holland had gezien. Het is oorspronkelijk, ruw, er is niets kunstmatigs, de mens heeft er geen behoefte de aarde op te sieren, of om de wateren te beteugelen. Ik ben er vaak en lang geweest. Ik heb er verschrikkelijke uren doorgebracht en toch heeft deze plek mij altijd betoverd, en ik kom er steeds weer terug met een gevoel van thuiskomen.

Nadat wij een dag op Het Loo waren geweest, vertrokken wij naar Ems. Een groot en schitterend gezelschap was daar verzameld: koningin Amalia van Griekenland,[5] de groothertogin van Darmstadt en prinses Wasa.[6] Twee van hen zijn dood, koningin Amalia en ik, wij leven nog. Zij was in die tijd een heel knappe vrouw, maar ze was geen koningin. Zij was gracieus en levendig, wat als geestig werd gezien. Haar verhalen, die altijd over haarzelf gingen waren amusant, omdat het leven dat zij leidde niet leek op dat van de anderen. Op de lange duur zouden ze vermoeiend zijn geworden. Haar enthousiasme voor Griekenland, voor haar rol als koningin was zo uitbundig dat ik het een beetje gemaakt vond. Toen ik haar in ballingschap opnieuw ontmoette, zag ik mijn onrechtvaardigheid in. Vol vertrouwen voelde zij zich geroepen voor de troon van Constantinopel. Op een dag liet zij ons een van haar Griekse kostuums zien, helemaal bedekt met bijzondere borduursels: 'Hiermee heb ik mijn entree gemaakt in Constantinopel', vertelde ze me. 'Weet je dat zeker?' vroeg ik haar. 'Zeker wel!'

Deze droom eindigde in Bamberg. Maar zij gelooft nog steeds in Griekenland en in dat opzicht is zij achtenswaardig. Haar hofdame, mejuffrouw Botrani, wandelde achter haar in het vreemdste kostuum: Turkse fez en pantoffels, een rok van wollen mousseline of Franse katoen, erg mooi en erg smerig. Ondanks de elegantie van de koningin was dat hele hof behoorlijk ongeregeld, wanneer men daar in het binnenste, in de gewoontes doordrong. Dit maakte dat ik de troon van Griekenland niet betreurde.

Dan was er nog de prinses Wasa, van een totaal andere orde. Zij zou heel mooi zijn geweest zonder het vreselijke kropgezwel, waaraan ze enkele jaren later stierf. Zij was oneindig veel geestiger dan de koningin, maar ze was grillig en behaagziek. Ze was slecht getrouwd en had niet het vermogen tot zichzelf in te keren. Haar behoefte aan bewondering en succes met haar uiterlijk was extreem. Tot haar ongeluk ontmoette ze in Ems mijn neef Jérôme die daar kwam om zijn zus weer te zien. Ze vonden elkaar leuk, de zonde begon in Ems. Deze droevige intrige wordt in Florence vervolgd waar het tot het opbreken van de huishouding van de prinses leidt, haar scheiding, haar ongeluk. Maar toen was het nog niet zover en ik ben nooit zo handig geweest in het ontdekken van liefdesgeschiedenissen zodat ik deze ook niet zag.

Ik was blij om Mathilde terug te zien, die sinds november 1840 getrouwd was en die vanuit het verre Rusland toegesneld kwam naar Ems om mij te zien. Vanaf de zomer van 1837 was Mathilde ten huwelijk gevraagd door Mr. Anatole Demidoff, een van de rijkste burgers van dat land. Zij was 17 jaar, zij hield van hem, of zij geloofde van hem te houden. Hij was verrukt van haar stralende schoonheid. Gedurende drie jaren stapelden de hindernissen zich op tegen dit huwelijk. Mijn oom Jérôme was er lange tijd tegen. Uiteindelijk zat het mee en trouwden zij op 1 november 1840, nadat de groothertog van Toscane aan Mr. Demidoff de titel 'prins van San Donato' had gegeven, maar de tsaar was woedend omdat een onderdaan van zijn kroon een vreemde titel had gekregen, woedend omdat hem geen toestemming voor het huwelijk was gevraagd: hij liet zijn bliksem knallen en riep ze terug naar Rusland. Mathilde verdween in de loop van *de winter. Tijdens dat verblijf in Petersburg was ze aanbiddelijk. Haar schoonheid trok alle bewondering naar zich toe, ook van Nicolaas, die zij zachtjes afpoeierde, terwijl ze ondertussen voortdurend de zaak van haar man bepleitte. Zij accepteerde geen enkele onderscheiding, die niet door hem werd gedeeld. Zij was zo goed, zo toegewijd dat zij uiteindelijk de tsaar kon ontwapenen. Hij gaf hun hun vrijheid terug en haar eerste gang toen ze terug was in Europa, was snel naar mij. Wij moesten met elkaar praten. Ik had een huwelijk afgebrand dat volgens mij beneden haar stand was. Zij vond mij onrechtvaardig. Toen wij elkaar terugzagen, omarmden wij elkaar en alles was vergeten.*

Zij had een frisse charme, een uitbundige jeugdigheid over zich die onweerstaanbaar was. Ze verafgoodde haar man. Hij leek van haar te houden. Hij beviel mij nauwelijks, maar ik zag dat ze zo gelukkig samen waren dat ik hem kwaliteiten toeschreef waaraan ik niet twijfelde. Wij brachten vijftien dagen in de gezellige, intieme sfeer door die was begonnen in onze kindertijd. Mijn man lag aan de voeten van Mathilde. Ik was gelukkig te zien dat hij zich hechtte aan mijn familie. Helaas vermoedde ik niet hoe vluchtig zijn genegenheid was. Wij maakten leuke uitstapjes naar het platteland terwijl we een beetje lachten om de aanstellerij van de koningin van Griekenland, om de briljante japonnen van prinses Wasa.

Mijn hart was rustig. Ik ontving de beloning voor het offer dat ik had gebracht. Napoleon schreef me af en toe, maar zijn brieven waren kalm. Toen mijn kuur beëindigd was, keerden we terug en ik was verrukt mijn kindje terug te vinden dat tijdens deze paar weken enorm gegroeid en ontwikkeld was.

In de herfst van datzelfde jaar 1841 ging Sophie nog een keer voor enkele dagen naar Stuttgart in verband met het 25-jarige regeringsjubileum van haar vader: *Dit was een mooi moment in zijn leven, in ons leven! Daar was geen enthousiasme op commando! De spontane reactie van een zonder twijfel klein volk, maar wel één dat door een opwaartse natuurlijke en rustige beweging zijn hoogtepunt bereikte, dit voelde en ervan genoot. In die tijd vormde ieder land in Duitsland een eenheid. De feodale band was geen knellende. De rijksdag wenkte in de verte, als een wolk waarover men zich nauwelijks ongerust maakte. De spoorwegen waren bijna niet aangelegd, de telegraaf bestond niet. In één woord, alles wat de afstand onderdrukt bestond nog niet, en de kleintjes waren onafhankelijk en zeker gelukkiger dan later. Het leven was overvloedig en goedkoop. Niemand was rijk, iedereen had het goed. Dit alles is veranderd, moest veranderen. Een andere maatschappij is begonnen. Laten we hopen dat een hoogtepunt bereikt wordt, dat het individu en de massa welvaart krijgen, waarvan men kan genieten.*

Ik zag Napoleon vluchtig. Hij verliet de dienst van Württemberg, waar hij niet van hield, waarvoor hij niet gemaakt was, en keerde terug naar Italië. Ons afscheid was heel kalm. Voortaan verliepen onze levens ver van elkaar af, ons bleef de genegenheid, het wederzijdse vertrouwen, iets wat ons nooit is tegengevallen.

Op 4 september 1841 werd de kleine Wiwill één jaar: *Dat is een mooie dag in het leven van een moeder, als deze eerste datum, dit eerste jaar, met al zijn gevaren, goed verlopen is. Mijn kind was zo mooi, zo goed ontwikkeld dat ik gelukkig had kunnen zijn en trots, maar dit geluk werd vermengd met verdriet, want op diezelfde dag ontving ik het bericht van het overlijden van Charlotte von Baur. Zij stierf aan dysenterie, alleen, zij had geen van de twee kinderen van wie zij zoveel hield bij zich. Mijn zuster, ook afwezig, kon haar niet de ogen sluiten. Voor mij is het een eeuwig verdriet dat ik haar in haar laatste ogenblikken niet heb kunnen bijstaan, zij die de levendigste herinnering vormde aan mijn moeder, de moederliefde van mijn jeugd.*

Lady Malet

In de winter van 1841-1842 ontmoette Sophie Lady Malet. Zij sloten een hechte vriendschap, die zijn weerslag vond in de vele brieven die zij de rest van hun leven met elkaar wisselden. *Dit was de vrouw van de secretaris van het Engelse gezantschap, Lady Malet. Na zoveel jaren is onze vlekkeloze vriendschap nooit veranderd. Ik houd van haar en ik bewonder haar zoals in de dagen van mijn jeugd. Zij heeft een diepzinnige, veelzijdige en vooral oprechte geest, een geest die nooit bij de oppervlakte ophoudt, maar altijd naar de bodem van de dingen gaat. Men heeft haar soms wel de bekoorlijkheid van de vrouwelijke geest willen ontzeggen. Zij is beter dan dat, zij stelt de waarheid boven alles en houdt zich daaraan vast. Vaak als ik met haar praat, lijkt het alsof we boekdelen doorlopen. Zij bewondert de werken van God, heeft zogezegd een voorgevoel van de eeuwigheid. Om deze ziel die soms verstopt zit onder een grillig omhulsel te ontdekken, is voor mij het enige waardoor ik bij haar tot mijzelf kan komen. Zij steunt mij en zij is op mij gesteld, iets wat voor haar een soort offer is, want ze vergeeft het nauwelijks als je niet als Engelse geboren bent.*[7]

De brieven van Sophie aan Lady Malet geven een goed beeld van hoe zij zich voelde. In maart 1842 schreef ze: *Het is vier uur in de ochtend – ik sta op het punt te vertrekken. Ik denk aan u, die zo lief voor me geweest is, en het is alsof ik in ballingschap ga, nu ik u verlaat. U weet meer over mijn leven dan wie ook van mijn eigen familie. God zegene u. Eens zullen we elkaar weerzien. Indien ik tijdens mijn 'afzondering' mocht sterven, denk dan aan mij als aan een van de mensen die u het meest naar waarde heeft weten te schatten. Ik heb niets en niemand meer op deze wereld, ik lijd meer dan iemand zich kan voorstellen. Breng mijn groeten over aan uw man die ook zo aardig voor mij geweest is – wees gelukkig – en denk aan mij.*

Echtscheiding?

In juni 1842, toen Sophie weer in Stuttgart was, bracht Lady Malet haar een bezoek ter gelegenheid van haar verjaardag op de zeventiende. Zij noteerde kort in een memorandum haar indruk van Sophie: *Zij leek koel, die indruk had ik, en zeer neerslachtig. Zij beklaagde zich erover dat zij niemand kon vertrouwen. Eenmaal zei ik: 'U denkt heel slecht over Zijne Hoogheid?' Stug antwoordde zij: 'Nee' en voegde er toen aan toe: 'Ik heb nooit kwaad gesproken.' En toen zij zag dat ik verbaasd opkeek: 'Ja, ditmaal heb ik erg veel kwaad gesproken, jazeker, erg veel – ik neem hem niet terug, als hij nu hier was zou ik het hem zeggen.' Ik antwoordde bitter: 'O ja, hij heeft zich heel gemeen, heel slecht gedragen, dat geloof ik wel.' Zij zei niets. Daarna vroeg zij weer: 'Wie maakt hij het hof in Parijs? [..] Al die dingen hebben me gekwetst, als gewoonlijk wordt er gedaan alsof ik niet besta.' Ik ben drie uur bij haar geweest, en behalve deze paar woorden hebben we niet over Zijne Hoogheid gesproken. Ik zei tegen haar dat ik hem verteld had dat zij mij geschreven had dat hij zich slecht gedragen had. Zij zei: 'Dat maakt geen verschil, hij haat me.' Alles bij elkaar vond ik haar zeer verbitterd; maar geen beschrijving van onrechtvaardigheid kan mij ooit nog verbazen, ik heb teveel gezien.*[8]

Ongetwijfeld ging het hier over Willem, die Sophie vanaf het begin van het huwelijk ontrouw was. Zij voelde zich hierdoor als vrouw diep beledigd en omdat Willems affaires met actrices en zangeressen zo in het oog liepen, raakten ze ook bekend in de Europese *beau monde*. Er werd hierover achter haar rug om gepraat en zij had het gevoel dat zij haar leven verspilde in een uitzichtloos huwelijk. Trouwens, het was voor haar, die algemeen beschouwd werd als een charmante en knappe verschijning, een bittere pil dat Willem haar bedroog.

Daar kwam bij dat hij haar bang maakte met zijn driftaanvallen, waarmee ze al kennis had kunnen maken op hun huwelijksreis, toen hij woedend tegen haar had staan bulderen. Door deze woedeaanvallen veroorzaakte hij voortdurend spanningen in zijn omgeving: '*Hij is altijd wel razend op iemand, nu eens op een lakei, dan weer op de premier*', merkte Sophie hierover op. Als zij zelf niet het mikpunt was van zijn boosheid, probeerde zij zijn stemming ten opzichte van anderen te verbeteren, maar haar zenuwen waren hier niet tegen opgewassen. Zij wilde zoveel mogelijk zijn woede ontwijken: '*Ik vind alles goed als er maar geen ruzie is*', heeft ze ooit eens gezegd.

In 1842, nauwelijks drie jaar na de huwelijkssluiting, vroeg zij echtscheiding aan. Zo hoopte ze haar gemoedsrust en vrijheid weer terug te krijgen. Ongetwijfeld bedoelde ze dit in een brief van april 1842 aan Lady Malet: *Ik had nooit gedacht dat het zover zou komen, maar ik heb op het ogenblik het gevoel dat er in mijn leven een keerpunt op handen is. Vanmorgen had ik volgens de dokter hoge koorts, misschien krijg ik malaria. Als ik de gevolgen moet dragen van de verschrikkelijke ramp die mij overkomen is – mij treft geen blaam –: die durf ik onder ogen te zien. Het ergste is het zwijgen, het bedrog, het knagende gevoel in mijn hart, en de verachting en afschuw die zullen blijven zolang ik leef. Ik voel me opgesloten in het donker. Ik heb geen moed om plannen te maken. Indien ik voor een poos zou weggaan, moet ik toch weer eens opnieuw beginnen – en ik weet wat dat wil zeggen. Volgende week stuurt mijn vader iemand die hij vertrouwt, om mij raad te geven. Wat in deze kwestie belangrijker voor mij is dan mijn eigen leven: mijn kind.*

Het zou me goed gedaan hebben het Requiem te horen; muziek is het enige wat altijd helpt, omdat het alles omvat, en de snaren van ons gevoel – geen enkele uitgezonderd – laat meetrillen.

Muziek brengt vergetelheid, en te kunnen **vergeten** *is al wat ik vraag. Maar als ik naar dat concert gegaan was, zouden de mensen gezegd hebben dat ik mijn zieke man in de steek liet, enz. Ik ben de hele dag alleen met het kind.*

Van een scheiding kon geen sprake zijn. Toen Sophie in Stuttgart was, had zij een gesprek met haar vader en legde zij zich neer bij de bestaande situatie. Zij zou de ontrouw en escapades van Willem voortaan negeren en daarmee meteen minder reden voor ruzie hebben. Sophie ging in juli weer terug naar Nederland en bezocht Het Loo: *Daar waren alleen de twee oudjes, maar die leken blij mij te zien. De koning bewonderde zijn achterkleinzoon. Hoe saai het er ook is, ik had graag nog wat willen blijven om hun genoegen te doen, maar ik was verplicht ook nog naar Soestdijk* [het zomerverblijf van Willem II en Anna Paulowna] *te gaan en daar was het afschuwelijk. Gelukkig mochten wij na een halve dag verder reizen, en nu ben ik weer in Den Haag.*

Uit een brief van september 1842 aan Lady Malet blijkt dat Sophie alweer op reis is. Zij was plotseling uit Den Haag vertrokken en naar Keulen gereisd om haar vader te ontmoeten: *Toen ik u ongeveer een maand geleden schreef, was ik zo moe en zo verbitterd dat ik dacht op een keerpunt in mijn leven gekomen te zijn. Zonder één enkele vriend om me leiding en raad te geven en voor mijn belangen op te komen, voelde ik mij zo diep gekwetst – niet in mijn hart, maar in mijn vrouw-zijn en in mijn eergevoel – dat ik vóór alles mijn vrijheid terug wilde, die mij weliswaar nooit meer gelukkig kan maken, maar mij wel rust en vrede kan geven na alle beproevingen en vernederingen die mijn deel geweest zijn. Ik vertel u dat allemaal omdat ik het gevoel heb dat wij elkaar ons hele leven lang gekend en samen heel veel doorgemaakt hebben; het doet mij ook goed me uit te kunnen spreken. De manier waarop een en ander is afgelopen is te ingewikkeld om te beschrijven. De koning was wel vriendelijk tegen mij, maar de koningin hard en boosaardig als altijd. Juist was er enige verbetering in de toestand, toen ik bericht kreeg dat mijn zuster gevaarlijk ziek lag met zenuwkoortsen. Mijn vader dacht er eerst over zijn reis op te geven, maar omdat zij weer wat opknapte, besloot hij toch maar te vertrekken, met de bedoeling na de* [militaire] *manoeuvres onmiddellijk terug te keren, en hij schreef mij dat ik, als ik hem wilde spreken, naar Keulen moest komen. Ik verloor geen ogenblik en heb twee dagen en twee nachten gereisd, bij aankomst was ik niet moe en in uitstekende conditie. Ik vond het heerlijk mijn vader te zien en geruststellend nieuws over mijn zuster te krijgen, en de hele sfeer daar was zo opwekkend en levendig dat ik mij werkelijk bijzonder heb geamuseerd.*

Een tweede zoon: Maurits

In 1843 was Sophie na een kortstondige verzoening met haar man in verwachting van haar tweede kind en ze voelde zich niet erg goed. Op 25 april schreef ze aan Lady Malet: *Ik ben erg ziek, er gaat geen dag voorbij zonder aanvallen die me uitputten. Ik ben te zwak om te lopen. Ik begrijp niet waar de baby gebleven is, want ik ben magerder dan ooit tevoren. Ons huis is vol mensen. Op weg naar Engeland kwam mijn broer uit Rusland hier met zijn vrouw, een suf mens, dat elk jaar in verwachting is, en een horde ziekelijke schreeuwende kleine kinderen. Hij is wel een goede kerel, maar zo vol vooroordelen, zo gepreoccupeerd met zichzelf en zijn eigen bezigheden dat zijn natuurlijke welwillendheid geen kans krijgt zich te ontplooien. Om kort te gaan, ik heb geen contact met hem en leid als altijd mijn eigen eenzame leven.*[9]

Ondanks haar gevorderde zwangerschap vertrok Sophie weer voor enkele weken naar Stuttgart en ze ontmoette daar haar oude bekende Lord William Russell. Hij noteerde in zijn dagboek: *7 mei. Uitgenodigd om te dineren bij de Koning. Had een audiëntie van een uur voor het diner. Een verstandige man, overziet op magistrale wijze en in een oogwenk Europa & de mensen & de gebeurtenissen. Prinses van Oranje & Neipperg.*[10] *Na het diner nodigde de Prinses van Oranje mij in haar kamer uit & we praatten. Ze is niet gelukkig, haar man past niet bij haar. Ze is voor de tweede keer in verwachting, heeft een mooi jongetje. Verstandige, capabele vrouw, ze had de hertog van Orléans moeten trouwen.*[11]

Toen Sophie uit Stuttgart terugkwam, ging ze naar Het Loo en schreef aan Zézette Falck: *Mijn kleine reis heeft me veel goedgedaan en ik kan mijn toestand nu gemakkelijk genoeg verdragen. Ik reken erop dat ik tot aan medio juli op Het Loo kan blijven, indien ik althans niet om een of andere oorzaak teruggeroepen wordt.*

Sophie was uitgerekend tussen 12 en 15 september. Ze had het naar haar zin in de bossen van Het Loo en leidde daar een rustig en tevreden leven. Ook de verhouding met haar man was toen niet al te slecht. Misschien droeg de aanwezigheid van Willem Frederik en zijn vrouw Henriette daaraan bij, evenals de grotere bewegingsvrijheid die het jonge echtpaar op Het Loo had. Ex-koning Willem I, die na zijn abdicatie Willem Frederik werd genoemd, woonde met Henriette op Het Loo. Sophie kon het goed met hen vinden. Nadat Willem Frederik in december 1843 overleden was, vertrok zijn weduwe voorgoed naar haar Belgische bezittingen. Toen Sophie op 19 juli weer terug was in Den Haag, schreef ze Zézette Falck:

Ik heb Het Loo verlaten, zeer tevreden met mijn verblijf en de goedheid waarmee ik daar ben omringd.

Op 15 september 1843 werd de tweede zoon van Sophie en Willem geboren: Willem Frederik Maurits Alexander Hendrik Karel. Hij werd vernoemd naar de oude koning Willem Frederik, op wie beide ouders erg gesteld waren. Deze achterkleinzoon, die als roepnaam Maurits kreeg, werd zijn petekind. Sophies zusje Marie schreef aan Zézette Falck om te bedanken voor de inlichtingen die zij van haar gekregen had: *[...] dat de hemel haar bewaard en ondersteund heeft en haar een al te zwaar kraambed bespaard heeft* en ze was blij met *het lieve kleintje dat ze ter wereld gebracht heeft.* Eigenlijk had ze haar zusje een lief dochtertje toegewenst, maar gelukkig was het kind gezond.

Over de gezondheid van Sophie zou Marie zich altijd zorgen blijven maken. Ook Anna Paulowna zag wel dat haar schoondochter niet erg sterk was, maar zij was ervan overtuigd dat Sophies gezondheid *al geruïneerd was* bij aankomst in Nederland. Voor haar zoon, een beer van een vent, had een krachtige, gezonde vrouw gezocht moeten worden en niet zo'n kwijnend kasplantje.[12]

De geboorte van Maurits betekende niet dat de verstandhouding tussen Sophie en Willem was verbeterd, deze was zelfs dramatisch verslechterd. Met haar echtgenoot leefde ze nu voortdurend op voet van oorlog: *Hoe eenzamer en ongelukkiger ik mij voelde, hoe meer ik probeerde onderdanig te zijn en mijn man milder te stemmen met mijn volledige volgzaamheid en inschikkelijkheid. Hij was er evenwel slechts op uit om zijn macht over mij te tonen en mij zijn wil op te leggen. Men heeft er behagen in geschept steeds weer te beweren, dat de prins hartstochtelijk verliefd op mij zou zijn geweest; dat ik hem had afgeweerd en dat hij uit ergernis over mijn koelheid mij ontrouw geworden was. De waarheid is dat geen vrouw ter wereld behagen zou hebben kunnen scheppen in zijn liefdesbetuigingen. Zij vormden een mengelmoes van tederheid en lompheid; het ene ogenblik wilde hij mij kinderlijk-absurd tiranniseren en het volgende ogenblik leverde hij zich geheel aan mij over. [...] Ik wilde hem aan mij binden door toewijding, liefde en inschikkelijkheid. Ik wilde vóór alles zijn achting en vertrouwen verwerven en hoopte daarmee aan mijn leven een wending ten goede te geven.*

Schoonfamilie

Sophie (zie kleurenafb. 16) voelde zich eenzaam en ellendig in Den Haag, veel vrienden had ze nog niet en met haar schoonfamilie was het contact niet optimaal. De enige die ze mocht was prins Frederik, Willems oom. Hij had na de troonsafstand van zijn vader, koning Willem I, ontslag genomen uit al zijn openbare functies en vertegenwoordigde zijn broer, koning Willem II, bij officiële gelegenheden. Daarnaast was hij de bemiddelaar bij familiedrama's en conflicten.[13]

Minister A.W.P. Weitzel had regelmatig contact met prins Frederik en beschreef diens rol in de koninklijke familie als volgt : *Prins Frederik der Nederlanden slaat het doen en laten van zijn koninklijken neef* [de latere koning Willem III] *met bezorgdheid gade doch is volgens zijne eigene bekentenis niet bij machte er een gunstige verandering in te brengen.*

Vroeger was de Prins belast met het toezicht over de zaken van het Departement van Oorlog en moesten alle eenigszins belangrijke voorstellen aan zijn oordeel worden onderworpen eer zij bij den Koning kwamen. Deze regeling was in strijd met de ministerieele verantwoordelijkheid en ik kon weleer niet begrijpen hoe de Ministers van Oorlog er zich aan onderwierpen. De Prins werd op zijn eigen verzoek van alle bemoeiingen met de militaire zaken ontslagen. Nadat ik eenigen tijd minister was geweest zag ik den toestand geheel anders in, en betreurde ik dat ontslag. Ik meende dat wij in den kundigen, ervaringrijken, bejaarden en bezadigden Prins een zeer invloedrijk en nuttig tusschenpersoon tusschen den Koning en den minister van Oorlog hadden verloren. De Prins zelf echter verzekerde mij van het tegendeel. In een zeer vertrouwelijk gesprek dat ik met hem had, weidde ik zonder veel omwegen uit over de zonderlingheden des Konings, over zijne luimen, zijne vlagen van toorn, zijne verkeerde inzichten enz. De vragen van den Prins en de wijze waarop hij mijne mededeelingen ontving, moedigden mij aan om meer en meer openhartig met hem te zijn. Ten slotte zeide ik dat het mij voorkwam een groot nadeel te zijn dat Z.K.H. niet meer tusschen den Minister van Oorlog en den Koning was geplaatst. Het antwoord van den Prins was bijna woordelijk als volgt: 'Ge vergist u zeer; ik ga de gang van zaken dien ge me schetst en die mij gansch niet onbekend was, met leedwezen en bezorgdheid na, maar ik vermag of vermocht niets. Men sloeg hoegenaamd geen acht meer op mijne voorstellen en vertoogen, en het kwam zelfs zoover dat ik ten laatsten uit de Staats Courant of het Recueil Militair moest vernemen dat de Koning juist in tegengestelden zin van mijne adviezen had beslist. Dit geschiedde dus zonder dat Z.M. mij nog eens de Eer had gedaan mij te laten weten dat en waarom mijne zienswijze geen ingang had gevonden. Ge zult begrijpen dat ik op die wijze niet kon voortgaan, dat ik wel verplicht was mijn ontslag te vragen, en mij buiten alles te houden.

Ik onthield mij van de opmerking dat de Koning er al meer en meer afkeerig van werd het waarom te doen kennen van hetgeen hij wilde of niet wilde, maar diep was ik getroffen door te vernemen dat hij indertijd zelfs tegenover zijn eerbiedwaardigen oom geene uitzondering had gemaakt.

Het eenige wat de Prins nog vermag en ook doet – en hierin trekt hij een lijn met de Koningin – is zooveel mogelijk het kwaad te leenigen door den Koning gesticht, en te zorgen dat de liefde voor het Koningschap in het Huis van Oranje niet verloren ga met de liefde voor den persoon des regeerenden Konings.

De Koningin en Prins Frederik dragen elkander wederkeerig hoogachting en genegenheid toe, maar de Koning heeft een afkeer van zijn oom die hem wellicht te dikwerf de waarheid heeft gezegd. Die afkeer uit zich in vlagen van toorn soms op hoogst onbetamelijke wijze: hij heeft dan wel eens gesproken van: 'Mijnheer Frederik, in het Voorhout'.[14]

Sophie had goed contact met prins Frederik, maar toch zaten hieraan ook haken en ogen, zoals blijkt uit een brief aan Lady Malet: *Er is op het ogenblik iets wat ik erg vervelend vind (ik reken erop dat dit tussen ons blijft): prins Frederik is verliefd op mij, hij komt vier à vijf maal in de week bij mij op bezoek, schrijft me steeds briefjes – ik zorg ervoor dat ik die* **nooit** *beantwoord – en wanneer ik bij zijn vrouw ben, komt hij altijd bij ons zitten. Zij kijkt soms eigenaardig. Het is mij onmogelijk om van hem te houden, en koketteren ligt niet in mijn aard. Ik heb dus geprobeerd hem zoveel mogelijk te ontlopen en nooit op zijn briefjes gereageerd. Ik geef hem mijn antwoord waar zijn vrouw bij is, dan bloost hij als een op heterdaad betrapte dief. Ik wil niets, niets anders dan met rust gelaten worden. Er moet heel wat gebeuren voor mijn hart weer ontwaakt.*[15]

Voor de broers van haar man, prins Alexander en prins Hendrik, alsook voor zijn zus prinses Sophie, die in 1842 getrouwd was met groothertog Karel Alexander van Saksen Weimar, voelde Sophie weinig sympathie: *Bij zijn troonsbestijging veranderde het karakter van Willem II heel erg. Hij was altijd vriendelijk en vrijmoedig, maar hij werd achterdochtig en wantrouwig. De natuur had hem met een zeer verstandige aard en een zeldzame scherpzinnigheid begiftigd. Hij was voor alles soldaat, maar hij had niets geleerd en minachtte alle wetenschap, zelfs de militaire wetenschappen. Hij geloofde nergens in en ik herinner me, dat hij, toen er met hem gepraat werd over verbeterde wapens, deze denkbeelden met verachting verwierp, terwijl hij zei dat het mooie spitsvondigheden waren in vredestijd die zich pas in oorlogstijd zouden bewijzen.*

Op een dag zei in mijn bijzijn zijn zoon Alexander, die wist dat hij brutaal was, dat hij wat dat betreft had nagelaten om zich te bedienen van het geweer van Marlborough. Hij lachte en antwoordde niet. Hij las alleen maar romans en de luchtige boeken van Alexandre Dumas, Eugène Sire, etc. lagen op zijn tafel. Het echte leven leek hem zo ernstig dat hij om eraan te ontsnappen zich moest verstrooien en opvrolijken. In politiek opzicht was hij niet verder gekomen dan de dag na Waterloo. De belangrijke indrukken uit zijn jeugd waren rotsvast vastgelegd en daarvan was hij zo doordrongen dat hij geen enkele verandering toeliet, net als zijn horloge dat op 19 juni 1815 was blijven stilstaan. Hij was hierom door zijn leeftijdgenoten geëerd. Mijn vader vormde daarop een schitterende uitzondering.

Het leek hem [Willem II] *dat een alliantie tussen Engeland en Frankrijk onmogelijk was. Toen hij het bewijs daarvoor niet kon leveren (tijdens de eerste jaren van de regering van Louis Philippe, met de Viervoudige Alliantie), noemde hij het monsterlijk, tegennatuurlijk en voorbijgaand. Toen hij Prins van Oranje was, was hij vol liefde voor mij en behandelde zijn zoon als een onopgevoed kind. Vanaf het moment dat hij koning was, wantrouwde hij zijn opvolger, omringde ons met spionnen en nam afstand van mij. Diep in zijn hart hield hij nog van mij, zei hij me enkele keren, hij verzekerde mij dat als ik wegging, hij zich ongelukkig voelde, maar hij kon behoorlijk hardvochtig en onrechtvaardig zijn.*

Helaas, arme koning! Om hem heen heerste noch vrede noch geluk. De onvoorstelbare eisen van zijn vrouw, die zei dat ze van hem hield, maar hem in werkelijkheid onophoudelijk kwelde, hielden hem in een voortdurende staat van onrust en achterdocht. Zijn gezondheid was enorm verslechterd, hij leed aan een hartziekte en zelfs wanneer hij ziek was, wilde ze hem niet ontzien.

Toen ik op een dag bij hen kwam dineren, zag ik hem met veel pijn de trap oplopen en ik vroeg hem: 'Waarom eten we niet beneden? Dan zou u niet die trap op hoeven.' 'Ach', antwoordde hij, 'zij wil dat niet.' Naast dit wrede huiselijke leven had hij financiële problemen, waarin hij al vanaf zijn jeugd was verwikkeld, hierdoor kwam hij in aanraking met vreselijke mensen, die hem achtervolgden. Hij leefde in een zodanige sfeer van achterdocht dat hij het niemand toestond om ook maar een enkele van de talrijke brieven die aan hem gericht waren, in te zien, omdat hij bang was dat er zelfs in de meest eenvoudige verzoeken bedekte toespelingen zaten die niemand mocht weten. Omdat hij niemand toestond om een blik te werpen op zijn zaken, was hij omringd door een onvoorstelbare chaos en omdat hij alles zelf wilde regelen, verkortte deze neiging, deze benauwdheid zijn dagen. Die zo fel begeerde kroon werd een doornenkroon. Soms haalde hij geëmotioneerd herinneringen op, aan zijn jeugdvrienden, maar vooral aan Engeland. Hij koesterde een grote bewondering voor de hertog van Wellington, een werkelijke vriendschap voor Lord Fitzray Somerset, voor Lord March en Lord Worcester. Maar toen ik mij erover verbaasde, dat hij ze nooit thuis ontving, verwierp hij dat idee en zei: 'We zien elkaar in Engeland, hier niet.' Ik hield niet van dit parvenuachtige gedrag.

Met al zijn fouten was het een voortreffelijke man vol van vriendelijkheid en charme. Niemand kon groeten zoals hij, een salon binnenkomen zoals hij, terwijl hij iedereen gaf wat hem toekwam. Zijn benadering was onweerstaanbaar. Hij wist dat heel goed en probeerde mensen die hem vijandig gezind waren aan te spreken en voor zich te winnen, en dit ging zelden mis. Hij kon huilen als het hem van pas kwam, en dit gauw kunnen huilen, iets wat zijn zoon geërfd heeft, wekte mijn enorme verbazing. Zijn gezin bestond uit drie zonen (mijn man, prins Alexander, prins Hendrik) en een dochter prinses Sophie.

Alexander was groot en sterk, een tamelijk mooie man, heel handig in lichamelijke oefeningen. Zijn intelligentie blonk uit door logica, maar had geen enkele diepgang. Door zijn half-Russische natuur had hij een wreed trekje, hij hield ervan dieren te kwellen, om ze te zien lijden. Hij overleed op 30-jarige leeftijd zonder ooit een vrouw gekend te hebben. Eén enkele keer leek hij kortstondig gevoelens te hebben voor een Engelse die hij op Het Loo ontmoette, Miss Cecilia Gore (Lady Edward Thynne) die net zo goed paard reed en jaagde als hij. Hij hield van paardenrennen, maar hij werd erg dik, erg zwaar en hij wilde afvallen. Zijn maag werd met heftige remedies bestookt. Hij werd ziek. De vreselijke dokter Everard onderschatte zijn lijden, dacht dat hij teringlijder was en slaagde erin hem te verwoesten. Hij leed zes maanden lang, werd naar Madeira gestuurd, waar hij helemaal alleen en ongelukkig aan zijn einde kwam. De autopsie toonde aan dat zijn longen gezond waren en zijn maag verwoest was. Dit was een kleurloos bestaan en een treurig eind. Tijdens de eerste jaren hield zijn moeder hem van mij verwijderd. Toen hij mij leerde kennen, zocht hij toenadering, vroeg mij tijdens zijn laatste ziekte vergiffenis en had misschien een steun en toeverlaat kunnen worden. God heeft daarover anders beschikt.

Dr. Everard werd door koning Willem II naar Madeira gestuurd, maar dit mocht niet meer baten: op 20 februari 1848 overleed Alexander. Het schip dat het bericht van zijn overlijden naar Nederland zou brengen, had tegenwind, zodat het bericht pas op 17 maart in Den Haag aankwam. De lijkkist werd op 21 april bijgezet in Delft. Dit was een grote slag voor de koninklijke familie. Koningin Anna Paulowna hield altijd vele herinneringen aan haar geliefde zoon om zich heen en de koning is nooit meer helemaal de oude geworden. Troonopvolger Willem wilde tot 1859 niet dat zijn verjaardag, 19 februari, op deze datum gevierd werd. Hij verschoof de viering naar de geboortedag van Sophie.

Hendrik, de cadet, was altijd een soort mikpunt. Zijn vader begreep niets van zijn karakter en behandelde hem onheus, zijn moeder overweldigde hem. Hij was in twee opzichten schuchter: van geest en van zenuwen. Het ene staat los van het andere. Het lichaam kan bang zijn en trilt terwijl de geest rustig en moedig blijft en vice versa. Wanneer de twee vormen van verlegenheid beide voorkomen bij een man, zal hij de rest van zijn leven niets betekenen. Zo is prins Hendrik. Hoogmoedig en prikkelbaar als hij is, is hij in staat om vuile streken en stiekeme wraaknemingen uit te halen. Zijn moeder was zijn kwade genius. Tot aan zijn huwelijk gehoorzaamde hij haar blindelings. Hij probeerde na de dood van mijn schoonvader, door haar daartoe aangezet, om de bewijzen te verzamelen voor de ongeldigheid van mijn huwelijk en voor de onechtheid van mijn kinderen.

Dit was in 1850 en de oudste van mijn zoons was bijna 10 jaar. Alles wat hij doet, doet hij aarzelend en in het donker. Maar zijn kwaadwilligheid en boosaardigheid zijn voelbaar. Noch vreugde noch geluk kunnen ooit zijn gelaatstrekken verlichten. Het is een wezen van het kwaad. Niets meer.

Prinses Sophie heeft een meer dan gewone intelligentie. Zij is nooit mooi geweest en zij heeft een hekel aan schoonheid bij anderen. Zij blinkt uit in zakendoen en heeft zich als zeer deskundig financieel expert bewezen. Voor haar betekent geld macht en is van groot belang.

Bij de aanstelling van onze grootmoeder Catharina II zou zij zonder een spier te vertrekken getekend hebben voor de deling van Polen. Voor het huwelijk van haar dochter hield koningin Anna niet van haar. Haar vader had medelijden met dit armzalige en zwakke wezen. Toen haar geest zich ontwikkelde, was hij verbaasd over haar antwoorden. Soms maakte ze hem bang met haar manier van beoordelen en ontmaskeren van haar moeder. Ik denk dat zij, heftig geboren, verplicht was vanaf de wieg om zich te buigen en te plooien naar ouders die het nooit met elkaar eens zijn. Zij ontwikkelde in de loop der tijd een grote zelfbeheersing, een talent van een gevangene die luistert om te doorzien. Ze was een verklikker, ze maakte de mensen aan het mopperen, ze voelde zich niet gelukkig en haastte zich, toen ze 18 was, om de hand van de jonge prins van Weimar, dezelfde die met mij had willen trouwen, te accepteren.

Dat huis van mijn schoonouders, de verhouding van hun kinderen met hen leverde geen zuivere en gezonde sfeer op en ik kon er nauwelijks ademhalen. Ik zou eraan toe willen voegen dat ik mooier en frisser was dan prinses Sophie, waardoor zij vervuld was van een slecht verborgen afgunst. Toen zij trouwde, was het geen verlies en ook haar broer betreurde haar niet.

We ontdekten weldra dat de rechtvaardigheid van koning Willem I er niet meer was. Daardoor alleen werd het evenwicht in de familie gehandhaafd. Hij deed troonsafstand in oktober. Hij kwam kort terug naar Den Haag om de doop van mijn zoon op 4 november 1840 bij te wonen. Dat was een plechtig en ontroerend moment. Hij zegende zijn achterkleinzoon en vertrok naar Berlijn, het was alsof hij voor altijd vertrok.[16]

Met prinses Marianne, zuster van koning Willem II, had ze een redelijk contact, maar Marianne zag wel dat het huwelijk van haar neef met Sophie niet erg succesvol was en ze schreef daarover aan Zézette Falck, die zij al sinds haar kinderjaren kende: *[...] maar ik wil niet langer uitstellen om u naar de gezondheid van de koning van Württemberg te vragen, die mij zeer verontrust. Wat zou er van die arme Sophie terechtkomen als ze haar vader verliezen zou, het enige wezen in de wereld dat ze liefheeft, de enige aan wie ze zich werkelijk heeft gehecht? Wat een troost is het intussen voor haar om bij hem te zijn, over hem te kunnen waken en hem te kunnen verplegen! In wat voor angst zou zij verkeerd hebben indien zij in Den Haag had gehoord, dat haar vader er zo slecht aan toe was. Laat mij alstublieft weten hoe het met haar gaat en zeg haar hoezeer ik in haar angsten deel en God voor haar bid en voor allen die haar lief zijn. Ze heeft niet wat men noemt een gelukkig karakter, het is moeilijk haar tevreden te stellen, maar men moet haar erom beklagen en men mag het haar niet verwijten. Het is niet aan iedereen gegeven de goede kanten van de dingen te ontdekken; er zijn mensen die zo ongelukkig zijn alleen maar het slechte te zien. Ik ben bang dat men in de briljante opvoeding die Sophie gekregen heeft, het geloof niet heeft gezien als het fundament van het al. Als zij wat tot kalmte komen kon, zou ze misschien nog gelukkig kunnen worden. Willem is in de grond van de zaak een goed mens en zij hebben allerliefste kinderen. Wanneer men door de smeltkroes van werkelijke droefenissen is heengegaan, is men bereid tot het vergeven en vergeten van vergrijpen, maar God beware Sophie voor eenzelfde leerschool als waar ik doorheen moet gaan. Mijn neef is geen beminnelijk man en hij krijgt niet de kans zich te onderscheiden, maar hij is een eerlijk man, niet in staat tot hardheid of slechte praktijken, want hij heeft een goed hart. Hij kan van het goede pad afdwalen, maar hij komt terug en zijn vrouw kan hem helpen om in de toekomst de juiste weg te gaan.*

Deze brief viel bij Sophie niet in goede aarde en Marianne reageerde hierop, nogmaals via Zézette Falck: *Een brief van de 9ᵉ, die ik van uw prinses ontving, toont mij aan dat ik het ongeluk heb gehad haar te mishagen door een al te grote openhartigheid, het spijt me, maar ik heb met dezelfde openhartigheid geantwoord, want het is me onmogelijk om met zulk een naaste verwante alleen maar mooie woorden en complimenten te wisselen. In dat geval geef ik er de voorkeur aan de correspondentie geheel te beëindigen en tot verjaardagsbrieven te beperken, waarin ik de wensen uitdruk die ik het gehele jaar doe voor haar werkelijk geluk. Dat geluk is niet altijd de vervulling van onze wensen, het tegendeel is eerder waar, want wij weten uit ervaring dat de wil van God in het algemeen niet strookt met onze verlangens, maar dat het niet minder waar is dat alle dingen ten goede werken voor hen die zijn geboden liefhebben en bewaren! Het spijt me dat ik in Den Haag niet wat meer onder vier ogen met u heb kunnen spreken, want ik zie wel dat u de enige bent die iets goeds zou kunnen uitrichten in dat jonge gezin en dat u de partijen zoudt kunnen kalmeren. Ik ben het niet met u eens dat men het leven wat licht moet opnemen. Ik hoop dat de tijd die u denkt met uw familie door te brengen, u goed zal doen en dat uw gezondheid zich herstellen zal, dat u een goede reis zult hebben en die arme Sophie een heilzame kuur zult doen ondergaan, die zij zeer nodig heeft.*[17]

Gezinsleven

Wiwill was sinds de geboorte van zijn broertje Maurits lastiger geworden; hij vond het moeilijk om de aandacht van zijn moeder te moeten delen. Sophie was erg verontrust door zijn driftbuien en door hem in alles zijn zin te geven, hoopte ze hem te kalmeren. Willem was hier woedend over: *Ze verpest hem bij het leven.* Het jongetje weerde zijn vader af en als Sophie op reis was, dan kon zowel zijn vader als het personeel hem nauwelijks benaderen. Wiwill was ervan overtuigd dat zijn moeder wegging vanwege zijn vader. Haar vertrek ging altijd gepaard met drama's waarvan hij getuige was. Ook waren er regelmatig heftige ruzies en Wiwill koos voor zijn moeder, die hij zag als het slachtoffer van zijn vader.

Ooit krabde Willem Sophie zo op de armen dat ze overal striemen had en wekenlang handschoenen moest dragen om deze striemen te verbergen. Sophie beschreef het voorval aan Lady Malet: *De prins is nu weer iets beter, Elke keer wanneer hij in de afgelopen tijd een aanval kreeg, gedroeg hij zich als een waanzinnige. Op een ochtend, toen ik zat te schrijven in de kleine salon, u weet wel, stormde hij naar binnen en krabde mij zonder enige aanleiding zó op mijn armen, mijn hals en keel, dat de krassen van zijn nagels nog te zien zijn. Op een andere dag liet hij me door een bediende het bevel overbrengen dat ik met mijn hofdames in mijn* ***slaapkamer*** *moest eten. Alleen al die aanblik van dat woeste gezicht, dat slordige lange haar en de manier waarop hij rond beende – men kan het geen lopen noemen – maakte me ziek van afschuw. Nu is de storm uitgewoed en is hij zichzelf weer. Maar, hoewel hij iedere dag door mijn zwarte, lange handschoenen herinnerd wordt aan de krassen op mijn armen, geen woord! Net als een kind dat ondeugend geweest is, probeert hij het weer 'goed' te maken door dineetjes te organiseren van het soort dat ik prettig vind, enz. enz. Ik heb een brief aan de koning geschreven, die vandaag thuiskomt en er zeker bij monde van prins Alexander en de heer Van Hall meer over zal horen.*

Het kind werd achterdochtig, wantrouwend en Sophie leed hieronder. Ze klaagde erover en leek haar eigen rol bij de verscheurdheid van Wiwill niet op te merken. Haar oudste kind was zo lastig en het kleintje, Maurits, was zo lief. Wiwill had een heel ander temperament dan zijn veel rustiger broertje. Op het ongelukkige oudste kind waren alle ogen gericht en hij probeerde de vijandige buitenwereld door een norse gezichtsuitdrukking op afstand te houden. Toen de schilder Nicolaas Pieneman de opdracht kreeg de twee prinsjes te portretteren (zie kleurenafb. 17), vroeg Sophie hem om de gezichtsuitdrukking van Wiwill te verzachten. Op het schilderij zien de twee jongens er allebei goed uit, maar de werkelijkheid was voor Wiwill anders.

Sophie was zeer verknocht aan haar kinderen en wilde ze zoveel mogelijk in haar buurt houden. Hun verzorging en opleiding wilde zij waar het kon onder haar toezicht laten plaatsvinden. Hun kamers grensden altijd aan die van haar en in ieder vrij ogenblik dat zij had, zocht zij ze op. De kinderen liepen vrij bij haar in en uit. In april 1844 schreef ze vanuit Den Haag aan haar vriendin Lady Malet: *Het is helder weer en de bomen zijn zo groen dat zelfs mijn kleine tuintje er mooi door wordt. Ik zit daar iedere dag van twee tot vier met mijn kinderen. De baby is allerliefst, met een fijn gezichtje en de gelaatskleur van een Engels kindje. Hij lijkt het meest op mij, maar ik zie er op het ogenblik allerminst mooi uit: geel, mager – maar wat geeft dat? Als ik mijn kinderen niet had, zou het thuis een hel zijn. Er is weer eens een vrouw in het spel. Tijdens mijn afwezigheid heeft zich een heel schandaal afgespeeld. Madame Gautier beweerde dat zij zwanger was.*

De koning is aardig voor me, de rest van de mensen aan het hof ook. Mijn leven is hard en eenzaam, maar op het ogenblik ben ik zo, dat ik alles zonder verzet aanvaard. Binnen in mij is alles stil, ik sleep me voort alsof ik al dood was. In de zomer ging het gezin voor zes weken naar Het Loo, waar de gezonde boslucht de kinderen goed deed. Dat konden ze wel gebruiken want vooral Wiwill was vaak bleek en wat koortsig.

Ontrouw

In het najaar vertrok Sophie met haar man naar Italië: *Nu ik goed en wel op reis ben voel ik me prettig, maar ik vond het erg moeilijk om van mijn kinderen weg te gaan. De oudste, die wat lastig wordt, was tegen mijn verwachting in zo aanhankelijk, zo bedroefd, dat ik me ellendig voelde. Maar de reis zal versterkend zijn, zowel voor mijn lichamelijke toestand als voor mijn moreel. De prins is in een goed humeur.*

Helaas was het na de reis alweer mis en in oktober schreef ze aan Lady Malet: *Mijn dagen zijn miserabel. Ik weet niet – en wil niet weten – wie verantwoordelijk is voor de vervreemding tussen mij en prins Willem. Maar ik heb geen rust meer. Al die dingen geven me zorg en ergernis. Geleidelijk raak ik in de stemming die u in Stuttgart eens omschreven hebt als 'onrechtvaardig uit pure verbittering'. Ik heb nergens zin in; de dagen kom ik wel door met lezen en schrijven en de kinderen, maar 's avonds en vooral 's nachts (iedere nacht) voel ik me diep ellendig.*

En op 19 november 1844: *Vrijdag had ik u willen schrijven, maar toen is er iets gebeurd dat eigenlijk nogal vulgair is. Naast mijn schrijftafel, op een hoekkastje, staat een cassette met blanco postpapier, die ik zeker vier of vijf maal per week gebruik. Vrijdag had ik een vel papier nodig; uit de cassette viel een brief. Ik dacht dat het een oude brief van mij was die ik daar had laten liggen. Ik las: 'Mon cher Prince'. De brief was geschreven door een vrouw, gedateerd 'Amsterdam, woensdag'; een bedankje voor een of ander geschenk; kennelijk een danseres of zo iemand, en ondertekend 'J.P.'. Het had niet veel te betekenen, wat lieve woordjes en dank. Die schrijfcassette gebruik ik sinds het voorjaar dagelijks, ja haast ieder uur. Ik had hem bij mij op Het Loo, en tijdens mijn afwezigheid was hij afgesloten, hoewel ik er geen geschreven papier in bewaar. Bewijzen van ontrouw heb ik niet nodig, details kunnen me niet schelen.*

Wat belangrijker is, toen ik de laatste maal in Stuttgart was, heb ik Papa mijn erewoord gegeven dat ik nooit meer ergens naar zou vragen of proberen iets te weten te komen. Dat is het bes-

te, dat bespaart me verdriet. Wat mij met ontzetting vervult, is het feit dat iemand blijkbaar de macht heeft in mijn kamer en aan mijn persoonlijke bezittingen te komen. De brief was ook kennelijk gestolen van de eigenaar. Ik vertelde het hem, hij schrok, zei dat het een oude geschiedenis was, enz. Ik ondervroeg iedereen die hier toegang heeft: dienstboden, kindermeisjes. Niemand heeft iets gezien, en ik begrijp ook niet wat voor belang iemand erbij kan hebben om mij dat ding te laten zien. Behalve één mens, de koningin, die weet dat wij nu vrede gesloten hebben en die ons weer uit elkaar wil drijven. Neem mij niet kwalijk dat ik zo uitvoerig schrijf over een affaire die alleen maar voor mij van enig belang is, maar het heeft me zeer beziggehouden, en het geeft me het gevoel alsof er onzichtbare krachten rondom mij aan het werk zijn; dat maakt me verschrikkelijk bang.[18]

Gelukkig was Sophie niet helemaal alleen, er kwamen vriendinnen bij haar op bezoek zoals Lady Ely, Lady Salisbury, lady Augusta Stanley (hofdame van koningin Victoria), madame De Bassano (hofdame van keizerin Eugénie) en ook haar vriendin Mathilde Bonaparte. In oktober 1845 had Sophie Mathilde en haar man Demidoff in Stuttgart aan het hof van haar vader ontmoet. Ze vond hem *niet slecht, maar zeer opvliegend.* Uit de brieven van Mathilde wist ze inmiddels dat hij niet deugde en dat ook hij het niet zo nauw nam met de huwelijkstrouw. Hij had Mathilde ooit in een rijtuig laten wachten voor de deur van een bordeel dat hij bezocht. Mathilde verdroeg hem vanwege haar vader, die van Demidoff geld kreeg om zijn schulden af te lossen, maar toen haar man op een bal in Parijs met zijn nieuwe minnares kwam, kon Mathilde zich niet langer beheersen. Zij was woedend en liet hem dat merken ook. Demidoff stormde op haar af en sloeg haar *en plein public* in het gezicht. Mathilde schreef daarop aan tsaar Nicolaas en vroeg hem haar te bevrijden van deze woesteling. Nicolaas riep Demidoff naar Rusland terug en gaf hem voorlopig geen reispas meer.

Mathilde kwam Sophie bezoeken en ze brachten heerlijke dagen door op Het Loo. Ze wandelden door de bossen en Sophie besprak met haar vriendin alles wat haar dwarszat. In juli reisde Mathilde terug naar Parijs en verliet haar echtelijke woning. Ze huurde een klein 'hotel' in de Rue de Faubourg de Saint Honoré. Hier bleef ze niet lang want een oom van haar, prins Paul van Württemberg, was van mening dat dit voor een nog niet gescheiden vrouw schandalig was. Hij adviseerde haar tijdelijk in een klooster te gaan wonen totdat haar scheiding rond was. Eind 1846 liet de tsaar weten dat Mathilde in Parijs kon blijven wonen en dat Demidoff daar niet meer mocht komen. Hij werd verbannen naar Italië. Hij moest Mathilde een flinke alimentatie betalen en zij kon haar eigen leven gaan leiden. Sophie en Mathilde zouden elkaar hun hele leven wekelijks blijven schrijven.[19]

Een andere oude bekende, Lord William Russell, kwam naar Nederland: *De voornaamste reden dat ik hier naartoe ging was een lang geleden beloofd bezoek aan mijn oude (maar jonge) vriendin, de Prinses van Oranje, een charmante persoon, verstandig, onderlegd, levendig, aardig. Zij woont heel eenvoudig & zonder de gène & etiquette waarmee koninklijke personen zich zo vaak omgeven, in dit historische Chateau. Haar vriendelijkheid voor mij kent geen grenzen & ik vind het erg fijn om te wandelen op de wegen en paden van Het Loo, dat door onze Willem III is gebouwd & het toneel van vele diplomatieke onderhandelingen was. In Den Haag bezocht ik de koning & werd door hem als een oude vriend ontvangen, dus tot nu toe is mijn reis heel genoeglijk en interessant geweest, want de Nederlanders zijn een interessant volk.*[20]

8 'Femme filosophe'

Literatuur

Sophie bracht haar dagen door met lezen, schrijven en studeren, 's winters in het paleis aan het Plein en 's zomers op Het Loo. Sinds haar jeugd had haar literaire belangstelling zich uitgebreid: ze las nog altijd geschiedenisboeken, maar ook bellettrie kon nu haar goedkeuring wegdragen. Zo waren daar *Adolphe* van Benjamin Constant, romans van Balzac, *Le rouge et le noir* van Stendhal, *Jane Eyre* van Charlotte Brontë: *Ik heb Jane Eyre nog niet gelezen, maar ik hoor van Lady Cowley dat dit boek in Londen hét gesprek van de dag is en dat niemand weet of het door een man of een vrouw geschreven is.* Een paar maanden later heeft ze het gelezen en schrijft ze Lady Malet dat ze het een goed boek vindt.

Aan Plon-Plon schreef ze in 1839 dat ze *Le contrat social* van Rousseau[1] aan het herlezen was, dat ze op haar zeventiende voor het eerst gelezen had. Ze vertelde hem over *de goede Franse bijbel uit de rijke en mooie bibliotheek van mijn Moeder.* Ze las iedere dag een stukje uit deze editie van 1805: *u heeft dit boek toch ook vaak in uw handen gehad?* Ze voelde zich erdoor gesteund in haar vrees en verdriet en was doordrongen van *een ernstig en standvastig geloof.*

Diep onder de indruk was ze van *Uncle Tom's Cabin* door Harriet Beecher-Stowe: *daar staan verschrikkelijke dingen in.* Lord Byron *blijft onvergetelijk* en ook las ze de *Waverley Novels* van Walter Scott. Eveneens in haar boekenkast stonden *History of the Decline and Fall of the Roman Empire* van Edward Gibbon, *Historical Revelations* van Louis Blanc, *History of Civilisation* van Henry Thomas Buckle, *Aus den Memoiren eines Russen* van Alexander Herzen, *The Invasion of the Crimea* van Kinglake en nog veel meer. Ook las ze Tacitus en de Bijbel.

Alles wat ze las hield ze bij op lijsten. Hierop komen overigens weinig boeken van Nederlandse auteurs voor, Sophie was meer Europees georiënteerd. Dat betekende niet dat ze zich volledig afzijdig hield van het Nederlandse literaire leven. Volgens haar eerste biografe, Elise van Calcar, had ze weinig op met de roman *Een huwelijk in Indië* van de feministe Mina Kruseman: *Met de wilde ijveraars en drijfsters voor eene onbegrensde emancipatie der vrouw wilde zij zich niet inlaten, hoewel zij volkomen op de hoogte bleef van al wat er op het gebied onzer bellettrie voorkwam.*[2] Sophie nodigde mevrouw Bosboom-Toussaint, die tegenover haar woonde aan de toenmalige Veenlaan (later de Toussaintkade), regelmatig uit om bij haar thee te komen drinken in haar theekoepel.

Ook werden er werden geschriften aan haar opgedragen door Nederlandse schrijvers, bijvoorbeeld *Machteld van Velzen* door Martin Kalff. Van 1840 tot 1876 werd het jaarboekje *Aurora* uitgegeven waarin bijdragen stonden van Alberdingk Thijm, Tollens, Ten Kate, Van Koetsveld, De Génestet, mevrouw Bosboom-Toussaint, Busken Huet, Schaepman en vele anderen. Al die jaren werd dit boekje opgedragen aan Sophie. De schrijver Conrad Busken Huet beschreef een avond aan het hof waarop Sophie met haar hofdames dit jaarboekje las:

Eene vorstin te mogen bespieden in klein comité is een voorregt dat aan ongewijde stervelingen niet dagelijks te beurt valt. Zij moeten zich reppen er vlug bij te zijn, anders komen zij te laat. Wij grijpen dan ook de snelle gelegenheid bij de blonde lokken en wagen een blik in de binnenkamer van Nederlands Koningin. Vijf vrouwengestalten, eenvoudig en smaakvol gekleed – de Koningin-zelve en hare vier gewone hofdames – vormen het bezig gezelschap. De tafel is voor een deel met borduurpatronen en half voltooide handwerken bedekt, dubbel fraai van kleuren bij den gloed van het lamplicht. [...]

In dit stuk maakte Busken Huet de dames lichtelijk belachelijk. Hij wees er fijntjes op dat ze het lezen van het jaarboekje dat al voor de 26e keer aan Sophie was opgedragen, ongetwijfeld als een verplichting beschouwden en dat ze bovendien ook niet echt goed begrepen wat er gelezen werd. Het hof was niet echt geamuseerd over deze bijdrage van Busken Huet.

De rooms-katholieke schrijver van gedichten en historische novellen J.A. Alberdingk Thijm (1820-1889) droeg in 1850 een bundel gedichten (vermoedelijk een bloemlezing van Nederlandse poëzie) op aan koningin Sophie. Onder zijn brieven uit 1854 is een dankbetuiging te vinden die voorafgegaan wordt door een opdracht aan haar, evenals een brief aan haar secretaris, die hem een kostbaar horloge cadeau had gedaan.

Prins Napoleon noemde Sophie *femme philosophe* vanwege haar dorst naar kennis en intellectuele belangstelling. Zij wilde zich vormen naar het voorbeeld van het achttiende-eeuwse ideaal, toen vrouwen zich veel meer konden ontwikkelen en konden betekenen dan in haar eigen tijd. Zij bewonderde hierom de achttiende eeuw en las boeken over het leven van grote vrouwen uit die tijd. Sophie bezocht graag de schouwburg, zowel in Nederland als tijdens haar reizen in het buitenland. Ze ging naar voordrachtavonden en concerten en in haar paleis organiseerde ze *soirées musicales* met Nederlandse kunstenaars en kunstenaressen.[3]

Schilderkunst

Sophie was ook geïnteresseerd in schilderkunst en bezocht daarom regelmatig ateliers van Nederlandse schilders als Becker, Bisschop, Blommers, Bosboom, Israëls en Meijer. Van Israëls kocht zij het schilderij 'Les travailleurs de la mer', dat zij cadeau gaf aan een Engelse vriend, Lord Napier. Haar secretaris, W. von Weckherlin, had de Haagse schilder Matthijs Maris ontmoet en bij Sophie voor een maandgeld voor hem bemiddeld. Hiermee kon hij zijn broer Jacob volgen naar de Antwerpse kunstacademie, waar Nicaise de Keyser directeur was.

De schilder, etser en lithograaf Andreas Schelfhout (1787-1870) werd in 1848 door Willem III uitgenodigd op Het Loo en bracht ook de schilder Johan Barthold Jongkind (1819-1891) mee. Schelfhout was een exponent van de romantische schilderkunst, een stroming die Nederland tussen 1810 en 1860 in de ban hield. De belangrijkste onderwerpen waren stadsgezichten, historiestukken en natuurlandschappen met een sterk nationalistisch karakter. Andreas Schelfhout maakte ijsgezichten die nog steeds beschouwd worden als het prototype van het Nederlandse landschap in de winter. Op deze winterschilderijen zijn bevroren rivierlandschappen te zien, gestoffeerd met molens, schaatsende mensen en koek-en-zopies. Ook was hij geliefd om zijn strand- en zeegezichten. Al in 1825 maakte hij het eerste en was daarmee Hendrik Willem Mesdag een slag voor.

Tijdens zijn leven was Schelfhout een gevierde kunstenaar: hij had een groot atelier waar veel belangrijke romantische schilders zijn opgeleid, onder anderen Jongkind. Dichters zongen zijn lof, vele Europese vorsten bezochten zijn atelier en hij ontving allerlei prijzen, onderscheidingen en oorkondes. Aan het hof van Sophie was hij een welkome gast, niet alleen vanwege zijn artistieke kwaliteiten maar ook omdat hij een komiek was die allerlei grappige Haagse typetjes kon neerzetten. Op Willem III kon hij tot groot vermaak van Sophie een schitterende parodie geven. In het Koninklijk Huisarchief in Den Haag bevinden zich twee aquarellen van zijn hand, 'Eau calme' en 'Eau douloureuse', die in 1879 door Willem III werden aangekocht.

Op Het Loo ontving Sophie ook de schilders Louis Gallait en Nicolaas Pieneman (1809-1860). De laatste was een belangrijke historieschilder, die al voor Willem II en Anna Paulowna had gewerkt en hun portretten had geschilderd. Van de kinderen van Sophie en Willem maakte hij diverse portretten, zoals in 1847 een prachtig portret van Wiwill en Maurits, dat altijd in Sophies salon heeft gehangen. De kinderen zijn op een wat lieflijke en dromerige manier afgebeeld. Het schilderij is nu te zien in Rijksmuseum Paleis Het Loo. Sophie zelf poseerde maar één keer voor Nicolaas Pieneman, die tot zijn dood in 1860 hofschilder bleef en goed bevriend was met haar echtgenoot.

Louis Gallait (1810-1887) was een Belgische schilder van historie-, genre- en portretstukken. Hij was ook een goede en internationaal bekendstaande portretschilder. Het portret dat hij van Sophie maakte is helaas verloren gegaan. Ook maakte hij voor haar in 1856 het reusachtige schilderij 'Johanna de waanzinnige treurend over de dood van Philips de Schone', dat eveneens in Rijksmuseum Paleis Het Loo te bezichtigen is. Het weerspiegelt de romantische en wat dramatische kijk van negentiende-eeuwers op het verleden en maakt de reputatie van Gallait als schilder van het 'grote genre', waarmee de uitbeelding van 'hoogstaande' onderwerpen uit geschiedenis, mythologie en religie bedoeld werd, volledig waar.

Andere meer internationaal georiënteerde kunstenaars die door Sophie werden bewonderd, waren Nicaise de Keyser (1813-1887), Henri Auguste d'Ainecy comte de Montpezat (1817-1859) en Franz Xaver Winterhalter (1805-1873). Aan Winterhalter gaf zij in 1863, toen zij aan het hof van keizer Napoleon III verbleef, opdracht haar portret te schilderen. Op dit grootse portret wordt vooral haar vorstelijke persoonlijkheid tot uitdrukking gebracht. (zie kleurenafb. 18)

Winterhalter was een van de populairste portretschilders van het midden van de negentiende eeuw. Hij werkte aanvankelijk aan het hof van koning Louis Philippe in Parijs, waar hij de koninklijke familie en alle hovelingen portretteerde. Hij ontwikkelde zich tot een vakman die gespecialiseerd was in aristocratische portretten en kreeg dan ook veel opdrachten van vorstenhuizen en adel. Hij werd in 1841 door koningin Victoria naar het Engelse hof geroepen, zij had meer dan honderd schilderijen van hem in haar bezit. In 1852 ging hij naar koningin Isabella van Spanje en ook was hij te gast aan het hof van het Belgische koningshuis en aan de keizerlijke hoven in St. Petersburg en Wenen. Een van zijn bekendste portretten is dat van keizerin Elisabeth van Oostenrijk. Bij de troonsbestijging van Napoleon III keerde hij terug naar Parijs en schilderde daar onder andere de portretten van de keizer en van zijn vrouw, keizerin Eugénie.

De schilder was een meester in het weergeven van een ideaalbeeld: hij combineerde vleierij met gelijkenis en hoofse pracht en paste zijn stijl aan de wensen van zijn klanten aan. Zijn werken zijn een spiegelbeeld van de heersende klasse in het midden van de negentiende eeuw. Het is niet zo verwonderlijk dat de keuze van Sophie op hem viel: ongetwijfeld had zij de portretten gezien die hij van Napoleon III en Eugénie, met wie zij goed bevriend was, gemaakt had. Het paste ook bij haar Europese oriëntatie en het feit dat zij buiten Nederland een uitgebreide vriendenkring had, van wie velen zich eveneens door hem hadden laten schilderen.

De Montpezat was een Franse schilder, die vooral jachtpartijen, paardenstukken en portretten heeft geschilderd. In de jaren 1848-1849 woonde en werkte hij in Den Haag en schilderde daar onder meer het portret van Willem III. In 1849 schilderde De Montpezat het enig bekende ruiterportret van Sophie. Zij zit schrijlings te paard, met een valk op haar hand. Het gaat hier dan ook om een valkenjacht, met op de achtergrond nog enkele andere valkeniers.

Haar biografe Elise van Calcar vertelt hierover: *Het verblijf der jeugdige vorstelijke familie op het aangenaam gelegen jachtslot te Apeldoorn riep in deze schilderachtige natuur de fantastische tafereelen der ridderlijke middeleeuwen nog eenmaal in het leven, met de wederkeerende liefhebberij voor de valkenjacht.* (zie kleurenafb. 19) *Waar was ooit vriendelijker en geestrijker gastvrouw dan Prinses Sophia, die in die dagen met zooveel waardigheid en gratie de hooge gasten op Het Loo ontving, uit alle landen samengevloeid om de luisterrijke jachtpartijen bij te wonen. Vooral Prins Alexander was met hartstochtelijke ingenomenheid vervuld voor deze ridderlijke uitspanning, waarbij Oostenrijksche, Duitsche en Engelsche edellieden zich aansloten. Des winters werden de valken in Valkenburg gedresseerd, om met Mei, met hun kapje met bellen versierd, op de hand van de sierlijk uitgedoste valkeniers den jachtstoet op te luisteren.*

De lieftallige Prinses van Oranje was juist de poëtische persoonlijkheid om een ridderlijk spel allen glans bij te zetten. Wie de bevallige amazone te paard zag stijgen, was verrukt over haar sierlijke gestalte en fiere houding, die in volle bekoorlijkheid uitblonk als zij haar fraai paard, met die kleine, maar toch zoo vaste hand, zoo gemakkelijk wist te beheerschen, dat aller oogen vol bewondering aan haar hingen als aan het glanspunt van den schilderachtigen stoet.

In diezelfde tijd liet zij zich door de Belg De Keyser portretteren. Deze schilder was vooral bekend geworden door zijn grote doek 'De Slag der Gulden Sporen', dat Hendrik Conscience geïnspireerd zou hebben tot zijn boek *De Leeuw van Vlaanderen*. Het portret van Sophie is een eenvoudig borststuk in vooraanzicht dat haar uitbeeldt met een kroon op haar hoofd en een ernstige uitdrukking op haar gezicht. Mogelijk is dit portret gemaakt ter gelegenheid van de troonsbestijging van Willem III.

Als zij op reis was, bezocht ze altijd musea voor beeldende kunst, maar ook voor Nederlandse collecties had ze belangstelling: *In Amsterdam zijn er in particulier bezit sommige van de mooiste Rembrandts ter wereld.* Sophie nam zelf ook teken- en schilderlessen, haar leermeester was Jan Gerard Smits (1823-1910). Deze schilderde vooral dorps- en stadsgezichten en was ook een vertegenwoordiger van de romantiek.[4]

Toen Sophie in 1839 in Nederland kwam wonen, nam zij een aantal portretminiaturen van goede vrienden en familieleden mee, bijvoorbeeld van haar zuster Marie en van tsaar Alexander I. Een aantal van deze miniaturen is afgebeeld op de aquarellen die Herman ten Kate van haar kamers maakte. Ook van haar moeder en grootmoeder had zij miniaturen geërfd. Sophie ging zelf ver-

Afb. 1 Het 'Neue Schloss' in Stuttgart (eigen foto).

Afb. 2 Grootvorstin Catharina Paulowna van Rusland. Dit schilderij hing later in het boudoir van koningin Sophie. Aan de wand hangt het portret van haar grootmoeder tsarina Catharina de Grote (Paleis het Loo Nationaal Museum Apeldoorn, bruikleen Stichting Historische Verzamelingen van het Huis Oranje-Nassau, foto: E. Boeijinga).

Afb. 3 Voorzijde van Huis ten Bosch, 1870, lithografie in kleur in ovaal met sierdruk (Beeldbank Haags Gemeentearchief).

Afb. 4 Achterzijde Huis ten Bosch, 1880, door J.J. Destrée, penseel in kleur, potlood (Beeldbank Haags Gemeentearchief).

Afb. 5 Mausoleum van koningin Catharina (eigen foto).

Afb. 6 'Die Liebe höret nimmer auf', opschrift boven de entrée van het mausoleum (eigen foto).

Afb. 7 De doop van Willem III in 1817, door M.J. van Bree (Paleis het Loo Nationaal Museum Apeldoorn, bruikleen geschiedkundige vereniging Oranje-Nassau, foto: R. Mulder).

Afb.8 Prinses Sophie als jong meisje, ca. 1823, miniatuur (Stichting Historische Verzameling van het Huis Oranje-Nassau).

Afb. 9 Willem III in 1850, door Isidore Patrois (Stichting Historische Verzameling van het Huis Oranje-Nassau).

Afb. 10 De werkkamers van het Paleis aan het Plein, 1849, Aquarel door H.F.C. ten Kate (Paleis het Loo Nationaal Museum Apeldoorn, bruikleen geschiedkundige vereniging Oranje-Nassau, foto: R. Mulder).

Afb. 11 De zitkamer van het Paleis aan het Plein, Aquarel door H.F.C. ten Kate (Paleis het Loo Nationaal Museum Apeldoorn, bruikleen geschiedkundige vereniging Oranje-Nassau, foto: R. Mulder).

Afb. 12 De salon van het Paleis aan het Plein, 1849, Aquarel door H.F.C. ten Kate (Paleis het Loo Nationaal Museum Apeldoorn, bruikleen geschiedkundige vereniging Oranje-Nassau, foto: R. Mulder).

Afb. 13 Erfprins Willem, 1845, miniatuur, door Abraham Anne van de Kasteele (Stichting Historische Verzameling van het Huis Oranje-Nassau).

Afb. 14 'Le Bal' in paleis Noordeinde, 1862, aquarel door Herman Frederik Carel ten Kate (Koninklijke Verzamelingen).

Afb. 15 'Le Souper', 1862 aquarel door Herman Frederik Carel ten Kate (Koninklijke Verzamelingen).

Afb. 16 Portret van koningin Sophie, 1849, aquarel, door N. Pieneman (Koninklijke Verzamelingen).

Afb. 17 Erfprins Willem en prins Maurits, 17 juni 1847, door N. Pieneman (Paleis het Loo Nationaal Museum Apeldoorn, bruikleen Stichting Historische Verzamelingen van het Huis Oranje-Nassau, foto: E. Boeijinga).

Afb. 18 Koningin Sophie, 1863, door F.X. Winterhalter (Stichting Historische Verzameling van het Huis Oranje-Nassau).

Afb. 19 Het enige bekende ruiterportret van koningin Sophie bij een valkenjacht, 1849, door H.A. Comte de Montpézat (Paleis het Loo Nationaal Museum Apeldoorn, bruikleen geschiedkundige vereniging Oranje-Nassau, foto R. Mulder).

Afb. 20 Aquarel van de bibliotheek van koningin Sophie in Paleis Noordeinde (Paleis het Loo Nationaal Museum Apeldoorn, bruikleen geschiedkundige vereniging Oranje-Nassau, foto R. Mulder).

Afb. 21 Aquarel van de kinderkamer van prins Alexander in Paleis Noordeinde (Paleis het Loo Nationaal Museum Apeldoorn, bruikleen geschiedkundige vereniging Oranje-Nassau, foto R. Mulder).

Afb. 22 Portret van prins Maurits, 1850, miniatuur door Johan Coenraad Hamburger, (Stichting Historische Verzameling van het Huis Oranje-Nassau).

Afb. 23 Prins Alexander 1852, door Nicolaas Pieneman. (Stichting Historische Verzameling van het Huis Oranje-Nassau).

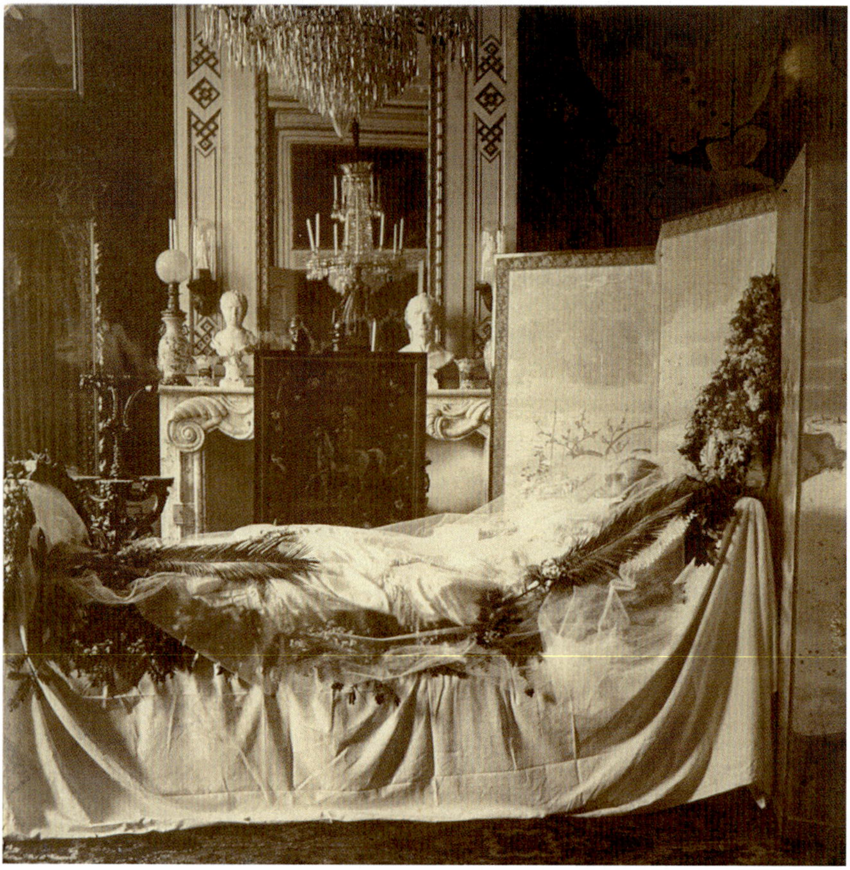

Afb. 24 Koningin Sophie op haar sterfbed, foto door De Lavieter & Co., 1877 (Beeldbank Haags Gemeentearchief).

zamelen en door aankopen op veilingen breidde ze haar collectie miniaturen steeds verder uit. Ze was vooral geïnteresseerd in portretten van historische figuren als koningin Elizabeth I van Engeland, koning-stadhouder Willem III, de prins van Wales, enzovoorts. Door de dood van haar vader in 1864 werd haar verzameling miniaturen enorm uitgebreid. Zij erfde vooral portretten van haar moeder, van leden van de koninklijke familie van Württemberg en van haarzelf en haar kinderen. Ook waren er verschillende miniaturen met afbeeldingen van de Bonapartes.

Sophie liet een aantal miniaturen in opdracht maken en vrienden gaven ze haar regelmatig cadeau. Ze besteedde veel tijd aan haar collectie, maakte lijsten van alle miniaturen, waarbij ze in categorieën werden onderverdeeld. Haar verzameling groeide uit tot ongeveer zeshonderd exemplaren, met als topstuk het portret van een onbekende jongen door Hans Holbein uit circa 1840. Er waren vele werken uit de Engelse school, maar ook uit de Hollandse, Franse, Duitse en Russische school. Vorstenportretten namen een belangrijke plaats in, maar er waren ook vele portretten van onbekende burgers, die ze uitsluitend vanwege hun artistieke kwaliteiten aankocht. Sophie bewaarde haar verzameling altijd in haar privé-vertrekken, eerst in haar werkkamer op het Plein, en vervolgens in paleis Noordeinde en Huis ten Bosch.

Na haar dood kwam de collectie in handen van haar jongste zoon Alexander, die deze verder uitbreidde. Hij liet de verzameling overbrengen naar zijn eigen huis aan de Kneuterdijk in Den Haag, waar op de benedenverdieping overal verspreid vitrines met de kostbare miniaturen stonden en hingen. Na de dood van Alexander in 1884 liet koningin Emma in het paleis aan de Kneuterdijk, waar Willem II en Anna Paulowna nog gewoond hadden, een miniaturenkamer inrichten. Zij maakte gebruik van het bestaande meubilair en de bestaande vitrines. In 1900 werden de miniaturen overgebracht naar het Koninklijk Huisarchief, dat toen net voltooid was.[5]

Politiek

Ook al was Sophie erg geïnteresseerd in kunst en wetenschap, wat haar vooral boeide was de politiek. Het was daarbij niet mogelijk voor haar om een rol op de voorgrond te spelen. Dit kwam in de eerste plaats omdat het contact met Willem zo moeilijk was dat hij zich door haar niet liet adviseren of beïnvloeden. Overigens distantieerde hij zich van iedereen die hem daarin wilde bijstaan. Bovendien was Willem, niet anders dan andere mannen in die tijd, niet zo geëmancipeerd: vrouwen duidde hij meestal aan als *les jupons*, de rokjes.

Het was voor Sophie een grote teleurstelling. Zij was gewend geweest om met haar vader politiek te bespreken en met hem staatsstukken door te nemen. Graag zou ze, net als keizerin Eugénie in Frankrijk, die zelfs als regentes optrad namens Napoleon III, en zoals in Pruisen koningin Augusta, de echtgenote van de latere keizer Wilhelm I, een adviserende rol hebben gespeeld. Alleen op de achtergrond kon Sophie proberen wat invloed uit te oefenen. In haar brieven aan diplomaten en hun vrouwen, aan Napoleon III en Eugénie vertelde zij hoe er in Nederland over de politieke toestand gedacht werd.[6]

Zo schreef ze in 1848, het jaar van de revoluties, aan Lady Malet: *Hier gaat alles betrekkelijk goed. De wetgevers staan alles toe, meer dan velen wenselijk achten; het land heeft in feite meer vrijheid dan onder de Republiek:* **toen** *bestond de regering uit aristocraten,* **nu** *zijn er geen aristocraten meer. Wij krijgen rechtstreekse verkiezingen. De heren die tot ministers werden benoemd zijn, op twee uitzonderingen na, radicale maar* **integere** *mannen. Er waren rellen in Amsterdam, vorige week, maar niets van belang; het gepeupel sloeg ruiten in en heeft geplunderd, er werden geen soldaten ingezet, en dit heeft, aangezien de bankiers buiten zichzelf waren vanwege die aanslag op* **hun** *bezit, meer goed dan kwaad gedaan. Een triest aspect van deze politieke gebeurtenissen wordt gevormd door het aantal faillissementen; tal van te goeder naam en faam bekende zakenlieden zijn geruïneerd, en zijn nu zonder een cent. [...]*

Ze vervolgt haar brief met een beschouwing over Europese politiek: *[...] en dan nog die onlusten in Duitsland! Lang geleden al wist ik dat er iets gebeuren zou, maar ik geloofde niet dat het zo plotseling over ons kon komen. Er is verdeeldheid in mijn gevoelens: enerzijds hoop ik op een machtig Duitsland, anderzijds houd ik zoveel van Württemberg. Als de koning van Pruisen een* **man** *was – niet eens een groot man, maar gewoon een* **man** *– zou hij een glorieuze taak kunnen vervullen. Duitsland wil centralisatie, niet de totale centralisatie, maar wél voor alle staten dezelfde politiek, hetzelfde economische systeem. De meeste staten hebben, geloof ik, min of meer gematigde opvattingen. Indien mijn vader tien jaar jonger was, zou hij een belangrijke rol kunnen spelen en een gevaar vormen voor Pruisen. Maar hij is te oud en zijn zoon betekent niets. De koning van Pruisen heeft alle partijen verraden, hij is nooit echt liberaal geweest en heeft met name de troepen, die zich bewonderenswaardig gedragen hebben, buiten alle proporties gekwetst en vernederd. Het enige wat men zijn broer, de prins van Pruisen, kan verwijten, is diens liefde voor Rusland, want het laatste dat de Pruisen zullen opgeven, is hun haat jegens de Russen. Ik betreur het dat Württemberg geen kans maakt, maar ik verheug me voor Duitsland; het gaat een grote roemrijke toekomst tegemoet. Oostenrijks macht is voorbij, Württemberg is in opstand. Op den duur zal Oostenrijk alleen nog maar een bezitting van Hongarije en Bohemen zijn, en alle Oostenrijkse provincies van Duitse oorsprong zullen terugvallen aan Zuid-Duitsland. Het spijt me zo, dat ik niet in Stuttgart kan zijn op het ogenblik, ik zou daar misschien een gunstige invloed kunnen uitoefenen; maar ik ben nu eenmaal hier en zal niet weglopen.*[7]

Sophie probeerde door middel van haar briefwisseling de vriendschap tussen Engeland en Frankrijk te verstevigen. Ze was ervan overtuigd dat de samenwerking tussen Engeland en Frankrijk, die zijn oorsprong vond in de Krimoorlog, voortgezet moest worden om de stabiliteit en de wereldrol van Europa te waarborgen. Zij voorzag dat landen als de Verenigde Staten en Rusland potentiële supermogendheden zouden kunnen worden en daarmee Europa's leidende positie zouden kunnen aantasten. Om de Brits-Franse samenwerking veilig te stellen deed Sophie veel moeite. Zo reisde zij in het najaar van 1857 naar Zuid-Duitsland om de Russisch-Franse vorstenconferentie bij te wonen, omdat zij bang was dat deze ten koste zou gaan van de Brits-Franse verstandhouding.

Zij beschreef haar observaties in haar brieven aan haar Engelse vrienden die dat zo informatief vonden dat zij Sophies brieven aan koningin Victoria lieten lezen. Deze maakte er zelfs kopieën van. Toch ontstond er een verkoeling tussen Londen en Parijs, maar Sophie bleef haar best doen een bemiddelende rol te spelen. Ze correspondeerde onder anderen met Lord Clarendon, de Britse Minister van Buitenlandse Zaken, en hij gebruikte zijn briefwisseling met Sophie om via haar Napoleon III te waarschuwen dat de Britten niet erg te spreken waren over de Franse vlootbouw en bewapening.

Napoleon III en Eugénie stuurden Sophie brieven waarin zij de bedoelingen van de Franse politiek uitlegden. Tegelijkertijd gaf Sophie het Franse keizerlijke paar nuttige politieke inlichtingen en adviezen. Ze probeerde in 1866 Napoleon III zover te krijgen dat hij gewapenderhand tussenbeide zou komen in de Pruisisch-Oostenrijkse oorlog. Als hij niets zou doen, zou hij zelf de gevolgen van de Pruisische machtshonger gaan ondervinden.[8] Op 13 juli 1866 schreef ze aan de keizer: *U maakt zich zonderlinge illusies; uw prestige is in de laatste veertien dagen meer afgenomen dan in de gehele duur van uw regering. U laat toe dat de zwakken worden vernietigd; u laat de onbeschaamdheid en het ruwe geweld van uw naaste buurman bovenmatig toenemen; u neemt een geschenk aan en hebt zelfs geen welwillend woord over voor hem die het u geeft. Het doet mij verdriet, dat u het noodlottige gevaar niet inziet van één machtig Duitsland en één machtig Italië. De dynastie wordt bedreigd, en zij zal er de gevolgen van ondervinden. Ik zeg dit, omdat het de waarheid is en omdat u het te laat zult erkennen.*

Geloof niet dat het ongeluk, dat mij overstelpt bij de ramp van mijn vaderland, mij onbillijk of wantrouwend maakt. Toen Venetië was afgestaan, had u Oostenrijk te hulp moeten snellen, naar de Rijn trekken en uw voorwaarden moeten stellen.

Oostenrijk te laten vermoorden is meer dan een misdaad, het is een fout. Misschien is dit mijn laatste brief. Maar ik zou tekortdoen aan een oude en oprechte vriendschap, als ik u niet voor de laatste keer de hele waarheid zei.

Ik denk niet dat er gehoor aan zal worden gegeven, maar ik wil het eenmaal tegen mijzelf kunnen zeggen dat ik alles gedaan heb om de val te voorkomen van dat wat mij zoveel vertrouwen en genegenheid had ingeboezemd.[9]

Deze brief werd op 13 oktober 1870 in de Arnhemsche Courant gepubliceerd en was afkomstig uit de zogenaamde geheime stukken die in het paleis van de Tuilerieën werden gevonden na het vertrek van Napoleon III. Het commentaar van de krant was: *Wij gelooven niet dat dit stuk echt is, want nooit zullen wij het kunnen aannemen, dat eene regtschapen en verlichte vorstin zoo veel vertrouwen en genegenheid koestert voor eene dynastie als die van den voormaligen keizer van Frankrijk.*

Al in 1869 was Sophie bang voor een oorlog tussen Frankrijk en Duitsland die de val van de Bonapartes tot gevolg zou hebben. Inderdaad brak deze oorlog een jaar later uit en dit betekende het einde van de politieke verhoudingen zoals Sophie die kende. Niet alleen had Pruisen, dat zij verafschuwde, alle andere Duitse staten – en dus ook haar geliefde Württemberg – aan zich ondergeschikt gemaakt, maar ook had het Frankrijk verpletterend verslagen en er een nieuwe revolutie veroorzaakt. Sophies rol als bemiddelaarster in de Europese politiek was toen uitgespeeld.

Sophies eigen politieke overtuiging was, mede omdat zij vrijzinnig was opgevoed, liberaal-democratisch. In 1849 neigde zij steeds meer naar een republikeinse gezindheid. Van *de gehele Habsburgfamilie met al hun honderdjarige vooroordelen* had ze een afkeer en het was haar ideaal om haar zoons respect voor het volk bij te brengen, iets *wat zij nog nooit in een vorst gevonden heeft.* Ze dacht dat de monarchie als staatsvorm geen eeuwigdurend bestaansrecht had, zeker niet in Nederland: *De Nederlanders zullen ons houden, zolang we nodig zijn, d.w.z. zolang onze naam, Oranje, een gemeenschappelijke basis vormt voor de verscheidene politieke partijen; zodra dit niet meer het geval is, zullen ze ons wegsturen.* Overgeërfde rechten alleen waren volgens haar niet langer voldoende om tronen vast te kunnen houden, er was meer nodig dan het geloof van monarchen aan hun goddelijk recht en Sophie was er zeker van *dat geen vorstenhuis bestand kan zijn tegen de machtige golven van den tijdgeest, als het niet met dat volk is meegegaan en bekwaam geworden om vooraan te treden op de baan der verlichting.*

Ook over de hogere standen had zij haar mening: *Ze zijn vol onwetendheid en vooroordelen; intelligentie en bekwaamheid, zij het dan niet-gepolijst en zonder verfijnde manieren, vindt men in de middenklasse bij de burgerij, en dus komt die aan de macht.* Ze schrijft ook dat *al die stomme aristocraten mopperen en schelden, maar het is hun eigen schuld. Waarom zijn zij ook te onbekwaam, te dom om een regering te vormen? Juristen regeren hier, zij werken hard en weten alles.*[10]

Sophie bewonderde staatslieden als Johan Rudolf Thorbecke (1798-1872), die zij *een man van karakter* vond, maar ook zijn tegenspeler Guillaume Groen van Prinsterer (1801-1876) genoot haar verering. Groen was van 1829 tot 1836 kabinetssecretaris. Hij was lid van de Kamer van Grondwetsherziening in 1840, en van 1849 tot 1857 en van 1862 tot 1866 was hij lid van de Tweede Kamer. Hij wordt beschouwd als de grondlegger van de protestants-christelijke politiek in

Nederland. Hij kwam op voor het christelijk onderwijs en legde de basis voor de Anti-Revolutionaire Partij, die na zijn overlijden werd opgericht.

Groen schreef diverse boeken over geschiedenis en politiek. In zijn boeken wilde hij het volk van Nederland opwekken tot een nationaal besef, iets wat in de negentiende eeuw een belangrijke rol speelde. Volgens hem bestond de Nederlandse identiteit uit het protestantisme en de rol van Oranje in de geschiedenis. Hij heeft de populariteit van het begrip *God, Nederland en Oranje* sterk bevorderd. Groen was geen aanhanger van het liberalisme. Hij verzette zich tegen een 'revolutionaire' staat, omdat deze is gebaseerd op volkssoevereiniteit en daar was hij een tegenstander van. Als een staat geen rekening houdt met God, de Schrift en de geschiedenis, kon dat alleen maar tot tirannie leiden. Na 1848 werd Groen wat democratischer in zijn opvattingen. In 1836 werd hij aangesteld als archivaris van het Koninklijk Huisarchief en hij deed veel archiefonderzoek. Vooral de correspondentie van de prinsen van Oranje werd door hem ontsloten.[11]

Sophie onderhield nauw contact met het echtpaar Groen van Prinsterer, dat in Den Haag aanvankelijk ook aan het Plein woonde, later aan de Korte Vijverberg. Groen was de laatste jaren van zijn leven eigenaar van het landgoed Blankenburg, een buitenhuis tegen de duinen. Elke zomer bezocht Sophie de familie een- of tweemaal. Ze maakte aan de arm van mevrouw Groen van Prinsterer wandelingen door de tuinen rond Blankenburg. Tijdens Groens ziekbed aan het eind van zijn leven, in 1876, kwam Sophie persoonlijk naar zijn gezondheid informeren.

Thorbecke was een liberale staatsman en de grondlegger van de Nederlandse parlementaire democratie. Als hoogleraar in Leiden gaf hij college over de grondwet en publiceerde hij in 1839 *Aantekening op de Grondwet.* Van deze bijdrage aan het debat over de grondwet werden in korte tijd bijna duizend exemplaren verkocht. Een jaar later schreef hij *Proeve van herziening der grondwet volgens de Aanteekening*.

Hij bekleedde vanaf 1840 verschillende politieke functies, zo was hij van 1844 tot 1845 lid van de Tweede Kamer. In deze periode diende hij het voorstel tot herziening van de grondwet in, dat wil zeggen invoering van ministeriële verantwoordelijkheid en rechtstreekse verkiezingen van de Tweede Kamer. Dit voorstel werd door de Kamer niet in behandeling genomen, omdat men het 'on-Nederlands' vond. Het zorgde wel voor veel publiciteit in het land. Van 1845 tot 1850 was hij lid van de gemeenteraad van Leiden. In 1848 werd hij door koning Willem II benoemd tot voorzitter van de Grondwetscommissie. Deze commissie kreeg de opdracht een nieuwe grondwet te ontwerpen.[12] Willem II was geschrokken door alle woelingen in binnen- en buitenland.[13]

Op 17 maart 1848 schreef Sophie hierover: *De toestand is hier als volgt: in de vorige herfst heeft de koning in zijn rede bij de opening van de Staten-Generaal een herziening van de grondwet beloofd. Heel de winter heeft hij besteed aan discussies hierover met de ministers, de Raad van State, enz. Toen de nieuwe artikelen ten slotte klaar waren en aan de Kamers werden voorgelegd, waren die Kamers geschokt over de inhoud: geen, of nauwelijks, veranderingen! Toch zeiden een paar vleiers tegen de koning, dat het volmaakt was. Geruchten, vooral uit Amsterdam, werden steeds kritieker. Zondag zei de koning tegen prins Frederik en mij: 'Ik zal geen haarbreed toegeven!' waarop ik antwoordde: 'Men* **dwingt** *u er dus niet toe!' Maandag hadden wij enkele heren aan het diner, onder andere de voorzitter van de Tweede Kamer. Hij fluisterde mij in het oor: 'De koning heeft mij vanmorgen bij zich geroepen, om me te zeggen dat hij, na wat hij gehoord heeft over de ontstemming in de Kamer,* **toegeeft**, *en de Kamer opdraagt het initiatief te nemen tot nieuwe voorstellen, en óók, dat hij dit uit vrije wil doet, zonder ruggespraak met zijn ministers.'*

Dinsdag jongstleden liet de koning dit in de couranten zetten, en natuurlijk waren de ministers razend en dienden hun ontslag in. Dit werd woensdag bekend; drommen volk, opgezweept door tendentieuze berichtgeving van een schandaalblad, gaan zich te buiten aan allerlei opgewonden geschreeuw over de val van het kabinet, met de vriendelijke bedoeling bij de ex-ministers de ruiten te gaan ingooien. Tot nu toe heeft dit nog geen ernstige gevolgen gehad, maar u kent het Hollandse gepeupel, het ergste dat er bestaat! In het rustige Den Haag ziet men vreemde veranderingen en ongure types. De stad heeft een heel ander gezicht gekregen. Maar het meest verontrustende feit is de buitengewone principeloosheid die de koning aan de dag gelegd heeft, waardoor zijn vroegere ministers zijn onverzoenlijke vijanden geworden zijn, want zij kennen zijn manier van doen te goed en weten wat er achter de schermen gebeurt. Onze positie wordt steeds ongunstiger; en de koning had het allemaal in de hand kunnen houden, wanneer hij de dingen met allure, spontaan, had aangepakt.

Ik dineerde aan het hof en dacht dat hij zich tegenover mij terneergeslagen en gegeneerd zou gedragen. Maar hij was in een opgewekte stemming.[14] De nieuwe grondwet werd door Thorbecke en zijn commissie opgesteld en de ministers van het kabinet werden hierbij gepasseerd. Als gevolg van de invoering kwamen er rechtstreekse verkiezingen en ministeriële verantwoordelijkheid, werden de parlementaire rechten uitgebreid en werd de mogelijkheid van ontbinding van de Kamer ingevoerd. De nieuwe grondwet, die van Nederland een moderne staat maakte, werd geproclameerd op 3 november 1848.

Sophie vond de Nederlandse politiek over het algemeen maar saai: *Er gebeurt hier niets, zelfs de politiek is dood - Alles gaat hier kalm zijn gangetje - Dus is alles rustig - De Nederlanders wensen rust.*

Over de Nederlandse koloniën was ze enthousiast, ze had er boeken over gelezen en er verhalen over gehoord van Oud-Indiëgangers: *intelligente lieden met een door de zon gelooide huid.* In 1849 schreef ze: *Als ik een Hollander was, zou ik rust noch duur kennen voor ik naar Java kon gaan: wat een land om iets in te ondernemen, wat een wereld vol gloed en kleur, vol beloften.* Ze was onder de indruk van Vincent baron van Tuyll die naar Indië was gegaan en daar een bloeiende onderneming had gesticht *door zijn eigen energie en initiatief. [...] Hij verdient veel geld in Indië.* Ze was er wel bang voor dat Engeland bijvoorbeeld Java zou kunnen bezetten *en dan zijn we verloren.* En ook: *Onze koloniën moeten op een andere wijze bestuurd worden, maar we weten niet hoe of met welke middelen – op een dag ontglippen ze ons, dan zijn we ze kwijt.* Ten opzichte van de Indische politiek was zij een liberale ondernemer en de Europese staatkunde bekeek ze als een progressieve liberaal.[15]

Haar politieke gedachtegoed legde zij vast in een artikel van bijna dertig bladzijden, dat gepubliceerd werd in 1875 in het tijdschrift *Revue des deux mondes*, met als titel 'Les derniers Stuarts. Impressions et pensées d'une Reine' (De laatste Stuarts. Indrukken en gedachten van een Koningin). Zij beschreef hierin de niet-geslaagde pogingen van Jacobus II om de Engelse troon gewapend te veroveren. Het ging haar niet om romantische avonturen, maar om de historische waarheid. Ze vond dat de dingen gezien moeten worden zoals ze zijn. Mensen en zaken hebben verschillende gezichten, afhankelijk van hoe men naar ze kijkt: de ene keer kan iets verachting opwekken en de andere keer respect. Toch, ondanks deze relativerende houding, vroeg zij zich af wat de waarde en wilskracht was van historische figuren. Belangrijk was of zij hun last in het leven moedig gedragen hadden. Het karakter telde het zwaarst en degenen die niet gebogen hebben, wachtte vergiffenis.

Volgens Sophie werd de geschiedenis gekenmerkt door een onophoudelijke, niet te stuiten voortgang van de ontwikkeling. De wereld was voortdurend in beweging en wat ooit goed was, kon in latere tijden niet meer voldoen. De drijvende kracht in de geschiedenis was geen goddelijk raadsbesluit of een mystiek noodlot, maar de idee van de niet te stoppen vooruitgang. Haar artikel werd erg serieus genomen en door historici beschouwd als gedegen wetenschappelijk onderzoek.

Het vermoeden bestaat dat Sophie model heeft gestaan voor koningin Louise in het toneelstuk 'Vorstenschool' van Multatuli, dat als ondertitel heeft: 'Vluchtige schets van een paar verschillende wijzen waarop hooggeplaatste personen hun roeping zouden kunnen opvatten'. Het gaat in dit stuk om een slecht bestuurd land, met een minister die een slecht functionerende grondwet heeft ingevoerd, een parlement dat niets doet dan praten en een door die grondwet machteloos gemaakte koning die zich niet interesseert voor zijn eigenlijke taak het middelpunt te zijn, en er is een hoogbegaafde en intelligente koningin die juist wel belangstelling heeft voor sociale en politieke zaken. Eduard Douwes Dekker had Sophie gesproken, hij had veel over haar horen vertellen en er zijn overeenkomsten aan te wijzen tussen Sophie en Louise: beiden streefden ze naar waarheid. Louise wordt afgebeeld als een actieve sociale onderzoeker die de kleine burgerij observeert in haar dagelijkse bezigheden; van Sophie was bekend dat zij persoonlijk onderzocht hoe de toestand van zieken was en dat ze graag rondkeek in de privé-woningen van burgers. Ze zijn allebei begaan met het lot van armen en hebben veel belangstelling voor de politiek. In kleding en optreden zijn ze eenvoudig. Sommige mensen die Sophie op straat hebben zien lopen, kunnen niet geloven dat zij een koningin is; ook Louise wordt zo weergegeven. Sophies klacht dat het zwijgen en de somberheid van de Hollanders haar doen verstarren, zou ook door Douwes Dekker kunnen zijn uitgesproken.[16]

Wetenschap

Erg belangrijk voor Sophie was persoonlijk contact met geleerden die zij bewonderde. Zij correspondeerde met ze en nodigde ze bij haar thuis uit. Een voorbeeld daarvan was de Duitse historicus Leopold von Ranke, die een tijd in Den Haag werkte op zoek naar documenten voor zijn boek over de geschiedenis van Engeland. Toen Sophie van zijn verblijf hoorde, wilde zij hem graag zien. Von Ranke werd uitgenodigd om bij haar te komen, maar hij wilde het liefst doorwerken en geen tijd verdoen aan een dergelijke verplichting. Hij kon echter de uitnodiging van Sophie niet afslaan en bracht een interessant uur met haar door. Zij wilde hem graag vaker spreken en nodigde hem, tot zijn schrik, weer uit. Sophie begreep hem volkomen: *Ik wil u niet van uw kostbare tijd beroven. Maar ... u werkt toch niet voortdurend, de hele dag door ... U moet toch ook eten?* Dat kon Von Ranke natuurlijk niet ontkennen en Sophie nodigde hem uit om iedere dag bij haar te komen lunchen.

Later sprak hij vaak vol bewondering over haar, vooral haar kosmopolitisme sprak hem aan: *[...] een zo buitengewone vrouw, dat ik nergens haar gelijke heb aangetroffen. [...] Zij is zo geheel en al op de hoogte van alle tijdsvragen, van alle toestanden der volkeren, van alle verwikkelingen en kwesties der kabinetten, dat ik haar eigenlijk niets heb kunnen vertellen dat haar vreemd of nieuw was. Zij leeft een Europees leven, zij is een kosmopoliet.*

Tijdens haar vele reizen ontmoette ze in Parijs, Londen, Stuttgart en in Duitse, Zwitserse en Engelse badplaatsen vrienden en kennissen. Dit waren niet alleen aristocraten en diplomaten maar ook geleerden. Uit Stuttgart kende ze de oriëntalist Julius Mohl, die haar later tijdens een van zijn reizen naar onder andere Nederland in Den Haag opzocht: *We gingen van Frankfort naar Den Haag, waar de prinses van Oranje mij liet komen. Ze is een oude vriendin van mij. Ik kende haar goed vóór haar huwelijk en ik ben erg op haar gezelschap gesteld. Toen ik haar voor het eerst zag, was ze als een zonnestraaltje, en ze was erg levendig, maar sindsdien heeft de droevige werkelijkheid van het leven haar somberder en erg bedachtzaam gemaakt, hoewel soms haar oude geestkracht weer tevoorschijn komt.*

In Parijs bezocht Sophie Julius Mohl en zijn vrouw, die een 'salon' hadden, waardoor ze in contact kwam met beroemde Fransen als Barthélemy Saint-Hilaire, Mignet, Prévost-Paradol, Léon Say, Jules Simon en Adolphe Thiers.

Sophie logeerde bij Napoleon III en voelde zich in eerste instantie bezwaard, omdat de meeste bezoekers van de salon van Madame Mohl vijandig tegenover de Franse keizer stonden, maar Napoleon bezwoer haar te gaan: *Ik vraag het u als een gunst om naar Madame Mohl toe te gaan.* Zij ging en haar komst was wat ongemakkelijk voor de gasten van Madame Mohl. Tenslotte was Sophie niet alleen koningin, maar ook de gast van de Franse keizer, tegen wie zij zo sterk gekant waren. Madame Mohl zelf voelde zich niet opgelaten en nam zich voor om voor haar koninklijke gast een kreeft met mayonaise te laten klaarmaken door haar kokkin, voor haar het toppunt van culinaire genietingen.

Tijdens deze maaltijd ontmoette Sophie onder anderen de filosoof en politicus Jules Simon. Ze vertelde hem over een reis die ze gemaakt had in het zuiden van Frankrijk, waar ze de viaduct van Roc-Amadour had gezien, maar jammer genoeg niet de Pont du Gard. Jules Simon zei tegen haar dat ze dan wel echt iets gemist had en onmiddellijk terug zou moeten om dit fenomeen alsnog te bekijken. Sophie reageerde met: *'Ik zal dit jaar niet gaan, maar we zullen het volgend jaar doen en u komt dan ook en u zult met mij dineren, in de buitenlucht, op de Romeinse brug.'* Door omstandigheden is het er uiteindelijk niet van gekomen, maar een dergelijke afspraak was typerend voor Sophie.

De keizer was natuurlijk nieuwsgierig naar haar bezoek aan Madame Mohl en vroeg Sophie om haar en haar vrienden uit te nodigen voor een bezoek aan de Tuilerieën, waar zij logeerde. Hij dacht dat ze geen enkele reden hadden om een bezoek aan haar af te slaan, ook al kwamen ze dan niet bij hem persoonlijk op bezoek. Toch nam niemand de uitnodiging aan.

Een paar dagen later ging Sophie weer op bezoek bij Madame Mohl, voor de traditionele *visite de digestion.* Madame Mohl droeg haar gebruikelijke kleding, het maakte haar niets uit of iemand haar daar al eerder in gezien had. Ze was bezig haar kamer te stoffen, terwijl het pas gewassen linnengoed nog op de tafel lag in de eetkamer. Plotseling verscheen Sophie ten tonele met haar gevolg. Madame Mohl legde rustig haar plumeau neer, groette Sophie en maakte een gezellig praatje met haar. Later vroeg een vriendin haar of ze zich niet opgelaten had gevoeld om in haar gewone jurk bezig met haar huishoudelijke klusjes verrast te worden door dit gezelschap: *'Helemaal niet, ik heb er nauwelijks aandacht aan besteed evenals de koningin. Haar hofdame, ja die wel, net als de kamerheer, zij waren behoorlijk gechoqueerd - maar zij, ik heb goed gezien dat ze in haar vuistje stond te lachen.'*

Sophie maakte haar reizen naar het buitenland meestal van september tot en met november. Als zij in Den Haag was, wilde zij ook graag interessante mensen ontmoeten en velen kwamen haar opzoeken: staatslieden als Lord Clarendon, zijn broer Charles Villiers M.P., Lord Napier, prins Napoleon en de Württemberger K. Hügel, historici als Motley en Lecky en Stanley, de deken van Westminster.

Heinrich Schliemann (1822-1890), de ontdekker van Troje en Mycene, was ook bij haar te gast. Op uitnodiging van Sophie was Schliemann naar Nederland gekomen. Hij bezocht het Museum van Oudheden in Leiden en in een brief hierover aan de conservator van het Louvre, Felix Ravaisson, deed hij ook verslag van een bezoek aan Sophie die Ravaisson kende en hem liet groeten. Ongetwijfeld had zij kennis met hem gemaakt op een van haar vele bezoeken aan Parijs. Schliemann bracht veel tijd bij haar door: *Ik kom bij haar ontbijten, lunchen en dineren.* Mogelijk was hier sprake van dezelfde constructie als bij Von Ranke: samen eten en ook tijd houden om te werken.

Schliemann sprak met Sophie uitsluitend over oude geschiedenis en archeologie en herkende in haar *het heilige vuur van de hartstochtelijke archeologe.* Hij vond haar uitermate belezen en zei dat ze een buitengewoon goed geheugen had. Hij was er zelfs van overtuigd dat zij *als ze had gekund met liefde haar leven met opgravingen had doorgebracht.* Hij overwoog om haar over te halen tot het doen van opgravingen in Klein-Azië, op de Griekse eilanden of in Italië, maar uiteindelijk deed hij dit toch maar niet. *Trouwens, ze heeft mij niet nodig, want in Leiden heeft ze een heleboel geleerden en daaronder zijn ook twee uitstekende archeologen.*

Hij was onder de indruk van haar talenkennis: *Ze spreekt zeven talen met elegantie en een ongelooflijk gemak.* Ter gelegenheid van zijn bezoek aan haar schonk hij haar een aantal terracotta's: *Mijn eerste zorg is het kiezen uit mijn collectie Griekse oudheden van de 10 beste Tanagra-beeldjes voor Uwe Majesteit.* Hij voegde daar nog twee andere beeldjes aan toe, in totaal stuurde hij haar twaalf beeldjes. Deze beeldjes zijn tot op heden in het bezit van het Leids Museum van Oudheden.[17]

John Motley, schrijver van *The Rise of the Dutch Republic,* werd in 1858 door Sophie ontvangen. Een jaar eerder was hij al door haar uitgenodigd, maar zag er een beetje tegenop. Hij beschreef zijn bezoek aan haar in een brief aan zijn vrouw: *Ik werd in de grote salon ontvangen door een oudere hofdame, die enkele minuten over verschillende onderwerpen met me sprak, maatschappelijk, literair en politiek, tot ik geroepen werd en zij mij naar Hare Majesteit bracht. De koningin ontving me bij de deur, zonder ceremonieel: 'Ik ben blij met u kennis te maken, meneer Motley. Ga alstublieft zitten.' Zij ging zelf op een sofa zitten en liet mij op een stoel vlakbij zitten, en toen praatte ze een half uur met me op een* zeer rustige, eenvoudige en aangename manier. Ze is lang, heel blond, en moet veel blonde Germaanse schoonheid gehad hebben, maar jammer genoeg weet ik niet meer precies wat ze aanhad. Haar tanden zijn prachtig, en haar handen klein, wit en buitengewoon fijn gevormd. Haar stem is aangenaam en ze spreekt niet alleen vloeiend en elegant Engels, maar zelfs praktisch zonder buitenlands accent. Hiermee complimenteerde ze mij overigens ook: 'Wat spreekt u prachtig Engels! Want, om u de waarheid te zeggen, we kunnen altijd het verschil horen en we houden over het algemeen niet zo erg van het Amerikaanse Engels, maar u klinkt als een Engelsman.' Ze zei een heleboel aardige dingen over The Dutch Republic, vroeg me hoe ik ertoe gekomen was om met dit onderwerp aan de slag te gaan en haalde verschillende delen uit het boek aan, etc. etc.

Ze vertelde over Lady W. Russell die een oude vriendin van haar was en om wie ze veel gaf, maar die jammer genoeg nog nooit in Den Haag was geweest. We spraken een hele tijd over Mrs. Norton, over wie ze zei dat ze haar geestkracht en de charme van haar conversatie bewonderde. Ze is echt erg slim, opmerkelijk intelligent en is van veel dingen op de hoogte, iemand die veel heeft gelezen en veel heeft geleerd en die veel vermogen heeft om te denken over diepe en belangrijke zaken. Al met al heb ik zelden een bezoek gebracht aan een dame waar de conversatie vlotter, levendiger en interessanter was. Het beste compliment dat ik haar kan geven is dat je helemaal vergeet dat ze een koningin is, en je voelt alleen de aanwezigheid van een intelligente en zeer aantrekkelijke vrouw.

Het gesprek duurde zo lang dat ik weg wilde gaan, tegen de hofregels in, en ik zei: 'Uwe Majesteit moet mij wegsturen als ik saai ben', maar zij zei: 'Nee, nee, ga niet weg. Wat heeft u te doen? Gaat u ergens dineren?' Ik zei ja, maar het gaf niet, want het duurde nog lang voor het etenstijd was. Ik wilde niets liever dan blijven, etc. Dus we praatten nog een tijdje door en toen stond ze op en zei: 'Wilt u zo aardig zijn om overmorgen met mij te komen dineren om 17.30 uur?' Natuurlijk nam ik de uitnodiging aan, maakte een buiging en vertrok. [...]

Op vrijdag dineerde ik volgens afspraak bij de koningin. Het gezelschap, 16 à 18 personen, mannen en vrouwen, werd door een lange kamerheer ontvangen (niemand was in uniform) en naar een van de grote salons gebracht. Hier werden we, zoals gebruikelijk bij dit soort gelegenheden, in een kring gezet... en daar kwam de koningin en liep rond terwijl ze tegen iedereen een paar woorden zei.

Nadat dit gebeurd was (met mij sprak ze een hele tijd) gingen we aan tafel, als eerste in haar eentje de koningin, daarna werden de dames naar binnen gestuurd door de ceremoniemeester en tenslotte volgden de heren allemaal door elkaar. Iedereen had van te voren te horen gekregen waar hij aan tafel moest gaan zitten.

Ik kende bijna niemand van het gezelschap – de Belgische minister en zijn vrouw, de Deense minister, graaf Randwijk, een professor in de botanie, verschillende hofdames, etc. De koningin zat in het midden van de tafel, de twee ministers aan weerszijden van haar. Ik zat tegenover haar, met graaf Randwijk rechts van mij, en een heel spraakzame, aardige hofdame links. Zij had de koningin vorig jaar naar Engeland vergezeld en kende een heleboel mensen die ik ook ken.

Het diner was erg goed, beter over de hele linie, dan de meeste van de Londense diners. Het enige *nadeel was het snelle opdienen van de gangen. Er was geen pauze en aangezien ik niet met mijn mond vol kan praten, was ik verplicht mijn mond het grootste deel van de tijd dicht te houden of de helft van mijn eten te verliezen.*

Na het diner (dat trouwens in de grote ronde hal werd gehouden die gebouwd is door Amalia van Solms, echtgenote van Frederik Hendrik, de jongste zoon van Willem de Zwijger, en die versierd is met schitterende fresco's door leerlingen van Rubens), gingen we terug naar de salon en maakten daar weer een kring en we kregen koffie. De koningin maakte weer de ronde. Ze sprak met mij lange tijd over Engelse kennissen, de Palmerstons, Clarendons, Hollands. Ook had ze het over Madame Mohl en haar man (over dit stel sprak ze met veel genegenheid). Trouwens, de dag ervoor zei ze tegen mij dat ze nooit had kunnen zien of Madame Mohl haar eigen haar had of een pruik droeg, maar ik zei dat ze over dit onderwerp totaal gerust kon zijn. Geen menselijk vernuft is in staat om een dergelijke medusapruik te bedenken, laat staan uit te voeren op een zodanige manier dat het bestand zou zijn tegen al het trekken en draaien waaraan deze slangenlokken dagelijks worden blootgesteld. De koningin was het met me eens dat er geen aardiger, amusanter of origineler vrouwtje bestaat in deze wereld.[18]

9 Moeder en koningin

De opvoeding van de kinderen

Sophie hield zich intensief bezig met de opvoeding van haar twee zoontjes totdat Wiwill zeven jaar werd. Toen was het tijd geworden voor hem om onderwijs te krijgen. Er werd op verzoek van zijn vader een uitgebreid opvoedingsplan vastgesteld door baron Forstner van Dambenoy. Hierbij werden de ideeën van Sophie zoveel mogelijk genegeerd, wat leidde tot heftige meningsverschillen tussen de ouders. In het opvoedingsplan ging het niet alleen om wat Wiwill moest leren, maar ook hoe zijn dagelijkse leven eruit moest zien. Zijn dagindeling was volledig vastgelegd: hij moest in de zomer om 6 uur opstaan en in de winter om 7 uur, het ontbijt kreeg hij een half uur na het opstaan, hij dineerde om 2 uur, om 4 uur kreeg hij een klein hapje en hij moest om half 8 in bed liggen na een licht souper. Het was de bedoeling dat er een einde kwam aan het intensieve contact tussen Sophie en Wiwill die gewend was veel bij zijn moeder te zijn.

Er werd een gouverneur aangesteld, de heer Aikema, kapitein der Genie. Hij zou Wiwill in aanwezigheid van zijn gouvernante Miss Eusden lezen, schrijven en aardrijkskunde leren. Volgens graaf Dumonceau, lid van de hofhouding van Willem III, die haar Miss Joesden noemde, had zij *een zeer lieflijke en opmerkelijke gestalte.* De gouverneur moest Wiwill met zijn doopnaam aanspreken en met hem Nederlands spreken. Engels en Frans mochten alleen bij hoge uitzondering worden gebruikt. Het moest Wiwill goed duidelijk gemaakt worden dat hij boven alles een Nederlander was. Sophie, die het hele opvoedingsplan grondig bestudeerd had, was hierover erg verontwaardigd en zij schreef aan Forstner: *[...] een taal is niet alleen een idioom, maar vertegenwoordigt ook een samenhangend gedachtegoed en als men dat niet kent, zal men nooit begrip krijgen. Deze opvatting heeft ervoor gezorgd dat twee generaties van Oranjeprinsen Zwitserse gouverneurs kregen, en nu, op het moment dat alle volkeren zich gaan samenvoegen, accepteert men vreemde vooroordelen en wordt de gouverneur opgedragen om voornamelijk Nederlands met zijn leerling te spreken!*

Sophie droeg nog vele andere bezwaren aan bij Forstner, die echter voet bij stuk hield. Zijn opvoedingsplan werd goedgekeurd en haar tegenstand mocht niet baten. Gouverneur Aikema moest de hele dag bij Wiwill blijven en mocht hem geen moment overlaten aan een lakei of kamerheer. Hij kreeg toestemming om gebruik te maken van de bibliotheek en hij kon, als Wiwill naar bed was, een rijtuig voor het personeel gebruiken om *'zijn opwachting te kunnen maken bij de betere burgerlijke kringen in Den Haag.'* De sfeer in het paleis was dusdanig gespannen dat Aikema regelmatig gebruik maakte van zijn voorrechten, waardoor Sophie toch de gelegenheid had om Wiwill naar haar eigen inzichten te onderwijzen en hem dagelijks voor te lezen uit boeken over staatskunde en geschiedenis.

Toen Aikema Wiwill geschiedenisles wilde gaan geven, stond Sophie erop daarbij aanwezig te zijn. Baron Forstner deed hierover zijn beklag bij de prins en het werd haar verboden de lessen bij te wonen: *Ik ben zo gegriefd en in de war. Stel u voor, de prins verbiedt mij aanwezig te zijn bij de lessen van mijn oudste jongen! Die heeft nu een gouverneur, en ik wil er zo graag bij zijn wanneer hij geschiedenisles krijgt. Met laaghartige wreedheid tracht de prins mijn kind en mij van elkaar te scheiden – de enige rechtmatige echte troost die ik bezit van mij af te nemen – zo beestachtig heeft hij zich nog nooit gedragen*, schreef ze aan Lady Malet.

In een volgende brief ging ze door over het onderwerp: *Wat u over kinderen zegt, is zo verstandig – ik wil het zelf niet anders, ik geloof ook niet dat een moeder haar kinderen les moet geven (behalve godsdienstonderricht), maar ik zou graag de geschiedenislessen van mijn oudste bijwonen omdat ik enig wantrouwen koester ten aanzien van de Hollandse opvattingen, die wemelen van vooroordelen. Ik wil ook de gouverneur van nabij meemaken, die een volslagen onbekende voor mij was toen hij in mijn huis kwam. Mijn jongen is zijn leeftijd vooruit, oprecht en flink. Onlangs wilde zijn vader hem dwingen iets te zeggen dat tegen zijn eigen overtuiging inging. Het kind zei tot driemaal toe 'neen', hoewel hij bang was voor de klap, die hij ten slotte ook kreeg, en daarna herhaalde hij nog eens: 'Ik zeg toch nee.'* Willem had zijn zoon gevraagd of hij een Hollander was of niet, waarop deze dus, met angstige blikken naar zijn moeder, tot drie keer toe 'nee' antwoordde.

En bij die voortreffelijke eigenschap heeft hij een goed begrip, een goed geheugen, maar weinig of geen verbeeldingskracht, geen idealisme, om kort te gaan, geen charme, geen poëzie – zonder welke een man geen volledig mens kan zijn en die alleen een vrouw geven kan. Daarom voel ik, dat ik een goede invloed op hem kan uitoefenen. Ik heb lang stilgestaan bij dit onderwerp, maar het is op dit ogenblik heel mijn leven, mijn gedachten zijn er zo van vervuld dat de meeste andere dingen mij onverschillig laten.

In 1849 overleed gouverneur Aikema en Sophie vertelde Lady Malet: Hij [Willem III] *is weg, naar die vrouw van hem, met achterlating van onbetaalde schulden en thuis een chaos waarvan men zich geen voorstelling kan maken. Tot overmaat van ramp ligt de gouverneur van mijn oudste jongen te sterven in een kamer boven de mijne; morgen zal hij wel dood zijn. Ik ben alleen, heb geen mens in mijn nabijheid voor wie ik genegenheid en sympathie voel, die goed en vriendelijk voor mij is. Ik ben zeer ongelukkig, nooit heb ik dat zo beseft.*

In haar volgende brief aan haar vriendin: *Mijn laatste brief was zo vol rampzaligheid; ik kreeg er later spijt van, maar hij was al weg. Ik weet dat ik niet toe moet geven, men krijgt kracht naar kruis, maar ik heb soms van die ogenblikken van wilde wanhoop. De arme gouverneur is overleden; ik bracht mijn jongen bij het lijk, opdat hij zou weten wat dood-zijn is, en stuurde hem mee met de begrafenis; dat is goed voor hem geweest. Mijn kleintje is ziek, ik maak mij nogal ongerust. Het is geen gewone kinderziekte, maar erger, kwijnen, koorts. Hij slaapt niet, heeft geen eetlust, is lief en zacht als een engel – het vreet aan mijn zenuwen, dag en nacht bid ik tot God.*

Graaf Dumonceau was van mening dat gouverneur Aikema gestorven was aan de tering: *Kwade tongen beweerden dat dat het gevolg was van een vuistslag die de Koning hem in een oogenblik van woede zou hebben toegebracht. Ik weet zeker dat dat een vergissing was, want al was hij af en toe driftig, nooit vertaalde Zijne Majesteit zijn woede in bewegingen of gebaren. Trouwens, hij bewoog zich te moeilijk om tot een handgemeen te komen en had daarvoor teveel waardigheid.*[1]

Wiwill werd ook naar school gestuurd. Tot zijn elfde bezocht hij de school van Margadant. Over zijn verblijf daar is niets bijzonders bekend, alleen Sophie zei er iets over in een van haar brieven aan Lady Malet: *Mijn oudste jongen gaat iedere dag naar school, maar eet en slaapt thuis. Dit nieuwe leven zal goed zijn voor de ontwikkeling van zijn karakter.* En later: *Met mijn oudste gaat het goed, de school heeft een gunstige invloed op hem, zijn driftbuien worden minder [...].*

Er werd een nieuwe gouverneur aangesteld: kapitein jonkheer Eduard August Otto de Casembroot, die tot dan toe majoor was van de militaire staf van prins Willem. Hij maakte voor het eerst kennis met Sophie en Wiwill in februari 1849 en dit viel hem niet mee. Sophie vertelde hem dat Wiwill van niemand hield, behalve van haar, zijn gouvernante Miss Eusden en zijn overleden gouverneur Aikema: *hij houdt zelfs niet van zijn vader.*

Sophie ondervroeg hem over zijn kennis van Latijn, Grieks en geschiedenis. Tijdens dit gesprek schopte Wiwill een scène. Hij wilde weg, maar zijn moeder liet hem niet gaan. Miss Eusden kon hem uiteindelijk kalmeren en de heer Casembroot beschreef later in zijn dagboek zijn eerste indrukken: *Mij wacht een bijna onmenselijke taak. Het kind is allerellendigst opgevoed en door Aikema danig verwaarloosd. Het heeft een opvallend slechte houding, zijn rechterkant helt over en zijn uiterlijk is onaangenaam door de heimelijke blik. Het kind is koppig en vadsig en heeft slechte manieren.*

De Casembroot vond hem verwend, zowel door zijn moeder als door Miss Eusden en hij twijfelde of hij deze taak wel moest aanvaarden, zeker toen hij merkte dat de vader twijfels had over zijn aanstelling. Hij voelde al snel de vijandschap die tussen beide ouders heerste en de spanning waaronder Wiwill moest leven. Toch besloot hij de functie te aanvaarden en hij probeerde Wiwill zo goed en zo kwaad als het ging op te voeden volgens het ijzeren programma dat voor hem opgesteld was. Hij noteerde regelmatig zijn indrukken van Wiwill in zijn dagboek: *Het lijdt aan plotselinge aanvallen van razernij. Aan grote grilligheid en een ver gedreven egoïsme. Een chagrijnig kind is het en geen dag gaat voorbij zonder furie om welke onbenulligheid dan ook. Een ramp voor hen die hem les moeten geven.*

De Casembroot begeleidde Wiwill naar de kostschool Noorthey te Veur, een pensionaat voor kinderen uit de hoogste standen. Hij was in eerste instantie niet zo enthousiast voor de keuze van deze school: *[...] geschikt, niet wat het onderwijs betreft, want er zijn er zeker betere, doch op eene schaal ingerigt zoodanig dat men er den Prins van Oranje kan plaatsen, maar men mag niet vergeten, dat hij uit het Paleis weg moest, dat hij aan den pestilentiëlen invloed van koning en koningin beiden, ten koste van alles desnoods, moest worden onttrokken, en voor dit meerdere belang derhalve moet het mindere wijken.*

Het was bijzonder dat Wiwill naar deze school werd gestuurd. Het was tot dan toe nooit de gewoonte geweest voor kinderen van koninklijke afkomst om naar school te gaan. Ze werden thuis onderwezen door gouverneurs en gouvernantes. Sophie vond het een goed idee dat hij naar deze school ging, maar had er moeite mee dat hij niet regelmatig naar huis kwam. Alleen tijdens vakanties mocht hij naar huis, tussentijdse bezoeken waren niet toegestaan. Om toch een goed contact met haar zoon te houden, schreef ze hem erg vaak.

De Casembroot was zeer negatief over de invloed van Sophie op haar zoon, hij probeerde Wiwill zoveel mogelijk bij haar vandaan te houden. Volgens hem wilde zij altijd verstoring en onrust in de opvoeding brengen. Sophie zag dat anders. Zij wilde zich toeleggen op de opvoeding van haar kinderen en ook deze ambitie werd haar ontnomen. Ongetwijfeld was het ingrijpen van De Casembroot voor Wiwill een verbetering, want na verloop van tijd veranderde het gedrag van de jonge prins ten goede en ook over Sophie was De Casembroot tevreden: *Op het kind is haar invloed, zoveel mogelijk slechts, gefnuikt, zij onderwerpt zich daaromtrent aan alles; bekent hare schuld en vernedert zich, in één woord, hetzij dan gemeend of ongemeend, op zulk eene wijze, dat het hem, die haar heeft moeten bevechten, zelf een pijnlijken indruk geeft. Volgens alle regt en billijkheid moet ik mij nu jegens haar wel voldaan verklaren en den strijd, waartoe zij volstrekt geene aanleiding meer geeft, staken.*

Toch vlamden de vijandige gevoelens tegen Sophie af en toe weer op, bijvoorbeeld in 1853 toen Wiwill ziek was en Sophie hem bezocht op Noorthey: *Zij kust den Prins en op haar gelaat teekent zich ten duidelijkste de teleurstelling hem niet zieker te vinden. Met een oogopslag zag ik toen zij binnenkwam dat de tooneelspeelster thans weder eene bedaarde rol meende te moeten aannemen, en bij deze gelegenheid kon ik niet nalaten op te merken hoe ongegrond eigenlijk de algemene mening is, dat de koningin eene gepassioneerde vrouw zou zijn, die nimmer anders handelt dan onder den invloed harer hevige driften, en, bij al het kwaad wat zij doet, steeds moet worden verontschuldigd met de woorden: ja, het is eene ongelukkige vrouw; zij meent het dikwijls goed, maar... die drift, die drift! [...] Alles bij haar is kunst, berekening; wel zotte, onverstandige en de plank gewoonlijk misslaande berekening en overleg, maar echter overleg en berekening.*

De Casembroot zou gouverneur van Wiwill blijven tot september 1858 toen deze zijn opleiding aan de universiteit van Leiden had voltooid. Hij had toen een laatste gesprek met Wiwill waarin hij hem erop wees: *[...] hoe allernoodzakelijkst het is dat hij zich niet door Hare Majesteit laat brengen tot het negligeren van zijn vader, wiens talrijke weldaden ik hem onder het oog breng. Ik vermaan hem ernstig om zijner moeder alles te geven wat haar toekomt, doch tevens eene behoorlijke zelfstandige houding aantenemen, en eene volkomen neutraliteit tussen beiden.* Wiwill beloofde hem dat: *'Mijne moeder is, ik erken het, uit nature rusteloos en altoos in beweging, en ik beloof u mijn gedragslijn te zullen trekken, en steeds mijn vader, ook vooral als koning, te zullen geven wat hem toekomt.'*

Het afscheid was hartelijk en De Casembroot besloot zijn dagboek *met den hartelijksten dank jegens de Voorzienigheid, die mij tot dit tijdstip heeft gebragt, langs een weg van doornen en distelen, tot een uiteinde zoo gelukkig en gezegend als ik het met mogelijkheid had kunnen wenschen.*[2]

Van Willem II naar Willem III

In de loop van het jaar 1847 was koning Willem II regelmatig ernstig ziek, een situatie die Sophie aan Lady Malet als volgt beschreef: *[...] tijdens de recente gebeurtenissen heeft hij* [prins Willem] *zich gedragen als een dove in hels lawaai. Iedereen was geschrokken of ongerust of wanhopig; alleen hij deed alsof er niets aan de hand was (sinds mijn laatste brief aan u verkeerde de koning op 4 en 7 april weer in levensgevaar). Emotie, van welke aard dan ook, zelfs blijdschap, had ik kunnen begrijpen, maar deze volslagen ongevoeligheid is onvoorstelbaar.* Door de zeer ernstige ziekte van Willem II leek troonswisseling dichtbij te komen. *Op het ogenblik is de koning veel beter; al sinds meer dan een week heeft hij geen attaques en geen koorts meer gehad.* In april was de koning weer gezond en wel, maar een maand later ging het opnieuw mis: *De koning stortte weer in – hij was niet zo erg ziek als de eerste keer, maar toch: een attaque, zijn mond is scheef gebleven, en hij is nagenoeg verlamd aan een arm en een been.*

Ook met prins Alexander, de broer van de prins van Oranje, ging het niet goed: *Prins Alexander is nu ook ziek. Hij heeft de een of andere slopende kwaal, tering. Ik weet niet precies wat; hij loopt als een oude man en heeft voortdurend koorts en opgezette klieren. [...] Prins Alexander is een paar dagen op Het Loo geweest, alweer iets beter, en heel zachtzinnig en kalm, Ik heb lange rijtoeren tête-à-tête met hem gemaakt en geluisterd naar zijn week gepraat over zijn gezondheid en zijn problemen. Vaak dacht ik bij mijzelf: het is net alsof ik alleen ben met een oud wijf.*

In 1848 overleed Alexander op Madeira op 29-jarige leeftijd. Hij was daar ziek naartoe gegaan in de hoop in het zachte klimaat verlichting voor zijn klachten te vinden. Het nieuws van zijn overlijden maakte niet veel indruk in Nederland. In de pers werden er slechts een paar korte berichten aan gewijd. Sophie ondervond er de gevolgen van en vertelde Lady Malet: *Maandag kwamen er zeer slechte berichten uit Madeira. Arme, arme jongen, om alleen, in een vreemd land, te moeten sterven. Dat nieuws vergroot onze neerslachtigheid en eenzaamheid nog. Nooit eerder heb ik een leven geleid zoals ik nu heb. De prins heeft een afschuw van uitgaan en op het ogenblik is het verdriet om zijn broer een reden te meer voor afzondering. Hij verbiedt zelfs* diners; ik *ben het slachtoffer. Soms komt er 's avonds een van de oudere heren om een partij whist met mij te spelen – et voilà tout. Als 's ochtends het uur van de postbestelling nadert, zit ik bij het raam uit te kijken, niet omdat ik een bijzonder schrijven verwacht, maar omdat die couranten en brieven mijn enige contact zijn met de wereld waarin iets* gebeurt. *Mijn lieve kleinste jongen, die veel scherpere ogen heeft dan ik, zit naast mij en houdt met mij de wacht. [...] Onze arme prins Alexander is gestorven zoals hij geleefd heeft: tot het laatste toe waren zijn gedachten vervuld van zijn paarden en van sport. Hij had geen flauw vermoeden van het naderende einde. De lijkschouwing toonde aan dat zijn longen volmaakt gezond waren, maar zijn maag was vernietigd, zijn lichaam bevatte geen druppel bloed. [...] Tot vandaag waren bij ons de luiken voor de ramen gesloten, u kunt zich wel voorstellen hoe naargeestig dat was [...].* Op 21 april, Goede Vrijdag, werd prins Alexander bijgezet in de grafkelder van de Nieuwe Kerk in Delft.[3]

Naar aanleiding van de gezondheidstoestand van koning Willem II circuleerden er geruchten in de buitenlandse pers dat een eventueel regentschap niet aan de prins van Oranje zou worden toevertrouwd. Sophie bezwoer haar vriendin Lady Malet dat hier absoluut geen sprake van was: *de koning is – verbazingwekkend – veel beter, en zo lang hij leeft zal er nooit sprake zijn van een regentschap.*

Tegelijkertijd speelden de discussies over de nieuwe grondwet een grote rol. Koning Willem II was niet erg ingenomen met de voorstellen voor herziening, maar accepteerde deze toch, in het licht van alle onlusten en opstanden in de rest van Europa. In Nederland ging de revolutionaire geest liggen. Er waren geen rellen en straatgevechten en de rust keerde langzaam maar zeker terug.

Prins Willem was het absoluut niet eens met de politiek van zijn vader en verzette zich hevig tegen de herziening van de grondwet. Al in augustus 1847 werd door het *Handelsblad* een bericht geplaatst afkomstig uit Stuttgart: *De door Z.M. den Koning van Württemberg naar 's Hage ondernomen reis, welke waarschijnlijk meer dan veertien dagen zal duren, geeft in onze* [Württembergse] *hoogste kringen, aanleiding tot menigvuldige geruchten. Zooals men algemeen gelooft, wil de Koning in de Nederlandsche residentie onderscheidene, zijn schoonzoon, den Prins van Oranje, betreffende zaken regelen. Vooral spreekt men ervan dat de prins zijn voornemen moet te kennen hebben gegeven af te zien van de troonopvolging in Nederland en onze Koning zal trachten dit te verhoeden.*

Dit bericht werd een paar weken later ontkend. De koning van Württemberg was naar Den Haag gekomen om zijn dochter op te zoeken. Het is heel aannemelijk dat Sophie en haar vader de hele toestand hebben besproken, maar zijn bezoek kan ook een andere reden gehad hebben. Het huwelijk van Sophie en Willem was door alle ruzies over de opvoeding van de kinderen en zijn voortdurende ontrouw erg slecht en de spanning tussen hen beiden was om te snijden. Mogelijk hebben ze gesproken over de huwelijksproblemen en een eventuele scheiding van tafel en bed.

Het is overigens wel zo dat prins Willem vaak heeft getwijfeld over zijn positie: zou hij zijn vader wel of niet opvolgen? Hij stelde in 1847 een document op en liet dat lezen aan zijn schoonvader koning Wilhelm. Hierin verklaarde hij af te zullen zien van zijn rechten als troonopvolger en bereid te zijn om op redelijke voorwaarden tot een echtscheiding met zijn vrouw te komen. Dit stuk herriep hij in 1848, ook al had hij het al ondertekend: *[...] alleen zijn handtekening was nog nodig. Hij tekende, maar twee dagen later (na getekend te hebben) herriep hij alles. Zo handelt alleen een oneerlijk mens. Hoewel ik iets dergelijks van hem had kunnen verwachten, maakt dit mijn wanhoop en afschuw alleen maar groter. Zijn maîtresse is naar Engeland vertrokken; zij beweert dat zij vijf maanden zwanger is. Binnenkort zal hij haar volgen* schreef Sophie aan Lady Malet.

Willem vertrok inderdaad naar Engeland en veranderde weer van gedachten. Hij schreef zijn vader een brief waarin hij te kennen gaf afstand te willen doen van zijn rechten als troonopvolger ten behoeve van zijn oudste zoon, die toen pas 8 jaar was. In de Nederlandse kranten werd geschreven dat de prins van Oranje krankzinnig was geworden.

Tijdens zijn afwezigheid werd Sophie meer dan eens door leden van de regering geraadpleegd. In de laatste jaren voor de troonswisseling werd zij meer en meer gewaardeerd door regering en volk, zij had zelfs aanhangers onder de parlementariërs. Dit leidde er wel toe dat degenen, die Sophie minder goed gezind waren, ervan overtuigd waren dat zij hoopte regentes te kunnen worden voor haar zoon Wiwill. Als haar echtgenoot door verregaande onevenwichtigheid, zelfs krankzinnigheid, buiten staat van opvolging en regering verklaard kon worden en aan de kant kon worden geschoven, kon voor haar als koningin-moeder een invloedrijke positie zijn weggelegd tijdens het regentschap voor haar zoon en gedurende de eerste jaren van zijn regering.

Anna Paulowna dacht er het hare van: *Het schijnt dat zij maar al te dikwijls denkbeelden koesterde over de voogdij over de kinderen en zelfs over het regentschap en dat zij om deze uit te voeren het karakter en de reputatie van haar man zwart maakte. God stond niet toe dat haar plannen met succes bekroond werden en de reis naar Engeland redde Willem stellig van de ondergang.* Schreef ze aan haar broer, de tsaar.

Als gevolg van de nieuwe grondwet kwam er op 13 februari 1849 een rechtstreeks gekozen Tweede Kamer bijeen. De zitting werd geopend door koning

Willem II, die er slecht uitzag en met zwakke stem een toespraak hield. Hij kwam en vertrok weliswaar te paard, maar zijn groeten aan het volk *verrieden matheid en kwijning*. Al op 15 maart schreef Sophie: *De koning is stervende. Ik denk aan u, lieve Lady Malet, nu ik besef dat er een crisis nadert die beslissend zal zijn voor mijn toekomst. Hij is niet eens hier! Ik voel me ellendig, God zij me genadig.* Op 22 maart: *De laatste brief die ik geschreven heb als prinses van Oranje was aan u gericht, lieve Lady Malet. Dat was vrijdagavond. Ik was buiten mijzelf van ongerustheid over de koning. Zaterdagmorgen kwamen er gunstige berichten, maar om één uur trad secretaris van Staat, Van Doorn, mijn kamer binnen met het bericht dat de koning dood was. Dat ogenblik zal ik nooit vergeten.*

Willem II was op 13 maart naar Tilburg vertrokken. Tijdens deze reis werd hij verkouden, waardoor zijn hartkwaal verergerde. Hij stierf in zijn huis in Tilburg op 17 maart 1849. *Ik ontbood de ministers, voor wie het bericht kwam als een donderslag bij heldere hemel en vroeg hun een deputatie samen te stellen om in Engeland de nieuwe koning te gaan halen. Zij reageerden geprikkeld, spraken van* troonsafstand. *Ik zei: 'Het is zijn goed recht koning te zijn, maar als hij niet wil, moet prins Frederik regent worden'. Daarmee stemden zij in. Van zaterdag tot woensdag had het land geen regering. De ministers mochten geen besluiten nemen, niets doen. Maandag ging ik naar Hellevoetsluis om hem te ontvangen en moest daar tweeënveertig uur wachten. Eindelijk kwam hij. 'Hebt u geaccepteerd?' vroeg ik. 'Ja', luidde zijn antwoord. 'Wat moet ik nu doen?' Hij is dezelfde als altijd, onveranderd. Het volk heeft hem zonder enige vreugde of geestdrift aanvaard, uit noodzakelijke loyaliteit. Ieder interregnum zou een ramp zijn, en de Nederlanders wensen* rust. *Wij hebben onze plicht gedaan. Die veertig uren in Hellevoetsluis zal ik nooit vergeten. Miljoenen gedachten, of gebeden, gingen door mijn hoofd: mijn verleden, mijn toekomst, alles trok aan mijn geestesoog voorbij. [...] Ik ben tevreden over de ministers; zij zijn ons niet wat men noemt blindelings toegedaan, maar* oprecht *en sommige van hen zijn ook* bekwaam. *Toen zij benoemd werden, wilde* hij *hen nooit ontvangen, maar hij heeft hen wel geaccepteerd. Dat was ook nodig.*

Vanavond ga ik naar de koningin-weduwe, die nog met het hof in Tilburg is. Arme vrouw, zij is te beklagen.[4]

Alle familieleden namen afscheid van de koning in zijn huis in Tilburg, ook de nieuwe koning kwam en dit bezoek werd vastgelegd door Ds. Schotel, predikant in Tilburg, die op verzoek van Anna Paulowna aanwezig was: Z.M. *Koning Willem III is Donderdag, den 22 dezer, des morgens ten 5 ure, vergezeld van den Schout bij Nacht P. Arriens, hier aangekomen en is, na driemaal het stoffelijk overschot van Zijnen onvergetelijken en veel beminden Vader, met Zijne tranen te hebben bevochtigd, wederom des nachts ten 12 ure naar 's Hage vertrokken.*

De begrafenis van Willem II werd voorbereid. Anna Paulowna stond erop dat de namen van alle veldslagen waar Willem als overwinnaar uit tevoorschijn was gekomen op het rouwkleed werden aangebracht waarmee de kist werd afgedekt. Aan de officiële plechtigheden ter gelegenheid van de begrafenis van haar schoonvader kwam Sophie nauwelijks te pas. Wel was zij met de hele koninklijke familie aanwezig bij de ontvangst van het 'koninklijk lijk' op 's Landswerf in Rotterdam, maar de begrafenis woonde zij niet bij. Volgens de traditie hoorden vrouwen daar geen deel aan te nemen.

In de kranten werd de begrafenis beschreven: *Aldaar* [in Delft] *is de trein* [stoet] *bestemd om het lijk in de stad te volgen, naar behoren geschaard, en is alles niettegenstaande den overgrooten toevloed van aanschouwers, in eene gewenschte orde afgeloopen. Het koninklijk lijk is onmiddellijk door Z.M. den Koning, den jongen Prins van Oranje, en de prinsen Hendrik en Frederik gevolgd geworden. Daarna is de kist langzaam en plegtig in den met zwart behangen grafkelder nedergelaten. Z.M. omhelsde bij herhaling den Kroonprins Zijnen Zoon, als mede de prinsen Hendrik en Frederik.*

De volgende dag werd er een rouwdienst gehouden, waaraan Sophie wel deelnam. Aan de arm van de koning betrad ze, voor het eerst als koningin, de kerk.[5]

Willem III en koningin Sophie

Anna Paulowna was niet langer koningin en zij deed haar beklag over Sophie in een brief aan haar broer Nicolaas: *Ik zal mijn best doen hem in die richting*[6] *te leiden, met tact en inzicht, want indien ik de jonge koning, mijn zoon, te duidelijk laat merken dat hij mijn goede raad nodig heeft, zou dit hem afschrikken en hem ertoe kunnen brengen zich van mij af te keren als van een onwelkome mentor. Zijn gevoelens voor mij zijn heel hartelijk, zodra hij zichzelf is en overgelaten aan de opwellingen van zijn goede, milde hart, maar hij heeft een destructief, schadelijk element aan zijn zijde in het hooghartige en achterbakse karakter van zijn vrouw, zijn gesel op aarde. Helaas heb ik al te maken gehad met haar slechtheid na de dood van onze Willem. Sinds zij koningin is, kust ze mij niet langer de hand en komt mij niet tegemoet wanneer ik haar bezoek. Ze ontving mij met een hoogst beledigende arrogantie bij mijn eerste bezoek en dat was op de dag na de begrafenis. Wat vindt u hiervan: naar aanleiding van een regeling van de hofhouding, waarin ik het initiatief genomen had door uit vrije wil mijn hofdames met haar te delen, dat wil zeggen, de 'fine fleur' van de society hier, zond zij mij een gebiedende brief.* [...] *Ik weet niet, of ik in staat zal zijn hier te blijven leven, door die vindingrijke boosaardigheid van koningin Sophie* (*onwaardig om een kroon te dragen*), *en het zwakke karakter van mijn zoon, die zich door haar op de kop laat zitten. Men moet wat haar aangaat de teugels strak houden en haar laten inbinden, opdat zij zich realiseert dat zij niet ongestraft kan doen wat zij wil.*[7]

Sophie had geen behoefte aan de hofdames van haar schoonmoeder. Zij vond dit niet alleen bemoeizuchtig, ze was ook bang dat ze bespioneerd zou worden, zowel wat de mensen met wie zij omging als wat haar interesses betrof. Op 30 maart schreef Sophie aan Lady Malet: *Tot nog toe gaat alles goed. Dat zal misschien an-*

ders worden, maar 'à chaque jour suffit sa peine'. Hij luistert naar de ministers, en ik hoor dat men tevreden is.

Mijn leven zal er niet vrolijker op worden: ik ben meer gebonden, maar zal ook meer interesses hebben, omgaan met intelligente mensen, iets te doen hebben, iemand zijn. Wij kunnen nog geen regelingen treffen voor onze hofhouding, want wij weten niet welke civiele lijst men ons zal toestaan. Wij weten wel dat de financiën van wijlen de koning in een treurige, ja, ontstellende staat verkeren. Hij heeft zijn schilderijen verpand aan de tsaar van Rusland, en niemand weet waar de familiejuwelen zijn; sommige diamanten hebben nog toebehoord aan koningin Mary, de gemalin van Willem III. Van de grote erfenis die zijn vader hem had nagelaten is niets overgebleven. Desondanks betreuren de mensen zijn heengaan. Hij had charme, was soms royaal en hartelijk, moedig en ongelukkig. Ik bracht een bezoek aan zijn weduwe en ging ook naar zijn stoffelijk overschot. Hoewel niet gebalsemd en al meer dan acht dagen dood, was hij niet akelig om te zien. Bij haar kwam ik vol medelijden, want zij verliest alles. Maar toen ik haar woede zag, haar walgelijke heftigheid, geen zweem van echt gevoel of tederheid, alleen maar razernij, ben ik vol afkeer van haar weggegaan. Zij zal alles doen wat zij kan om een wig te drijven tussen mij en mijn echtgenoot. Nooit voelde ik zo sterk als nu, hoe door en door boosaardig zij is.

Ik ben bang dat zijn volslagen gebrek aan kennis en aan routine in het afhandelen van de staatszaken, betekent dat de ministers alle macht zullen hebben en dat wij stap voor stap naar een republiek toegaan. Ik moet in het begin buitengewoon voorzichtig zijn, vermijden dat er een crisis ontstaat en alleen maar in het algemeen enige invloed trachten uit te oefenen ...

Alstublieft, schrijf mij, blijf mij gewoon 'u' en 'mevrouw' noemen zoals vroeger en laat mijn 'majesteit' maar over aan mijn onderdanen. Ik zal u er dankbaar voor zijn en eens te meer voelen dat u in mijn leven de enige bent die mij onveranderlijk vriendschap schenkt ...

Wij gaan wonen in het paleis van de vorige koning. Daar ben ik blij om. Ik heb nooit van mijn sombere huis gehouden.[8]

Toen de nalatenschap van Willem II werd geregeld, bleek dat hij de rijke erfenis van zijn vader er binnen acht jaar doorheen gejaagd had en viereneenhalf miljoen gulden schuld nagelaten had. Zijn broer Frederik en zijn zuster Marianne waren allebei rijk, maar de drie kinderen van Willem II erfden slechts schulden. De vele kunstschatten die Willem II tijdens zijn leven had verzameld werden daarom verkocht en tsaar Nicolaas zag van zijn vorderingen af in ruil voor de schitterende collectie oude meesters. Anna Paulowna was haar broer dankbaar dat hij haar zo hielp. Ze kocht voor zichzelf lustslot Soestdijk. Andere kunstschatten en de paarden van Willem II werden op vrijwillige verkopingen verkocht. De Staat der Nederlanden, die wilde bezuinigen, gaf Willem III een jaarlijkse toelage van ƒ600.000. Dit was veel minder dan zijn vader had gekregen: deze had ieder jaar op een miljoen gulden kunnen rekenen. Willem en Sophie moesten dus zuinig zijn en de pracht en de praal aan het hof verminderde dan ook aanzienlijk, noodgedwongen deed een nieuwe soberheid zijn intrede.

Sophie hechtte toch veel minder aan uiterlijk vertoon dan haar schoonmoeder. De Franse schrijver Prosper Mérimée, die goed bevriend was met keizerin Eugénie, heeft zich weleens sarcastisch uitgelaten over haar, 'de Nederlandse majesteit', als *la reine rouge*, omdat ze er altijd zo eenvoudig uitzag in een simpele rode japon. Deze spotnaam deed vooral de ronde in conservatieve kringen, dus zal ook wel te maken hebben gehad met haar liberale politieke opvattingen. Ook graaf Dumonceau maakte een opmerking over Sophies uiterlijk: *De arme Koningin, die wij soms zo slecht gekleed aantreffen.*[9]

Op 12 mei 1849 vond de inhuldiging van Willem III in Amsterdam in de Nieuwe Kerk plaats. De dag hiervoor vertrok de koninklijke familie met de koninklijke trein naar de hoofdstad. 's Avonds maakten ze een rijtoer door de stad die sprookjesachtig verlicht was, overal stonden mensen te juichen voor *de jonge Koning te paard gezeten, geflankeerd door zijn oom Prins Frederik en zijn broeder Prins Hendrik. De Koningin reed in een galakoets*[10] *met acht paarden bespannen tezamen met haar zoontjes Willem en Maurits, die zeer verbaasd keken naar de uitbundige vreugde van de opgepakte menigte. Nadat burgemeester Huydecoper de gasten aan de toenmalige Willemspoort met een toespraak welkom had geheten, werd naar het paleis op de Dam gereden, een tocht langs Haarlemmerdijk, Herengracht, Reguliersbreestraat en Kalverstraat, die bijna anderhalf uur duurde vanwege het onstuitbare enthousiasme. Daarna vertoonde het koninklijk gezin zich op het balkon van het paleis en reden herauten de gehele stad rond om aan te kondigen dat de inhuldiging des Konings de volgende dag zou geschieden.*

Over de plechtigheid zelf schreef biografe Elise van Calcar: *Zal ik beschrijven hoe de Koningin toen schitterde in al den glans van het feestelijk praalgewaad, waarin haar rijzige gestalte zich nog slanker scheen op te heffen? Zal ik gewagen van de rijke parelsnoeren en zeldzame juweelen, of van het Koninklijke hoofdsieraad, dat thans 't verheven voorhoofd kroonde? Dit alles is te gering voor haar, wier edel hart de kostelijkste parel der reine deugd bevatte, wier schitterend verstand de luisterrijkste ster geweest is, die ooit een koningin versierde. Ja, koningin mocht zij gekroond zijn, die nooit een smet liet kleven op 't sneeuwwit van 't vorstelijk hermelijn. Welk denkbeeld boeide toen dat peinzend hoofd – wat aandrift woelde door het bevend harte, bij het bestijgen van die zacht bekleede trappen, de breede trappen tot den troon, die met zoo weinig schreden haar nu voor altoos scheiden zoude van het voorrecht om een eenvoudig mensch te zijn. [...] Nog was zij indrukwekkend schoon in haar innemende bevalligheid en den vollen levensbloei van dertig jaren – en wie, die haar daar zag verschijnen, dacht niet aanstonds aan het edelste Germaansche vrouwentype, majestueus door waardigheid en reinheid? Wel had de priem der smart den blijden glans der jonkheid reeds getemperd, maar de ernst en de weemoed hadden slechts de aantrekkelijkheid van dat gelaat verhoogd. Ach, welke vrouw wordt dertig jaren oud, die niet van veel, zeer veel illusies afscheid heeft genomen – en ook op haar pad waren er bloemen geknakt, die zich nooit weer zouden oprichten. Toch had ze nog een schat van fieren levensmoed en onbezweken levenskracht genoeg, om met een vasten tred en met een helderen blik de loopbaan in te slaan, die voor haar lag, en met het oog op God de zwaarste plichten te aanvaarden, vast besloten om niet te bukken voor de slagen van het hardste lot, en nimmer af te wijken van het spoor der eere.*

Het nieuwe tijdperk, dat was aangebroken, zou haar talenten recht doen, en zij zou er hare ondoofbare geestkracht en de grootheid van hare geestesgaven heerlijk in ontwikkelen.

De Nieuwe Kerk bood die dag een feestelijke aanblik, hoewel niet zo oogverblindend als in 1840, toen Willem II ingehuldigd werd. Koningin-weduwe Anna Paulowna was aanwezig, evenals de echtgenote van prins Frederik en hun dochter prinses Louise. De koning zat op de troon van zijn vader, die hem geschonken was door zijn moeder. Zij had er een grote vergulde kroon met edelstenen op laten aanbrengen. De koningin droeg een '*moiré satijnen kleed met hermelijn*' en een diadeem met briljanten op haar hoofd. Ter gelegenheid van deze dag deed zij haar man een degen cadeau.[11] De koning hield zijn toespraak: '*Hoog is de betrekking waarin ik geplaatst ben, zwaar zijn de plichten die op mij rusten. Ook koningen kleven menselijke zwakheden aan en daarom behoeven zij instellingen, opdat de kroon een brandpunt blijve die weldadige gloed verspreidt. [...] Ik verbind mij aan een volk, groter in deugden dan in het bezit van een uitgestrekt grondgebied; krachtiger door eensgezindheid dan zielental. Het is een grootse roeping koning van zulk een volk te zijn!*' Daarna zwoer hij op de grondwet, die hij enkele maanden daarvoor nog verwierp. Na de plechtigheid reden de koetsen naar het paleis op de Dam en toen het koninklijke gezin op het balkon van het paleis verscheen, ging er een groot gejuich op. De mensen waren vertederd door de twee schattige prinsjes aan Sophies hand.

Het verblijf in Amsterdam duurde vijf dagen, er waren vele recepties en audienties, waar stromen bezoekers werden ontvangen door het kersverse koningspaar. Willem werd omringd door leden van zijn militaire staf, een gezelschap in uniformen met gouden epauletten en rinkelend van de medailles. Toen ze weer in Den Haag aankwamen, maakten Sophie en de kinderen nogmaals een toer in de glazen koets door de stad. Willem III reed te paard vooruit. De mensen wilden de nieuwe koning en zijn gezin begroeten en toejuichen.

Sophie vertelde natuurlijk aan haar goede vriendin Lady Malet hoe het toeging bij de inhuldiging: *De inhuldiging in Amsterdam is uitstekend verlopen. Ik zag er goed uit en hij ook. Het is gebruikelijk, dat de koning en koningin niet tegelijk arriveren. Toen ik alleen binnenkwam met mijn twee jongens, werd ik uitbundig toegejuicht. Bij mijn vertrek kwamen er mensen van hun zitplaatsen naar mij toe, een oude man kuste de zoom van mijn japon en riep: 'O, u bent even mooi als goed!' Wat ik hier schrijf lijkt erg ijdel en dwaas, maar u weet hoe weinig demonstratief Nederlanders zijn, daarom betekent dit heel veel. Mijn koning gedroeg zich voortreffelijk, sprak zijn rede duidelijk en waardig uit. Alles bij elkaar hebben wij een goede indruk gemaakt.*[12]

Willem moest zijn hofhouding als koning opnieuw samenstellen en in november 1849 werd Charles Henri Felix Graaf Dumonceau benoemd tot ordonnansofficier van koning Willem III. Later was deze zijn adjudant en particulier secretaris. Hij heeft zijn herinneringen vastgelegd en een daarvan was zijn eerste diner aan het hof op de eerste dag van zijn indiensttreding: *Men kwam bijeen in de salon gelegen aan de tuinzijde, waarvan de deur zich bevindt tegenover die van de kamer van de adjudant van dienst en men dineerde in de grote salon langszij. Omdat ik daar als laatste was binnengekomen, trof het juist zo dat er door een onbegrijpelijke vergissing nog juist één plaats vrij was, die tegenover de Koning en de Koningin, tussen de gezanten van Spanje en Portugal, tegen wie ik niet wist wat te zeggen. De Koning en de Koningin sloegen mij de gehele tijd gade en ik had niet in de gaten dat er mensen waren, onder andere de hofdame Jkvr. Bsse. Christine van Heeckeren, die schik hadden in mijn verlegenheid dat ik mij zo hoog geplaatst bevond. Tot overmaat van ramp, gezien ik voor de eerste maal mijn nestels droeg, liet ik de uiteinden ervan in mijn bord vallen, toen ik mij vooroverboog om de soep te eten. Zij produceerden in het zilveren bord een lawaai, dat mij verschrikkelijk leek en enkele druppels van het vocht spatten tot mijn schrik in mijn gezicht.*

Ik wist niet naar welke kant ik mijn ogen moest draaien uit vrees spottende blikken te ontmoeten. Ik dacht bij mijzelf, als Hunne Majesteiten nu maar niet het woord tot mij richten als ik mijn mond vol heb. Ik weigerde dan ook alle schotels waarvan de inhoud mij enig probleem zou geven aangaande het door de keel jagen. Het ongeluk wilde dat ik een puree van tamme kastanjes niet als zodanig had herkend, en ziedaar, de Koning vraagt mij welke kleur ik prefereer voor de uitmonstering van de Infanterie, geel of wit.

Na ongehoorde pogingen om de puree mijn keel te laten passeren antwoordde ik met een schorre stem: 'Wit. Sire!' Ik was rood geworden als een kreeft en vond mijzelf heel ongelukkig mij zo belachelijk te weten, vooral omdat ik Hunne Majesteiten elkaar even zag toelachen en ofschoon mij dat welwillend leek, plaatste dat de kroon op mijn verlegenheid.

Dumonceau bleef voor Willem III werken tot diens dood in 1890 en hij vond de koning *[...] in wezen goed, intelligent en rechtvaardig, maar een kleinigheid verstoorde zijn ideeën en deed hem de redelijkheid totaal uit het oog verliezen, hetzij door zich over te geven aan aanvallen van woede, hetzij door zich over te geven aan extravagante uitgaven of opwellingen van zuinigheid; ook liet hij zich vervolgens te buiten gaan aan plotselinge voorkeur voor personen die hij niet kende en ontsloeg er zich van zodra hij hen niet meer wist te verdragen.*

Een platte uitdrukking, ongepaste manieren, kledij van slechte smaak en vooral het minste gebrek ten aanzien van fijngevoeligheid en bescheidenheid waren voor hem voldoende om aan iemand een hekel te krijgen.

Profiterend van een goed moment heb ik de Koning vaak doen terugkeren tot betere gevoelens jegens personen en heb zaken weten te voorkomen, die anders betreurenswaardig zouden zijn geweest. Ofschoon ik door dat alles een zekere vrees jegens de Koning koesterde, droeg ik hem een diepe genegenheid toe. Ik hoop dat hij het gevoeld heeft en dat het deels daarom is dat hij mij bij zich heeft gehouden.[13]

Willems troonsbestijging evenals het overlijden van zijn vader had gevolgen voor Sophies positie aan het hof. Toen haar schoonvader nog leefde, had ze altijd een beroep op hem kunnen doen, hij oefende een matigende en heilzame invloed uit op Sophie en Willem. Nu had Willem III de centrale positie in de staatkunde en daardoor was hij haast onaantastbaar geworden. Dit uitte zich in de houding van ministers en hovelingen: *Terwijl iedereen boog en instemmend knikte, dacht ik er aan hoe diezelfde personen twee of drie maanden geleden geen goed woord voor hem overhadden*, schreef Sophie minachtend. De leden van de hofhouding durfden niet meer voor haar op te komen: *Hovelingen zijn overal en altijd een slap stel mensen, hier intrigeren zij wel niet, maar zij zijn egoïstisch, bang, zij voelen er zelfs niets voor als er onrecht geschiedt het risico te lopen dat hun heer en meester kwaad wordt.*

Dit was nog maar het begin, want in de eerste jaren na de troonswisseling gaven veel mensen Sophie van alles wat er misging de schuld en achtten zij haar verantwoordelijk voor de slechte sfeer in de paleizen. De koning werd telkens vrijgepleit.

De meningsverschillen tussen Sophie en Willem gingen na 1849 voornamelijk over de vraag wie in feite besliste hoe de koninklijke macht uitgeoefend moest worden. Willem III aanvaardde de regering, terwijl een eventueel regentschap werd toebedeeld aan zijn broer prins Hendrik. Sophie mocht zelfs de voogdij over de kinderen niet alleen voeren. Bij de besprekingen die werden gevoerd over eventuele regelingen met betrekking tot voogdij en regentschap was er een kamerlid dat voorstelde om Sophie tot voogdes te benoemen. Ook waren er anderen die spraken over *de uitstekende hoedanigheden van de gemalin van den regerenden koning*. Sophie zou graag prins Frederik als voogd van haar kinderen gehad willen hebben.

Zij merkte tot haar teleurstelling dat de staatslieden en hovelingen die zich kort na de troonswisseling bij haar waren komen beklagen over de nieuwe koning, zich aanpasten aan de nieuwe situatie. Sophie had zich voorgenomen om rustig af te wachten, maar deze strategie mislukte volkomen en haar overtuiging *Vroeg of laat komt de dag dat men mij nodig heeft* werd niet bewaarheid.

Het koningschap van Willem III werd gehandhaafd ter wille van stabiliteit en rust in het land. Zeker gezien de onrust in andere Europese landen werd het niet raadzaam geacht Nederland te verzwakken door het instellen van een regentschap. Daar kwam bij dat Willem zich door zijn joviale, goedmoedige optreden veel populariteit had weten te verwerven onder het gewone volk. Willem op zijn beurt was verbitterd over de klachten en de kritiek die Sophie over hem had geuit. Hij nam haar haar streven naar politieke invloed kwalijk en dacht dat zijn slechte naam bij andere Europese vorstenhuizen veroorzaakt was door kwaadsprekerij van Sophie.

Op 3 mei 1850 voelde ze zich toch enigszins gerechtvaardigd zoals blijkt uit een brief aan Lady Malet: *Gisteren werd de Wet op het Regentschap behandeld. Prins Hen-*

drik is tot regent benoemd, maar alleen voor het geval dat de koning zou overlijden, want onder andere omstandigheden, krankzinnigheid of abdicatie, moet er opnieuw een keuze worden gedaan. Dit is dwaasheid, maar intussen heb ik ontdekt dat ik echte vrienden heb, die niet alleen voor mij zijn opgekomen en hun stemmen op mij hebben uitgebracht, maar dankzij wie de voogdijkwestie verworpen is, omdat die mij niet genoeg invloed gaf. Voogdij over de kinderen is iets totaal anders dan het regentschap. Willem III zag van een verdere regeling van de voogdij af.[14]

Aanpassingen aan de paleizen

Het nieuwe koningspaar verhuisde naar Paleis Noordeinde, waar Sophie het zogenaamde 'Koninginnekwartier' betrok. Dit was de eerste verdieping van de zuidoost achtervleugel, aan de kant van de Molenstraat, boven de appartementen van de koning. Het paleis op het Plein werd verkocht aan de Hooge Raad der Nederlanden. Paleis Noordeinde, dat tijdens de regering van koning Willem onbewoond was, moest worden opgeknapt. Van april tot augustus 1849 werd hier hard aan gewerkt en in september kon het betrokken worden.

Sophie schreef op 18 mei 1849 aan Lady Malet: *Ik ben nu in mijn nieuwe paleis, maar niet in de kamers die voor mij bestemd zijn, want die zijn nog niet klaar. Hoewel het comfort op het ogenblik te wensen overlaat, verheugt het mij dat ik weg ben uit dat sombere huis en dat ik een mooie tuin heb, een aardige salon, kamers met licht en frisse lucht. Al die kleine geneugten van het leven die ik tien jaar lang heb moeten missen en die in het leven van een vrouw zoveel betekenen.*[15]

Sophies privé-appartementen bestonden uit zeven grotere en kleinere kamers, waarop de slaapkamer van Maurits aansloot. (Deze kamer werd later de slaapkamer van prins Alexander.) Hierachter lagen de kamer van het kindermeisje, twee kabinetjes en de grote leer- en speelkamer van het prinsje. (zie kleurenafb.20 en 21)

De belangrijkste kamer van het Koninginnekwartier was de theekamer, die later witte salon werd genoemd, omdat deze in 1849 was behangen met effen wit gesatineerd papier. Deze salon keek, net als alle andere vertrekken, uit op een smalle ommuurde binnenhof, de paleistuin. Het plafond was fraai gestuukt met ornamenten in empirestijl en tussen de drie ramen bevonden zich twee schoorsteenmantels die gemaakt waren van wit marmer. Aan het plafond hing een kroonluchter voor 16 kaarsen, door de aan alle kanten uitspruitende bladeren en bloemen leek deze op een groot verguld struikgewas met fladderende duifjes en al, dat in de kamer zweefde. De theesalon was licht en vrolijk van sfeer.

Paleis Noordeinde, 1836, houtgravure, maker onbekend (Beeldbank Haags Gemeentearchief).

Boven de canapé hing een groot portret van Wiwill dat in 1855 door Nicolaas Pieneman was geschilderd. Aan de zijwand hingen grote portretten van Willem en Maurits en van de hertog van Brunswijk, afkomstig uit de zitkamer en bibliotheek van het paleis aan het Plein. Daartussen hing een portretje van prins Alexander uit 1852.

Net zoals aan het Plein had Sophie onderling sterk verschillende meubels in een ongedwongen geheel bij elkaar gebracht. Dit was een breuk met het verleden, toen symmetrie van groot belang was en gelijkvormigheid een ideaal. Om een grote tafel in het midden stonden drie stoelen, een divan, een chaise-longue en een lage fauteuil. De drie stoelen waren met blauwzwart damast overtrokken, de chaise-longue en de divan hadden een bekleding met een helder patroon in vrolijke kleuren. Er was een tweede zitje van enkele stoelen rond een tafeltje. Langs de lange wand stonden een canapé met aan weerszijden daarvan een kast met daarboven een hoge spiegel, dan een stoel, met links daarvan een schrijfkabinetje en rechts een schrijfbureau, symmetrisch opgesteld en in de hoeken piëdestals.

In Sophie's inrichting speelden dus zowel moderne als ouderwetse opvattingen een rol. Tegen elk van de zijwanden stond in de hoek bij de piëdestals een ééndeurskast en bij de deur een tweedeurskast. Ook aan de raamzijde werd bij het plaatsen van stoelen en piëdestals de symmetrie in acht genomen. Op de ééndeurskasten stonden de marmeren portretbustes van de prinsen Willem en Maurits, die in 1849 door de beeldhouwer J.A. van der Ven waren gemaakt, tussen porseleinen vazen, waarin bloemboeketten en kaarsenhouders van verguld metaal waren gemonteerd. Op de tweedeurskast naast de geopende deur stonden twee vazen met kunstbloemen van porselein en papier op ijzerdraad.

Naast de theesalon lag het 'cabinet van Hare Majesteit', een smalle kamer met één raam. Dit stond nogal vol in 1849: een schrijftafel, twee boekenkasten, beide afkomstig uit het kabinet van het Plein. Verder, zoals in de inventaris staat, *een chineesch tafeltje, ingelegd met strooi, een vuurscherm, zwart, in kleur verlakt*, een klein werktafeltje en een canapétafel, een rozenhouten divan en zes bijbehorende rozenhouten taboeretten.

Daarna kwam een middelgrote kamer met twee ramen aan de tuinzijde. Deze werd met gele Franse damast behangen en de hoeken werden afgewerkt met rozetten. Voor de schoorsteen kwam een kleed van rood velours en met zijden franje. Op de vloer lag een kamerbreed tapijt, vier porseleinen lampen zorgden voor de verlichting. In de kamer stonden *drie palissander boekenkasten met snijwerk* en er waren meubels uit verschillende kamers van het paleis aan het Plein neergezet, bijvoorbeeld de grote boekenkast uit de bibliotheek en ook de bibliotheekfauteuil bekleed met groen marokijn. Uit het boudoir zijn de *mahony portefeuillehouder, eene buste voorstellende H.M. de koningin van Württemberg* en een withouten piëdestal afkomstig. Uit de salon het *vuurscherm in blik met de afbeelding van de koning van Württemberg* en uit een andere kamer de *chalekist* (sjaalkist).

Aan twee kabinetjes, de kamenierkamer en het 'rozeekamertje' of toiletkamer grensde de slaapkamer. Daarachter lag nog een klein kamertje, het boudoir, dat later bekend werd als het kabinet bij de serre. Dit boudoir was behangen met *zijde en wollen Fransche stof*, de schoorsteen was versierd met *blaauw velours en effen bouillon franjes*, voor de schoorsteen stond een witte porseleinen kachel. De gordijnen waren van wit satijn en er hing een drie-armige kamerkroon van blauw porselein en brons. Het ameublement bestond uit een mahoniehouten canapé, vier fauteuils en drie taboeretten, bekleed met blauw damast. Hier waren ook de piano van Erard, de muzieketagère uit de bibliotheek en het vuurscherm uit de salon van het paleis aan het Plein neergezet, evenals een schrijftafel.

Behalve over haar privé-appartementen beschikte de koningin ook over statievertrekken. Deze lagen aansluitend aan het koninginnenkwartier in de middengebouwen van Paleis Noordeinde: de groene salon en de 'entree tot de kleine appartementen', later eerste en tweede blauwe salon geheten. Het meubilair hier was verguld en bekleed met witte en blauwe zijde, er waren zes *chineesch verlakte* en vier *japansche* meubels, die ook in het paleis aan het Plein hebben gestaan. Er was verder nog een *chineesche* schrijftafel met kastje in de eerste blauwe salon. Het merendeel van de meubels die persoonlijk eigendom waren van Sophie, werd in 1855 naar Huis ten Bosch verhuisd.[16]

Niet alleen in Paleis Noordeinde maar ook in Paleis Het Loo begonnen vanaf april 1849 'buitengewone werken' om het gereed te maken voor de jonge koning en koningin. Het Loo was het eerste klaar en kon in juni 1849 al betrokken worden.

De appartementen van Sophie bevonden zich hier op de 'bel-etage', aan de westkant van de grote vestibule. De blauwe salon, in het centrale gedeelte van het paleis, werd bereikt vanuit de vestibule en gaf toegang tot de in het westelijke binnenpaviljoen gelegen rode salon. Daarachter lagen de slaapkamer, de toiletkamer, de garderobe en de badkamer. In 1849 werden de blauwe en rode salon behangen en opnieuw gestoffeerd, de meubels, de gordijnen en het behang werden in blauw of rood uitgevoerd.

Aan de wanden van de blauwe salon hingen een zeegezicht uit 1848 van een van de beroemdste zeeschilders van die tijd Louis Meijer (1809-1866), een *dito strandgezicht, V.B.H. 1848*, een landschap met de omstreken van Den Haag door J.B. Jongkind (1819-1891) en een portret van keizerin Maria Theresia van Oostenrijk. Ook hingen er twee aquarellen van Italiaanse landschappen door P. Angelis (1685-1734) en een aquarel van een kasteel door P.F. Peters jr. (1818-1903) uit 1852. Deze van oorsprong Nederlandse kunstenaar vestigde zich in 1845 in Stuttgart, hij schilderde en tekende veel bergachtige landschappen. Misschien heeft Sophie hem leren kennen tijdens een van de bezoeken aan haar geboortestad.

Aan het plafond hing een blauwe en vergulde kroon van twaalf kaarsen. Op de vloer lag een nieuw *Smyrnaasch* tapijt van de tapijtfabriek in Deventer.

In de rode salon lag ook een smyrnatapijt uit Deventer op de vloer; aan het plafond hing een blauw porseleinen vergulde kamerkroon. Het al aanwezige meubilair werd door Sophie aangevuld met twee, later drie *chineesche* tafeltjes, de mahonie vleugel van Erard, die zij in 1839 meegenomen had naar Nederland, en een mahoniehouten schrijftafel.

Tegenwoordig zijn in Rijksmuseum Paleis Het Loo nog enkele vertrekken te zien die aan Sophie gewijd zijn en waarvan de inrichting gebaseerd is op onder andere de aquarellen van interieurs van door haar bewoonde paleizen. Er is een salon waarin het portret van Sophie door Frans Xaver Winterhalter uit 1863 hangt, de juwelen die zij hierop draagt worden nu nog door de koninklijke familie gedragen. Ook hangt er een portret van John Lothrop Motley, de Engels-Amerikaanse historicus met wie Sophie zoveel contact heeft gehad. De portretten van Willem en Maurits, die door Nicolaas Pieneman in 1847 zijn geschilderd, bevinden zich hier ook evenals een levensgroot marmeren beeld door J.A. van der Ven, dat Maurits verbeeldt als een engel met op zijn arm zijn broertje Alexander, die een jaar na zijn dood werd geboren.[17]

10 Grote veranderingen

De dood van Maurits

In mei 1850 werd Maurits ziek. Hij was al vanaf zijn geboorte teer en zwak, altijd bleek en verkouden. (zie kleurenafb. 22) Hierdoor was hij nog niet onder de supervisie gekomen van gouverneur De Casembroot, want Sophie vond hem niet sterk genoeg. Hij bleef onder toezicht van Miss Eusden en volgde hooguit af en toe enkele lessen. De Casembroot schreef in zijn dagboek: *De avond van de 14e mei geeft Miss Eusden mij het kind mee om naar een kinderpartij van de familie Nieuwenheim te gaan. Het kind is niet wel, maar heeft zich dermate verheugd op het feest dat besloten is hem het niet te ontzeggen. Ik vraag mevrouw Nieuwenheim erop toe te zien dat het kind niet te veel snoept. Het eet zowat een paar beschuiten met muisjes. Om half negen zijn wij thuis.*

De volgende dag was Maurits duidelijk ziek en hij braakte alles uit wat hij binnenkreeg. Sophie liet chirurgijn Ter Winkel komen, door wie ze zich liet behandelen sinds ze het vertrouwen in dr. Everard had verloren. Zij had namelijk ooit in levensgevaar verkeerd door een bloedvergiftiging, die volgens haar het gevolg was van een onverantwoordelijke behandeling door de hofarts. Ter Winkel vond zij een *eenvoudig doktertje die mij bij mijn bevalling heeft geholpen en me heel rustig behandelt.*

Ter Winkel dacht dat er niets aan de hand was, Maurits was gewoon wat verkouden en hij had *een vuile maag en hij geeft hem zo wat medicijnen.* Maurits bleef echter ziek en op 21 mei schreef De Casembroot: *De koningin gaat met Maurits die zich wat beter voelt de tuin in. De vorige dag had ik mij in de lendenen verzwikt en zat op mijn kamer toen Ter Winkel kwam om mij over de toestand van Maurits te spreken. Maurits is gedurig aan het braken, hij houdt niets binnen. Ik zeg aan de koningin dat zijn toestand mij in het geheel niet bevalt (reeds tien dagen braken is niet natuurlijk) en raad haar een andere dokter aan, daar ik in Ter Winkel als slechts chirurgijn zijnde volstrekt geen vertrouwen zou hebben. Dit laatste doet zij echter niet. Ter Winkel gaat steeds met zijn behandeling voort, doch geeft hem nu voor de verandering muskus.*

Maurits kwam niet meer uit bed en zijn toestand verslechterde zienderogen, hij vermagerde sterk. Ondertussen werd er over zijn hoofd door Willem en Sophie geruzied over de medicijnen en de capaciteiten van Ter Winkel. De koning viel bij De Casembroot binnen in de leerkamer en riep: *Wat heb ik u gister gezegd van die Ter Winkel en zijn muskus die hij aan het kind heeft gegeven? Goed. Ik zal mij er verder niet mee bemoeien, de koningin moet haar hoofd maar volgen. De gevolgen zijn voor haar rekening. Ik trek mij van de zaken niets meer aan.*

De Casembroot was verbijsterd en spoorde hem aan zich als vader wel met de zaken te bemoeien: *Als het kind sterft, bent u evenzeer schuldig. Gelijk ik daarna vernam, begaf hij zich naar de ziekenkamer, waar inmiddels de doktoren Everard en Van Bijlandt geroepen waren en zich ook Ter Winkel vertoonde. Deze laatste was bij de komst van de koning juist met de twee anderen over de zieke aan het spreken. De laatsten zagen onmiddellijk dat het een zenuwinzinkingsziekte was met het begin van hersenvliesontsteking, waaraan het aanhoudend braken was toe te schrijven. Doch Ter Winkel beweerde op pedante toon en met een lachend gezicht dat er volstrekt geen gevaar was dan een bedorven maag en een gevatte koude. Everhard draaide hem de rug toe, doch de koning in hevige woede uitbarstend zei: 'Meneer, laat u mij niet lachen, u bent maar een miserabel onwetend doktertje en u zet hier geen voet meer.' Ter Winkel liet zich dit geen tweemaal zeggen en verdween.*

De toestand van Maurits verbeterde helaas niet, ondanks de behandeling van de hofartsen Everhard, Van Bijlandt en Vinkhuyzen. Wiwill die bij zijn broertje op de kinderkamer sliep, werd in een andere kamer te slapen gelegd, maar Sophie riep hem steeds om bij zijn doodzieke broertje te komen kijken. Ondertussen hadden zij en Willem voortdurend ruzie en maakten ze elkaar de bitterste verwijten.

In het eerste bulletin van 26 mei over de zieke Maurits stond: *De toestand van de zieke is zeer bedenkelijk en doet het ergste vrezen.* Heel even leek er wat verbetering in te treden, maar het ging al snel weer bergafwaarts en in de volgende dagen werd de hoop op herstel volledig opgegeven.

Op de ochtend van 4 juni was Maurits stervende en De Casembroot beschreef de toestand: *Hij kan geen kwartier meer leven. Ik hoorde hem toen steunen en elk verwachtte een spoedige afloop, doch tegen 7.30 uur herstelde hij zich enigszins: er kwam wat ontlasting en hij gebruikte zelfs iets zodat Van Bijlandt enige hoop vertoonde. Maar Everhard sprak hem tegen en zei dat het kind bepaald afgedaan was. Het gelukte mij om tegen het verbod van de koningin die intussen zelf door onverstandig misbaar het kind martelde en er tegen het verbod van de koning toch Wiwill bijbracht, Maurits te zien te krijgen, doch nauwelijks zag ik hem of ik zag dat hij lag te sterven. Hij herkende mij evenwel nog en zei met een benauwde stem: 'Dag meneer.' In diezelfde toestand bleef hij nog tot die middag, toen tegen vijf uur de koningin mij met Wiwill beneden liet roepen, waar wij Maurits zagen zieltogen. Om Wiwill evenwel te sparen ging ik weer met hem naar boven en een ogenblik daarna werden wij weer naar beneden geroepen met de boodschap dat het kind de geest had gegeven. In de sterfkamer komende, vonden wij de koning, de koningin en de doktoren. De koningin die sedert de ziekte van Maurits met de koning in groot ongenoegen leefde, speelde nu een komedie, waarvan ik walgde. Ik die anders natuurlijk diep me-*

delijden voor haar zou hebben gevoeld. Zij vatte de koning aan en kuste hem op het hart en deed zulks op een zodanig theatrale wijze dat alle mededogen voor haar daarbij ogenblikkelijk verdween. Korte tijd later kwam prins Frederik en weer viel er een scène voor die bewees hoezeer het komediespel in haar ziel gegrift is en hoe weinig natuurlijk gevoel er in haar hart huist.

Sophie schreef aan Lady Malet op 8 juni: *Mijn kind is dood – zelf heb ik zijn oogjes dichtgedrukt – al wat me op deze aarde nog restte aan hoop en vreugde is voor altijd weg. [...] Ik hoop dat ik gauw mag sterven. Bid voor mij.*

Lady Malet heeft in aantekeningen die zij in 1864 maakte na een ontmoeting met Sophie de overtuiging uitgesproken dat zij zich nog altijd schuldig voelde aan de dood van haar zoontje: *Ik moest denken aan iets, dat al eens eerder bij mij opgekomen is, namelijk dat zij verteerd wordt door wroeging omdat zij door haar hardnekkige weigeren notitie te nemen van dr. Everards goedbedoelde raadgevingen, mede de oorzaak is geweest van het sterven van haar jongetje – nu alweer zo lang geleden. Sindsdien heb ik haar nooit meer kalm of gelukkig gezien. Altijd op de vlucht voor zichzelf. Een eeuwigdurende marteling.* De Casembroot was ervan overtuigd dat Sophie mede schuld droeg aan het overlijden van Maurits: *Ze heeft immers het kind van zijn vroegste jeugd laten behandelen door die kwakzalver van een Ter Winkel, die het kind behandelde met dan weer die pil of dat lekpotje om hem te laten braken.*

Sophies vertwijfeling en verdriet waren enorm, de schuldvraag kwelde haar buitensporig en ze zocht naar oorzaken, zoals blijkt uit het dagboek van De Casembroot. Hij werd bij haar geroepen en zij liet Wiwill vertellen over een wandeling van hem met De Casembroot, Maurits en een ander jongetje. Deze jongen schold Maurits uit en vocht met hem. Sophie vroeg zich af of Maurits zich toen niet teveel verhit had, maar De Casembroot voelde zich aangevallen en zei dat het voorval volstrekt onbetekenend was. Vervolgens probeerde hij Sophie gerust te stellen: *Het is mijn innige overtuiging, majesteit, dat Maurits vanaf zijn geboorte aan een ernstig inwendig gebrek leed, dat vroeg of laat de dood ten gevolge moest hebben.*

Anderen waren het met De Casembroot eens en dat zei hij haar ook. Zijn woorden hadden een kalmerende invloed op Sophie, terwijl De Casembroot zelf zijn twijfels had over een moeder die in zijn visie haar doodzieke kind niets bespaarde als het om de strijd tegen haar echtgenoot ging. Op 10 juni 1850 werd Maurits in alle stilte in de grafkelder te Delft bijgezet.[1]

De diepe rouw waarin zowel Willem als Sophie verkeerde, leidde niet tot verzoening, er woedde een voortdurende strijd om de aandacht van Wiwill. De familie vertrok de dag na de begrafenis naar Het Loo en telkens weer werd er aan het kind getrokken: ging het bij zijn vader of zijn moeder eten? Ook tussen Miss Eusden en gouverneur De Casembroot was een strijd gaande om de tijdsindeling van de jongen. De Casembroot vroeg of Wiwill 's avonds wat rust kon krijgen in zijn eigen kamers, maar dit vond bij niemand gehoor, ook niet bij zijn ouders. De Casembroot had inmiddels ook geen goed woord meer over voor Willem III, die zeer grillig was in zijn optreden.

Sophie was diep bedroefd en verkeerde in een deplorabele toestand. Op 5 juli 1850 schreef ze aan Lady Malet: *Ik ben treurig en ziek en heb sinds de dood van mijn kind nog geen nacht geslapen. Iedere dag neemt mijn ellende toe. Ieder gezicht dat ik moet zien is me een marteling; onafgebroken heb ik het spitse gezichtje van mijn stervende kind voor ogen, hoe hij me smeekte hem te helpen, terwijl er geen enkele hulp mogelijk was[...]*

Acht jaar na de dood van Maurits kwam de Amerikaanse spiritist D.D. Home bij Sophie op bezoek en zij woonde een aantal seances bij. Zij was diep onder de indruk: *Dit behoort werkelijk tot de meest bijzondere ervaringen van mijn leven. Ik voelde hoe een hand mijn vinger aanraakte, ik zag een zware gouden bel op eigen kracht van de één naar de ander bewegen, ik zag mijn zakdoek wegvliegen en weer bij mij terugkeren met een knoop erin. En dan de klopgeest, voor het alfabet: als de letters worden afgeroepen, geven de geesten een teken bij bepaalde letters, zo worden er onder hun leiding namen en zinnen geschreven. Home zelf is een bleke, ziekelijke, niet onknappe jonge man, hij heeft in zijn uiterlijk en optreden niets dat fascineert of afstoot. Het is wonderbaarlijk. Ik ben zo blij dit gezien te hebben.*

Home zelf heeft een verslag nagelaten van zijn seances bij Sophie: *De dag na onze aankomst in Den Haag werd mij het verzoek van H.M. overgebragt, om mij nog dezelfde avond ten paleize te vervoegen. Ik haastte mij, zoals gevraagd was, er om acht uur heen en op het moment, dat ik dit schrijf, staat mij nog het beeld van dat kale, sombere gebouw als in een nachtmerrie voor de geest. Men voerde mij in de ontvangstzaal. Terwijl ik binnentrad, ontmoette ik een dame, die mij in het zuiverst denkbare Engels, verwelkomde. In de mening, dat zij een dienstdoende hofdame was, zei ik: 'Ik geloof, dat de koningin mij verwacht,' zij antwoordde met een vrolijke glimlach: 'Ik ben de koningin.' Op haar voorstel werd er een séance gehouden, maar na ongeveer twee uren geduldig afwachten, was nog niet het geringste resultaat verkregen. Zeven of acht volgende avonden leverden geen van alle iets beters op en ik begon een totale mislukking te vrezen, veroorzaakt door een mij onbekende reden. Op een avond zeide H.M. tot mij: 'Meneer Home, ik heb slechts een gebrekkige voorstelling van de voorwaarden, die nodig zijn voor wat men een séance noemt, maar ik ben er zeker van, dat uw omgeving de laatste avonden niet de meest geëigende is geweest. Ik geloof dat, wanneer u mij volgt, zij zeker zullen vinden wat nodig is.'*

Zij nam een lampje op, liep door twee vertrekken en stond op het punt een derde te openen, toen ik onwillekeurig riep: 'Hier moet de volgende zitting gehouden worden.' De koningin opende de deur, gaf mij het licht en zei: 'Ik wist wel dat het deze kamer moest zijn. Kom binnen en zie mijn schatten.'

Hoewel de kamer slechts vaag was verlicht, zag ik toch met één oogopslag, dat er een kind of kinderen in geweest moest zijn, want in een hoek stond een kapot kinderwagentje en daarnaast lag een kleine trommel. Allerlei speelgoed lag hier en daar in de kamer verspreid, alsof de kleintjes, moe van het spelen, de kamer voor een ogenblik verlaten hadden, en de stilte weer dadelijk verstoord zou worden door hun aanwezigheid. Eindelijk bleven mijn ogen rusten op een bos verwelkte bloemen, die op een tijdsverloop van enkele maanden wees – van jaren misschien – van ongestoorde rust. De koningin lichtte mij in. Het was de speelkamer geweest van haar gestorven kind en elk voorwerp was juist zo blijven liggen als hij dat achtergelaten had. Alleen de bloemen waren er later bijgekomen en deze hadden naast het kleine lichaam gelegen na de verandering die men dood pleegt te noemen.

De volgende dag werd hier een séance gehouden en aan de rouwende moeder werd hier het volslagen en meest overtuigende bewijs geleverd dat haar lieveling nog bij haar was. Het is mij niet mogelijk bijzonderheden te geven van wat er voorviel, want dit was van een zo tedere aard dat een onthulling bijna heiligschennis zou betekenen. Er waren familieleden van de koningin en een hofdame bij aanwezig en zij zullen de tranen van blijdschap niet vergeten zijn, die door deze nobele en hoogbegaafde vrouw werden vergoten toen zij het hoofd boog, God dankend voor de troost haar geschonken.

Zij nam een ring met saffieren en diamanten van haar vinger, schoof die aan de mijne en op een vel papier, dat zij mij als aandenken schonk en dat nog steeds in mijn bezit is staat geschreven: 'Met dankbaarheid zal ik steeds blijven denken aan de séance met de heer Home. Sophie.'[2]

De derde zoon: Alexander

In augustus 1850 vertrok Sophie naar Baden voor een kuur, ze was totaal uitgeput door alle emoties. Haar vader hield haar gezelschap en ze had een intensief vriendschappelijk contact met Louis Adolphe Thiers (1797-1877), een Frans historicus en politicus, die bekend stond om zijn liberale opvattingen. Hij was ook goed bevriend met Mathilde Bonaparte. Onder koning Louis Philippe was hij minister-president en na de omverwerping van het Tweede Franse Keizerrijk onder Napoleon III was hij degene die de Commune van Parijs in 1871 onderdrukte. Van 1871 tot 1873 was hij staatshoofd en daarna tijdelijk president, tot hij in 1875 werd gedwongen af te treden. Tussen 1823 en 1827 schreef hij het tiendelige *Geschiedenis van de Franse revolutie.*[3] Sophie was onder de indruk van zijn republikeinse ideeën en voerde daarover lange gesprekken met hem. Door middel van correspondentie bleven ze contact met elkaar houden.

In oktober wilde ze terug naar huis: *In Baden regent het zonder ophouden, even erg als in Holland. Het is nu geen geschikt oord voor een verblijf. Iedereen is weg.*

De koning, die waarschijnlijk weer een nieuwe maîtresse heeft, wil liever niet dat ik in Den Haag terugkom, maar ik verlang naar het enige kind dat ik nog heb, niet alleen als een moederdier, *maar ook voor mijn* moreel. *Hij zal heel erg onvriendelijk tegen mij zijn; ik heb niets meer te verwachten van die man, die zich van zijn vrouw afkeerde aan het sterfbed van hun kind.*

Ze kreeg inderdaad gelijk. De koning was niet blij met haar thuiskomst, hij was razend en tot overmaat van ramp mocht ze Wiwill nauwelijks zien. Toch voelde ze zich verantwoordelijk, want door opmerkingen van anderen kreeg ze het idee dat ze alleen door haar aanwezigheid de koning nog enigszins kon beteugelen. *Ondanks de slechte behandeling die ik ondervind, besef ik dat ik er goed aan gedaan heb terug te komen. Het is mijn plicht en ook mijn recht. Gedurende mijn afwezigheid heeft hij een zo obscuur, laag-bij-de-gronds- leven geleid, dat von Maltiz* [de Pruisische gezant in Den Haag] *zei: 'Als de koningin er niet is, bestaat het Nederlandse hof niet meer.' Het echtpaar von Maltiz is erg aardig voor mij geweest. Ik verzeker u, zonder grootspraak kan ik zeggen dat er algemene vreugde heerst omdat ik teruggekomen ben,* schreef ze aan Lady Malet, aan wie ze ook vertelde dat ze graag weer een kind wilde.

In de winter van 1850 bracht ze met Willem een paar weken door op Het Loo en in januari schreef ze aan haar vriendin: *De koning is, als altijd, onvriendelijk. Maar misschien ben ik zwanger, ondanks het feit dat ik ziek ben, de artsen zeggen dat het kan. Praat er met niemand over – zijn humeur is van dien aard dat hij in staat zou zijn me te mishandelen om me een miskraam te bezorgen* [...] Sophie ging in maart een aantal weken naar Stuttgart, ze was toen drie maanden zwanger.

Na haar thuiskomst vertrok ze weer naar Het Loo en beklaagde zich erover dat ze Wiwill nauwelijks zag. Hij werd inderdaad bij haar weggehouden, omdat De Casembroot ervan overtuigd was dat zij een slechte invloed op hem had. De koning wilde hem liever niet bij haar zien, omdat hij dacht dat zij hem bedierf met haar politieke ideeën. Bovendien was het voor Wiwill niet goed steeds in de gespannen sfeer tussen zijn ouders te moeten leven.[4]

Sophie beviel op 25 augustus 1851 van haar zoon Willem Alexander Karel Hendrik Frederik, zijn roepnaam werd Alexander. De artsen Vinkhuyzen en Vorstman lieten het volgende bulletin uitgaan: *Heden morgen, kwartier over vier ure, beviel Hare Majesteit de Koningin van eenen Prins. De bevalling had ontijdig, doch voorspoedig plaats. Sedert gisteren namiddag hadden zich eenige teekenen der ophanden zijnde verlossing voorgedaan, welke echter na middernacht meerdere werkelijkheid verkregen. Tot op dit ogenblik, negen ure, heeft Hare Majesteit nog weinig gerust, waardoor de koningin zwak en zeer vermoeid is.*

Alexander was inderdaad te vroeg geboren, hij werd pas in september verwacht. In alle kranten werd het nieuws verkondigd. In een extra editie van het *Dagblad van 's Gravenhage* stond het als volgt vermeld: *H.M. onze Geëerbiedigde* KONINGIN *is heden, in den vroegen morgen, ten 3¼ ure, zeer voorspoedig, van eenen* PRINS *bevallen.*

Deze, voor de Koninklijke Familie zoowel als voor het Vaderland, zóó heugelijke gebeurtenis, en ook daarom vooral merkwaardig, wijl het de eerstemaal is, dat eene Koningin in Nederland een nieuwen Telg aan het Vorstelijk Geslacht schenkt, is ten 12 ure den bewoners dezer residentie door 101 kanonschoten aangekondigd.

Algemeen is de deelneming der bevolking, en de Nationale Vlaggen wapperen van den Stadstoren, van alle openbare gebouwen en van vele particuliere woningen.

Met genoegen verneemt men, dat de Doorluchtige Kraamvrouw en de jeugdige Vorstelijke Telg zich, naar omstandigheden, welvarende bevinden.[5]

Aan haar vriendin schreef Sophie: *Ik ben onwel, hoest voortdurend, slaap niet en heb geen eetlust. Gedurende de negen dagen dat ik in de kraam lag (ik voelde me werkelijk erg ziek) is hij maar tweemaal bij mij geweest en heeft niet één keer naar mijn toestand laten vragen. Hij herhaalt telkens met het grootste genoegen dat mijn kindje maar zwak en minnetjes is. Zelfs zijn eigen vrienden kunnen niet geloven dat hij zo weinig natuurlijk gevoel bezit.*

Ik zit maar stil naar mijn baby te kijken. Voor mijn positie is het nodig dat ik hier blijf. Vreemd, dat sinds hij koning is, er zoveel mensen zijn die proberen mij de schuld van alles te geven; natuurlijk omdat hij macht heeft en ik niet. Zo is de wereld nu eenmaal, tenminste, in Holland.

Willem toonde nauwelijks belangstelling voor zijn zoontje en toen hij de baby voor het eerst zag, riep hij: '*Foei, wat een lelijke jongen!*' De baker was verontwaardigd en zei tegen hem: '*Wel, Majesteit, hij lijkt sprekend op u.*' Later heeft Willem nog gezegd: '*Ik neem hem aan als een geschenk der Voorzienigheid, maar kan mij niet verheugen.*' Hij ontliep Sophie. Het liefst zou hij willen dat ze een tijd naar het buitenland vertrok.

Mevrouw A.M. Deutz van Assendelft-Rendorp werd tijdelijk belast met de functie van grootmeesteres en zij ontving tien dagen lang alle personen die op kraamvisite kwamen, van 13.00 tot 15.00 uur in het zogeheten 'Bruine Kwartier'. (Tegenwoordig zijn dit de werkvertrekken van koningin Beatrix op paleis Noordeinde.)

Op 28 augustus werd in een speciale vergadering van de hofcommissie door de koning te kennen gegeven dat de jonggeboren prins te zwak was om in de kerk gedoopt te worden. Daarom werd de plechtigheid gehouden op het Oude Hof (Paleis Noordeinde). Op vrijdagmiddag 12 september 1851 om half één werd Alexander gedoopt. De kamerheer-ceremoniemeester van de koning, baron A.C. Snouckaert van Schauburg had hiervoor een programma opgesteld:

Des namiddags ten twaalf ure vereenigen de genoodigden zich in de Groote Zaal en nemen de plaatsen, die hun daartoe door de Kamerheeren zullen worden aangewezen. De Koninklijke Familie vereenigt zich in de Blauwe Salon en begeeft zich naar de Groote Zaal door de Vallicht-Kamer, gevolgd door de Groot-Officieren en de dienst.

De Kamerheer-Ceremoniemeester gaat vooraf. De niet van dienst zijnden nemen plaats achter de vorstelijke zittingen. Wanneer de leden van het Koninklijk Huis hebben plaatsgenomen, doet de predikant G. Ruitenschildt eene kerkelijke redevoering welke een kwartier uurs duurt.

Van den afloop daarvan zal de Kamerheer-Ceremoniemeester kennis geven aan den Opper-Ceremoniemeester. Deze zal den jonggeboren Prins, gedragen door de fungerende grootmeesteres van H.M. de Koningin, binnenleiden.

De vier slippen van het doopkleed worden gehouden door twee kamerheeren van Zijne Majesteit en twee Kamerheeren dienst doende bij Hare Majesteit.

De dames du Palais en de hofdames van de Koningin volgen onmiddellijk. Zij zullen zich daartoe vereenigen, des namiddags ten half één ure, in het Rembrandts Paviljoen.

Vervolgens heeft de bediening van den Heiligen Doop plaats, en zal de plegtigheid geëindigd worden door een gebed.

De jonggeboren Prins zal op dezelfde wijze de Zaal verlaten.

Allen, die deze plegtigheid bijwonen, zullen gekleed zijn in gala.

Er kon niets misgaan bij deze zorgvuldig voorbereide gebeurtenis, maar voor de grootmeesteres mevrouw Deutz van Assendelft was het een hachelijke toestand. Zij moest met de baby die op een zilverkleurig kussen lag en waaraan een lange sleep hing die door de kamerheren werd gedragen, de ruimte betreden. Zij was bang dat bij iedere stap die ze zou zetten de baby door de slippendragers uit haar armen zou worden getrokken. Alles ging gelukkig goed. Toch maakte het hele schouwspel een wonderlijke indruk en de meeste aanwezigen vonden Alexander een eigenaardig kindje. Opmerkelijk detail was nog dat niemand kon zitten ondanks de aanwezige taboeretten *omdat Zijne Majesteit goedgevonden heeft om gedurende de geheele plegtigheid te blijven staan.*

Koningin Sophie was niet aanwezig bij de doop, evenmin als bij het diner op Huis ten Bosch na afloop, Prins Frederik was de enige die haar naderhand een bezoek bracht.[6]

Het huwelijk op de klippen

Het contact tussen Sophie en Willem was nog slechts uiterst formeel. Er speelde namelijk een ernstig conflict tussen hen over een diplomatieke kwestie, hij verweet haar dat zij had ingegrepen in de Frans-Nederlandse verhoudingen. Door haar toedoen was de Franse gezant, die zich weleens kritisch had uitgelaten over Sophies goede vriend Louis Napoleon, plotseling naar Parijs teruggeroepen. Willem was woedend en beval de Nederlandse gezant in Parijs om opheldering te vragen: *Ik weet uit zeer goede bron dat [...] dit uitsluitend te wijten is aan herhaald aandringen van de Koningin der Nederlanden, en in haar naam door Madame Demidow* [prinses Mathilde Bonaparte] *bij de President van de Republiek.*

Prins Frederik trad op als bemiddelaar. Hij reisde op en neer tussen Den Haag en Stuttgart en probeerde een dreigende echtscheiding te voorkomen. Willem III stuurde baron Forstner naar Stuttgart om over de voorwaarden van een mogelijke echtscheiding te onderhandelen. Deze hielden onder andere in dat Sophie afstand moest doen van haar oudste zoon en dat ze hem niet mocht bezoeken. Alleen schriftelijk mocht ze af en toe contact met hem hebben. Sophie stemde hier niet mee in en bleef strijden voor een goed contact met haar oudste zoon.

Ze kwamen tot overeenstemming met betrekking tot Alexander. In ruil voor een groot deel van haar persoonlijke fortuin kreeg zij van Willem toestemming de kleine Alexander, die ziekelijk en schuw was, bij zich te houden en groot te brengen. Voor Wiwill als troonopvolger golden natuurlijk andere regels. Het was voor Sophie altijd moeilijk dat zij bij iedere belangrijke beslissing in het leven van haar oudste zoon buitengesloten werd. Voorlopig kwam er niets van een echtscheiding.

Kort na de doop van Alexander reisde Sophies vader naar Den Haag om opnieuw overleg te voeren over een mogelijke echtscheiding. Zijn standpunt was duidelijk: hij wilde er niets van weten. Het was naar dat zijn dochter ongelukkig was, maar als gescheiden vrouw en ex-koningin zou zij er niet gelukkiger op worden. Bovendien zou ze dan al haar rechten op haar oudste kind verspelen. Hij was overigens wel van mening dat ze zich niet met de opvoeding van haar zoon moest bemoeien. Ze moest deze overlaten aan de daartoe benoemde deskundigen. Wilhelm haalde Sophie over de maatregel te accepteren dat Wiwill alleen tijdens de vakanties naar huis zou komen. Ze schreef aan De Casembroot: *Ik weet dat ik heb gedwaald maar ik heb de houding van de koning ten opzichte van mij niet verdiend. Ik heb gedwaald ten aanzien van mijn zoon en ik kan die fout slechts goedmaken door ervan af te zien mij met zijn opvoeding te bemoeien zolang u er bent. Na de dood van Maurits, in het isolement van mijn smart, heb ik in plaats van Wiwill te zien als mijn kind, van hem mijn vertrouweling en vriend willen maken en hem willen voeden met mijn ideeën, mijn dromen en mijn smarten. Ik heb ongelijk gehad, dat erken ik en ik straf mijzelf ervoor.*[7]

Sophie had haar handen vol aan de verzorging van Alexander. Het was een zwak kindje en dat verbeterde niet in de loop van de jaren. Hij was heel anders dan zijn broer Wiwill, die veel op zijn vader leek en behalve opvliegend ook heel vrolijk en vlot kon zijn. Alexander was schuw en teruggetrokken en zeer gevoelig, haast neurotisch, maar hij was net als zijn moeder erg intelligent. Sophie maakte zich vaak zorgen om hem en ze deed alles om het hem zoveel mogelijk naar de zin te maken. Vaak kwamen er kinderen van leden van de hofhouding spelen en dan mochten ze alles doen waar ze zin in hadden, ook verstoppertje en krijgertje spelen in de keurige salons. Ook Sophie speelde mee en haar wijde crinoline vormde een goede schuilplaats bij het verstoppertje spelen.

Alexander (zie kleurenafb. 23) ging niet naar school en er kwamen ook geen mensen naar het paleis om hem te onderwijzen, Sophie gaf hem zelf les. Ze zorgde overal voor: dat hij op tijd naar bed ging, genoeg at en zijn lessen leerde. In de zomermaanden was Sophie meestal met Alexander op Huis ten Bosch: *Ik houd veel van dat huis, maar ik zou het graag overbrengen naar een ander land, waar ik uitzicht had op bergen en wat anders zag dan die vreselijke sloten.*

Haar tijd werd gevuld met *eenzaam-zijn, lezen en dromen* en *met kijken naar de bomen en praten met arme mensen.* Ze schreef ontelbare brieven: *Brieven schrijven is het enige genoegen uit mijn jeugd dat me gebleven is; voor het overige voel ik mij een oude vrouw van zestig* [ze is dan rond de 35], *maar schrijven vind ik even heerlijk als tien jaar geleden.*

Enige afleiding vormden de bloemen in de tuin bij Huis ten Bosch en de vogels die ze hield. Zij had negen papegaaien waarvan er één haar stem kon nadoen en natuurlijk was Alexander er die gezellig met haar babbelde en om haar heen scharrelde. Haar behoefte aan contact met volwassenen met wie ze interessante gesprekken kon voeren en die haar gezelschap hielden, werd niet of nauwelijks vervuld.

Scheiding van tafel en bed

In deze jaren na de geboorte van Alexander bleek uit haar brieven dat ze niet vaak meer op reis durfde te gaan. *Dit voorjaar ben ik niet van plan op reis te gaan. Mijn kindje krijgt tanden, en het is ook in mijn eigen belang hier te blijven. De oude koningin ligt als een tijgerin op de loer; perverse mensen en wilde dieren kan men het best onbewegelijk recht in de ogen kijken, nooit moeten we ze de rug toekeren,* schreef ze op 21 februari 1852 aan Lady Malet.

En een maand later: *Ik verlang ernaar mijn vader te ontmoeten, ik ben ook van plan naar hem toe te gaan, daar schort het niet aan. Maar omdat zij mij zo graag kwijt willen (de* **zoon** *om ongehinderd naar zijn vrouwen te kunnen gaan, de* **moeder** *uit pure kwaadaardigheid) kan ik mijn ellendig huis alleen maar verlaten indien ik er zeker van ben dat ik kan terugkeren wanneer ik dat wens. Tot ik die zekerheid heb, moet ik blijven, ook al wordt mijn bestaan van dag tot dag ondragelijker.*

Uit deze woorden blijkt dat het feit dat er niets definitief geregeld was tussen Willem en Sophie in verband met een eventuele echtscheiding, voor haar nadelige gevolgen had. Zij voelde zich bedreigd in haar positie en was bang dat, als zij weg zou gaan, ze al haar rechten zou verspelen. In oktober 1852 ging ze uiteindelijk, zonder Alexander, voor enkele weken naar haar vader in Stuttgart. Deze situatie, waarin er niets definitiefs vastgelegd was over de verstandhouding tussen Willem en Sophie, duurde voort tot december 1855. Op de 25e werd bij onderhandse akte een scheiding van tafel en bed geregeld.

Behalve Willem en Sophie waren er nog vier anderen die van deze regeling afwisten, namelijk prins Frederik, de directeur van het Kabinet van de koning De Kock, Sophies secretaris Von Weckherlin en de minister van Justitie, Donker Curtius. Verder werd er geen ruchtbaarheid aan gegeven. Een officiële scheiding was uitgesloten, omdat die *nadeelig zoude kunnen terugwerken op het Koninklijke gezag en het belang van den staat,* daaraan zo nauw verbonden.

Afb. 9 Ter gelegenheid van het zilveren huwelijksfeest, 1864, lithografie door S. Lankhout (Beeldbank Haags Gemeentearchief).

Sophie en Willem kwamen overeen dat zij 's winters ieder hun eigen appartement in Paleis Noordeinde zouden bewonen. Van mei tot november verbleef Sophie op Huis ten Bosch of kon ze reizen in het buitenland, naar eigen goeddunken. Zij zouden elkaar in het dagelijkse leven zoveel mogelijk vrijlaten, de één mocht niet meer zonder toestemming in de vertrekken van de ander komen.[8] De opvoeding van Wiwill kwam geheel bij zijn vader te liggen, terwijl Alexander bij zijn moeder bleef. Zij mocht zijn onderwijs verzorgen tot zijn negende jaar.

Sophie behield haar taken als koningin. Als echtgenote van het staatshoofd mocht zij zich echter niet met de Nederlandse politiek bemoeien. Ook kon zij geen rol als adviseuse van haar man of haar oudste zoon spelen. Sophie was een machteloze vorstin die alleen kon proberen in de wereld van kunsten en wetenschap en in de Europese politiek iets van haar gading te vinden. In Nederland mocht zij de liefdadigheid beoefenen en de ziekenhuisverpleging, de nijverheid en de kunsten stimuleren met haar belangstelling en advies.

Verhuizing naar Huis ten Bosch

Sophie verhuisde naar Huis ten Bosch. (zie kleurenafb. 3 en 4) Er werd een afscheidsreceptie op Paleis Noordeinde gegeven, omdat zij graag van iedereen in de hofhouding persoonlijk afscheid wilde nemen. Ook Willem III was daarbij aanwezig en toen iedereen afscheid had genomen, verliet Sophie de audiëntiezaal, gevolgd door een aantal dames en heren die deel van haar hofhouding zouden uitmaken. Ze hadden nog maar nauwelijks de ruimte verlaten of de koning riep met harde stem: '*Is er soms nog iemand die met haar mee wil?*' Er viel een ijzige stilte totdat ineens iemand duidelijk zei: '*Ik, Sire.*' Dit was Jonkheer Paulus Ocker Hendrik Gevaerts van Simonshaven, die tot aan haar dood bij Sophie in dienst is gebleven als hofmaarschalk.

Sophie vertelde aan Lady Malet over haar verhuizing: *[...] de eerste mei moet ik mij er installeren. Het is een vreemd huis met overal verborgen trapjes, waar in vroeger tijd de prinses van Oranje*[9] *gebruik van gemaakt moet hebben. Er hangen zeven of acht schilderijen van haar in appelgroene japonnen. Ik zal Het Loo missen, daar was het gezonder, vrijer. Dit huis is mooi en origineel; men kan nu eenmaal niet alles hebben. Misschien brengt de zomer wat nieuwe gezichten in Scheveningen, waar men een Badhuis aan het bouwen is.* [Sophie heeft de gewoonte om regelmatig zeebaden te nemen.] *Alles bij elkaar mag ik de moed niet opgeven. De zomers in mijn tegenwoordige woning zijn verschrikkelijk geweest, want alle kamers kijken uit op een binnenhof met een heel hoge muur eromheen; in de zomer is er geen frisse lucht en een zeer ongezonde stank.*

Sophie betrok de vertrekken die oostelijk (aan de Wassenaarse kant) aan de Oranjezaal grenzen. Het waren dezelfde vertrekken als die welke Amalia van Solms, de eerste bewoonster van Huis ten Bosch, had bewoond: een salon met daarachter de slaapkamer met toegang tot het schrijfkabinet en twee zeer kleine kabinetjes waarvan één als toiletkamertje dienst doet. Aansluitend daarop lagen in de Wassenaarse vleugel twee vertrekken voor prins Alexander. Hij bleef bij zijn moeder wonen tot hij in 1875 een eigen woning in Den Haag betrok aan de Kneuterdijk 6, het vroegere huis van Johan de Witt.

De voorkamer van het oostelijke appartement op de eerste verdieping ging dienst doen als salon en het oude rijstpapieren behangsel, dat in zeer slechte staat verkeerde, werd vervangen door een behang van blauw velouté zijdepapier. De schilderes Alida Elisabeth Stolk[10] maakte drie bovendeurstukken met bloemen en vogels. Sophie bezat ook een kast die door dezelfde kunstenares was beschilderd. Ook alle andere privé-vertrekken werden opnieuw behangen en zo nodig opnieuw gestoffeerd.

In de salon hing een verguld koperen kroon uitgevoerd in een barokke stijl. Op de vloer lag een smyrnakleed en er was een marmeren achttiende-eeuwse schoorsteenmantel die mooi gebeeldhouwd was met het zich herhalende motief van een vos die een vogel besluipt. Aan de muren hingen diverse schilderijen. Er waren de portretten van de koning en de koningin van Württemberg, het portret van Sophie door Winterhalter, een *schilderij, bloemstuk, in mozaïk*, een geschenk van paus Pius IX, en het portret van Anna Paulowna door Jean Baptist van der Hulst (1790-1862), dat tegenwoordig in Rijksmuseum Paleis Het Loo te zien is. Rechts van de schoorsteenspiegel hing een portret van de historicus John Motley.

Het eerste salonameublement was verguld en bekleed met gekleurde zijde en bestond uit een canapé, zes fauteuils en zes stoelen. Het werd gecompleteerd door twee vergulde penanttafels met witmarmeren blad. Dit ameublement werd in 1874, ter gelegenheid van het zilveren regeringsjubileum, vervangen door een *door een aantal adellijke dames der residentie een op wit satijn uit de hand geborduurd ameublement in den stijl Louis XVI*. Het bestond uit een canapeetje, vier armstoelen, vier stoelen en een haardscherm.

De wanden van het schrijfkabinet waren vol schilderijen gehangen. De zitkamer werd later meer en meer het schrijfkabinet, een intiem vertrek, waarin het zoals in de soortgelijke kabinetten in het paleis aan het Plein en in paleis Noordeinde gezellig vol was. Er stonden een paar open boekenkastjes en natuurlijk verschillende stoelen: *een voltaire*[11] *stoel met tapisserie, een fauteuil met blauwe zitting en bloemen, een vergulde stoel met rood trijp, een mahonie stoeltje met groen leer en een armstoel met rieten rug.*

Tussen de salon en het schrijfkabinet lag de slaapkamer, het grootste vertrek van de privé-appartementen. Deze ruime kamer met vier ramen was ook de 'slaap- of bedtkamer' geweest van Amalia van Solms, die hier hooggeplaatste gasten ontving. De vorstelijke slaapkamers verloren pas in de loop van de negentiende eeuw deze nevenfunctie. Het behangsel was groen, zoals in alle slaapkamers van Sophie, en het meubilair was met een groen streepvelours overtrokken. Er stonden een ledikant, een wastafel, een nachttafel en een rustbank van mahoniehout. Het kamerscherm van wortelhout en een vierkante tafel met gebeeldhouwde voet kwamen uit de slaapkamer van Sophie in paleis Noordeinde.

De Chinese zaal en de Japanse zaal (allebei 'Chineesche kamer' genoemd) hadden een representatieve functie, zij behielden grotendeels hun oorspronkelijke inrichting. Het kabinet achter de Japanse zaal werd voorzien van een witzijden bespanning waarop kleurige Chinese voorstellingen waren geborduurd. Hierin bewaarde Sophie haar collectie ivoren snijwerken. Zij bezat ook een prachtige verzameling van Chinees en Europees porselein die zij samen met Delfts aardewerk op grote etagères had opgesteld in de halfronde uitbouw van de witte eetzaal. Uit de inboedel van het Huis Voorst kocht ze twee grisailles van Jacob de Wit, waarvan er één op de schouw van deze zaal werd geplaatst en één tussen de ramen op de korte wand. De koningin had uit haar privé-vertrekken in paleis Noordeinde een aantal meubels uitgevoerd in neo-Boulle-stijl meegenomen, deze stonden verspreid over het middendeel van het gebouw.

De tuin, die onder Lodewijk Napoleon door de architect Johan David Zocher sr. in een landschapspark was veranderd, was zo hoog opgegroeid dat het huis in een weelde van groen lag. Deze tuin was voor haar een toevluchtsoord, te meer door de wandelingen die ze daar maakte met goede vrienden die bij haar logeerden. Sophie zette in haar tuin planten die haar herinnerden aan haar vrienden, bijvoorbeeld een jasmijn die ze van haar goede vriendin Lady Salisbury kreeg. Deze had een ereplaatsje onder haar ramen, maar gedijde daar jammer genoeg niet. Sophie zag daarin een schakel met de plaats van herkomst van deze plant, omdat deze verdorde en doodging in dezelfde tijd dat Lord Salisbury overleed.

Een van Sophies gasten, John Lothrop Motley, mocht een tijd lang gebruik maken van een huisje in die tuin om te werken aan zijn boek *Rise of the Dutch Republic.*[12] Een andere gast, de dichter Lord Houghton, die ook een kenner was van buitenhuizen en tuinen, was verrukt van Huis ten Bosch, zowel van het huis als van de tuin: *de mooiste tuin zonder grote bomen die ik ooit heb gezien.* Ook over zijn ontvangst was hij erg te spreken, zijn gastvrouw had kosten noch moeite gespaard om het hem naar de zin te maken. Door zijn ogen kunnen wij nu zien hoe Sophie leefde: een mengeling van eenvoud en toch een zekere mate van ceremonieel, niet los te zien van haar maatschappelijke positie.

11 De koningin in functie

Een sociaal bewogen koningin

Sophie had een sterk sociaal bewustzijn en dat uitte zich niet alleen in de traditionele financiële en materiële steun, die zij gaf aan diverse liefdadigheidsverenigingen en -instellingen, maar ook in haar daadwerkelijk blijk geven van medeleven met armen, zwakken en hulpbehoevenden. Elise van Calcar vertelt hierover: *Wel bleek het bij iedere gelegenheid, dat eene beminnelijke edelmoedigheid haar kenschetste, en dat haar grootste genot was in het verborgen wel te doen. Met vreugde greep zij elke gelegenheid aan, zoodra zij maar begreep dat en hoe er geholpen kon worden. Eens vernam zij dat een predikant, gevaarlijk ziek geweest zijnde, een versterkend dieet moest volgen, dat veel te kostbaar voor hem was. 'Niets gemakkelijker', zeide zij, 'hij is mijn naaste buurman, ik wil hem alles zenden, wat hem kan verkwikken' en nu verzocht zij den geneesheer, haar dagelijks op te geven wat de lijder behoefde om weer tot kracht te komen.*

In september 1845 schreef zij aan Lady Malet: *Er is grote ongerustheid onder de bevolking hier. Er heerst een aardappelziekte: aardappels vormen het belangrijkste voedingsmiddel, niemand weet hoe de armen de volgende winter moeten doorkomen.*[1]

Dominee J.H. Gunning publiceerde in 1935 een serie artikelen in een kerkblad, de *Nieuwe Zondagsbode*, met de titel 'Herinneringen uit mijn leven'. Uit zijn herinneringen blijkt ook de sociale betrokkenheid van Sophie: *Koningin Sophie was een ware vriendin van mijn vader, dien zij gaarne hoorde* [zijn vader was de beroemde theoloog prof. Gunning]. *Vader kwam meningmaal bij haar op bezoek, waarbij het soms niet aan humoristische voorvallen ontbrak. Prof. Gunning was het tegendeel van een glad gepolijste hofman. Levenslang heeft hij, evenals ik, het met boorden, dassen en jassen te kwaad gehad en de Koningin, die een wijze en hoogstaande vrouw was, had zichtbaar genoegen in de onmiskenbare 'eigenaardigheden' van haar gewaardeerden gast. Op zekeren dag ontving zij hem op 't Huis ten Bosch en wees hem een teer, verguld stoeltje aan. Vader, die destijds nogal corpulent was en die zich wellicht nog herinnerde hoe de zwaarlijvige zendeling Zimmer in zijn eigen huis twee stoelen achtereen den nek brak, zag dien fraaien, maar delicaten zetel met schrik aan en zeide: 'Majesteit, zou ik liever een steviger zitplaats mogen hebben?' Bij een andere gelegenheid was hij aan haar tafel genodigd, maar liet het eene gerecht na 't andere onaangeroerd voorbij gaan. De Koningin, naast wie hij zat, vroeg daarop: 'Dominee, is u niet tevreden over mijn kok? Kan ik soms iets anders aanbieden?' 'Majesteit, ik ben vegetariër en laat daarom deze vleeschgerechten passeren. Maar voor een broodje met kaas zou ik U hoogst dankbaar zijn.'*

Toen vader ziek was, kwam Koningin Sophie herhaaldelijk zelve in haar rijtuig naar den kranke informeren, zond hem bloemen en vruchten en toen hij in staat was haar te ontvangen, heeft zij den zwakken herstellende het eerst van allen een vriendelijk en hartelijk bezoek gebracht. Nog zie ik den looper op de stoep liggen en de zenuwachtigheid van mijn lieve moeder bij dit exceptionele, hoog te waarderen bezoek, want de Koningin kwam anders nooit bij particulieren aan huis.

Hoe vaak heb ik haar geestdriftig toegejuicht. Bij de inwijding van het weeshuis door mijn vader – ik zal toen ongeveer 15 jaar oud geweest zijn – heb ik het gezang op een serafine [een huisorgel] *begeleid en van de Koningin, die toen ook aanwezig was, een complimentje en een handje gehad. Ik was als in den derden hemel.*[2]

Sophie bezocht ziekenhuizen, weeshuizen en ook een school voor geestelijk gehandicapte kinderen in Den Haag. Zij spiegelde zich aan het voorbeeld van haar moeder, die in Württemberg veel op dit gebied betekend had. Door haar belangstelling voor de geneeskundige zorg en voor sociale verbeteringen stond zij bekend als '*la reine savante*' (de geleerde koningin). Zij voerde een briefwisseling met buitenlandse hervormers op sociaal en medisch gebied. Een van hen was de Engelse Florence Nightingale die zij ontmoette tijdens haar reis naar Engeland in 1857 en met wie zij van gedachten wisselde over de verbetering van de ziekenverpleging.

Op 16 april 1850 schreef ze aan Lady Malet: *Het bezoek aan Amsterdam is uitstekend verlopen.* [...] *Ik was opnieuw getroffen door de onmiskenbare grandeur van sommige openbare instellingen: scholen voor de armen en armenhuizen, en dat allemaal tot stand gebracht zonder overheidssteun, uitsluitend door de vrijgevigheid van de burgerij. Als het er niet zo vies geroken had, zou ik van de bezichtiging bepaald genoten hebben, want het is een oprechte vreugde om er getuige van te zijn hoe er werkelijk goed gedaan en kwaad voorkomen wordt.*[3]

Op 1 december 1869 bracht Sophie een bezoek aan het huidige Sophia Kinderziekenhuis in Rotterdam en zij was een zeer belangstellende gast *die de Inrichting tot in de kleinste bijzonderheden in oogenschouw nam, zich op de meest minzame wijze met de kleine patiënten onderhield en herhaalde malen hare tevredenheid met een en ander betuigde, terwijl zij als stoffelijke bewijzen van hare sympathie, ons eene gift van f 100,– en eene naaimachine ten gebruike in de Inrichting liet toekomen.* De bestuurders van het ziekenhuis vroegen Sophie of het naar haar vernoemd mocht worden. Nadat zij hiervoor toestemming gegeven had, werd de naam officieel Sophia Kinder-ziekenhuis.

In 1874 kwam zij opnieuw naar het ziekenhuis en bezocht verschillende ziekenzalen waar zij *zich op de haar eigen minzame wijze met de lijdertjes onderhield.* De koninklijke stoet had, vóór het bezoek aan het ziekenhuis, even halt gehouden op de hoek van de straat *ter bezichtiging van een straal zeer helder water, die door een kleine handspuit-slang werd geworpen eenige meters boven de daar tamelijk hooge huizen* [...] en de verslaggever vervolgde: *Het was de waterleiding, die een blijk van leven gaf, dat, naar we hopen, de voorbode zal zijn van hare spoedige inwerkingstelling.* Er kwam hiermee een einde aan een tijdperk waarin smerig grachtwater als drinkwater diende en zo voor de verbreiding van vele ziektes zorgde.[4]

Sophie had ook belangstelling voor nijverheidstentoonstellingen en zij liet zich graag de werking van allerlei machines uitleggen; zij was enthousiast over technische prestaties zoals de aanleg van spoortunnels door de Alpen. De tunnel van de Mont Cenis noemde zij *één van de schitterendste constructies van onze eeuw.* Toen in 1855 de Haarlemmermeerpolder werd drooggelegd, werd daar onder meer boerderij De Badhoeve gebouwd, met negen huizen voor vijftig man personeel en hun families en een groot aantal schuren voor het vee, de zuivelbereiding en de opslag van graan en fruit. Deze grote landbouwonderneming waar de nieuwste landbouwtechnieken werden toegepast, trok al gauw vele bezoekers uit binnen- en buitenland. De echtgenote van de eigenaar van de boerderij, Hermina Amersfoordt-Dijk was zeer muzikaal en speelde voor gasten als keizer Maximiliaan van Mexico, de Braziliaanse keizer Pedro de Alcantara, prins Jérôme Napoleon en koningin Sophie, die de boerderij zelfs twee keer bezocht.[5]

Intellectuele contacten

Sophie had contact met diverse vooraanstaande en ontwikkelde vrouwen zoals de schrijfster Elise van Calcar,[6] die als eerste een biografie over haar geschreven heeft. Betsy Perk (1833-1906), schrijfster van romans en toneelstukken, richtte in 1871 de Algemeene Nederlandsche Vrouwenvereeniging 'Arbeid Adelt' op, 'ter verbetering van het lot der onvermogende vrouw uit den beschaafden stand door aanmoediging en bevordering van haar kunst- en arbeidszin'. De vereniging verkocht de handwerken van vrouwen, die daardoor economisch onafhankelijk konden worden. Het was een voor die tijd revolutionair doel.

'Arbeid Adelt' organiseerde aan het einde van het jaar 1871 een tentoonstelling in het stadhuis van Delft, 'Tentoonstellingsbazar van vrouwelijke Nijverheid en Kunst' en koningin Sophie liet zich door Betsy Perk op deze succesvolle tentoonstelling rondleiden. Zij werd beschermvrouwe van 'Arbeid Adelt' om zo de vereniging te steunen en nam een abonnement op het verenigingsblad *Onze Roeping.*

Een vrouw met wie Sophie bevriend was sinds haar aankomst in Nederland was Mienette Storm-van der Chijs (1814-1895), wereldreizigster, publiciste en sociaal hervormster. Haar grootvader van moederszijde begeleidde Sophie van Württemberg in 1839 naar Nederland en stelde haar toen voor aan zijn kleindochter. Mienette was in Delft een vooraanstaand lid van de vrouwenvereniging 'Dorcas', die behoeftige weduwen, alleenstaande vrouwen en grote gezinnen ondersteunde door het verstrekken van levensmiddelen, kleding en brandstof en door het aan de vrouwen uitbesteden van naaiwerk zodat zij geheel of gedeeltelijk in hun eigen onderhoud konden voorzien. De ondersteuning werd gefinancierd uit de ledencontributies en uit de opbrengsten van de jaarlijkse loterij. De prijzen die hierbij werden uitgeloofd, werden door leden en bevriende relaties ter beschikking gesteld. Hiervoor kon Mienette altijd een beroep doen op haar vrienden aan het hof.[7]

Betsy Groen van Prinsterer-van der Hoop (1807-1879), ook een vriendin van Sophie, was een vrouw uit de hogere kringen die zich inzette voor een betere samenleving. Zij richtte onder andere een bewaarschool en een breischool voor meisjes op en ging op armenbezoek. In 1847 was ze betrokken bij de oprichting van de 'Vereniging Vrienden der Armen'. In 1865 stelde zij een huis in de Kazernestraat in Den Haag ter beschikking aan mevrouw S.K. de Bronovo om er een kliniek voor weduwen en ongehuwde vrouwen te vestigen. Hieruit is het tegenwoordige ziekenhuis Bronovo ontstaan. Koningin Sophie verrichtte de opening.[8]

Sophie verscheen met grote regelmaat bij concerten, tentoonstellingen en wetenschappelijke congressen en maakte er een gewoonte van politici en diplomaten bij haar thuis te ontvangen en met hen over allerlei interessante kwesties van gedachten te wisselen. Zij had in haar jeugd al kennisgemaakt met de kunst van de boeiende en geestige conversatie en deze kwam natuurlijk het beste tot zijn recht in kleine gezelschappen. De Württembergse diplomaat Robert von Mohl vertelde over haar dat zij een vrouw van ongewone geestkracht was, zeer belezen en altijd verbazingwekkend levendig: *Als zij in een goede stemming is, lijkt haar gesprek op vuurwerk.* Na haar verhuizing naar Huis ten Bosch werden dit soort contacten intensiever, want ze hoefde geen rekening meer met haar man te houden en hoefde hem ook niet meer om toestemming te vragen.

Sophie was iemand die behoefte had aan een inspirerende omgeving met mensen die zij bewonderde en die haar bewonderden, waardoor ze in een emotionele jubelstemming kwam. Bij gebrek aan afleiding en werkelijk geestelijk contact verveelde ze zich enorm. Ze werd dan melancholiek en voelde zich vaak intens eenzaam. Hier kwam bij dat ze zich dan ook vaak ziek voelde, ze was gauw verkouden en tobde veel over haar aandoeningen. Naar buiten toe liet zij hier niets van merken, het Nederlandse publiek wist niet hoe gedeprimeerd zij af en toe was. Zij wilde een inspirerende en geïnspireerde koningin zijn, die vol begrip was voor anderen. Zij was dan iemand die voor iedereen een goed woord of een glimlach over had en zij genoot van het succes dat ze had met haar optreden in het openbaar. Het was dan niet voor te stellen dat zij kort daarvoor zware opiaten, die toen algemeen veelvuldig toegepast werden, had gebruikt om haar verkoudheid te verdrijven.[9]

Willem Frederik Ralphszn. Tindal

In maart 1857 trad jonkheer Willem Frederik Ralphszn. Tindal (1816-1882), ritmeester van de dragonders, in dienst van Sophie als kamerheer. Aan het hof werd gespeculeerd dat hij een liefdesrelatie met Sophie zou hebben. Jonkheer F.L.W. de Kock, directeur van het kabinet van Willem III, was hier zeker van, zoals blijkt uit brieven die hij in dat jaar schreef aan Forstner de Dambenoy. Zo schreef hij op 11 maart 1857: *Waarde Forstner, Hierbij eenen brief ter lectuur van de in de wandeling genoemde graaf Windbuil* [hiermee bedoelt hij Tindal]. *Zal ik aan Tindal schrijven, dat hij vraagt weder in actief gesteld te worden, en zoo dit geschied is, zult gij zorgen dat hij een jaar verlof ontvange, ten einde onze beminde Sposa de kleine piemelman tot haren kamerbewaarder erlange?* Sposa was de spotnaam voor Sophie van deze heren in hun correspondentie. Sposa betekent echtgenote en het was een woordspeling op de term waarmee de echtgenote van de koning in officiële stukken werd aangeduid: '*onze beminde gemalin*'.

Bovendien waren de ingewijden aan het hof verbaasd over de opvallende manier waarop Tindal haar in bescherming nam. Tijdens een diner was Sophie haar zoon Wiwill voortdurend aan het plagen. Ze kneep in zijn hand, kuste hem onder het eten op de wang alsof hij een klein kind was en hij reageerde daar humeurig op. Tindal sloeg het tafereel bezorgd gade, Sophie wierp hij een medelijdende blik toe, terwijl hij met verontwaardiging naar haar zoon keek. Daarna begon hij schaamteloos allerlei mensen, van wie hij wist dat Sophie ze niet mocht, belachelijk te maken of kraakte ze af. Hij deed dit zo tactloos dat zelfs Sophie er koeltjes op reageerde.

Bij andere gelegenheden bespotte hij de koning op een zeer heftige en grove manier en verdedigde hij Sophie ten opzichte van hem. Hij zou in haar dienst blijven tot 1865, toen hij onder mysterieuze omstandigheden oneervol werd ontslagen en naar het buitenland vertrok. Tindal had wel de gelegenheid gekregen om zich te verdedigen bij zijn berechting door een groep hoofdofficieren. Was het omdat deze man inderdaad de minnaar van Sophie was of had hij door zijn voortdurende brutale kritiek op de koning deze zo geïrriteerd dat hij Tindal heeft ontslagen? Het is opmerkelijk dat Sophie, met haar behoefte aan openhartigheid en vertrouwelijkheid er in haar brieven aan haar vrienden nooit met maar één woord over heeft gerept.[10]

Afb. 10 Prins Alexander met hoed, 1860, foto door J.H. Hoffmeister (1823-1904), (Beeldbank Haags Gemeentearchief).

Buitenlandse reizen

Sophie verbleef ieder jaar een aantal maanden in het buitenland. Tijdens deze reizen, waarop haar zoon Alexander haar vaak vergezelde, deed zij veel nieuwe indrukken op en kon ze haar kennis vergroten. Ze bezochten onder meer Duitsland, Luxemburg, Denemarken, Rusland en Tunesië.

Naast deze onofficiële bezoeken maakte Sophie, als koningin der Nederlanden, ook regelmatig officiële reizen. Van 6 mei tot 1 juni 1858 was ze bijvoorbeeld, met Alexander, in Frankrijk. Haar gevolg bestond uit de volgende personen: mevrouw Van der Oudermeulen, grootmeesteres van het hof, mevrouw de barones Van Verschuer, eerste hofdame, mevrouw de barones Van Pabst van Bingerden, dame du palais, graaf Van Randwijck, grootmeester van het huis van Hunne Majesteiten, de heer W.F. Tindal, hofmaarschalk, en de heer Von Weckherlin, secretaris van de koningin. Het is interessant hieraan wat uitvoeriger aandacht te besteden, omdat zo duidelijk wordt hoe afgeladen vol haar programma op een dergelijke reis was.

Afb. 11 Portret van koningin Sophie, 1860, lithografie door J.H. Hoffmeister (1823-1904), (Beeldbank Haags Gemeentearchief).

Het gezelschap reisde over Straatsburg naar Kehl waar Sophie werd ontvangen door een afgezant van de Franse keizer, de Vicomte de Laferrière, die haar vergezelde tijdens haar verblijf in Frankrijk. Ook waren bij deze ontvangst een aantal Nederlandse afgevaardigden aanwezig, onder andere de buitengewoon gezant en gevolmachtigd minister van Nederland Lightenvelt en de secretaris van het gezantschap Heldewier, evenals een aantal plaatselijke notabelen. Sophie ging hierna met haar gevolg naar het Hôtel de Paris waar ze dineerde met enkele hooggeplaatste gasten, zoals generaal Reibell, de militaire commandant, en de heer Migueret, de prefect van het departement Bas-Rhin, de consul van Württemberg en de hierboven genoemde personen. Na het diner ontving zij Zijne Keizerlijke Hoogheid Prins Napoleon, die haar uit naam van de keizer bezocht.

Op vrijdag 7 mei vertrok het gezelschap met de keizerlijke trein en kwam tegen zes uur in Parijs aan, waar het werd ontvangen door de keizer zelf en door Hare Keizerlijke Hoogheid Mevrouw de Prinses Mathilde. Ze gingen per rijtuig naar het Paleis van de Tuilerieën, waar ze de keizerin, prins Jérôme, groothertogin Stephanie van Baden en hertogin Marie Hamilton ontmoetten. Sophie stelde de mensen uit haar gevolg voor aan de keizerlijke hoogheden en de keizer introduceerde haar bij enkele officieren van dienst. Ze logeerde in het Paviljoen Marsan in de Tuilerieën, waar ze 's avonds om acht uur dineerde met haar gevolg. De Vicomte de Laferrière mocht aan haar rechterhand zitten.

De volgende dag ging ze met haar gevolg naar het Louvre, waar ze werd rondgeleid door de graaf De Nieuwerkerke, die directeur-generaal van het museum was. Om half twaalf ontving zij prins Jérôme. Na de lunch kwam de keizer op bezoek en daarna ging Sophie naar de keizerin en naar de hertogin van Baden, waar ze tot vier uur bleef. Ze vertrok toen met haar gevolg in een galakoets naar het Hôtel des Invalides, waar zij de kerk en de kapel met de tombe van Napoleon I bezocht. Om vijf uur woonde ze een preek bij in de kerk de Madeleine. Om zeven uur vond het diner plaats bij de keizer en de keizerin. Hierbij waren aanwezig de hertogin van Baden, prins Jérôme, prins Napoleon, prinses Mathilde, prinses Marie, hertogin Hamilton, prinses Baciocchi, prins en prinses Murat en enkele andere leden van de familie Murat, verschillende officieren, edelen en hofdames.

De volgende dag was een zondag en om half twaalf ging Sophie naar de kerk. Daarna lunchte ze en ontving achtereenvolgens in audiëntie: prinses Mathilde, Lucien Murat, Joachim Murat, prinses Murat en prinses Baciocchi. 's Middags ging ze met de keizer naar de rennen in Longchamps, aan de arm van de keizer maakte ze op het terrein een wandeling. Toen ze om vijf uur weer terug was had ze een ontmoeting met Julius Mohl, hier had ze bij de Vicomte speciaal om verzocht. Daarna ging ze om half acht 's avonds voor het diner naar Jérôme Bonaparte in het Palais Royal. Hierbij waren onder andere prins Napoleon en de familie Murat aanwezig. Om tien uur vertrok ze naar het Paviljoen Flore in de Tuilerieën om afscheid te nemen van de groothertogin van Baden, die de volgende dag naar Mannheim zou vertrekken.

Op maandag 10 mei bezocht ze La Sainte Chapelle en het Palais de Justice. Beide gebouwen bekeek ze zeer uitvoerig. Daarna vertrok ze naar de gevangenis La Conciërgerie, waar ze werd rondgeleid door de directeur, die haar alles vertelde over de gevangenschap van Lodewijk XVI en Marie Antoinette. Aansluitend bezocht ze de Notre Dame en het Hôtel de Ville, waar ze een rondleiding kreeg van de prefect van de Seine, Hausmann. Na de lunch ontving ze keizerin Eugénie en om twee uur ging ze naar het atelier van de Nederlandse schilder Ary Scheffer aan de Rue Chaptal. (Hier is tegenwoordig het Musée de la Vie Romantique gevestigd.)[11]

Nadat Sophie bij Scheffer was geweest, ging ze nog even winkelen, iets waar ze altijd erg dol op was en om vier uur was ze weer thuis. Daar ontving ze het corps diplomatique, iedereen verscheen 'en grande uniforme'. De heren werden rechts opgesteld in de 'grand salon' en de dames links. De koningin werd aangekondigd en liep langs de genodigden. Allen werden persoonlijk aan haar voorgesteld, de heren door een Nederlandse minister, de dames door Sophies vriendin gravin Olivia Cowley, die daar aanwezig was als ambassadrice van Groot-Brittannië. 's Avonds was er een diner bij de keizer en keizerin, Sophie zat tussen hen beiden in. Om elf uur trok ze zich terug in haar eigen appartementen.

Op dinsdag ging ze opnieuw naar het Louvre met de Vicomte en haar gevolg. Ze werd rondgeleid door graaf Horace de Viel-Castel, die conservator was van de afdeling voor middeleeuwse en renaissancekunst, en ook door de heer Reiset, conservator voor tekenkunst. Na de lunch ontving ze de keizer en om half drie vertrok ze naar het Palais du Luxembourg. Ook hier werd ze door de conservator van het museum rondgeleid. Hij gaf haar uitleg bij de schilderijen. Op het programma stonden dan nog een bezoek aan het voormalige Pantheon, inmiddels de kerk van Ste. Geneviève, de beschermheilige van Parijs, de kerk St. Etienne du Mont en het Musée de Cluny, dat een magnifieke collectie meubels, vazen, tapijten en wapens uit de Middeleeuwen en de renaissance heeft. Ook hier werd een en ander toegelicht door de conservator. 's Avonds om zeven uur was er een diner met vele hoogheden in de ambassade van Engeland. Na het diner had Sophie een ontmoeting met Mathilde en om half twaalf ging ze naar huis.

Op woensdag ging Sophie in een rijtuig naar Versailles, bij haar in het rijtuig zaten de gravin van Montebello en de Vicomte de Laferrière. In twee andere rijtuigen bevonden zich haar gevolg en graaf De Nieuwerkerke. Ze bezochten het paleis en besteedden speciale aandacht aan de portrettengalerij. Na de lunch in de zogenaamde kleine appartementen in het paleis bezichtigden ze nog een ander gedeelte en vervolgens gingen ze naar het Trianon. Zowel 'le grand' als 'le petit' Trianon werd bezocht, maar natuurlijk ook de parken, tuinen, kassen en de bloementuinen. Om half zes 's middags waren ze weer terug in Parijs. Om half acht dineerde ze bij de keizer en de keizerin en om elf uur ging ze naar bed.

Op donderdag bezocht ze onder meer het Palais de l'Industrie, waar ze de bloemententoonstelling bekeek, en het Palais de l'Elysée met de tuin en ze ontving bezoek van haar broer, de prins van Württemberg. 's Avonds was er een diner bij de keizer en de keizerin, waarbij ook Mathilde en Napoleon weer aanwezig waren.

De volgende dag ging ze naar de Jardin des Plantes. Hier zag ze de vogels, de dieren, de slangen, de kassen en alle collecties van natuurlijke historie. 's Middags was er een uitstapje naar het Musée d'Artillerie en tussendoor ontving ze een aantal mensen en bezocht ze de keizerin. 's Avonds na het diner gingen ze naar de Opéra, waar 'La Magicienne' werd opgevoerd. Hierbij was ook haar broer aanwezig.

Sophie ging zaterdags voor de derde keer naar het Louvre in gezelschap van De Nieuwerkerke die haar ditmaal de Egyptische afdeling, de afdeling van de Antieke Oudheid en die van de moderne beeldhouwkunst liet zien. Na de lunch was het Observatoire Impérial aan de beurt en Sophie bekeek nauwkeurig alle instrumenten en ging het dak op om door de verrekijkers te kunnen kijken. Op de terugweg bezocht ze nog het Palais du Corps Legislatif.

Bij het diner was ook haar broer aanwezig, evenals graaf en gravin Cowley. Sophie zat daarbij rechts van de keizer en tegenover de keizerin.

De volgende dag werd in het Louvre de schilderkunst en de beeldhouwkunst van de Franse school bekeken en hierbij was opnieuw De Nieuwerkerke aanwezig, evenals de desbetreffende conservatoren. Om half twaalf deed ze de kapel van de Engelse ambassade aan en na de lunch ging Sophie naar het Paleis van Saint Cloud. Ze was om zes uur terug en ging om half acht naar het paleis van Jérôme voor het diner, waar ook weer onder andere haar broer, Napoleon en Mathilde bij aanwezig waren. Na het diner ging het gezelschap naar het Théâtre Français.

Op maandag 17 mei werd er 's avonds een bal ter ere van Sophie gegeven. Ze maakte haar entree in de 'grands salons' aan de arm van de keizer, haar broer begeleidde de keizerin. De keizer opende het bal met Sophie in de *Salon des Marechaux* en *Hare Majesteit keert terug naar haar appartementen na diverse keren door de salons te hebben gelopen, verschillende malen te hebben gedanst en het souper te hebben gebruikt in de Galerie de la Paix.*

Op dinsdag bezocht ze te voet in de Rue Basse du Rempart 20 het atelier van de schilder Winterhalter die rond 1845 haar portret had geschilderd. 's Avonds was er weer een diner. Ze ging de volgende dag nogmaals naar Versailles en bezocht La Manufacture Impériale de Porcelaines. Ze bekeek de werkplaatsen, het keramiekmuseum en de collectie van de fabriek. 's Avonds was er theaterbezoek.

Op donderdag 20 mei werd het ziekenhuis van het Hôtel Dieu bezichtigd en vervolgens de kerk St. Germain l'Auxerrois. Daarna ging Sophie winkelen en bezocht onder andere een paar speelgoedwinkels met Alexander. 's Middags vertrok ze met de keizerin naar de troepeninspectie in het Bois de Boulogne, waar ze met de prins van Württemberg het defilé van de troepen bijwoonde. De volgende dag werd betrekkelijk rustig doorgebracht met winkelen en wandelen in de tuinen van de Tuilerieën en het Bois de Boulogne en een bezoek aan de begraafplaats van Père Lachaise. 's Avonds werd de Opéra Comique bezocht, die Sophie blijkbaar goed bevallen was, want er wordt met nadruk vermeld in het reisverslag dat ze tot het einde was gebleven.

Op zaterdag 22 mei had ze een afspraak met haar goede vriend Julius Mohl. Ze gingen samen de diverse collecties bekijken in de Bibliothèque Impériale in de Rue Richelieu. Na de lunch ging de koningin met de trein naar St. Germain, waar ze het kasteel bezocht en in het bos wandelde. Deze excursie heeft ze incognito gemaakt. 's Avonds was er een bezoek aan het Théâtre de Vaudeville in de loge van Jérôme.

's Zondags ging ze uiteraard naar de kerk, dit keer naar de Amerikaanse kerk. Na de lunch werden Sophie en Alexander opgehaald door de keizer en keizerin die hen naar het station zouden begeleiden. Ze gingen naar Fontainebleau, waar een ontvangst met genodigden plaatsvond. Sophie kreeg het appartement dat eerder bewoond was geweest door paus Pius VII. Ze bekeek het kasteel en wandelde in de tuin, zoals bijna altijd begeleid door barones van Pabst en de Vicomte. 's Avonds was er na het diner een bal, waar 'iedereen' weer aanwezig was: de keizer en de keizerin, prins Napoleon, prinses Mathilde, Joachim Murat, de prins van Nassau, de Cowleys, de minister van Buitenlandse Zaken graaf Walewski en andere ministers, niet alleen Franse maar ook uit Württemberg, en de prins van Württemberg.

Op maandag werd het kasteel van Fontainebleau onder leiding van de bibliothecaris Champollion-Figeac bezichtigd. Daarna ging het gezelschap wandelen in het bos waar ze met de 'char à bancs' (de janplezier) naartoe waren gegaan. Door regen waren de 'doorluchtige wandelaars' genoodzaakt eerder terug te gaan naar het kasteel. 's Avonds was er na het diner een theatervoorstelling. Het was hier allemaal wat rustiger, er waren niet zoveel activiteiten als in Parijs. Er werd gewandeld in het bos, 's avonds werden er 'charades' gespeeld en men ging op tijd naar bed.

Woensdag 26 mei keerde de prins van Württemberg terug naar Parijs, Sophie ging wandelen in de tuinen van Fontainebleau en 's middags met de janplezier naar het bos om naar het garderegiment van de jagers te paard te luisteren, dat fanfares speelde. 's Avonds werd er gedanst en Sophie danste voornamelijk met prins Napoleon.

Donderdag 27 mei werd er gejaagd, Sophie ging samen met Mathilde in een klein rijtuig, de keizer en keizerin in jachtkostuum waren te paard. Er was een groot gezelschap aanwezig. Er werd gejaagd op een hert en de jacht duurde twee uur, Sophie kreeg de poot van het hert aangeboden. De terugtocht vond plaats met de koningin aan het hoofd onder het schallen van de jachthoorns. Na het eten ging de hele hofhouding naar het balkon van het ovale plein om aanwezig te zijn bij de verdeling van de jachtbuit, die bij toortslicht plaatsvond. De Prins van Württemberg, die was teruggekomen voor de jacht, ging om half zes terug naar Parijs. Om tien uur begon het bal, dat de keizer met koningin Sophie opende.

De volgende dag bezocht Sophie opnieuw de bibliotheek, wandelde door het kasteel en ging naar haar appartementen waar zij bezoek kreeg van Mathilde. Na de lunch met de keizer werd er een tochtje in het bos gemaakt, waar muziek werd gemaakt door het regiment van de jagers te paard.

Op 29 mei gingen ze na de lunch naar het station, waar ze met militaire eer werden ontvangen. De keizer en keizerin namen afscheid van Sophie, die in het gezelschap van Mathilde terugreisde naar Parijs. Natuurlijk was er 's avonds een diner, dit keer bij de Cowleys thuis.

Zondag had Sophie een afspraak met Julius Mohl voor de lunch. Daarna ging ze naar de tuin van 'Pré Catalan' en bezocht achtereenvolgens de poppentheaters, de grote zaal met het open dak, het schouwspel met de geestenbezwering en de fotografiewerkplaatsen. Daarna naar Neuilly om bloemen te bekijken. 's Avonds was er een bezoek aan het 'Théâtre Français' waar ze Mathilde in haar loge ontmoette.

Op maandag 31 mei bekeek ze de kerk van Saint Denis, met de graftombes van de koningen en koninginnen van Frankrijk. In het Maison Impériale van het 'Légion d'Honneur' bekeek ze nauwgezet de slaapzalen, de eetzalen en de studiezalen. De leerlingen stonden opgesteld in een van deze zalen en de koningin liep langs alle rijen en wisselde met ieder meisje een paar woordjes. Op verzoek van de koningin kregen ze onder luid gejuich een halve dag vrij. Om half drie poseerde ze voor de fotograaf van de keizer, Mayer, die ook een foto van Alexander maakte. Daarna at ze met Mathilde bij Jérôme.

De volgende dag bezocht ze opnieuw de fotograaf van de keizer en daarna ging ze met haar gezelschap naar het station om de keizer en keizerin af te halen, die terugkwamen uit Fontainbleau om van Sophie afscheid te nemen. Ze lunchte met hen en bracht ze weer naar de trein naar Fontainebleau. Sophie dineerde 's avonds met Mathilde en vertrok daarna met de trein naar Mannheim.[12]

Niet alle reizen van Sophie verliepen zoals hierboven beschreven, maar het geeft een goed beeld van haar bezigheden, het overladen programma en het grote aantal mensen dat ze ontmoette. Ook als ze in bijvoorbeeld Bad Ischl ging kuren om tot rust te komen, had ze een zwaar sociaal programma. Het constant bezig-zijn was kenmerkend voor de rusteloze natuur van Sophie. Zij was van mening dat het onjuist was stil te staan: een mens hoorde bezig te zijn, te leren en te ondervinden.

12 Intieme vrienden

Het verlies van Wilhelm I van Württemberg

Sophie ging regelmatig naar Stuttgart om haar vader te bezoeken, maar vanaf 1862 zag ze hoe hij langzaam maar zeker aftakelde: *Ik ben treurig gestemd*, schreef ze op 28 september vanuit Stuttgart aan Lady Malet, *omdat ik zie hoe mijn vaders krachten geleidelijk afnemen en zijn grote geestelijke vermogens beginnen te flakkeren. Dagelijks, ieder uur, ben ik daar getuige van, het bedrukt mij mateloos. In deze situatie had ik de vreugde Lord Napier te ontmoeten. Hij kwam zondag en bleef tot woensdag.*

Sophie kende Lord Francis Napier al vanaf 1859, toen hij de nieuwe Britse gezant in Den Haag werd. Hij was al aan diverse ambassades verbonden geweest (in Wenen, Constantinopel, Napels en Washington), voor hij naar Nederland kwam. Hij werd beschouwd als briljant diplomaat en had ook de reputatie een onverbeterlijke Don Juan te zijn. Hij bleef maar een jaar in Den Haag en vertrok vervolgens als gezant naar St. Petersburg: *Ik vond het zo heerlijk. Deze echt briljante geest, zijn sarcastische, maar niet bittere opmerkingen, zijn hartelijkheid, consideratie en vriendschap voor mij, dat alles liet mij meer genieten van zijn bezoek dan ik zeggen kan. Tien jaar geleden had ik op mijn hoede moeten zijn – maar mijn jeugd is voorbij. Ik houd zo van die manier van denken en doen van een Engelse gentleman. Hij is ook op mij gesteld en dat gevoel van wederkerigheid is oneindig troostend en aangenaam!*

Het jaar daarop hoopte ze dat haar vader een beetje opgeknapt was, hoewel hij wel erg doof was geworden. Er was geen werkelijk contact meer mogelijk en zijn belangstelling voor het leven was verdwenen. Sophie probeerde hem zo vaak mogelijk op te zoeken om hem te verzorgen en bij te staan.

Dit duurde tot zijn dood op 25 juni 1864 en zijn dood kwam voor haar toch nog onverwacht: *Het scheen onmogelijk dat ik hem zou kunnen verliezen. Hij was mijn Voorzienigheid op aarde. Ik heb meer geleden toen ik mijn kind verloor, maar dit verlies maakt een diepe inbreuk op het patroon van mijn leven. Voortaan kan ik nooit meer uitkijken naar een periode van rust, van vrede en behaaglijkheid... en u weet ook, hoeveel ik van die plek gehouden heb, dat mooie paleis in Stuttgart, mijn tehuis*, schreef ze aan Lady Malet.

Ze maakte een reis naar Zwitserland en Italië om het verlies te boven te komen. Vooral een vierdaags bezoek aan Venetië deed haar veel goed. Ze had daar gezelschap van een goede vriend, de Engelsman Lord Clarendon. Haar vrienden merkten dat ze veel verdriet had. Op de terugweg van Italië naar Nederland maakte Sophie een tussenstop in Frankfurt, waar ze Lady Malet ontmoette. Haar man was Brits gevolmachtigde bij de Duitse Bond. Lady Malet vertelde over haar ontmoeting met Sophie: *Zondag de 23ste ging ik naar het station om de koningin van Holland af te halen. Arme ziel, zij was van top tot teen in de diepste rouw gehuld. Haar ogen zochten mij. Zij kon de anderen niet negeren, die daar waren om haar te ontvangen, maar zij omhelsde mij hartelijk. Ik ging met haar mee naar het Kaiser Hotel, wij zaten een uur te praten, met telkens kleine onderbrekingen wanneer er mensen kwamen die haar wilden spreken. Zij gaf toe, dat de reis haar geestelijk en lichamelijk goed had gedaan.*[1]

Julius Mohl bezocht Sophie in november van dat jaar in Huis ten Bosch en schreef aan Lady William Russell: *Ik bracht drie dagen door in haar buitenhuis in het bos, het eigenaardige oude huis van Koning Willem, dat zij naar haar eigen smaak heeft ingericht, en waar ze helemaal alleen woont, terwijl ze haar kleine jongen onderwijst. Arme ziel! Ik merkte dat ze diep geraakt was door het verlies van haar vader; en dat is begrijpelijk, want ze heeft niemand anders die ze in vertrouwen kan nemen.*

Na de dood van haar vader ging Sophie niet vaak meer naar Stuttgart, omdat ze niet goed kon opschieten met Olga, de vrouw van haar broer Karl, die zijn vader als koning was opgevolgd.[2]

Huwelijkskandidaten voor Wiwill

Prins Wiwill had geen enkele belangstelling voor staatszaken en al helemaal niet voor het koningschap. Als hij hierop aangesproken werd, dan reageerde hij steevast met de woorden: '*Het wordt hier toch een republiek*'. Wiwill kon maar voor een beperkt aantal zaken enthousiasme opbrengen: vrouwen, gokken (vooral op paardenraces) en drank.

Een ander probleem was dat het niet lukte om goede afspraken te maken over een huwelijk van de toekomstige Nederlandse koning, ondanks diverse geheime pogingen uit Den Haag. Koning Willem III heeft de oplossing van dit probleem overgelaten aan Sophie, ondanks het feit dat hij haar meestal overal buiten wilde houden. Misschien vond hij het gemakkelijk dat zijn echtgenote dit probeerde te regelen, maar het kan ook zijn dat hij wilde profiteren van haar goede reputatie bij de Europese vorstenhuizen evenals bij adellijke en andere invloedrijke kringen. Willem was zich er wel degelijk bewust van dat hijzelf niet zo gunstig bekendstond.

In 1856 bracht Wiwill een bezoek aan Londen. Lord Clarendon, minister van Buitenlandse Zaken van koningin Victoria, deed als goede vriend van Sophie

Afb. 12 Prins Willem, 1860 (Beeldbank Haags Gemeentearchief).

verslag aan haar: *[...] de Prins van Oranje heeft een goede indruk gemaakt, ik was er zelf bij, alles wat de Koningin van Holland zou wensen. Men vond hem erg knap en een echte heer, zijn manieren zijn heel aangenaam. Zijn conversatie is intelligent en zijn gedrag en houding opmerkelijk voor zijn leeftijd. Laat de koningin van Holland weten dat haar zoon een groot succes was en dat de Koningin & Prins erg blij waren met hem kennis gemaakt te hebben.*

In 1857 ging Sophie zelf voor het eerst naar Engeland, in de hoop dat zij zo een huwelijk van Wiwill met één van de dochters van koningin Victoria kon bewerkstelligen. Zij ontmoette de Britse koninklijke familie en koningin Victoria schreef over haar in haar dagboek: *Zij is slank, gracieus en voornaam: très grande dame.* Toch besloot koningin Victoria dat een dochter van haar niet met de Nederlandse prins zou trouwen. Hij was uiteindelijk te weinig serieus in haar ogen. In de Britse kranten werden allerlei geruchten onthuld over de wilde avonturen die de prins in Parijs zou hebben gehad, Victoria was veeleisend en vond dit gedrag niet gepast voor iemand die met haar dochter zou trouwen. Bovendien had koningin Victoria een grondige afkeer van koning Willem III, die zij omschreef als een dronkaard en een barbaar. Wiwill zelf was er niet rouwig om, hij was niet zo geïnteresseerd in een Engelse prinses.

Sophie nam hem mee naar allerlei koninklijke feesten en hofbals in Europa, maar het mocht niet baten: alle huwelijkskandidaten werden afgewezen. Sophie liet geen kans liggen, steeds vroeg ze haar vriendinnen om informatie over geschikte kandidaten voor haar zoons. Haar grootste zorg was het voortbestaan van het Huis van Oranje. Wiwill echter wilde, toen hij meerderjarig werd en het contact met zijn moeder niet meer door anderen ingeperkt werd, zijn eigen leven leiden. Hij was zijn moeder zeer toegewijd maar wenste niet door haar beinvloed te worden.[3]

Lord Clarendon

Tijdens diezelfde reis naar Engeland maakte Sophie ook kennis met vele hooggeplaatste en belangrijke personen, zoals Lord Palmerston, de voormalige minister van Buitenlandse Zaken. In haar gesprekken met hem liet zij haar veelzijdigheid zien: zij was een groot voorstandster van de aanleg van het Suezkanaal, was geïnteresseerd in de huisvesting van fabrieksarbeiders en in het openbaar vervoer in Londen. Ook ontmoette zij vooraanstaande geleerden van verschillende disciplines.

Sophie had veel bewondering voor Engelse staatslieden, voor de Engelse samenleving, voor het typisch Engelse plattelandsleven en zelfs voor Engelse dokters, die zij raadpleegde als zij in Torquay was om te kuren.

Van groot belang werd haar ontmoeting met Lord Clarendon, die uitgenodigd was voor een whistavond die zij gaf tijdens haar verblijf in het Claridge's Hotel in Londen. Sophie schreef aan haar vriendin Olivia Cowley dat zij hem

een aller-charmantste man vindt, zo knap om te zien, zo'n aangename stem en met al zijn grote geestesgaven toch zo eenvoudig in zijn optreden. Hij was **bijzonder** *aardig tegen mij, en je weet, lieve Olivia, dat vergeet ik nooit. Toen ik na het diner luisterde naar een gesprek dat hij met Lady William Russell voerde, kon ik wel huilen, omdat het de laatste maal was dat ik hem zag. Ik bewonder Lord Palmerston, heb hem altijd bewonderd, maar hij bezit niet die oneindige charme van Lord Clarendon, er is werkelijk geen ander zoals hij [...]*

Afb. 13 Lord Clarendon (Koninklijke verzamelingen).

Lord Clarendon was ook onder de indruk van Sophie en na een bezoek aan The Grove, zijn buitenhuis, schreef hij aan Lord Cowley: *Ik was zeer gecharmeerd van de koningin van Holland, iedereen trouwens. Haar gratie en waardigheid, haar intelligentie, kennis, volmaakt goed humeur en groot conversatietalent hebben haar bezoek aan Engeland tot een succes gemaakt. Ik kan mij niet herinneren dat dit ooit met iemand anders, al dan niet van koninklijken bloede, in die mate het geval is geweest. Het is onmogelijk een betere indruk achter te laten dan zij heeft gedaan.*[4]

Lord Clarendon heette voluit George William Frederick Villiers, hij was de vierde Graaf Clarendon én de vierde Baron Hyde (1800-1870). Al op twintigjarige leeftijd was hij in diplomatieke dienst getreden. Van 1833 tot 1839 was hij ambassadeur in Spanje. Hij bekleedde diverse functies in de regering tot hij in 1853 tot minister van Buitenlandse Zaken werd benoemd. Hij bleef deze functie vervullen tot zijn dood in 1870. Hij was een persoonlijke vriend van Napoleon III en kon goed overweg met koningin Victoria. Hij viel op door zijn onbaatzuchtigheid en integriteit. Voorbeeld daarvan was zijn weigering om de hoogste functies die hem werden aangeboden te aanvaarden, evenals hogere adelstitels dan die hij al had en hoge onderscheidingen. Zijn motivatie was dat hij bij zijn beslissingen en optreden niet op dergelijke promoties uit was geweest. Zijn politieke opvattingen waren liberaal.

Hij sprak vele talen vloeiend, had zeer goede manieren, een groot psychologisch inzicht, schreef met groot gemak in een heldere stijl en was een goed en boeiend spreker. Hij werd geroemd om zijn persoonlijke charme, zijn wijs en evenwichtig oordeel. Toch was er ook wel wat kritiek op hem, Sir Henry Bulwer bijvoorbeeld had over hem geschreven: *Het is moeilijk te zeggen of hij werkelijk zo'n superieur mens is, maar hij is in elk geval ruim voldoende uitgerust met voortreffelijke eigenschappen, alleraangenaamste manieren, snelheid van begrip, intelligentie, en het vermogen om uit alles en iedereen in zijn omgeving precies datgene te halen dat hem van dienst kan zijn. Zijn fout: dat hij een tikje te cynisch en te kritisch is, en meer oog heeft voor de feilen van anderen dan voor hun kwaliteiten. Er zijn echter maar weinig mensen die na een ontmoeting een zo aangename indruk achterlaten; ook al twijfelt men wel eens of hij even oprecht is als veroverend.*

Sophie en Clarendon ontmoetten elkaar weer in Stuttgart in oktober 1858, toen zij bij haar vader logeerde: *Sinds zondag is Lord Clarendon hier, de aardigste en meest intelligente man die men zich kan voorstellen [...] Meer dan ooit onderga ik de charme van Engelse 'good breeding', zo verschillend van de Franse 'bon ton'. Aan mijn theetafel ontmoette hij de Princess Royal:*[5] *zij wilde eerst een andere plaats hebben, maar door zijn optreden verliep alles zonder een rimpel.* Prinses Victoria had namelijk geruchten gehoord dat Lord Clarendon de minnaar was geweest van de moeder van de Franse keizerin Eugénie.

Sophie en Lord Clarendon begonnen een briefwisseling die zou duren tot zijn dood in 1870. Sophie had hiervoor in eerste instantie politieke motieven, ze wilde haar best doen voor een betere verstandhouding tussen Londen en Parijs. Zij stond natuurlijk op zeer goede voet met de Franse keizer en keizerin en had nu ook de Britse koninklijke familie leren kennen. Zij betreurde het dat deze verstandhouding niet optimaal was, terwijl zij van beide landen een hoge dunk had en er zeker van was dat zij door goede bemiddeling nader tot elkaar konden komen. Een belangrijk motief voor Sophie was ook dat zij een toenadering tussen Rusland en Frankrijk wilde voorkomen. Zij had al eerder vertrouwelijke informatie via een correspondentievriendin doorgespeeld aan koningin Victoria. Prins Albert, de echtgenoot van koningin Victoria, had ooit een kopie gemaakt van Sophies negatieve beschrijving van de Russische minister van Buitenlandse Zaken Gortsjakov.[6]

Toch was de briefwisseling tussen Sophie en Lord Clarendon niet alleen gebaseerd op politieke belangen. Al uit de eerste brieven blijkt dat ze elkaar erg aardig vonden. Hij schreef, vanuit zijn landhuis The Grove in Engeland, op 5 november 1858: *Mevrouw, [...] zolang als ik leef moet-ik me altijd de heerlijke maar veel te korte tijd herinneren die ik in Stuttgart doorgebracht heb. Het maakt me bedroefd om te beden-*

ken dat ik al zo oud ben geworden zonder het genoegen te hebben gehad om Uwe Majesteit te kennen maar ik hoop de verloren tijd zoveel mogelijk goed te kunnen maken en dat er niet nog een jaar zal verstrijken voor ik Uwe Majesteit kan bezoeken.

In zijn brieven schreef hij veel over politiek, Pruisen, Oostenrijk, Turkije en alle andere landen die op dat moment een rol speelden op het wereldtoneel. Hij vertelde over mensen die hij ontmoette en over het Engelse parlement, iets waar Sophie grote belangstelling voor had. Hij wilde ook altijd graag weten van Sophie wat de Franse keizer van bepaalde zaken dacht.

Toch zagen ze elkaar een tijd niet, want op 11 oktober 1859 schreef hij, weer vanuit The Grove naar Sophie, die in Stuttgart logeerde: *Mevrouw, Nu ik naar u schrijf in Stuttgart kan ik het niet helpen dat ik aan de heerlijke dagen moet denken die ik daar vorig jaar heb doorgebracht & ik betreur het dat dit jaar voorbij zal gaan zonder dat ik de eer & het buitengewone genoegen heb om Uwe Majesteit te zien.* Ze zagen elkaar pas weer in 1860 in Zandvoort: *Ik kan niet zeggen hoe prettig ik het vind dat Uwe Majesteit mij op de hoogte heeft gebracht van de dag dat u van plan bent in Zandfort te zijn & ik zal Uwe Majesteit zeker bezoeken op 6 september.*[7]

In 1860 werd Wiwill erg ziek en Lord Clarendon voelde met heel zijn hart mee in haar zorgen over haar zieke zoon, want hij wist wat het was om te moeten waken bij het bed van een ziek kind. Sophie stuurde hem een foto van zichzelf, waar hij erg blij mee was, maar hij vond wel dat de foto geen uitzondering vormde op de fotografische regel dat vrouwen op de gevoelige plaat geen recht wordt gedaan. Hij zou de foto bewaren en koesteren.

Hij werd door Sophie op Huis ten Bosch uitgenodigd en bezocht haar daar regelmatig, maar hij had niet altijd tijd en op 17 september 1863 schreef hij haar dat hij teleurgesteld was over haar gebrek aan vertrouwen in hem, dat zij ook maar een moment twijfelde aan zijn bereidheid om te komen. Hij was juist erg vereerd met haar uitnodiging en zei haar dat ze geen idee had hoe blij hij daarmee was en hoe jammer hij het vond dat hij niet kon komen. In 1864 was hij bij haar op bezoek: *de dagen die ik onder Uwe Majesteits dak heb doorgebracht horen bij de gelukkigste & gedenkwaardigste van mijn leven. Ik kan niet ophouden eraan terug te denken met genoegen en dankbaarheid, net zoals ik nu voel voor de twee brieven die ik zo gelukkig was hier te ontvangen. Ze hebben mijn bewondering vergroot & Uwe Majesteit zal nooit in mijn achting dalen & het vertrouwen dat U in mij gehad heeft betreuren.*

De brieven werden in de loop van de jaren intiemer van toon, in plaats van 'Your Majesty' noemde Clarendon haar 'my dearest of friends' of ook wel 'dearest Sophie'. Vanaf 1864 schreef hij haar erg vaak en had hij het veelvuldig over zijn gelukkige herinneringen aan de keren dat hij haar gezien had. Het ging minder over politiek en meer over persoonlijke zaken.

Op 23 november schreef hij: *Ik had twee dagen geleden al willen schrijven om de liefste vriendin te bedanken voor haar allerliefste brief maar er waren redenen! Misschien waren ze ingebeeld & is het niet de moeite waard om te zeggen waarom ik er niet van houd om vanuit deze plaats te schrijven, maar ik doe het toch [...] & ik kan de brief morgen zelf posten. Jouw brieven hebben een charme voor mij die ik niet kan beschrijven, want ze zijn jijzelf & ik kan je zien & je horen spreken terwijl je schrijft, dus ik zou ze voor geen goud willen missen ondanks de ongerustheid die ik over het algemeen altijd voel met betrekking tot brieven & het gevaar dat altijd schuilt in een briefwisseling... [...] Ik verheug me op het idee dat we allebei aan het gelukkige verleden denken & op dezelfde plaatsen op bijna altijd dezelfde tijd!*

Jouw regeling voor adressering is uitstekend maar het zou enorm bijdragen aan een rustig gevoel als je me verzekert dat je mijn brieven direct verbrandt. Ik doe dat ook met die van jou, je bent nooit zeker. Denk niet dat ik gek ben op dit punt maar ik kan het niet helpen. Hij vroeg haar hem alles te vertellen wat er in haar leven gebeurde, niets deed hem meer genoegen dan een brief van zijn liefste vriendin Sophie. Hij las haar brieven steeds opnieuw voordat hij ze verbrandde.

Tijdens de kerstdagen was hij in The Grove met zijn gezin. Hij schreef Sophie op de 27^e^ december: *Ik had mijn liefste vriendin vandaag eerder willen schrijven, maar ik was niet vrij, want de Sposa* [Clarendon noemde zijn vrouw altijd zo in zijn brieven] *kwam in mijn kamer zitten.* Hij vertelde haar over het kerstfeest en andere familiegebeurtenissen.

Sophie had zijn vrouw en kinderen leren kennen en schreef ook regelmatig naar Lady Clarendon. Dat dit niet helemaal zonder dubbele bodem was, blijkt uit de brief van Clarendon van 15 januari 1865 waarin hij opmerkte dat ze *[...] een volmaakte schijnbrief heeft geschreven die erg bewonderd werd & zeer natuurlijk overkwam. Je had zoals gewoonlijk gelijk door te veronderstellen dat het heel raar zou overkomen als je geen teken van leven zou geven aan het begin van het jaar.*

Hij wilde niet aan de toekomst denken, dat was niet van belang, en hij vertelde haar allerlei kleine voorvalletjes uit zijn dagelijkse leven. Op 14 april 1865: *Tienduizend maal dank voor de brief deze week van mijn liefste vriendin. Hij was zo aardig & sympathiek & echt zoals je zelf bent dat het me werkelijk goeddeed, & ik had daar behoefte aan, want ik was erg ziek.*[8]

Lord Clarendon had veel last van jicht, die regelmatig opspeelde. Op 22 augustus 1865 schreef Sophie vanuit Huis ten Bosch aan hem: *Dear Lord Clarendon, ook al weet ik dat een verblijf in een badplaats erg slecht is voor de correspondentie, moet ik toch schrijven om te weten te komen hoe het met je gaat. We hadden zulk wisselvallig weer dat ik bang ben dat je oude vijand weer terug is om je lastig te vallen.* [zijn jichtaanvallen] *Ik heb vruchteloos in de kranten gekeken om te zien of Lord Clarendon Engeland heeft verlaten. [...] Het Pruisische & Oostenrijkse gekibbel vult alle kolommen & laat geen ruimte over voor huiselijk nieuws.*

Mijn leven was erg rustig, maar deze weken zijn erg prettig & ieder jaar vind ik het erger als ze ten einde komen. Mag ik hopen je hier nog te zien, voordat ik dit huis verlaat? Ik weet dat het een offer-is. Ik weet wat voor hekel je eraan hebt om naar de huizen van andere mensen te gaan, hoeveel het je kost om uit je huis & van je familie verwijderd te zijn, maar ik zou het als een echt bewijs van vriendschap beschouwen als je het je kunt veroorloven mij deze dagen te geven, waarop je me in Engeland al deed hopen. [...] Er zijn maar weinig mensen die ik om hun advies & mening kan vragen. Die van jou hebben meer waarde voor mij dan van anderen.

Dit is een van de weinige brieven van Sophie aan Lord Clarendon die bewaard zijn gebleven. Lord Clarendon zal haar brieven wel grotendeels verbrand hebben, in tegenstelling tot Sophie. Uit zijn antwoorden is echter veel op te maken over de aard van Sophies brieven. Zo vertelde zij veel over haar zoons en besprak ze haar kwalen met hem. De politiek bleef hen altijd boeien, maar hun brieven hebben de toon gekregen van twee mensen die elkaar erg goed kenden en op zeer goede voet met elkaar stonden. Hij leefde erg met haar mee en vond het jammer dat ze zich vaak zo eenzaam voelde: *Liefste, ik kan het niet verdragen dat je ongelukkig bent...*

Sophie was erg bezorgd over zijn ziekte, die erg uitputtend was en gepaard ging met zeer pijnlijke gezwellen. Zij betreurde het dat hij in 1868, toen de liberaal Gladstone premier werd, de portefeuille van Buitenlandse Zaken aanvaardde. Ze was ervan overtuigd dat het beter voor zijn gezondheid zou zijn als hij zich rustig zou houden: *Gisteren las ik in de krant jouw benoeming tot Minister van Buitenlandse Zaken. Ik ben verheugd om je in deze hoge positie te zien, want niemand is daar zo geschikt voor als jij. Ik ben blij voor Europa, dat kan steunen op jouw wijsheid en ervaring; maar ik betreur het vanwege je gezondheid, en (sta me toe dit te benadrukken) ik vind het jammer voor mezelf, omdat ik weet dat ik nog minder kans zal hebben om te genieten van jouw gezelschap en om je aardige brieven te ontvangen. Vergeef me mijn egoïstische reactie. Mijn leven is armzalig en saai, en ik kan geen vriend missen. Toch hoop ik dat God al je ondernemingen zal zegenen, jouw werk en waakzaamheid voor de grandeur van je land en de vrede van Europa! Je roem en glorie zijn zo verankerd, die hoeven niet verder toe te nemen; ik hoop alleen dat je gezondheid er niet onder lijdt.*[9]

Sophie stuurde hem regelmatig foto's. In het voorjaar van 1869 stuurde ze hem er bijvoorbeeld twee, eentje van haar zitkamer in de stad en de andere van de woonkamer in Huis ten Bosch: *een kamer met vele gelukkige herinneringen aan de keren dat ik daar met jou ben geweest, terwijl ik genoot van je conversatie.* Ze wilde niet over politiek praten maar was benieuwd naar zijn familie en ze nodigde Lady Clarendon uit om bij haar te komen in Huis ten Bosch. Eventueel kon ze ook haar kinderen meenemen.

In juni schreef hij haar dat hij zo vaak last had van zijn hart, het was zwak geworden evenals zijn bloedsomloop. Hij kreeg daardoor steeds opnieuw zin in

Afb. 14 Kamer van koningin Sophie in Huis ten Bosch, foto uit 1914 (Beeldbank Haags Gemeentearchief).

een flink glas cognac. Hij wachtte ongeduldig op haar komst naar Engeland. Toen ze elkaar net gezien hadden, vertelde hij haar hoe ontzettend blij hij was toen hij haar weer zag en dat ze in geen enkel opzicht veranderd was: *moreel & fysiek & gevoelsmatig*. Hij durfde het niet aan haar diezelfde middag weer op te zoeken: *Maar ik verlang naar vanavond.*

Er volgden nog meer briefjes met afspraken wanneer ze elkaar zouden ontmoeten tijdens Sophies verblijf in Engeland. Hij nodigde Sophie uit hem en zijn familie te komen bezoeken in The Grove en zij ging er een dag heen in juli 1865. Een jaar later schreef ze Lady Clarendon en ze haalde onder andere herinneringen op aan deze prettige dag: *Ik herinner me zo goed dat ik vorig jaar deze dag met u doorbracht, in uw huis, in The Grove & al de vriendelijkheid die ik genoot zie ik voor mij. Ongeveer op het tijdstip dat ik u nu schrijf, verliet ik u, u volgde mij vriendelijk naar de deur & ik zie de familiegroep zo scherp voor ogen. U stond vooraan in een grijze jurk. Lady Constance & Lady Emily naast u, de mooiste familiegroep die maar mogelijk is, en ik wens u alle goeds & zegening toe.*

Aan Lord Clarendon schreef ze, toen ze weer terug was in Den Haag: *We waren het er allemaal over eens op onze terugreis naar Londen, dat, ondanks de schoonheid van Hat-*

field en Warwick, we de voorkeur gaven aan The Grove als het gezelligste en comfortabelste huis – dankzij de smaak en de kunst van zijn eigenaar. Ik voel me zo gelukkig dat ik je **echte** *huis heb leren kennen want het huis in Londen is maar tijdelijk. De prachtige tuin van Lady Clarendon geeft me een lelijk jaloers gevoel als ik naar die van mij kijk, die weliswaar het voorwerp van mijn zorg en liefde was, maar nu onvruchtbaar en verwaarloosd lijkt [...].*

Lady Mary Salisbury

Via Lord Clarendon had Sophie Lady Mary Salisbury leren kennen en ze had een goede vriendin aan haar gekregen. Hij was met beide vrouwen bevriend en het is goed mogelijk dat hij Sophie aangespoord heeft met haar kennis te maken. Hij moedigde Lady Mary aan om Sophie op te zoeken: *Haar leven is zo eenzaam,* schreef hij, *en ze is een 'femme incomprise' bij de Nederlanders, dat het vooruitzicht om van gedachten te wisselen met een vrouw als 'ma très chère cousine' balsem voor haar ziel is.*[10]

Uiteindelijk was het Lady William Russell die de vrouwen daadwerkelijk met elkaar kennis liet maken. In 1865 schreef ze aan Lady Salisbury: *[...] de koningin van Holland wil heel graag Hatfield zien, en tot drie keer toe en tot op het laatst voor haar vertrek vertelde ze me om je te zeggen dat ze in de rouw was en dat ze wist dat jij het ook was en dat ze daarom PRIVE wil komen en ze hoopte dat ze op een 'public day' niet weggejaagd zou worden? Vanwege je familiecatastrofe wilde ze graag dat ik dat zou vragen.*

Wat jouw eigen lieve persoon betreft, ze heeft gehoord dat je 'une personne distinguée' bent (wie niet?) enz. [...] De Nederlandse koningin spreekt vloeiend, correct, perfect en aangenaam Engels. Zij is zelf ook een 'femme distinguée', buitengewoon goed, zeer intelligent. Het is jammer dat ze een Koningin is!

In een tweede brief ging ze verder met haar introductie van Sophie: *[...] ze kwam tussen vijf en zes* **te voet** *naar me toe, haar rijtuig volgde haar om haar mee terug te nemen. [...] Sindsdien heb ik haar niet meer gezien. Ze is aanwezig bij een aantal diners, morgen gaat ze naar Windsor voor een lunch, daarna naar Marlborough House en de Opera, dan Lady Westmoreland* [een andere goede vriendin van Sophie], *woensdag naar Lord Clarendon.*

Ik had haar acht jaar niet gezien, maar ik ken haar al dertig jaar, en we corresponderen voortdurend. Alle koninklijke personen houden van brieven – ze schrijft erg goed en verbazingwekkend Engels, en ze is in ieder opzicht goed gehumeurd, intelligent, gecultiveerd, **deugdzaam** *en ontzettend vriendelijk, dus je zult haar aardig vinden. Ze is ook knap, en ze was een modeldochter en ze is een modelmoeder.*

In juli 1865 ontmoetten Sophie en Lady Mary Salisbury elkaar dan echt. Sophie vertelde aan Lady Russell dat ze gecharmeerd was van haar en haar intelligent, 'ladylike', vol zelfvertrouwen vond: *Ik houd van haar mooie, bruine ogen en die stralende glimlach die prachtige tanden laat zien. Niemand doet haar prachtige huis meer eer aan dan zijzelf. Volmaakte beleefdheid, gemak en zelfvertrouwen. Het is een groot geluk als een dergelijke hoge positie wordt gesierd door zulke goede eigenschappen.*

Tegen Lady Malet was ze wat openhartiger over haar nieuwe vriendin: *Ik vind Lady Salisbury een bijzondere vrouw, niet echt knap om te zien, met haar lelijke verweerde huid en grote voeten, maar zij heeft* prachtige *ogen, bruin en glanzend, volmaakte tanden en een heel goed figuur. Zij gedraagt zich zeer beheerst en heel rustig. Ik was getroffen door haar intelligentie, haar heldere, haast mannelijke verstand dat zich geen ogenblik verloochent. Zij was inderdaad buitengewoon slecht gekleed. Zij zegt dat zij zo sterk is als een paard. Zij gaat heel familiair om met Lord Stanley, ik geloof niet dat hij haar minnaar is, maar zij beheerst hem in geestelijk opzicht geheel en al en ik denk dat zij wel met hem zal trouwen, zodra de oude bibberige Lord Salisbury overlijdt.*

Sophie werd inderdaad uitgenodigd op Hatfield en had het daar heerlijk: *Ik had niet zo lang moeten wachten om je te bedanken voor de vriendelijke ontvangst die Lord Salisbury en jij me hebben bereid in Hatfield, maar mijn laatste dagen in Londen waren zo druk dat ik geen tijd kon vinden om te schrijven. Nu, in de stilte van mijn eigen huis, moet ik je nogmaals bedanken, ik moet je vertellen hoe de dag die ik in Hatfield heb doorgebracht voor altijd in mijn herinnering zal blijven. Ik had al zo vaak over Hatfield en de kasteelvrouwe gehoord dat ik gelukkig ben om ze gezien te hebben. Bedank Lord Salisbury namens mij en mijn zoon, ik hoop dat je me niet zult vergeten en dat we elkaar in de toekomst weer zullen ontmoeten.*[11]

In september schreef Sophie aan Lady Clarendon om haar te vertellen dat haar man in goede gezondheid was aangekomen in Huis ten Bosch, *hoewel hij klaagt dat hij veel heeft geleden in Wiesbaden. Ik hoop dat een paar dagen van volkomen rust in deze stilte hem goed zullen doen, ook omdat het weer af en toe ongewoon zacht & mooi is voor dit jaargetijde. Het enige wat ik jammer vind, ondanks het genoegen dat het mij doet hem hier te zien, is dat u niet onder hetzelfde dak bent. Ik hoop dat u een ander jaar aan het einde van uw kuur samen wilt komen: mijn lieve oude huis, dat niet groot is, kan makkelijk zulke aardige gasten opnemen.*

Ze schreef opnieuw aan Lady Clarendon toen haar man Huis ten Bosch verliet en ze hoopte dat deze dagen van volmaakte rust ervoor gezorgd hadden, samen met zijn kuur, dat hij weer opgewassen was tegen de drukte van zijn Engelse leven. Ze hadden genoten van het heerlijke weer en hadden één keer een uitstapje gemaakt. Lord Clarendon wilde de drooglegging van de Haarlemmermeerpolder, die op dat moment in volle gang was, zien en hij was vooral erg geïnteresseerd in de machines die daarvoor gebruikt werden: *De ingenieurs & leidinggevenden van het werk waren allemaal bijeen om hem uitleg te geven en ze waren verbaasd over zijn technische kennis & natuurlijk verrukt van zijn goede manieren. U weet hoe zijn grootse & goede geest altijd geïnteresseerd is in alles wat groots & goed is.*

In november condoleerde Sophie Lady Clarendon met het overlijden van een van haar broers: *[...]en u weet dat geen enkele gebeurtenis in jullie gezin mij onberoerd laat.*

Helaas! Ik weet maar al te goed hoe de eerste banden uit ons bestaan nooit verbroken kunnen worden, zonder iets van jezelf weg te scheuren. Sophie bedankte haar voor haar aardige brieven en uitte haar zorg over de achteruitgaande gezondheid van Lord Clarendon: kon hij het niet wat rustiger aan gaan doen?[12]

Sophie nodigde haar nieuwe correspondentievriendin Lady Salisbury uit om bij haar te komen logeren in Den Haag: *Heb je plannen om naar het buitenland te gaan? Als dat zo is, kom dan ook naar Holland, want we zijn zelden het doel van reizigers, en* **mijn huis** *moet dan je thuis zijn. Als je een week over zou hebben, kom dan alsjeblieft.* Het kwam er voorlopig niet van en Sophie ontving een tegen uitnodiging om weer naar Hatfield te komen. Ze kon vooralsnog niet weg, maar had wel een foto van Lady Salisbury ontvangen: *Ik ontving je foto, maar helaas! Het is een lasterlijk portret en ik denk dat je het recht hebt om de maker te vervolgen. Dit is niet mijn Lady Salisbury!*

In juni 1867 was het zo ver, Lady Salisbury kwam op bezoek bij Sophie in Huis ten Bosch, er gingen heel wat brieven aan vooraf. Sophie vroeg haar hoe-

Afb. 15 Prins Alexander, ca. 1865 (Beeldbank Haags Gemeentearchief).

veel kinderen en personeel ze mee zou brengen en of de kinderen met haar zoon Alexander mochten eten: *Mijn lieve oude Huis ten Bosch is gewoon een huis, niet een paleis zoals Hatfield. En ik zal voor ieder aantal mensen dat je meebrengt onderdak vinden, tel quel [...]*

Ook met haar besprak Sophie de politieke situatie. Ze gaf commentaar op Engelse en buitenlandse politici en vroeg naar de mening van haar vriendin. Ook wilde ze weten wie er benoemd werd voor welke functie. In juni 1867 schreef Sophie dat ze bang was voor een toenadering tussen Rusland en Frankrijk, volgens haar een ramp voor Europa: *Ik ben erg bang dat de keizerin, die zoveel macht heeft, gewonnen zal worden door vleierij en cadeaus. Ze heeft geen hoogstaande geest. Ze is erg gracieus, ze heeft hoogstaande en nobele ideeën, maar ze is erg zwak van geest, niet in staat tot nadenken, hoewel ze in haar eigen belang slim en berekenend kan zijn. De Russische tsaar heeft haar voor zich gewonnen, en ze zal aan zijn plannen meewerken. Dit is droevig.*[13]

In hun brieven schreven de beide vrouwen natuurlijk ook over hun gemeenschappelijke vrienden en kennissen, zo kwam Lord Clarendon veelvuldig ter sprake. Op 21 juli 1867 schreef Sophie aan Lady Salisbury en bedankte haar voor een boek en haar brief, die haar gebracht waren door Lady Napier: *Ik had je al eerder willen bedanken, maar ik heb zulke verzwakkende pijnaanvallen dat ik nergens toe in staat ben, noch op de dag van de koorts noch de dag daarop. Dan lig ik op de sofa, zwak en tot niets in staat. Ik las het boek met grote belangstelling, maar mijn geest dwaalt vaak af. Lady Napier en ik spraken over jou. Ik geloof niet dat er ooit een meer onzelfzuchtige, goede vrouw is geweest dan Lady Napier, met een zachte aard, die ieder aards geluk verdient. Ondanks al de intelligentie en het talent van Lord Napier verdient hij haar toch niet helemaal, hoewel hij haar wel waardeert. Ze kwam vierentwintig uur op bezoek en verliet me gisteren. [...] Ik ben je erg dankbaar voor je verslag over Lord Clarendon. Hij klaagt over zijn gezondheid, hoewel mijn zoon die hem twee keer zag in Parijs hem er beter vond uitzien dan twee jaar geleden in Londen.*

Sophie ging regelmatig naar Londen voor doktersadvies. Ze was erg tevreden over dokter Quain in Harley Street, maar wilde van haar vriendin de namen van andere goede artsen weten, mocht dokter Quain er niet zijn. Op 9 augustus 1867 schreef ze: *Mijn eigen dokter hier is een goede man, toegewijd aan onze familie, en ik geloof dat hij mijn jongen begrijpt, maar hij heeft mijn toestand zeker niet begrepen. Er zijn dagen dat de last van het bestaan bijna onmogelijk leek. Ik ben een beetje beter, maar ik ben erg bang dat dezelfde toestand terug zal keren.*

Ik kan niet teveel over mezelf nadenken. Het verstoort de regelmaat van mijn bestaan en ik moet mijn krachten verzamelen om in staat te zijn het te verdragen.

Ze wilde graag naar Engeland komen, maar op de 16e september vond de opening van de Staten-Generaal plaats en die had ze al twee jaar gemist. Het leek haar beter om daar geen gewoonte van te maken. Daarom vertrok ze eind september naar Engeland. Ze wilde graag een rustige tijd hebben en hoefde niet vermaakt te worden: een boek uit de bibliotheek, een wandeling en een gezellig praatje met haar vriendin waren voor haar voldoende: *Dit zijn geen lege woorden, een lang leven vol lijden heeft me geleerd dat de enige manier om tevreden te worden is om jezelf te vergeten in het leven van anderen.*

Sophie werd tegelijkertijd uitgenodigd door Lady Clarendon en ze vertelde Lady Salisbury dat ze daar wel rekening mee moest houden: *Ik zou het liefste bij jou willen blijven tot de 25e, maar ik heb een raar gevoel ten opzichte van Lady Clarendon. Ze heeft totaal geen aantrekkingskracht voor mij, maar ze wordt bemind en bewonderd door een man voor wie ik de grootste achting voel, en daarom ben ik aan meer 'égards' gebonden dan bij ieder ander.*

Aansluitend aan haar bezoek aan Engeland ging ze naar Parijs, waar ze de Wereldtentoonstelling bezocht. Ze was hier erg van onder de indruk: *onze Eeuw zal zeker geen getuige meer zijn van iets vergelijkbaars!* Natuurlijk bracht Sophie bij die gelegenheid ook een bezoek aan haar goede vrienden, keizer Napoleon III en keizerin Eugénie. Hij was ziek, moe en depressief en zijn vrouw maakte zich zorgen om hem. Tijdens een rijtocht met Sophie vroeg Eugénie wat zij van zijn toestand vond, zij vond hem veranderd, hij was telkens vermoeid en gedeprimeerd: *Il est unamusable.* Dit bezoek maakte Sophie erg verdrietig. Ze was zelf ook niet goed in orde, ze had een zware aanval van bronchitis en astma gehad en de gebruikelijke remedie, laudanum, versufte haar enorm. Toch legde ze weer veel bezoeken af en ontving ze ook allerlei bezoekers: onder andere Charles Villiers (de broer van Lord Clarendon), de Granvilles, Lord Houghton en Lord en Lady Stanhope.

In november 1867 was Sophie terug in Den Haag en ze vertelde Lady Salisbury dat ze de volgende dag, de 15e, naar Het Loo zou vertrekken, waar ze veertien dagen zou blijven. Sophie kwam daar nog regelmatig, samen met haar man en Alexander. Ze had er niet zoveel zin in omdat het al zo laat in het jaar was, het was er dan erg koud en het paleis was moeilijk te verwarmen, zeker als het lange tijd niet bewoond was geweest.[14]

Uit de brieven van 1868 komt duidelijk naar voren hoe bezorgd Sophie zich maakte over de Franse keizer. Ze schreef dat ze bang was voor zijn positie, zijn *ster lijkt dalende.* Ze was enthousiast over de eenwording van Italië, maar had daarover wel meningsverschillen met haar vriend prins Napoleon, die haar een tijdje niet meer schreef omdat hij boos op haar was.

De brieven die Sophie in 1869 aan haar vriendin Lady Salisbury schreef getuigen van haar angstige voorgevoelens over de licht ontvlambare politieke situatie: er dreigde oorlog tussen Frankrijk en Pruisen en de troon van de Franse keizer wankelde. Ook klaagde Sophie regelmatig over haar gezondheid en maakte ze zich bezorgd over die van Lord Clarendon. Ze vroeg vaak hoe het met hem ging. Hijzelf schreef haar voortdurend dat hij prima in orde was, maar Sophie vertrouwde het niet helemaal: *Zijn gezondheid lijkt goed te zijn – tenminste dat vertelt hij mij*, schreef ze op 14 maart 1869.

Er is een brief van haar aan Lord Clarendon bewaard gebleven waarin deze bezorgdheid duidelijk naar voren komt: *Den Haag, de laatste dag van 1868, Beste Lord Clarendon, God zegene je en de jouwen in 1869 en ieder volgend jaar! Laat me het jaar besluiten met deze wensen, die uit een toegewijd hart komen. Onthoud dat jouw vriendschap een van de weinige aardse schatten is die ik bezit, die ik hoop te behouden* **totdat ik vóór jou zal gaan**. *Ik moet je een gunst vragen. Zou je zo vriendelijk willen zijn om de kleine klok, die de boodschapper van deze week mee zal nemen, op je schrijftafel in de kamer beneden in Grosvenor Crescent te zetten? Deze komt precies op ooghoogte en is er om je 's avonds te herinneren aan de juiste tijd om naar bed te gaan – om je werken tot diep in de nacht te beperken. Vraag Milady om je te helpen onthouden er af en toe op te kijken met dat nuttige doel. Je gezondheid is belangrijker dan oorlog of vrede.*[15]

Lord Clarendons laatste brief kwam in juni 1870 en werd gevolgd door een telegram van koningin Victoria aan de koningin van Holland in Den Haag: *Het zal Uwe Majesteit verdriet doen te horen dat Lord Clarendon vanmorgen is overleden. The Queen.*[16]

Voor Sophie was het overlijden van deze intieme vriend een zware slag. Op 8 juli 1870 schreef ze aan haar vriendin Lady Malet: *Ik heb geprobeerd eerder te schrijven, ik was er niet toe in staat. De indruk die Lord Clarendons dood (26 juni 1870) op mij gemaakt heeft, is onuitsprekelijk groot. In vele opzichten had hij voor mij de plaats ingenomen van mijn lieve vader. Hij schreef mij iedere week en ik schreef ook iedere week terug. Hij hield zo veel van mij als zijn koele temperament toeliet. Ik gaf hem al de genegenheid die ik durfde geven. Zijn vriendschap was een lichtpunt in mijn leven. Vaak dacht ik dat mijn vader, nog in het jaar waarin hij stierf, Clarendon tot mij gezonden had om mijn leidsman te zijn.*

De schok kwam volkomen onverwacht. Woensdag de 22e kreeg ik een brief van hem, gedateerd op de vorige dag. Hij zei dat hij zich beter voelde, wat sterker, maar dat er in de volgende zes weken 'hard gewerkt' zou moeten worden in het Hogerhuis, hetgeen hem eigenlijk niet gelegen kwam en waar hij ook geen zin in had. En toen, woensdag, heeft hij een groot diner bijgewoond, voelde zich onwel door diarree en ging vroeg weg. Donderdag kwam hij in het Hogerhuis, zag er uit als een lijk, vroeg nog hoe laat de volgende dag de lunch bij koningin Victoria te Windsor was en zei dat hij daarheen wilde gaan. Maar hij kon niet. Lady Clarendon ging wel. Toen zij terugkwam, vond zij een briefje van zijn arts, met een ongunstig verslag van het onderzoek; zij moest hem in bed houden. Maar hij bleef beneden in zijn studeerkamer werken tot twee uur 's nachts. Zaterdag stond hij niet op, liet zijn rode dozen met staatsstukken naar zijn slaapkamer brengen. Twee artsen werden geroepen. Zondag dachten die dat zij de ziekte meester waren. Maar zijn vrouw zei tegen hem dat hij in levensgevaar verkeerde. Hij vroeg aan de dokters of dat waar was. Een uur later verloor hij het bewustzijn en zes uur later was het afgelopen.[17]

Sophie was ziek van verdriet en het viel mensen in haar omgeving op dat haar uiterlijk in korte tijd erg veranderd was. Ze had een lijdende uitdrukking op haar gezicht gekregen en haar schoonheid was geruïneerd. Met haar gezondheid was het niet erg goed gesteld. Ze had al vele specialisten geraadpleegd in Londen en Parijs en ze wist dat haar kwalen niet alleen nerveuze aandoeningen waren, maar ook een teken dat er inwendig iets ernstig mis was.

Het is de vraag hoe ver de relatie tussen Sophie en Clarendon is gegaan. Er is gespeculeerd dat zij minnaars waren, gezien de intieme toon van de brieven en bijvoorbeeld zijn dringende verzoek aan haar om zijn brieven te verbranden omdat hij natuurlijk bevreesd was voor een enorm schandaal. Zijn brieven zijn er echter allemaal nog. Heeft ze het niet over haar hart kunnen verkrijgen om ze te vernietigen, de brieven van deze geliefde man? Ook het feit dat ze schijnbrieven naar zijn vrouw schreef pleit daarvoor, maar uit deze brieven spreekt een dusdanig hartelijke toon, dat het niet goed voor te stellen is dat zij dit allemaal voor het uiterlijke vertoon heeft gedaan. Lord Clarendon had overigens ook een heel intiem contact met Lady Salisbury, mogelijk vergelijkbaar met dat wat hij met Sophie had.[18]

13 Ouderdom

St-Seine-l'Abbaye

In mei 1869 ging Sophie met Alexander naar St-Seine-l'Abbaye, vlakbij Dijon, om een nieuw kuuroord onder auspiciën van de keizerin en het hof te bezoeken. Het oude kasteel, dat ooit van een adellijke familie geweest was, en de abdij waren allebei in het bezit van een dokter die had ontdekt dat de bronnen in de tuin medicinale kwaliteiten hadden. Het was toen in de mode om waterkuren te nemen en de patiënten kwamen in grote aantallen om er te baden. De voormalige kloostercellen waren daarvoor ingericht, terwijl de gasten logeerden in het 'château'.

Het regime was echter zeer Spartaans en het is niet verwonderlijk dat de toch al zwakke Sophie daar onmiddellijk een zware bronchitisaanval kreeg en het bed moest houden: *Deze plaats is het einde van de wereld, groen en vriendelijk, heuvelig en goed bewerkt, een beetje zoals Hertfordshire, maar zo ver weg van spoorwegen, telegrafen, met zulke boerse accommodaties zoals ik nooit eerder heb gezien. Toch voel ik me dankbaar, want mijn jongen ziet er goed uit en is aan de beterende hand:*[1] *hij is zo vrolijk, zo actief dat het verschil in deze paar weken enorm is. Hij rent mijn kamer in en uit, terwijl hij altijd schuifelde, en ik hoor de hele dag zijn gefluit. De kuur is erg zwaar, maar hij onderwerpt zich er zonder problemen aan. Het middageten is om twaalf uur en het is zo primitief, alleen het water en het brood zijn goed, dat je erg hongerig moet zijn om het lekker te vinden.*

Voordat Sophie terugging naar Nederland bezocht ze Parijs. Ze was onder de indruk van de opstandige sfeer daar en bewonderde de keizer en de keizerin die zonder begeleiding de stad in waren gereden om te laten zien dat ze niet bang waren voor een revolte. Toch vond Sophie Eugénie ook onnadenkend: *De Keizerin is in goede gezondheid; ze is ouder geworden, en ze denkt voornamelijk aan haar reis naar Egypte, haar jurk van witte kasjmier, etc. Ze is opgewonden en duidelijk ontevreden. Op een dag barstte ze in tranen uit en zei dat ze 'niets anders wenste dan af te treden, dat ze haar positie haatte en haar slavernij!'* (6 juni 1869).

Aan het eind van het jaar 1869 werd Alexander, die intussen meerderjarig was geworden, aan Sophies moederlijke zorgen onttrokken. Hij moest in dienst, zowel te land als op zee. Ze was hier niet erg blij mee en vond het onzin dat kleine landen er legers op nahielden. Ook was ze bang dat de klimaatwisselingen aan boord niet bevorderlijk zouden zijn voor Alexanders gezondheid. Ze schreef aan Lady Salisbury: *Mijn jongen vertrekt de eerste week van december, en vanaf de dag dat dit is vastgesteld lijkt het mij een soort doodvonnis dat voortdurend boven mijn hoofd hangt. Hijzelf is in goede gezondheid, maar voelt zich verscheurd tussen blijdschap en opwinding om nieuwe landen en een nieuwe omgeving te zien en het verdriet dat hij mij gaat verlaten.*

En op 9 december 1869: *Het vertrek van mijn lieve jongen heeft mij nog rampzaliger achtergelaten dan ik had verwacht. Ik werk zo hard als ik kan, maar de eenzaamheid is overweldigend. Mijn oom, prins Frederik, mijn steun en toeverlaat, gaat me ook verlaten, om zijn vrouw naar het Zuiden te brengen, naar Cannes.* Alexander kreeg bij zijn terugkeer een eigen huis, het voormalige Johan de Witthuis aan de Kneuterdijk in Den Haag, en hij ging in 1870 in Leiden studeren.[2]

Het jaar 1870

Het jaar 1870 was een moeilijk jaar voor Sophie, niet alleen vanwege het overlijden van Lord Clarendon. Ook de politieke situatie gaf aanleiding tot zorgen. Op 15 juli was er oorlog uitgebroken tussen Pruisen en Frankrijk. Deze oorlog verliep zeer voorspoedig voor de Duitsers en Sophie was niet alleen bezorgd om de gevolgen voor de Franse keizer, maar ook over de toekomst van Nederland: *Als de Pruisen slagen, kan Holland verloren gaan, één groot Duitsland zal worden gevormd.*

Napoleon III, die, ondanks een negatief medisch advies, door zijn vrouw Eugénie gedwongen werd zelf zijn troepen aan te voeren en die van haar in haar functie als regentes geen toestemming kreeg naar Parijs terug te keren, gaf zich bij Sedan over. Hij werd gevangengezet in het slot Wilhelmshöhe bij Kassel. Twee dagen na Sedan werd in Frankrijk de Derde Republiek uitgeroepen met Adolphe Thiers, een goede bekende van Sophie, als president. Men kan zich afvragen wat Sophie ervan vond dat deze man – met zijn liberale opvattingen, met wie zij zo vaak gediscussieerd had – nu de opengevallen plaats van haar goede vriend de keizer innam.

In november 1870 bracht keizerin Eugénie een kort bezoek aan Den Haag, zoals Sophie schreef aan Lady Malet: *Ik heb keizerin Eugenie gesproken, toen zij terugkwam van Wilhelmshöhe.* [Eugénie was officieel nog regentes van Frankrijk en had haar geïnterneerde man opgezocht.] *Zij heeft een paar uur in Den Haag doorgebracht, was gedurende enkele minuten bij mij, bracht mij een brief vol genegenheid van de gevangene – het leken wel de woorden van een stervende. Ik stond erop dat zij de koning zou ontmoeten en ik liet hem roepen, maar hij was bezig. Tot viermaal toe stuurde ik hem een boodschap. Eindelijk kwam hij en was welwillend tegen haar. Het was mijn plicht, en in mijn belang, dat hij op de hoogte werd gebracht van haar bezoek. Wat een zorg, welk een emotie ook, om als bannelinge, vluchtelinge, de vrouw bij mij te zien die nog maar zo kort geleden, toen ik afscheid van haar nam, zo trots en ijdel en hooghartig tegenover mij stond.* Eugenie en haar zoontje vluchtten naar Engeland. Zij vestigde zich met haar echtgenoot, die intussen door de Duitsers vrijgelaten was, op het landgoed Chislehurst in Kent.

Sophie was ervan overtuigd dat deze oorlog voorkomen had kunnen worden, als Lord Clarendon niet voortijdig was overleden. Hij was in de tijd kort voor zijn dood inderdaad bezig geweest om een oorlog te voorkomen, door reizen te maken naar Parijs en Berlijn. Op 30 juli 1870 schreef ze: *Ik zal tot aan het eind van mijn dagen geloven dat Lord Clarendons persoonlijke invloed de strijd had kunnen voorkomen. Ieder moment van mijn leven treur ik om hem, dat ik hem niet langer mijn gedachten kan toevertrouwen, onmogelijk te overleggen wat ik moet doen en laten, je weet het, ik houd ervan te **volgen** niet om te **leiden**.*

Opmerkelijk is dat Sophie zich niet openlijk uitliet over haar verdriet om Lord Clarendons dood in haar brieven aan Lady Salisbury. Misschien durfde ze daar niet aan toe te geven omdat haar vriendin dan mogelijk argwaan zou gaan koesteren over hun verstandhouding. Wel zei ze naar aanleiding van het overlijden van een familielid, de vrouw van haar oom prins Frederik, dat ze haar nauwelijks betreurde, maar voor haar diepe rouw moest dragen, terwijl ze dat niet kon doen bij het overlijden van Lord Clarendon: *Toen hij overleed, kon ik alleen maar een zwarte jurk aantrekken en maar weinig mensen spraken hun medeleven uit. Dat is de komedie van deze wereld.*

In augustus 1870 werd Alexander 19 jaar en Sophie vertelde aan Lady Salisbury: *Vandaag wordt mijn jongste zoon 19. Hij heeft toestemming een paar uur te komen. Vroeger was dit **de** dag van het jaar, we hadden een feest in de tuin, vuurwerk, illuminaties. Nu ben ik blij dat ik hem twee uur bij me heb zitten – terwijl ik naar zijn lieve gezicht kijk.* Alexander had het erg naar zijn zin in Leiden en Sophie was blij voor hem, ook al miste ze hem heel erg.

Sophie zei later: *1870 heeft een oude vrouw van mij gemaakt, ik erken dat volmondig, en ik berust erin.*

Elizabeth Lecky-van Dedem

In januari 1871 vertelde Sophie aan Lady Salisbury dat haar geliefde hofdame Elizabeth van Dedem verloofd was met haar goede vriend Mr. Lecky: *Ik geloof dat zij een goede keuze heeft gemaakt, hij heeft een in moreel opzicht hoogstaand karakter en is bovendien zeer begaafd. Maar het is altijd een grote beslissing om met het verleden te breken, om je eigen land en familie te verlaten. Voor mij zal haar vertrek een groot verlies zijn, en ik zal haar diep betreuren. Ze kent en houdt van mijn vrienden.* Onze *lieve vriend vond haar aardig. Maar het is niet anders... Ik ben niet ziek, maar ik ben bezorgd om mijn lieve jongen, die, sinds de kou begon, ziekelijk is geweest en hij is, ben ik bang, niet ver verwijderd van de toestand waarin hij zich twee jaar geleden bevond. Hij ging terug naar Leiden en zijn afwezigheid doet de bezorgdheid toenemen. Ik ga er steeds weer naartoe – als ik vrij zou zijn om te handelen zou ik hem meenemen.*

Sophie schreef op 16 mei 1871 aan Lady Mary: *Door Elizabeths huwelijk dat op 8 of 10 juni zal plaatsvinden, zal mijn eenzaamheid volledig zijn ...* Later, op 31 mei, vervolgde Sophie aan Mary: *Elizabeth is kalm en tevreden, ik geloof niet dat ze verliefd is, omdat ze bang was, toen Mr. Lecky haar vertelde dat hij van plan was om zich in Ierland te vestigen, dit vond ze erg ver weg. Maar ik vertrouw erop dat dit zo'n huwelijk wordt waarin het wederzijds vertrouwen van jaar tot jaar zal toenemen en hen blijvend geluk zal brengen. Het huwelijk zal plaatsvinden in de eerste helft van juni in Huis ten Bosch.* En op 6 juni: *Mr. Lecky is vorige week gearriveerd. Hij is ongetwijfeld een toegewijde, maar geen hartstochtelijke minnaar, en ik denk dat hij net zoveel aan de gnostici en de catacomben denkt als aan zijn bruid.*

Het feit dat haar hofdame mocht trouwen in Huis ten Bosch, dat toen het woonhuis van Sophie was, zegt wel iets over hun hechte band. In een brief van 27 juni aan Lady Mary vertelde Sophie: *Ons Lecky-huwelijk verliep heel goed in mooi weer, uitzonderlijk dit jaar. Ze schrijven heel vrolijk vanuit Heidelberg, ook al vergat hij zijn vrouw bijna bij een van de stations – hij koopt boeken en laat haar haar kleren terugsturen om ruimte te maken.*[3]

In Parijs waren radicale elementen actief, de 'Commune', die de bestaande orde omver wilden werpen. Sophie verwierp hun vernielzuchtige bezigheden, het brandstichten, het roven en het moorden. Voor haar was dit niet te vergelijken met de revolutionaire gebeurtenissen van 1848. Op 25 juni 1871 schreef ze aan Lady Malet: *Ja, ik geloof ook dat er onder de arbeiders negatieve, gevaarlijke neigingen leven. Zelfs in Holland, waar maar weinig fabrieken zijn en er hoge lonen betaald worden, horen we over vreemde praat, toespelingen en dreigementen. Wat ertegen te doen? In Nederland bestaan geen privileges; iedereen die intelligent is, in staat tot een conceptie, en die door anderen laat uitvoeren, kan fortuin maken. Ik sprak met iemand die juist uit Parijs terug is; hij was onder de indruk van de verbeten, woeste gezichten die men daar ziet. De mensen zeggen: 'Wij zijn van plan weer te beginnen.' De Wereldtentoonstelling heeft in dit opzicht veel kwaad aangericht. Er kwamen daar werklieden uit andere landen, zij ontmoetten elkaar, wisselden klachten uit, spraken over wraak en vergelding.*

In augustus kwam Lady Malet bij Sophie op bezoek en ze genoot met haar van het mooie en warme zomerweer. Hierna ging Sophie zelf op reis, eerst naar Zwitserland, waar ze in Bex in het kanton Vaud haar zuster zou ontmoeten, die aan het kuren was. Ze bezocht op doorreis naar Italië haar goede vriend Prins Napoleon en zijn vrouw Clothilde, die prachtig woonden aan het meer van

Konstanz: *Zij leven in waardige teruggetrokkenheid, in een kleine villa, zij hebben het paleis dat hij destijds heeft laten bouwen, verkocht. Het terrein is bekoorlijk – het mooie meer van Konstanz en de bergen geven aan die plek een grote charme, en hun instelling en oordeel zijn volmaakt evenwichtig, zonder enige bijsmaak van verbittering.* (22 september 1871).

In Florence ontmoette Sophie koning Victor Emmanuel van Italië. Ze dacht dat hij iemand was met gezond verstand en scherp inzicht, maar ze vond hem ook erg grof, hij zag er vies uit en had de nek van een stier: *[...]de greep van zijn ongewassen handen is verpletterend, maar ik kan begrijpen dat er een bepaalde invloed van hem uitgaat. Hij is één van de merkwaardigste figuren van onze tijd. Ik ben blij dat ik hem ontmoet heb.*

In de schilderijenverzameling van het Palazzo Pitti zag ik een portret dat Titiaan gemaakt heeft van de Venetiaanse edelman Cornaro. Zijn ogen lijken zo op die van Lord Clarendon, dat ik tot tranen toe bewogen was – ik zal dat schilderij laten kopiëren, zo schreef ze op 19 november 1871 aan Lady Malet.

Dierbaren vallen weg

Aan het eind van het jaar 1871 bereikte het bericht haar dat haar schoonzusje, de vrouw van haar oudste halfbroer, was overleden. Ze was er verdrietig over, want zoals ze op 13 december aan Lady Salisbury schreef: *ze was een vrouw met vele goede eigenschappen, ouder dan ik, en aan haar kon ik medeleven en advies vragen; lang lijden heeft haar leven verbitterd. Ze woonde ver van ons af, maar ze schreef altijd mooie, lange en interessante brieven.*[4]

Sophie ontving regelmatig brieven van Elizabeth Lecky, die heel gelukkig was, maar Sophie miste haar erg. Op 7 januari 1872 schreef ze aan Elizabeth dat ze rouwde om haar schoonzuster Marie, die pas overleden was: *[...] ze was altijd een goede vriendin van me en hoewel ze al langere tijd ziek was, kwam haar dood toch onverwacht. Op haar sterfbed huwelijkte ze haar jongste dochter uit aan de erfgenaam van de troon van Weimar, een onhandige clown. Ik hoop van harte dat het arme kind gelukkig wordt met die man. Mijn broer brengt haar naar Rome, waar ze de winter door zal brengen [...] & ik heb hem op het hart gedrukt om naar mij toe te komen als hij op de terugweg is.*

Den Haag zal deze winter erg vrolijk zijn, aangezien de Kg [dit was de gebruikelijke afkorting van Sophie voor koning] *opdracht heeft gegeven voor 7 bals... Ik zal niet klagen, want ik denk dat het beter is dan een volledige teruggetrokkenheid van het Hof, maar ik vind het wel een heleboel.*

Alsjeblieft, als je door de Pitti & Uffizi rondloopt, denk dan aan mij als je naar de 4 schilderijen van Cornaro door Titiaan kijkt, met de ogen van Ld Clarendon, de Zingara door Garofalo, Catherina Cornaro door Titiaan en de Gorgoon van Leonardo da Vinci. In haar volgende brief, nog in diezelfde maand, noemde ze weer het portret van Cornaro in Palazzo Pitti *met de ogen van Lord Clarendon. Die ogen ik nooit meer terug dacht te zien op deze aarde. Dat schilderij betekent heel veel voor mij.*

Ze schreef uiteraard ook over actuele politieke verwikkelingen. Op dat moment speelde de kwestie van het opgeven van fort Elmina aan de kust van Guinea aan het 'perfide Albion'. In Den Haag maakten de mensen zich er erg kwaad over, maar volgens Sophie vergaten ze dat datzelfde Engeland in ruil hiervoor een deel van de noordkust van Sumatra had afgestaan dat veel waardevoller was voor Nederland: *In de tijd van de slavenhandel was Elmina van belang om negers te krijgen & ze te exporteren, maar sinds die vreselijke handel is afgeschaft is het een duur, zelfs dodelijk bezit. Er is een negerambassadeur uit Elmina hierheen gestuurd met een verzoek waarin een heftige afkeer van de Engelsen tot uitdrukking wordt gebracht en een even heftige aanhankelijkheid aan Holland, iets wat zij nooit eerder hebben getoond & nu zijn alle strenge Nederlanders ontzet & met afschuw vervuld. Maar het verdrag is aanvaard door de beide Kamers & de neger, die gebroken Nederlands spreekt & zeer vloeiend Engels, moet terugkeren & zijn landgenoten uitleggen dat we ze in de steek laten.*

Ik maak me bezorgd over Alex, zijn uiterlijk & gezondheid, het is een voortdurend knagende angst, anders zou mijn leven rustig zijn, met minder problemen dan ik vaak heb gekend.

Ze vertelde Elizabeth nieuwtjes over wederzijdse bekenden. Zo was Sophie in februari op bezoek geweest bij de familie Hogendorp: *Margot Hogendorp is overleden. Meneer Hogendorp zoals gewoonlijk onzichtbaar, Mevrouw Hogendorp glimlachend & vrolijk, niet het minste teken van verdriet. Dan kunnen wij op het onze ook wel bezuinigen.*

Sophie was doodmoe van de serie bals die de koning hield, omdat ze pas om vier uur 's nachts afgelopen waren: *Er komen er nog twee en dan gaat de Koning naar het Loo & hebben we rust.*

Ze had bezoek van haar goede vrienden de Motleys en was daar erg blij mee. Nauwelijks een maand later voelde Sophie zich niet goed in orde en had een zware griep. Ze zag niemand en ze kon ook nauwelijks lezen: *Het is echt barmhartig om me te schrijven!* schreef ze aan Elizabeth. Ook met Alexander ging het niet goed, hij was ziek en de dokter wist niet precies wat het was. Sophie maakte zich hierover ernstig zorgen. Ze had geen zin in de festiviteiten die in Nederland werden georganiseerd om de bevrijding van de Spanjaarden na de Tachtigjarige Oorlog te vieren, *hoewel we ons allemaal gelukkig kunnen prijzen dat we geen Spaanse onderdanen zijn, maar het oproer & de drukte & het hele gedoe zijn allesbehalve prettig.*

Erg blij was Sophie met de komst van Pauline, het zusje van Elizabeth, die bij haar hofdame werd. Ze kon erg goed met haar opschieten en hoopte dat dat zo zou blijven.

In juni overleed Thorbecke, de minister-president: *Gisteravond overleed Thorbecke. Dit is een belangrijke gebeurtenis in de Nederlandse geschiedenis. Hij was de Oldebarneveldt van onze tijd. Hoewel de tijd voorbij is dat er hoofden worden afgehakt, werd hij vroeger net zo gehaat als Oldebarneveldt. Hij overleefde het & sterft geëerd en arm.*[5]

In dezelfde tijd kreeg Sophie bezoek van Lady Clarendon, die een week bij haar logeerde. Aan Lady Salisbury schreef ze daarover: *[...] het troostte haar en het troostte mij om hem te herinneren,* maar tegen Lady Malet was ze wat duidelijker, meer uitgesproken: *Op het ogenblik logeert Lady Clarendon bij mij. Zij ziet er kalm en fris uit met haar weduwenkapje, treurt heel stil om haar Lord. Zij is geen amusant gezelschap, maar zij heeft voortreffelijke manieren. Zij heeft veel gezien en gehoord en dertig jaar lang geleefd aan de zijde van die alleraardigste man. Ik beschouw haar als een familielid dat recht heeft op mijn consideratie en aandacht, maar ik kan niet zeggen dat ik echt op haar gesteld ben.*

In 1872 vergezelde Sophie haar oom Frederik naar zijn landgoed Muskau in Silezië, ze wilde hem bijstaan in zijn verdriet om het overlijden van zijn vrouw. Ze was erg op hem gesteld en was gelukkig dat ze hem van enig nut kon zijn. Hij werd oud en zwak. Ze vond Muskau geen prettig oord. Het was er somber en eenzaam en wat ze vooral verfoeide, was het gebrek aan hygiëne: *[...] geen water om zich te wassen, onzindelijke gewoontes, waar ik niet tegen kan. De eerste dag kon ik wel huilen, toen men mij, in plaats van een badkuip, een kom met één fles water bracht. Ik geloof dat ze hier niet eens begrijpen wat ik wil met al dat water waar ik om vraag.* (brief van 28 juni 1872 aan Lady Malet). In juli was ze weer terug in Huis ten Bosch, tot haar grote opluchting.[6]

In het najaar ging Sophie naar Engeland. Ze wilde graag op bezoek bij haar vriendin Lady Salisbury. Ze werd vergezeld door twee hofdames, een schrijver en haar kamerheer Hendrik Gevaerts. Verder had de koningin twee dienstmeisjes bij zich en ook de beide hofdames hadden ieder een dienstmeisje. Ook waren er nog zes begeleiders, bedienden en lijfknechten. Sophie vertelde haar wat meer over de personen uit haar gezelschap: *Meneer Gevaerts, mijn kamerheer, heeft de eer bij jou bekend te zijn; mijn hofdame gravin van Stirum heeft voor een groot deel Iers bloed, Engels is praktisch haar moedertaal. Ze is intelligent, enthousiast en vreemd, maar ze is geen alledaagse persoon, ijverig en niet zonder enige echte kennis. Ze zou best knap kunnen zijn, als ze zich goed zou kleden. Pauline van Dedem is een fantastisch meisje dat altijd goedgehumeurd en vrolijk is, lelijk, maar helder en fris om te zien [...]*

Uiteindelijk moest Sophie eerder terug naar huis, omdat haar secretaris Von Weckherlin was overleden: *Een zeer ernstige huiselijke catastrofe, de dood van mijn trouwe Secretaris en vriend, die mijn leven meer dan 30 jaar deelde, verkort mijn verblijf in Engeland. Ik vertrek met spijt dat ik je niet meer zie.*

In een brief van november aan Lady Salisbury haalde Sophie herinneringen op aan het bezoek dat ze samen met haar had gebracht aan de graftombe van Lord Clarendon. Ze vertelde ook hoe ze nog net op tijd terug was om haar vriend Von Weckherlin nog eenmaal te zien voordat de kist gesloten werd: *Hij stierf met mijn naam als zijn laatste woord op zijn lippen, en ik was waarschijnlijk ook zijn laatste gedachte. Het verlies en het verdriet moet ik ieder uur voelen, tot op het eind van mijn leven.* Mary Mohl, die ook met Lady Salisbury correspondeerde, was vol medelijden met 'de arme koningin van Holland' die zojuist Von Weckherlin had verloren, *haar meest toegewijde vertrouwenspersoon, adviseur, helper, alles* [...].

In januari 1873 logeerde Alexander een aantal dagen bij Sophie en ze genoot van zijn gezelschap. Hij was vrolijk en goed gezond, alleen was hij erg lelijk geworden en Sophie dacht dat het haar straf was omdat ze altijd zoveel waarde had gehecht aan schoonheid. Ook met Wiwill ging het goed, alleen moest hij nog steeds niet hebben van een huwelijk met een prinses en Sophie zou er heel wat voor over hebben gehad, als hij van gedachten was veranderd.

Op 9 januari overleed ex-keizer Napoleon III aan de gevolgen van een blaasaandoening en Sophie rouwde om hem: *Ja, ik ben gebroken door het nieuws van zijn dood, maar ook zeg ik steeds tegen mijzelf: 'Hij heeft nu rust.' Na zoveel leed, met zoveel grootheid van ziel gedragen, zou dat mij moeten verheugen, maar hoewel ik dit inzie, is de wereld voor mij toch leeg zonder hem die gedurende lange jaren mijn gedachten vervuld heeft, en hoop en vrees in mij heeft gewekt. In ballingschap gestorven! Zonder dat hem recht geschied is! Ik houd nu nog meer van de Engelsen dan ik altijd al gedaan heb, vanwege hun sympathie, hun rechtvaardigheid ten opzichte van hem. Toen ik op 18 oktober jongstleden in Chislehurst arriveerde, stond hij bij het station. Zodra de mensen hem herkenden, juichten zij hem toe. Ik zei: 'Het doet me goed dat te horen' en hij antwoordde: 'Zij zijn altijd bijzonder aardig voor mij.' Ik geloof dat hij gestorven is als gevolg van een overmatig gebruik van chloroform en andere verdovende middelen, niet door zijn ziekte, hoe pijnlijk die ook was. Toen ik hem voor het eerst weer zag, was ik ontzet door zijn gezwollen uiterlijk. Zijn gelaatskleur, die altijd tamelijk vaal is geweest, was rood, zoals een opgezette wang of hand rood kan zijn. Zijn mooie handen – nooit heb ik mooiere handen gezien – waren ook gezwollen. Maar toen ik hem voor de laatste maal sprak, was dit wat beter en ook zijn gezicht had weer die grauwe tint van vroeger.* [...] *Zolang ik nog leef zal ik om hem treuren, het was onmogelijk hem goed te kennen en niet aan hem verknocht te raken, hem niet om zijn geduld, mildheid en onzelfzuchtigheid lief te hebben en te bewonderen.* (aan Lady Malet, 14 januari 1873)[7]

Ook aan Elizabeth Lecky schreef ze over haar verdriet en haar verlies: ze had een vriend en beschermer verloren, iemand die altijd welwillend en sympathiek voor haar was geweest. Ze was vol medeleven met de keizerin en hun zoontje. Het was het einde van een wereld en ze vroeg zich af waarom die *wrede en slechte man*, de kroonprins van Pruisen na een ziekte beter werd, terwijl zo'n goed mens kwam te overlijden!

Later die maand kwam er opnieuw slecht nieuws: Sophies stiefmoeder Pauline lag op sterven. Sophie moest naar Stuttgart toe en ze schreef aan Elisabeth:

mijn stiefmoeder is stervende aan een hartkwaal. Ze was nooit een moeder voor mijn zuster & mij, maar ik heb haar mijn hele leven gekend & het spijt me dat ik nogmaals een herinnering aan mijn vroegere leven verlies [...]

Ze zag erg tegen de reis op en klaagde erover dat het leven ernstig en triest was. Ze voelde zich ziek en werd weer verkouden. Toen ze na twintig uur reizen in Stuttgart aankwam, voelde ze zich daar niet langer thuis: *Stuttgart is een dodenstad voor mij – de meeste van mijn vroegere vrienden liggen op het kerkhof. De stad heeft zich ontzaglijk uitgebreid – er zijn nu bijna honderdduizend inwoners – maar is er niet zindelijker op geworden. Wel zijn er werkelijk mooie huizen, en er is een geweldige groei van handel en industrie* (brief aan Lady Malet, 27 februari 1873).

Pauline overleed uiteindelijk in maart 1873, toen Sophie alweer terug was in Den Haag. Op 15 maart schreef Sophie aan Elizabeth: *Mijn arme oude stiefmoeder heeft haar taak volbracht. Ze droeg haar lijden met bewonderenswaardig geduld, moed, zonder een enkele klacht. Ik betreur haar, omdat er weer een band met het verleden is verbroken, maar ze was niet een van de belangrijke liefdes in mijn leven, noch in mijn geest noch in mijn ziel. Toen ik haar verliet, dacht ik dat het lijden nog lange tijd zou duren. Het einde was onverwacht, zelfs voor de dokter.*

Zo verloor Sophie in deze periode van haar leven veel goede vrienden en familieleden. Ze maakte zich zorgen om de gezondheid van haar vriendin Lady William Russell, die ze zowel geestelijk als fysiek achteruit zag gaan. Ze ontving nog steeds regelmatig bezoekers op Huis ten Bosch. Lady Westminster, met wie Sophie ook goed bevriend was, en haar dochter brachten wat tijd bij haar door, evenals Charles Villiers, de Motleys, de Napiers en Lady Clarendon. Verder was haar leven rustig en hield ze contact met de buitenwereld door middel van haar correspondentie.

Wat wel lastig voor Sophie was, was de rampzalige toestand van haar hof. Haar hofdames functioneerden maar ten dele, zoals ze op 13 mei 1873 aan Elisabeth Leckey schreef: *Emilie is nog steeds ziek, Jacqueline Pallandt verlangt ernaar om met haar familie naar Keppel te gaan en Theodora zit al meer dan veertien dagen in haar kamer, waar ze niet uit wil komen, omdat ze ziek is. Het zou fantastisch zijn als Pauline de eerste dagen van juni terug zou kunnen komen, want we verkeren hier in een belabberde toestand.*

Op 5 juni nodigde ze Elizabeth uit om, samen met haar man, bij haar te komen logeren op Huis ten Bosch: *Jouw komst zou me echt helpen, net op een moment van eenzaamheid. Alex heeft me dan verlaten om een reis van zeven of acht weken naar Duitsland te maken, en ik hoop dan ongestoord van jouw gezelschap te genieten. Het weer is prachtig, maar ik ben erg verkouden geweest & ik voelde me koortsig & ziek. Ik ben naar Delft geweest, naar de graftombe.*

Na de zomer ging Sophie weer op reis. Het weer in Nederland was slecht en ze verlangde naar een verandering van omgeving. Door de voortdurende regen was haar tuin overstroomd en zag er meer uit *als een Iers moeras dan terra firma.* (aan Elisabeth Leckey, 18 september 1873). Ze vertrok op 27 september en arriveerde, met tussenstops, op 2 oktober in Wenen, waar ze veertien dagen bleef. Vanuit Wenen reisde ze verder naar Hongarije, Triëst, Milaan en Turijn, dan via Kroatië, dat ze een prachtig land met pittoreske kostuums vond, na een tussenstop in Genève terug naar Den Haag.

In december vertelde ze aan Elisabeth dat ze een interessante reis had gehad, zonder problemen. Wenen vond ze bijzonder en briljant, maar ze zou er niet willen wonen: *Het is zo ver verwijderd van ons centrum van gedachten & actie. Trouwens, Pauline was erg onder de indruk van het vurige katholicisme. Hongarije loopt minstens een eeuw achter vergeleken bij ons... We brachten twee dagen door bij een heel goede vriend mij, graaf Maurits Esterhazy. De kleinste man die ik ooit heb gezien, dwergachtig, heel intelligent, heel goed op de hoogte, [...] zijn vrouw is erg 'ladylike'. Ze wonen in een groot park in een woestenij, geen wegen, een huis met 108 kamers, nergens vloerkleden, geen bloemen [...]*

In Italië bezocht ze in Brescia de Dom waar ze een schilderij van Titiaan bekeek, dat ze 39 jaar eerder ook al eens gezien had en nooit vergeten was: *Ik voelde de diepe vreugde, dezelfde emotie, die sommige mensen voelen, denk ik, als ze een favoriet persoon hebben [...]*

Toen Sophie weer thuis was voelde ze zich ziek. Ze had vaak een doffe pijn en iedere maaltijd deed haar zeer. De winter bleef ze in Den Haag en de zondagen bracht ze door met Alexander: *[...] die 's zaterdags uit Leiden komt en dan de hele volgende dag bij mij blijft. We lezen samen en maken wandelingen. Dat is prettig, maar de kerkgang, de lange Hollandse preken, de koude vochtige kerkgebouwen vol vieze luchtjes vind ik onaangenaam. Ik dineer altijd alleen met mijn twee zoons, soms hebben we heel veel plezier met elkaar. Overigens is mijn leven op het ogenblik somber en saai. Ik ken niemand in Den Haag met wie ik openhartig over mensen en toestanden kan praten – behalve natuurlijk mijn beste oom Frederik, maar ik zie met bevend hart hoe oud en krom hij wordt.* (aan Lady Malet, 11 december 1873).[8]

Het vijfentwintigjarig regeringsjubileum

Van de 12e tot de 16e mei 1874 werd het vijfentwintigjarige regeringsjubileum van Koning Willem III met veel pracht en praal in Amsterdam gevierd. Graaf Dumonceau vertelde veel hierover: *Koningin Sophie* [en ongetwijfeld de Prinsen en Prinsessen van haar familie] *woonde het bij. Er waren defilés van verenigingen, een vuurwerk, festiviteiten, enz. enz. De laatste dag arriveerde de keizer der Russen, Alexander II (hij zou sterven als slachtoffer van een bom die aan zijn voeten ontplofte en zijn ingewanden openreet), vergezeld van een zeer talrijk gevolg waarvan personen deel uitmaakten die mij troffen door hun weinig vormelijke tafelmanieren.*

Ik zie de keizer nog met moeite de trap opgaan, die aan de Damzijde leidt naar de Grote Zaal. Hij had een bleek en verzwakt uiterlijk, kringen om de ogen.

Hij was groot en slank met een buitengewoon elegant voorkomen. Hij had de arm aangeboden aan koningin Sophie en converseerde met Zijne Majesteit, terwijl hij probeerde te lachen. De tsaar, hunne majesteiten en de prinsen gebruikten de maaltijd met elkaar, hun hofhouding in de Grote Galerij terzijde waar de grote diners gewoonlijk plaatsvinden. De keizer verliet Amsterdam in de loop van de namiddag.

De koning vergezelde hem tot aan Vlissingen. [...]

Gedurende dat verblijf in Amsterdam was ik zeer druk bezig. Terwijl ik vóór alles deel moest nemen aan de feesten, rustte op mij de taak om duizenden telegrammen te beantwoorden die men mij bracht in grote hoeveelheden die de voorschoten van de knechten vulden en die zij mij ieder jaar brachten. Ik werd bevangen door een diepe wanhoop. Ik schreef hele nachten en nam nog telegrammen mee naar huis om te beantwoorden vanaf Den Haag. Gelukkig dat het toeval mij hielp; ik vond er geen telegrammen bij van gekroonde hoofden en andere personen waarvan het belangrijk was hen zonder uitstel te antwoorden.

Ik herinner mij dat tussen de allerlaatste telegrammen die ik vanuit Amsterdam kon afzenden, er een was van de Heilige Vader en een van de Sultan van Turkije. Daarna moest ik bedanken voor de honderden geschenken, die gekomen waren uit alle delen van de wereld.[9]

Mariënbad

Op advies van haar dokters besloot Sophie in juni 1874 naar het kuuroord Mariënbad te gaan. Eigenlijk had ze er een hekel aan om zoveel tijd door te brengen en geld uit te geven in deze oorden, maar ze dacht dat ze er baat bij zou hebben. Aan Lady Salisbury vertelde ze dat ze leverontsteking had en er erg geel uitzag.

Ze vond Mariënbad wel een aardig stadje, met mooie bossen en prachtige wandelpaden. Ze leidde daar een heel sober leven, stond om zes uur op, dan deed ze de drinkkuur, van zeven tot negen uur ging ze wandelen, om twaalf uur baden, ze at 's middags om twee uur en 's avonds om half acht en om negen uur ging ze naar bed. Ze had er geen hekel aan, ze vond het wel fijn om daar zo rustig te logeren, zonder elegante mensen en chique kleding. Aan Elisabeth Lecky schreef ze: *Mijn hooghartige kinderen hebben nog niet geschreven & ik weet niet hoe het met ze gaat. Er zijn wat Nederlanders hier, Henriette van Hall & de Brantzen. Henriette is aardig, druk & overweldigend.*

Toch had ze ook daar sociale verplichtingen want de koninklijke familie uit Pruisen kwam naar Mariënbad en Sophie ging naar een groot diner dat ter ere van hen werd gegeven. Ze vond de Pruisische prinses knap, intelligent en erg jong: *Hij ziet er net zo uit als in 1868, met de uitdrukking van een panter in zijn hol. Hun zoontje is erg gegroeid, een lelijke gelijkenis met de Prins van Wales. Ze rennen heel wat en het publiek kijkt toe, met respect of kil.*

Het verblijf in Mariënbad deed haar goed. Ze kon weer goed lopen en ook trappen lopen, terwijl ze in Den Haag in haar tuin alleen met de grootste moeite maar een paar stappen kon strompelen of wankelen: *Ik neem hier ook modderbaden, die naar men zegt uitstekend helpen tegen reumatiek; het is een soort van aarde die sterk naar hars ruikt. Het ziet er uit als chocolade. Gelukkig is Marienbad geen mondain oord; men kan hier rondlopen met een gewone hoed op, in een donkere japon, precies zoals men zelf wil. Er zijn hier ontzettend veel dikke vrouwen, haast geen enkele die er aardig uitziet; de meeste komen uit Noord-Duitsland, hun onaangename sissende accent jaagt mij op de vlucht [...]* (aan Lady Malet, 27 juni 1874).

In juli 1874 overleed Lady Clarendon, Sophie hoorde hiervan door een telegram van haar dochter Constance. Ze vond het treurig voor de kinderen en kleinkinderen, die in haar een lieve moeder en grootmoeder verloren. Uit Mariënbad schreef ze op 14 juli 1871 aan Mr. Lecky: *Marienbad heeft me goed gedaan en ik moet dankbaar zijn, maar ik verlang naar mijn huis en mijn zoons. Ik betreur Lady Clarendon enorm. Ze was de laatste schakel met de man die ik zozeer vereerde en bewonderde.*

Op 20 juli 1874 schreef ze Lady Salisbury over de ernstige toestand waarin Lady William Russell verkeerde: *Als ze nog leeft, als ze nog bij bewustzijn is, wil je haar dan zeggen dat ik in gedachten bij haar ben, en wil je in ieder geval haar drie zoons vertellen dat ik oprecht met ze meeleef? Ze is de laatste band met mijn ouders die nog is overgebleven en ik zal het niet kunnen verdragen haar te verliezen.* Lady William Russell overleed in augustus van dat jaar.

In maart 1875 vertelde Sophie aan Lady Malet dat ze geloofde dat een van de meest kenmerkende symptomen van oud-worden het gebrek aan belangstelling is: *Ik heb alle lust verloren om nieuwe kennissen te maken, een verlangen dat vroeger altijd heel sterk in mij leefde. Ik raak steeds meer gehecht aan mijn oude vrienden en geef niet meer om nieuwe gezichten. En toch verandert de wereld voortdurend. Wanneer ik nadenk over de ideeën die in onze jeugd heersten – wat een verschil met tegenwoordig! De spoorwegen en de telegraaf zijn grote revolutionaire uitvindingen, zij veranderen onze denkbeelden op een veel ingrijpender wijze dan feiten het doen.*

In januari 1876 ging Sophie naar Cannes omdat haar gezondheidstoestand niet verbeterde, ze was blij dat Wiwill bij haar was. Ze kon zich niet voorstellen dat het voor hem leuk was, maar hij was heel aardig en attent voor haar. Ze voelde zich benauwd, had last van haar lever en had er moeite mee te accepteren dat dit niet voorbij zou gaan, dat ze altijd een patiënt zou blijven. Alexander was op reis, in Algerije, en ze zou hem het liefste bij zich roepen, want ze miste hem heel erg. Ze was ook erg verdrietig over het feit dat Wiwill niet trouwde en ze was

Afb. 16 Koningin Sophie, 1875, foto, maker onbekend (Beeldbank Haags Gemeentearchief).

bang dat het huis van Oranje zou uitsterven: *en hoe die valse slechte vrouw, de groothertogin van Weimar* [ze bedoelde hiermee prinses Sophie, de zuster van Willem III], *klaarstaat om de vruchten van de opvolging te plukken. Ik kan er niet over schrijven, maar het maakt mij zo dodelijk bedroefd. Mijn tweede zoon is een voortreffelijk mens, maar hij heeft geen charme voor vrouwen en hij voelt ook niets voor hen.* (aan Lady Malet, 5 december 1876).

In buitenlandse kranten werd beweerd dat de Oranjes afstand gingen doen van de troon. Sophie vroeg Lady Malet om haar de betreffende artikelen op te sturen. Noch Willem III, noch haar zoon Wiwill hadden plannen in die richting. Volgens Sophie zat Wiwill juist vol ideeën voor zijn toekomst als koning, zoals blijkt uit een brief die ze schreef aan Elizabeth Lecky: *Al sinds vele maanden woont mijn oudste zoon in Parijs, hetgeen ik betreur, maar zijn gedachten zijn vol van de toekomst, en van wat hij zal doen wanneer het zijn beurt is.*[10]

Van het gebrek aan belangstelling voor het koningschap dat Wiwill eerder toonde, was hij in ieder geval in de ogen van zijn moeder blijkbaar genezen.

14 De dood van koningin Sophie

Overlijden

Sophie voelde zich steeds zwakker worden. Ze was erg snel uitgeput, had veel pijn en was zo kortademig dat alles inspannend was. In april ging ze met de koning naar Amsterdam, maar na terugkomst in Den Haag verslechterde haar gezondheidstoestand nog verder. Op 19 augustus 1876 schreef ze aan Lady Salisbury: *Ik zie de zomer met veel spijt aflopen; het bracht me geen gezondheid en ik geloof dat het mijn laatste zomer was.*

Toch ging ze in het najaar op reis, zoals ze altijd deed, eerst naar Biarritz en daarna naar Parijs. Ze bleef ook haar correspondentie onderhouden, zoals ze gewend was en zoals blijkt uit een brief van Ernest Renan. Die schreef haar op 12 februari 1877 dat hij ter gelegenheid van de herdenking van Spinoza naar Den Haag wilde komen: *voor de grote geleerde Spinoza, op 21 februari, als Uwe Majesteit het toestaat, zal ik haar mijn werk laten zien, en dat was niet het geringste motief om de uitnodiging te accepteren.* Door een verkoudheid stond hij in dubio of hij werkelijk naar Nederland zou kunnen vertrekken, maar gelukkig knapte hij weer wat op. Tot zijn vreugde kon hij het eerbetoon aan deze *glorieuze herinnering* bijwonen en ook de koningin bezoeken. Hij schreef Sophie bovendien dat hij haar zoon Wiwill had gesproken, die zoals altijd *geestig en levenslustig* was.[1]

Uit haar brieven blijkt dat Sophie haar einde voelde naderen. Op 4 mei 1877 schreef ze aan Plon-Plon: *Lieve Nap,*

Ik had eerder moeten antwoorden op je goede brief van de 28e maar ik voel me zo zwak en zo benauwd dat een brief, zelfs aan u, aan wie ik vaak denk, een inspanning en een vermoeienis is.

Het slechte weer, het verdriet, de constante ongerustheid dragen hieraan bij: dit moet ik in stilte verdragen. Praat niet over de ouderdom, dat is een gevoel dat ik u niet toesta. U hebt nog een toekomst!

En op 10 mei 1877 aan Lady Malet: *Mijn toestand berokkent me veel last. Soms ben ik zo benauwd, zo opgezwollen dat ik niet van de ene kamer naar de andere kan lopen, en mijn schoenen en mijn japonnen mij niet meer passen – en dan gaat het ineens weer wat beter, zijn mijn voeten en mijn lichaam niet meer zo dik. Iedere dag neem ik digitalis in. Het leven is een last. Mijn lieve Alexander verpleegt mij, waakt over mij, beknort me wanneer ik de indruk maak mij onvoorzichtig te gedragen. Zijn aanwezigheid is mij een vreugde. Hij heeft beloofd met mij naar Huis ten Bosch te gaan, wanneer ik mij daar einde mei zal installeren.*[2]

In de winter van 1875-1876 was Sophie ernstig ziek, zij leed aan ontelbare verkoudheden en was voortdurend ernstig benauwd. Minister Weitzel vertelde hierover in zijn herinneringen:[3] *Talrijk en treffend waren toen de blijken van deelneming die gegeven werden aan de hooge kranke. Dit geschiedde niet alleen door het zich komen inschrijven op het daartoe bestemde en gebruikelijke register en door het menigvuldig komen vragen naar den toestand van H.M., maar ook door de aanwezigheid van groepen belangstellende mindere ingezetenen, die zich den ganschen dag voor het paleis vertoonden, hunne bezorgde blikken op de vensterramen gevestigd hielden en aan ieder die de Koninklijke woning verliet om bericht vroegen. Dit verdroot en ergerde den Koning zóódanig dat hij aan den portier liet verbieden aan iemand, wien dan ook, eenig antwoord te geven op zijne vragen naar den toestand der Koningin en iedereen te verwijzen naar het bulletin dat iederen avond in de Staatscourant zou verschijnen. Zelfs de President van de Eerste Kamer der Staten Generaal die, door een bode, namens dat hooge Collegie, om bericht zond werd aldus afgewezen.*

Wiwill was direct uit Parijs naar het ziekbed van zijn moeder gekomen. Op 31 mei was, naar aanleiding van een benauwdheid waarin Sophie bijna was gebleven, het bericht van haar overlijden te voorbarig door de telegraaf over het hele land verspreid. In krantenberichten van later datum werd dit herroepen. Op 1 juni kwam Willem III van Het Loo terug naar Den Haag en ging naar Huis ten Bosch om de zieke te bezoeken. Minister Weitzel: *Hij werd bij het uitstappen uit zijn rijtuig ontvangen door prins Frederik; de Prins van Oranje wachtte zijn vader af aan den ingang der zieken kamer. [...] Hij* [Willem III] *vond de Koningin dodelijk zwak en reeds bijna stervende; de hooge lijderes sprak met flaauwe stem slechts enkele woorden die evenwel geene bijzondere beteekenis hadden. De Koning bleef niet meer dan enkele minuten in de ziekenkamer en begaf zich vervolgens naar een aangrenzend vertrek waar zich onder andere ook Prins Frederik en de Prinses zu Wied bevonden. Hier begon hij allengskens op zulk een ongepaste wijze over de Koningin te spreken dat de Prinses zu Wied opstond en snikkende de kamer verliet. Hij is nog wel een paar malen op het Huis ten Bosch geweest maar niet meer in de ziekenkamer. Ook was hij, bij het overlijden der Koningin, niet aan haar sterfbed.*[4]

Elizabeth Leckey ontving op 1 juni 1877 twee telegrammen uit Den Haag van haar zusje Pauline. In het eerste van 1 uur 40 stond: *Toestand onveranderd, met heldere ogenblikken. Ik was zo gelukkig haar even te mogen zien.* Om 5 uur 29 kwam het tweede telegram: *Toestand slechter ondanks korte verbetering, niemand bij haar toegelaten, kom indien je dat wenst.*

Op 3 juni 1877 stierf koningin Sophie op Huis ter Bosch. Elizabeth schreef aan Lady Malet op 3 en 4 juni: *Eergisteren kreeg ik een telegram van mijn zuster: 'Het einde van dat voor ons zo kostbare leven kwam om twaalf uur!' Dit is een verschrikkelijke slag voor ons allemaal, en ook voor Nederland. (...) Onze lieve koningin was zo zwak, ik ging niet weg omdat*

Afb. 17 Koningin Sophie op haar sterfbed, foto door De Lavieter & Co., 1877 (Beeldbank Haags Gemeentearchief).

ik mij niet goed voelde en omdat mijn zuster getelegrafeerd had: 'Overkomst zinloos, niemand mag bij haar.' Iedereen die van haar hield wilde naar haar toe en dat was natuurlijk onmogelijk.

Elizabeth ging de volgende dag naar Den Haag, rechtstreeks naar Huis ten Bosch waar zij onmiddellijk haar lieve koningin wilde zien (zie kleurenafbeelding 24): *Men had haar op een divan gelegd, precies zoals zij het zelf gewenst had, gekleed in witte zijde en bedekt met een sluier van witte tule. Haar zachte blonde krullen waren op de gewone manier gekapt. Haar gezicht had iets jongs, maar was tegelijkertijd getekend door intens lijden, hartbrekend om te zien. Witte bloemen lagen over haar heen gestrooid. Het was haar wens geweest, dat diegenen die van haar hielden afscheid konden nemen, en dus bleef zij zo een paar dagen liggen. Haar lichaam was gebalsemd, na de lijkschouwing, waar zij ook om gevraagd had. Men heeft ontdekt, dat al haar organen gezond waren, behalve het hart, dat vele malen te groot was. Op het laatst kreeg zij last van waterzucht. Zij moet ontzettend geleden hebben door aanvallen van benauwdheid. Telkens dacht men dat zij stervende was. Zij wilde zo erg graag nog wat blijven leven, dat heeft zij zelf gezegd. Zij was nog maar net aangekomen in Huis ten Bosch, waar zij zoveel van hield. Diezelfde avond al voelde zij zich onwel. Aanvankelijk was er geen reden tot ongerustheid. Tot vrijdag had haar omgeving goede hoop op herstel, maar vrijdagmorgen vroeg, tussen vier en vijf uur, werd zij overvallen door een zo hevige benauwdheid, dat het einde nabij leek. Men liet prins Frederik halen en stuurde een telegram naar de Koning op het Loo. Zij kwam weer wat bij. De koning arriveerde om elf uur, en bleef enkele ogenblikken bij haar. Mijn zuster zag haar die dag ook. Zij was heel zwak, maar wel bij bewustzijn, en allervriendelijkst en teder tegen iedereen. Tijdens haar laatste ziekte heeft zij verschillende malen over de dood gesproken, maar het is niet zeker of zij zich werkelijk realiseerde dat zij stervende was, daar de artsen dit niet tegen haar wilden zeggen. Het leek alsof zij opleefde toen de prins van Oranje donderdag kwam, zij kuste hem innig en keek met ontroerende genegenheid naar hem op. Prins Alexander lag in bed met een zeer zware verkoudheid, maar toen zij zo ziek werd in de nacht van donderdag op vrijdag, heeft men hem overgebracht naar Huis ten Bosch en daar is hij verder ook gebleven. Haar einde was vredig. Zij is rustig ingeslapen. U, die haar zo goed gekend en zo veel van haar gehouden hebt, zult begrijpen hoe groot het verlies is voor dit land, waar zij al wat goed, nuttig en mooi is in bescherming nam, waar zij het middelpunt vormde van het maatschappelijk leven: de enige overgebleven echte vorstin, degene tot wie iedereen opzag, die vreemdelingen welkom heette en gastvrij ontving. Niemand hier kan in dat opzicht haar plaats innemen. Voor de mensen die het voorrecht hadden dagelijks met haar te mogen omgaan, is het verlies nog veel groter. Huis ten Bosch is in diepe rouw gedompeld. De kist staat in de grote Oranjezaal. Het weer blijft mooi, de tuin waar zij zoveel van hield is een en al bloeiende pracht. Het is allemaal zo treurig, wij kunnen aan niets anders denken, over niets anders spreken. Mijn zuster, die haar van harte was toegedaan, is erg onder de indruk. Het is een troost dat wij nu bij elkaar zijn. De 30e van deze maand wordt het hof van de koningin ontbonden. [...] Ik weet niet wat prins Alexander moet beginnen zonder zijn liefhebbende moeder. Hij is kalm, maar diep getroffen, en hetzelfde geldt voor de prins van Oranje*[5] (brief aan Lady Malet, 15 juni 1877). (18)

Ook Elise van Calcar beschrijft in haar biografie Sophies overlijden: *'t Is of de prachtige Oranjezaal een hoogere wijding heeft ontvangen en in een geheiligde kapel herschapen is, sinds zij het dierbare overschot bewaard heeft van haar, die daar zoo rein en verheven menig lieflijk feest gesierd heeft. Wie kan voortaan die plaats betreden, zonder te herdenken dat hier, te midden van die wonderschoone kleurenmengeling der oude kunst, het zwart fluweelen rouwkleed met breede plooien van de sombere estrade neergolfde – een smartvol altaar van den dood, maar overwonnen door het leven; het treurig zwart beheerscht door 't sneeuwwit van de fijnste bloemen;*

Afb. 18 Koningin Sophie op haar sterfbed, 1877, prent, door E.A. de Stuttgart, onderaan staat: 'Het stoffelijk overschot van H.M. liggende op het rustbed.' (Beeldbank Haags Gemeentearchief).

de graflucht overwonnen door den geur der schoonste rozen en overschaduwd door het onverwelkelijk groen der hoop?

Geen openlijk praalbed heeft zij begeerd voor haar stof, maar het rustbed waarop zij nederlag, voordat het gebalsemde lichaam in de laatste woning werd geborgen, stond in een van hare gewone vertrekken voor den marmeren schoorsteen. De buste van haar trouwsten vriend, prins Frederik, zag vriendelijk neder op deze ernstige gestalte, terwijl het lachend kopje van den kleinen Maurits ons denken deed aan den engel, die haar 't allereerst zou tegensnellen. Zij lag daar in haar wit satijnen bruidskleed, onder een doorschijnenden sluier, als de schoone bruid des doods, met lieflijk groen en keur van witte bloemen omgeven, met die geheimzinnige uitdrukking op het edele gelaat, waardoor de dooden ons een geheel eigene taal schijnen toe te spreken, die elk zonder woorden verstaat. Het haar was in dezelfde manier gekapt als zij dat gewoonlijk droeg; over het fraaie voorhoofd lag eene waas van diepe rust en hemelschen vrede; alleen om den mond zag men de sporen van de verwoestende werking van het lijden. Hare handen waren saamgevouwen als tot het gebed, alsof zij aan haar treurende zonen en aan allen, die haar eenmaal na aan het harte lagen, toefluisterde: 'Ik ben heengegaan om voor u te bidden.'[6]

Begrafenis

Huis ten Bosch werd meteen na het overlijden van de koningin gesloten, de gordijnen waren neergelaten en de hofhouding was vertrokken. Het lichaam van Sophie werd op haar verzoek niet gebalsemd: *in kruiden zal het lijk in een looden kist worden neergelegd – die door middel van soldeering hermetisch zal gesloten worden – [...].* Daar overheen komt *een kist van zwaar eikenhout [...]* en daar weer overheen *een kist van het prachtigst gepolijst mahoniehout, geheel met zilveren garnituren, twaalf massief zilveren handvaten, voorzien van het zinnebeeld des doods en even zooveel zilveren sluitschroeven in de vorm van doodshoofden. [...]*[7]

Op 20 juni 1877 vond de begrafenis plaats. Sophie werd bijgezet in de Nieuwe Kerk in Delft. Voor de ceremonie was een uitvoerig draaiboek opgesteld:

> *plegtige begrafenis van wijlen Hare Majesteit Mevrouw SOPHIA FREDERIKA MATHILDA, Koningin der Nederlanden, geboren Prinses van Württemberg, op Woensdag den 20 JUNIJ 1877, des voormiddags ten 10 ure.*
>
> Eerste Afdeeling
> *Betreffende de beschikkingen binnen 's huis.*
>
> A. Op den dag, bestemd voor de begrafenis zal het Koninklijk Lijk, behoorlijk gekist, staan op eene estrade in de Oranjezaal van het Huis ten Bosch.
> B. De dienst bij het Koninklijk Lijk zal verrigt worden door:
>   1. den Opper-Ceremoniemeester;
>   2. de navolgende Heeren, bestemd tot het dragen der slippen van het lijkkleed:
>   Graaf VAN RANDWIJCK, Grootmeester van het Huis des Konings, als zoodanig dienst gedaan hebbende bij wijlen H.M. de Koningin.
>   Graaf VAN LIMBURG STIRUM, Opper-Jagermeester.
>   Baron CLIFFORD, Opper-Hofmaarschalk.
>   Jonkheer GEVAERTS VAN SIMONSHAVEN, Hofmaarschalk, als zoodanig dienst gedaan hebbende bij wijlen H.M. de Koningin.
>   3. Vier en twintig Kamerheeren, bestemd tot het dragen van het Lijk;
>   4. de Grootmeesteres, de Dames du Palais en de Hofdames van wijlen Hare Majesteit;
>   5. de Kamervrouwen der Overledene.
>
> Op de nader aan te wijzen plaats zullen zijn:
> Vier en twintig onder-officieren der Zee- en Landmagt, die de Kamerheeren zullen behulpzaam zijn bij het dragen van het Lijk, gaande zij alsdan aan de binnen- en de Kamerheeren aan de buitenzijde..

Afb. 19 Begrafenisstoet van koningin Sophie, 20 juni 1877, lithografie, maker onbekend (Beeldbank Haags Gemeentearchief).

Tweede Afdeling
Betreffende den trein.

Eén uur vóór den tijd, bestemd tot den optogt der begrafenis, zullen alle personen, tot denzelven behoorende, zich bevinden aan het Huis ten Bosch, in de daartoe bestemde lokalen.

De Groot-Officieren en Kamerheeren zullen aldaar voorzien worden van de noodige mantels en handschoenen.

Aan de Hofbeambten en Officianten zal worden bekend gemaakt, waar zij zich van het bovengenoemde zullen kunnen voorzien.

De optogt zal zijn als volgt:

A. Drie Escadrons van het 3e Regiment Hussaren met den Staf van het Regiment, tot opening van den trein; de Standaard hierbij tegenwoordig.
B. Een Bataillon van de Stedelijke Schutterij der Residentie, gevolgd door het 1e en 3e Bataillon van het Regiment Grenadiers en Jagers, met den Staf van het Regiment en het Vaandel.

De Haagsche Schutterij zal een deel uitmaken van den optogt tot bij de barrière op den Rijswijkschen weg.
Te Delft zal een gelijk korps Delftsche Schutterij zich op diezelfde plaats in den stoet aansluiten.

C. Een Hoffourier en twee rijknechts te paard.

D. De Kamerheer-Ceremoniemeester gezeten in eene hofkoets met twee paarden bespannen, gaande een lakei naast elk portier.

E. De Hofbeambten en Officianten van het Huis van Z.K.H. PRINS FREDERIK DER NEDERLANDEN, van Z.K.H. PRINS HENDRIK DER NEDERLANDEN, van Z.K.H. PRINS ALEXANDER DER NEDERLANDEN, van Z.K.H. den PRINS VAN ORANJE, en van Z.M. DEN KONING, allen in diepen rouw, met lamfers aan de hoeden, gaande twee aan twee, de jongsten in rang vooruit.

F. Een Heraut van wapenen te paard (*Nederland*) voorafgegaan door den wapendrager.

G. Zes hofkoetsen, met twee paarden bespannen, bestemd voor de Kamerheer-dragers van het Lijk, en eene hofkoets met vier paarden voor de dragers der slippen van het rouwkleed, gaande een lakei naast elk portier.

H. De opper-Ceremoniemeester, gezeten in een hofkoets met vier paarden bespannen, gaande een lakei naast elk portier.

I. Een Heraut van wapenen te paard (*Württemberg*) voorafgegaan door den wapendrager.

J. DE ROUWWAGEN, bespannen met acht paarden, behangen met rouwkleeden, elk paard geleid wordende door eenen koetsier.
De Koninklijke Kroon, gehecht op een rood fluweelen kussen, benevens de ordeteekens van wijlen Hare Majesteit zullen op het rouwkleed, dekkende de kist, geplaatst en bevestigd worden. De vier slippen van het rouwkleed, gedragen door Heeren, zooals hierboven is aangewezen, onder lett. B in de Eerste Afdeling.
De vier-en-twintig Kamerheeren-dragers van het lijk, mede als boven, gaande aan beide zijden van den Rouwwagen.

K. ZIJNE MAJESTEIT DE KONING, HUNNE KONINKLIJKE HOOGHEDEN DE PRINS VAN ORANJE, PRINS ALEXANDER DER NEDERLANDEN EN PRINS HENDRIK DER NEDERLANDEN, gezeten in eene koets met acht paarden bespannen, gaande naast elk portier drie lakeijen.
De Luitenant-Generaal, Buitengewoon Adjudant des Konings, MAC-LEOD, Inspecteur der Infanterie en den Generaal-Majoor WEITZEL, Commandant der 1^e^ divisie Infanterie, rijden ter regter-, de Luitenant-Generaal, Buitengewoon Adjudant des Konings, Jonkheer VAN PANHUIJS, en de Generaal-Majoor, waarnemend Gouverneur der Residentie, VAN TOLL, ter linker zijde van 's Konings koets.
De dienstdoende Adjudanten des Konings, die van H.H.K.K.H.H. en Zijner Majesteits Ordonnans-Officieren volgen 's Konings koets te paard.

L. Z.K.H. PRINS FREDERIK DER NEDERLANDEN, Z.K.H. PRINS ALBERT VAN PRUISSEN, Z.K.H.PRINS NICOLAAS VAN OLDENBURG, en Z.D.H. PRINS ZU WIED, gezeten in eene hofkoets met zes paarden bespannen, gaande drie lakeijen naast elk portier, en gevolgd door Hoogst-Derzelver Adjudanten te paard.

M. De Afgevaardigden van vreemde Hoven, voor deze gelegenheid aanwezig, gezeten in twee hofkoetsen, ieder met vier paarden bespannen, gaande een lakei naast elk portier.

N. De overige Groot-Officieren des Konings in drie hofkoetsen, ieder met vier Paarden bespannen, gaande naast elk portier een lakei.

O. De Hofmaarschalk van Zijne Majesteit en van Hunne Koninklijke Hoogheden de Prinsen, in eene hofkoets met twee paarden bespannen, gaande naast elk portier een lakei.

P. De Heeren van het gevolg der vreemde Vorsten, in een rijtuig met twee paarden bespannen, gaande een lakei naast elk portier.

Q. De Lijfarts des Konings, en Dr. H. VINKHUYZEN in een rijtuig, bespannen met twee paarden, gaande naast elk portier een lakei.

R. Twee Bataillons van het Regiment Grenadiers en Jagers, een Escadron van het 3e Regiment Hussaren, en eene Batterij Veld-Artillerie.

De trein zal den volgenden weg nemen:
De Leidsche Straatweg – Korte Voorhout – Tournooiveld – Vijverberg – Plaats – Hoogstraat – Kleine Groenmarkt – Veenestraat – Wagenstraat – Huijgensplein – Huijgensstraat, naar den Rijswijkschen weg.
Aan de barrière gekomen zijnde, zullen de Heeren, bestemd tot het dragen der slippen, en de Kamerheeren, bestemd tot het dragen van het Lijk, zich begeven in de voor hen bestemden koetsen. De trein gaat verder over den Delftschen weg, tot voor Delft.
De Heeren dragers der slippen en de Kamerheeren – dragers van het Lijk, hernemen hunne plaatsen bij den Rouwwagen.
De trein zal alsdan den volgenden weg nemen:
Het Oude Delft – Over de Kerkbrug – Het Oude Delft – Door de Nieuwstraat, voorbij de Hal – Achter het Stadhuis om, langs de Hoofdwacht – Over de Groote Markt – Vóór de Nieuwe Kerk.
Aan de kerk gekomen, plaatst zich de militaire magt bij A en B, II Afd. genoemd, in bataille. Naarmate de trein aankomt, zullen de personen tot denzelven behoorende, uit hunne rijtuigen treden, van hunne paarden afstijgen, en zich in dezelfde orde, waarin zij bij den trein gerangschikt waren, in de kerk begeven.
De Hofbeambten en Officianten zullen zich aldaar in twee rijen rangschikken, de jongsten aan de kerkdeur, en zoo wijders naar het choor toe;- de Officieren en Groot-Officieren scharen zich in dezelfde rigting, makende dus twee rijen uit, tusschen welke het Lijk zal doorgaan.

De Herauten met hunne wapendragers plaatsen zich aan beide zijden bij den ingang van het graf. De vier en twintig Kamerheeren – dragers van het Lijk, bijgestaan door een gelijk getal Onder Officieren, zullen Hetzelve naar den Koninklijken Grafkelder dragen.
Aan het graf gekomen, wordt het Lijk op eene daartoe bestemde lijkbaar gesteld. Eene toepasselijke aanspraak wordt alsdan gehouden door den WEW. Ds. G. MOLENKAMP, oudste Predikant der Nederduitsch Hervormde Gemeente te Delft.
Na afloop zullen op een wenk van den Opper-Ceremoniemeester de Kroon en Ordeteekens van het rouwkleed afgenomen, en overgegeven worden aan den Grootmeester Graaf VAN RANDWIJCK.
De Opper-Intendant der Koninklijke Paleizen neemt de Kroon later in bewaring. De lijkkist wordt van het rouwkleed ontdaan, en in het graf geplaatst.
De kist wordt vervolgens met het grootzegel van het Rijk verzegeld, door den Minister van Justitie, bijgestaan door den Secretaris-Generaal van gezegd Departement, in het bijzijn van den Grootmeester Graaf VAN RANDWIJCK, den Opper-Kamerheer en de Opper-Ceremoniemeester.
Genoemde Minister en Secretaris-Generaal zullen zich tot dat einde vooraf naar de kerk begeven. Na de verzegeling der kist, zal de lijkbaar met het rouwkleed daarover, boven den ingang van het graf gesteld worden; waarna de heraut (*Nederland*) met luider stemme zal aankondigen, dat de plegtige ter aarde bestelling van het stoffelijk overblijfsel van Hare Majesteit SOPHIA FREDERIKA MATHILDA, Koningin der Nederlanden, geboren Prinses van Württemberg, volbragt is.
Van het oogenblik waarop het Lijk uit het Paleis gedragen wordt, tot dat hetzelve in het graf geplaatst is, zal elke minuut te 's Gravenhage en te Delft, een kanonschot gelost worden.

Derde afdeeling
Betreffende de algemeene verordeningen.

Alle rijtuigen, tot den stoet behoorende, zullen op het plein vóór het Huis ten Bosch in hunne volgorde gerangschikt staan, zoo als het Programma zulks aangeeft, en zich daarheen begeven langs den Bezuidenhoutschen Weg.
De korpsen Schutterij, Infanterie, Kavallerie en Artillerie begeven zich mede op de hun in den trein aangewezen plaatsen.
Alle klokken zullen, zoo te 's Gravenhage als te Delft en te Wassenaar, geluid worden, van des morgens 9 ure, tot dat het Lijk in het graf geplaatst zal zijn.
Op het Huis ten Bosch zal een eerewacht worden gesteld om de posten te bezetten, zoowel binnen als buiten het Paleis, en verder, alwaar zulks noodig zal bevonden worden.
Piketten Kavallerie zullen in de straten en langs den weg, tot bewaring der goede orde medewerken.

De Commissaris van het Koninklijk graf zal zorg dragen dat hetzelve geopend zij en, nadat de begrafenis geschied is, wederom behoorlijk gesloten wordt.
De Architect des Konings zal zich met den Commissaris van het Koninklijk graf verstaan, omtrent de voorbereidende maatregelen, ter nederlating en plaatsing van het Lijk in het graf en zich daartoe in de kerk bevinden voor de aankomst van den stoet.
Militaire wachten zullen aan de kerkdeur en bij het graf geplaatst worden, van het oogenblik der opening, tot na de sluiting van het graf.
De zorg dat de kerk inwendig opgeruimd zij en dat in dezelve behoorlijke orde heersche, is aan het Gemeentebestuur van Delft opgedragen.
De Gemeentebesturen van 's Gravenhage, Delft en Wassenaar zullen zorg dragen, dat de straten en wegen langs welke de trein passeren moet, onbelemmerd blijven.
Burgemeester en Wethouders van 's Gravenhage zullen bij de barrière aan den Rijswijkschen weg den uittogt van het Lijk, en Burgemeester en Wethouders van Delft, de aankomst van Hetzelve te Delft bijwonen.
De Kamerheer-Ceremoniemeester is met de hem toegevoegde Aide-Ceremoniemeesters belast met de handhaving der goede orde.
De Eerste Stalmeester, Adjudant des Konings, is belast met het formeren, in beweging stellen en doen ophouden van den trein, waartoe hij zich zal kunnen begeven ter plaatse waar zijne tegenwoordigheid wordt vereischt, en hem twee wachtmeesters der Kavallerie als ordonnancen zullen worden toegevoegd.
De Groot-Officieren en Officieren des Konings en der Koninklijke Prinsen, benevens de Staatsambtenaren, zijn in groot costuum, met zwarte pantalons, en de Militaire Officieren in groote tenue, in den rouw, volgens de dienaangaande voor het Leger gegeven voorschriften.
Alle livreibedienden zullen in gala gekleed zijn, met een rouwband om den linkerarm.

De Luitenant-Generaal buitengewoon Adjudant en
Chef van het Militaire Huis des Konings,
Graaf DUMONCEAU

De Opper-Ceremoniemeester,
SCHIMMELPENNINCK VAN DER OYE

's Gravenhage,
den 12 Junij 1877.

Ook is er een reglement opgesteld, waarin de hofrouw is vastgelegd

bij gelegenheid van het overlijden van Hare Majesteit de Koningin:

Art.1

A. De hofrouw zal gedragen worden door Zijne Majesteit den Koning, Hunne Koninklijke Hoogheden de Prinsen en Prinsessen van het Koninklijk Huis, de Heeren en Dames, behoorende zoo tot het Huis van Zijne Majesteit, als van die der Prinsen en Prinsessen.

B. Door alle Hofbeambten, alsmede Hofofficianten, buiten livrei zijnde, daaronder begrepen de Kamervrouwen van wijlen Hare Majesteit.

Art.2

Deze rouw zal op de navolgende wijze verdeeld worden:

A. Zes weken grooten rouw.

B. Zes weken halven rouw.

C. Zes weken ligten rouw.

Art.3

De wijze van dragen wordt bepaald als volgt:

A. Groote Rouw

De Heeren: zwarte kleedingstukken, rouwband om den hoed tot op 4 duim van den bovenrand.

Zwarte handschoenen

De Dames: zwarte stoffen, zonder garnituren, zwarte handschoenen, zwarte waaijers.

De Heeren van het Civiele en Militaire Huis in costuum of in uniform zijnde, dragen om den linkerarm een rouwband, twee duim onder de epaulet, breed zes duim, voorzien van eene rosette.

De Heeren van het Militaire Huis: witte handschoenen, in uniform zijnde

B. Halve rouw

De Heeren: zwarte kleedingstukken, loodkleurige of grijze handschoenen, rouwband om den hoed tot op de helft der hoogte.

De Dames: gelijk onder A bepaald, ook fluweelen stoffen, loodkleurige of grijze handschoenen, sieraden en waaijers zwart of wit.

De Heeren van het Civiele en Militaire Huis in costuum of in uniform zijnde, om den linkerarm den rouwband+ eerstgenoemde mogen den blaauwen rok dragen, mits versierd van de uniformknoopen.

C. Ligte rouw

De Heeren: zwarte rok en overige kleedingstukken zwart, grijs of wit', witte handschoenen en verder zoals onder B bepaald is.

De Dames: zwarte kleederen met witte of gekleurde sieraden, ook witte en grijze kleederen zonder gekleurde sieraden.

Art.4
De rouw zal ingaan heden Maandag den 4den Junij
's Gravenhage, den 4den Junij 1877
De Opper/Ceremoniemeester,
Baron Schimmelpenninck van der Oye[8]

Volgens diverse aanwezigen was de begrafenis een indrukwekkende gebeurtenis. Zo schreef Minister Weitzel: *De teraardebestelling had plaats den 20e Juni. Er waren vier Generaals aangewezen om bij de plechtigheid, twee aan twee, rechts en links van de koets des Konings te rijden. Bij het binnen treden der kerk te Delft volgden zij onmiddellijk achter den Koning en de vorstelijke personen; in de kerk stonden zij weder rechtstreeks achter zijnen persoon geschaard. Schrijver dezes was een dier Generaals en hij heeft den Koning derhalve, van den oogenblik waarin hij, uit het Huis ten Bosch in zijne koets stapte tot op dien waarin hij de Kerk te Delft verliet om naar zijn paleis terug te rijden, niet uit het oog verlooren. Wat men ook beweerd moge hebben en wat er in Zijn binnenste moge zijn omgegaan; Zijne houding was gedurende de geheele plechtigheid onberispelijk en zelfs was er een moment waarin aandoening onmiskenbaar bij hem was waar te nemen. Toen de lijkkist in den grafkelder zou worden nedergelaten, waren de Prinsen van Oranje en Alexander, vooral de laatste, hunne tranen niet meer meester. Alexander snelde voorwaarts, omvatte die kist zooveel hij kon met beide armen, en bedekte haar met kussen. Ook de Koning was toen blijkbaar geroerd; hij naderde zijn beide zonen en omhelsde hen. Het was inderdaad een indrukwekkend oogenblik, maar op den Koning was die indruk slechts voorbijgaande geweest.*

Aanvankelijk had hij het voornemen geen rouw te doen dragen door leger en vloot; slechts op ernstig aandringen van den Prins van Oranje werd er toe overgegaan, maar de rouw bleef zoo eenvoudig mogelijk en verre beneden hetgeen gedaan was voor de gemalin van koning Willem I, ja zelfs beneden dat wat in de tijd was verordend geworden voor de Koningin Weduwe Anna Paulowna.[9]

Ook graaf Dumonceau heeft zijn herinneringen aan deze dag vastgelegd: *De 20ste juni 1877 vond de begrafenis plaats van Koningin Sophie Frederique Mathilde, Prinses van Württemberg, eerste gemalin des Konings. Ik dacht, dat ik in deze souvenirs al had gezegd dat zij een zeer begaafde Prinses was, wier karakter weinig spoorde met dat van de Koning. Zij vertoonden zich dan ook enkel samen 'en public' bij grote gelegenheden. Zij was weinig welwillend voor de mensen die zij niet mocht; dat was in het algemeen het geval met personen die verbonden waren aan de Koning.*

Toch was zij altijd goed voor Aimée [zijn vrouw] *en vriendelijk jegens mij en tot mijn grote verbazing werd ik kort voor haar overlijden uitgenodigd op haar intieme diner dat zij gaf in de Bruine Salons (boven de galerij links als men naar het paleis kijkt)* [het zogenaamde Bruine Kwartier] *van het paleis in Den Haag. Dat zal geweest zijn in de maand mei, daags voordat zij vertrok naar Het Huis ten Bosch of de dag daarvoor, alwaar zij enige dagen later zou overlijden aan een ziekte (ik dacht van de borst) die haar sedert lang deed wegkwijnen.*

Arme Koningin; waarschijnlijk was het eerder het verdriet dat haar bestaan zal hebben ondermijnd. Verlaten van haar gemaal en van haar zoon de Prins van Oranje (levend in eenvoudige afzondering te Parijs), die haar glorie en oogappel was geweest. Haar bleef slechts over haar zoon Alexander, lelijk naar uiterlijk, geestesziek en sukkelend met zijn gezondheid.

Van dat diner, dat blijkbaar het laatste was dat zij gaf, herinner ik mij dat er een geschil ontstond tussen haar en de Prins en dat zij al lachende een beroep deed op mijn oordeel. Arme Prins Alexander; nog toen hij een kind was had ik geprobeerd vriendelijk voor hem te zijn als de Koning en de Prins van Oranje hem kwelden. Was dat het wat mij ten dele de goede wil van de Koningin bezorgde?

De Koning was op het Loo toen de Koningin stierf. Zijne Majesteit kwam niet onmiddellijk terug; daarom heeft hij misschien bijgedragen aan het gerucht dat onder het volk de ronde deed dat de Koningin niet dood was. Nee, ik vergis mij, in tegendeel, het gerucht circuleerde vóór het overlijden van Hare Majesteit dat men haar einde verzweeg!

De avond van zijn terugkeer van Het Loo ging de Koning een laatste groet brengen aan haar die hij met alle geweld als gemalin had willen hebben, zij die hij zo zeer bemind had! Snouckaert, die hem vergezelde, zei mij dat de woorden die de Koning uitsprak afgrijselijk waren om aan te horen! God weet! Of onder zijn bittere woorden niet een gevoel van droefenis bedekt lag, veroorzaakt door herinneringen en door de weg van de scheiding welke die van geluk zou hebben kunnen zijn.

De begrafenis had plaats op een mooie en zeer warme zomerdag.

Men zag ons, de rest van het Militaire Huis en mij die te paard voor Het Huis ten Bosch wachtten, de schaduw zoeken van de bomen. Naast de lijkwagen liepen: Graaf Van Randwijck; Graaf Van Limburg Stirum, opperjagermeester; Baron Clifford, hofmaarschalk, en Jhr. Gevaerts van Simonshaven, oud-hofmaarschalk van wijlen de Koningin. In het eerste rijtuig dat de lijkkoets volgde, bevonden zich de Koning, de Prins van Oranje, Prins Alexander en Prins Hendrik der Nederlanden (broer van de Koning). Rechts van dit rijtuig gingen te paard: de Luitenant-Generaal Macleod, Adjudant des Konings in buitengewone dienst, inspecteur der Infanterie, en de Generaal-Majoor Weitzel, commandant van de eerste divisie der Infanterie. Links bevonden zich de Luitenant-Generaal Jhr. Van Panhuys, Adjudant des Konings in buitengewone dienst en de Generaal-Majoor Van Toll, Gouverneur der Residentie. In het tweede rijtuig bevonden zich: Z.K.H. Prins Frederik der Nederlanden, Albert van Pruissen, Prins Nicolaas van Oldenburg en Z.K.H. de Prins van Wied.[10]

In juni 1877 ontving Lady Malet een brief van een vriendin, Lady Serbourne, die haar vertelde over de begrafenis. Zij had daarover gehoord van de hertog van Teck, een neef van Sophie, die erbij aanwezig was geweest: *Hij zegt, dat het een ongelooflijk indrukwekkend schouwspel was. Tweederde van de bevolking van Leiden was uitgelopen, met nog andere grote massa's mensen van elders, de menigte was zo enorm, dat de stoet er drieënhalf uur over gedaan heeft om van Huis ten Bosch naar Delft te komen, waar zij begraven is. Hij zegt, dat het hele land om haar rouwt – nog nooit heeft hij een dergelijke collectieve uitbarsting van emotie meegemaakt.*

Ook Elizabeth Leckey schreef nog een keer aan Lady Malet, op 23 juli 1877, over het overlijden van Sophie: *Arme, lieve koningin! Wij spreken voortdurend over haar en er gaat geen dag voorbij dat wij niet door een of ander voorval aan haar herinnerd worden. Zij was zich zeer scherp bewust van de humoristische kant van de dingen, en ondanks haar zorgen had zij plezier in alles wat daar maar enige aanleiding toe gaf. Ik heb nooit iemand gekend bij wie dat zo sterk het geval was als bij haar. Ik geloof niet, dat er nog vorstinnen bestaan zoals zij er een is geweest. Zij keek dwars door alle conventies heen, zij waardeerde mensen op grond van hun persoonlijke verdiensten en daarin ging zij heel ver. [...] Bij de begrafenis bleek, hoe groot en algemeen de rouw om haar heengaan is. Duizenden mensen zijn naar Den Haag gekomen om de stoet te zien voorbijtrekken en de stilte en eerbied waren zeer indrukwekkend. U zult beter dan wie ook begrijpen, hoe triest het schouwspel was, toen de kist, onder bloemen bedolven, langzaam de trappen van de hoofdingang van Huis ten Bosch afgedragen en in de lijkwagen geplaatst werd ... en toen die koets zich vervolgens met de hele stoet door het Bosch verwijderde bij het geluid van de rouwsalvo's en van sombere uitvaartmuziek. Het was een dag die ik nooit zal vergeten. De verlatenheid van het Huis, toen alles voorbij was, kan ik niet beschrijven.*[11]

Afb. 20 De begrafenis van koningin Sophie in de Nieuwe Kerk in Delft. De koninklijke familie staat voor het mausoleum van prins Willem I, met daarnaast ds. Koetsveld, die aan het preken is. Houtgravure, door Armand Heins. (Beeldbank Haags Gemeentearchief).

15 Tot besluit

Aan het leven van een bijzondere en door velen geliefde vrouw was een einde gekomen. Door het volk werd ze gewaardeerd vanwege haar sociale betrokkenheid, door haar vrienden werd ze geroemd om haar intellectuele capaciteiten. Sophie werd beschouwd als een zeer begaafde, erg verstandige en ontwikkelde vrouw. Bovendien vond men haar heel aantrekkelijk om te zien.

Ze volgde de binnen- en buitenlandse politieke ontwikkelingen met belangstelling en zag het in bepaalde gevallen als haar plicht invloed uit te oefenen op de gang van zaken. Zo ijverde ze voor een betere verstandhouding tussen het Engelse en het Franse koningshuis en wilde ze een toenadering tussen Frankrijk en Rusland voorkomen. Ze bekeek de verwikkelingen van het leven aan het hof met een scherpe blik en beschreef ze op humoristische wijze aan haar vele vrienden.

Ondanks de waardering die er voor Sophie bestond, waren er tijdens haar leven ook minder positieve geluiden te horen. Ze had de reputatie een zeer emotionele, melodramatische en zelfs hysterische vrouw te zijn, die haar blik liet vertroebelen door haar emoties. Gouverneur De Casembroot was zelfs uitgesproken kritisch: *Zij kust den Prins en op haar gelaat teekent zich ten duidelijkste de teleurstelling hem niet zieker te vinden. Met een oogopslag zag ik toen zij binnenkwam dat de tooneelspeelster thans weder eene bedaarde rol meende te moeten aannemen, en bij deze gelegenheid kon ik niet nalaten op te merken hoe ongegrond eigenlijk de algemene mening is, dat de koningin eene gepassioneerde vrouw zou zijn, die nimmer anders handelt dan onder den invloed harer hevige driften, en, bij al het kwaad wat zij doet, steeds moet worden verontschuldigd met de woorden: ja, het is eene ongelukkige vrouw; zij meent het dikwijls goed, maar... die drift, die drift! (...) Alles bij haar is kunst, berekening; wel zotte, onverstandige en de plank gewoonlijk misslaande berekening en overleg, maar echter overleg en berekening.* Hij vond dat ze zich vooral met haar eigen ongeluk bezighield. Hij ergerde zich bovendien aan haar wens zeggenschap te hebben over het onderwijs van Wiwill. Wat ze zelf zag als niet meer dan normale betrokkenheid van een moeder bij de opvoeding van haar zoon, werd door hem gezien als ongepaste bemoeizucht.

Toch was er voornamelijk begrip voor Sophie. Zo schreef prinses Marianne aan haar vertrouwelinge mevrouw Falck, die toen in dienst was van Sophie:

[...] Ze heeft niet wat men noemt een gelukkig karakter, het is moeilijk haar tevreden te stellen, maar men moet haar erom beklagen en men mag haar niet verwijten. Het is niet aan iedereen gegeven de goede kanten van de dingen te ontdekken; er zijn mensen die zo ongelukkig zijn alleen maar het slechte te zien. Ik ben bang dat men in de briljante opvoeding die Sophie gekregen heeft, het geloof niet heeft gezien als het fundament van het al. Als zij wat tot kalmte komen kon, zou ze misschien nog gelukkig kunnen worden. Willem is in de grond van de zaak een goed mens en zij hebben allerliefste kinderen.[1]

Haar soms lastige karakter werd aan externe factoren, zoals de omstandigheden waarin ze zich bevond, geweten. Minister Weitzel schreef in zijn dagboek: *Het moet voor een naar den geest zoo rijk begaafde en veelzijdig ontwikkelde vrouw als de Koningin Sophia Mathilde was, een ware ramp zijn geweest zich voor immer geketend te weten aan een man als dien wij beschreven. Er zijn bewijzen aan te voeren dat zij in hare laatste levensjaren, zijn karakter en zijn geestes-richting volkomen doorzag, maar het is meer dan onwaarschijnlijk dat zij dit van den aanvang af, heeft gedaan. Meermalen moest zij hem in hare eerste huwelijksjaren, zonder eenig opzet, aanstoot hebben gegeven. Zoo als een ieder doet die dagelijks of dikwerf met hem in aanraking komt. Later bij de opvoeding en de leiding hunner kinderen, moeten botsingen met een man, met wien niet te beraadslagen of te overleggen viel onvermijdelijk zijn geweest. Daarbij was de Koningin als ieder ander een menschenkind. Haar levendigen geest en haren gansch niet onderworpen aard kunnen zeer licht uitbarstingen hebben bewerkt die misschien hadden kunnen worden vermeden maar die tot verzet hebben geleid daar waar berusting mogelijk en wenschelijk ware geweest. Maar al ware Zij den volmaaktheid nabij gekomen, een goede verstandhouding was hier op den duur onmogelijk. Haar toestand werd echter ondragelijk toen de Koning zich ook niet meer ontzag de huwelijks-trouw schier onbewimpeld en op ergerlijke wijze te schenden. In den boezem der Koningin hoopten zich toen de grieven der beleedigde echtgenote op met die van het zoo menigmaal beleedigde gezond verstand der voortreffelijke en buitengewone vrouw.*[2]

Van meet af aan voelde Sophie zich in intellectueel opzicht verheven boven Willem. Ook was ze door zijn voortdurende ontrouw diep geraakt. Met haar schoonfamilie verliep het contact moeizaam. Alleen met prins Frederik, de oom van haar man, was ze bevriend. Ze voelde zich aan het hof vaak eenzaam en het verschil in cultuur heeft hier zeker een rol in gespeeld. De Hollanders waren in haar ogen stijve en ook wat simpele lieden: *De Duitser uit het zuiden leeft in het algemeen makkelijk, is vrolijk en intelligent. Hij heeft behoefte aan gezelschap, om zonder plechtstatigheid bij elkaar te komen. De Hollander heeft een angst voor en een diepe afkeer van de buitenlander. (...) Men leeft onder elkaar. Men verjaagt, vermijdt nieuwe indrukken.*

Kort na haar dood werd Sophie door haar eerste biografe Elise van Calcar op een romantische en gedramatiseerde manier geportretteerd als een tragische koningin. Vooral het beeld van de 'arme Sophie' kwam naar voren: dat van de bedrogen echtgenote en de rouwende moeder. Van Calcar was een bekende pedagoge en een van de grondlegsters van de vrouwenbeweging. In haar portret van Sophie als slachtoffer klinkt Van Calcars feministische gedachtegoed door.

In de loop van de tijd verschenen diverse artikelen over Sophie, waarin vooral voortgeborduurd werd op het door Van Calcar geschetste beeld. Er is geen nieuw, diepgravend onderzoek naar haar gedaan tot in 1977, toen er in Stedelijk Museum 'Het Prinsenhof' in Delft een tentoonstelling werd georganiseerd: 'Rondom een album van Koningin Sophie'. In de bijbehorende catalogus gaat vooral het artikel van Dr.C.A. Tamse dieper in op het karakter van Sophie:

Waarom boeide Sophie's persoonlijkheid zoveel vorsten, staatslieden, geleerden en artiesten? Maakte haar krachtige stem en haar uitgesproken mening indruk of imponeerde wellicht haar grote eruditie en talenkennis (zij sprak zes moderne talen)? Als echte vorstin en aristocrate liet zij zich natuurlijk nooit op haar kennis voorstaan; in haar elegante, geestige conversatie liet zij slechts op subtiele wijze doorschemeren wat zij wist op het gebied van kunst, wetenschap en politiek. Wellicht lag het geheim van de aantrekkingskracht van haar persoonlijkheid grotendeels in het samengaan van vorstelijke stijl met ongewone hartelijkheid en spontaneïteit en in haar trefzekere oordeel over mensen en dingen. In ieder geval was het in haar tijd onvermijdelijk dat zij ook enkelen irriteerde omdat zij als vrouw een uitgesproken mening over de internationale politiek had, daaraan soms deel trachtte te nemen en bovendien met haar inderdaad verbluffende algemene ontwikkeling boven haar meeste mannelijke tijdgenoten uitstak. Ook nam men het haar kwalijk dat zij soms te geestig, te spits was en in een opwelling vaak ronduit haar mening gaf, waar een koelere natuur zou hebben begrepen dat vorstelijke reserve en zwijgzaamheid de voorkeur verdienden. Terecht merkte James Loudon in zijn memoires op: "H.M. was soms wat driftig en daardoor onvoorzichtig ...". Hoe dit ook zij, koningin Sophie ging in Nederland en ver daarbuiten door voor een unieke persoonlijkheid – een reputatie die ongetwijfeld haar aantrekkingskracht nog vergrootte. In binnen- en buitenland werd zij bewonderd.[3]

De brieven en dagboeken van Sophie en de persoonlijke documenten van de mensen om haar heen bevestigen de beschrijving van Tamse. Voor een deel verklaren ze het beeld van de tragische koningin en melodramatische vrouw, voor een ander deel nuanceren ze het. Duidelijk is dat ze niet altijd gemakkelijk in de omgang was. Ze was kritisch, voor anderen, maar zeker ook voor zichzelf. De Casembroot vond haar egocentrisch, maar uit haar brieven blijkt dat ze oprecht in anderen was geïnteresseerd en zich nauw betrokken voelde bij haar vrienden. Veel van haar vriendschappen koesterde ze levenslang.

Ze voelde zich beknot door haar omgeving en vond dat ze als intellectuele vrouw, als echtgenote van de koning en als moeder onvoldoende tot haar recht kwam. Toch had ze, zeker vergeleken met andere vrouwen in die tijd, juist door haar huwelijk met Willem III veel mogelijkheden tot zelfontplooiing. Ze had de middelen om veel te reizen. Door die reizen en door de kringen waarin ze verkeerde, kon ze interessante contacten te leggen. Ze klaagde over eenzaamheid, maar schreef zelf dat ze uit haar correspondentie veel voldoening haalde. Ondanks deze kanttekeningen staat het buiten kijf dat haar leven getekend was door tragische gebeurtenissen en dat ze alle reden had om ongelukkig te zijn.

Een van Sophies grootste zorgen was het voortbestaan van de monarchie. Met recht, want geen van haar zonen heeft voor nageslacht gezorgd. Sophies oudste zoon Wiwill overleed in 1879 ongehuwd op 38-jarige leeftijd, vermoedelijk aan een combinatie van tyfus, een leveraandoening en uitputting. Tijdens zijn ziekbed heeft zijn broer Alexander hem regelmatig bezocht. Verder werd er vrijwel niemand toegelaten, behalve de Britse kroonprins Edward die net als Wiwill een bekende figuur was in het uitgaansleven van Parijs en met wie Wiwill bevriend was.

Alexander zorgde voor een rouwdienst in de Nederlandse legatie en liet zijn broer per trein naar Nederland overbrengen, waar deze werd bijgezet in de grafkelder van de Oranjes in de Nieuwe Kerk in Delft. Na de dood van zijn moeder en broer leidde Alexander een teruggetrokken bestaan. Ook hij bleef ongetrouwd en kinderloos. Hij overleed in 1884 op 33-jarige leeftijd aan tyfus, nadat hij nog vijf jaar troonopvolger was geweest.

Koning Willem III hertrouwde in 1879 met Emma van Waldeck-Pyrmont. Uit dat huwelijk werd in 1880 prinses Wilhelmina geboren, de latere troonopvolgster.

Stambomen

Huis van Oranje-Nassau

Willem V 1748-1806 X Wilhelmina van Pruisen 1751-1820

Louise 1770-1819

Willem I 1772-1843 X Wilhelmina van Pruisen 1774-1837

Frederik 1774-1799

Willem II 1792-1849 X Anna Paulowna 1795-1865

Frederik 1797-1881 X Louise van Pruisen 1808-1870

Pauline 1800-1806

Marianne 1810-1883 X Albert van Pruisen 1809-1872

Willem III 1817-1890 X
1. *Sophie van Württemberg 1818-1877*
2. Emma van Waldeck-Pyrmont 1858-1934

Alexander 1818-1848

Hendrik 1820-1879

Ernst Casimir 1822-1822

Sophie 1824-1897

Willem (Wiwill) 1840-1879, geen nakomelingen

Maurits 1843-1850

Alexander 1851-1884, geen nakomelingen

Wilhelmina 1880-1962 X Hendrik van Mecklenburg-Schwerin 1876-1934

Huis Romanov

Paul I (1754-1801, vermoord) X Maria Feodorowna, geb. Sofia Dorothea van Württemberg 1759-1828

Alexander I 1777-1825

Constantijn 1779-1831

Helena 1784-1803

Maria 1786-1859
X
Karl Friedrich van Saksen-Weimar 1783-1853

Katharina 1788-1819
X
Wilhelm I van Württemberg 1781-1864

Nikolaas I 1796-1855

Marie 1808-1877
Karl Alexander 1818-1901
X
Sophie van Oranje 1824-1897

Marie 1816-1887
Sophie 1818-1877

Huis Württemberg

Frederik I, hertog v. Württemberg 1732-1797 X Friederike, pr. v. Pruisen markgr.v. Brandenburg-Schwedt 1736-1798

Frederik II, 1e koning v. Württemberg gekroond in 1806 X Augusta van Brunswijk 1764-1788

Wilhelm I 1781-1864
X
1. Carolina Charlotte Augusta van Beieren 1792-1873
2. Catharina Paulowna 1788-1819
3. Pauline van Württemberg 1800-1873

Catherine v. Württemberg 1783-1835
X
Jérome Bonaparte 1784-1860

Marie 1816-1887

Sophie 1818-1877

Catherine 1821-1898

Karl I 1823-1891
X
Olga Nikolaewna 1822-1892

Augusta 1826-1898

Huis Bonaparte

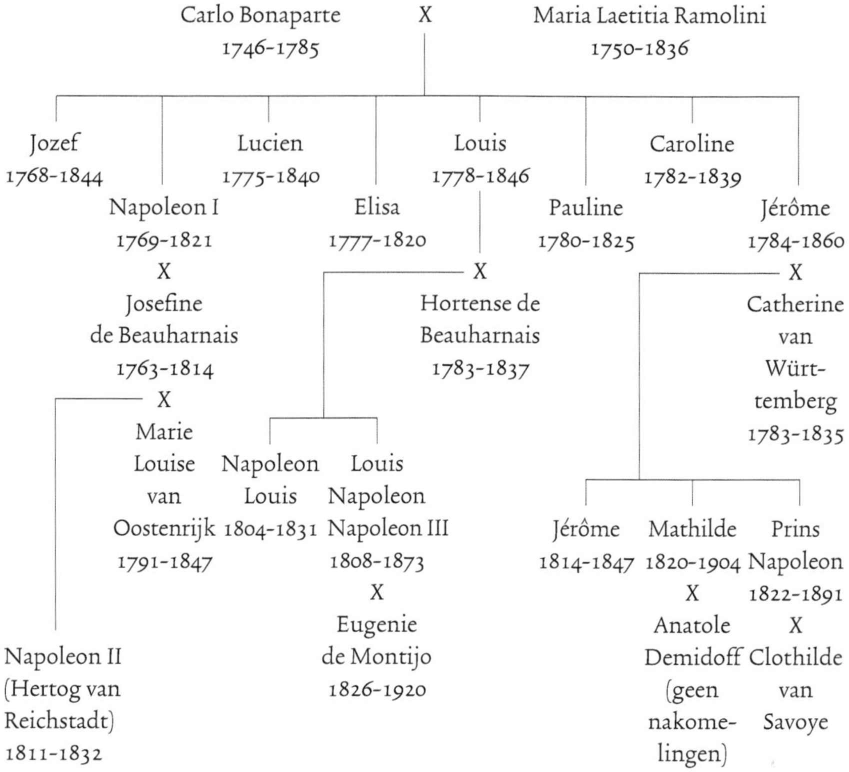

Literatuurlijst

Archieven

Centre historique des Archives nationals, Parijs, Archives Napoléon 400 AP/160: Sophie, reine des Pays Bas, née princesse de Wurtemberg, Lettres adresséesau Prince Napoléon 1839-1877.

Koninklijk Huis Archief, 's-Gravenhage, Archief Koningin Sophie, A I, II, III, IV.

Overzicht van geraadpleegde werken

Abeling, J., *Teloorgang en wederopstanding van de Nederlandse monarchie 1848-1898*. Amsterdam 1996.

Aletrino, L., *Drie Koningen van Nederland*. Amsterdam 1959.

Bastet, F.L., 'Schliemann en koningin Sophie', in: *Spiegel Historiael* 1977, p. 158-161.

Beusekom, E. van, e.a., *Moeders uit ons vorstenhuis*. Amsterdam 1938.

Blakiston, G. *Lord William Russell and his wife 1815-1846*. Londen 1972.

Bos, D. *Willem III, Koning Gorilla*. Soesterberg 2002.

Bouman, J.J., *Op en om Oranje's troon, Ons vorstenhuis in de 19de en 20ste eeuw*. Zaltbommel 1964.

Burghclere, Lady, *A great lady's friendships. Letters to Mary, Marchioness of Salisbury, Countess of Derby, 1862-1890*. Londen 1933.

Busken Huet, C., 'Een Avond aan het Hof', in: *Jaarboekje Aurora*, Haarlem 1865, p. 114-131.

Calcar, E. van, *Sophia Frederika Mathilda; Koningin der Nederlanden. Als vorstin en moeder geschetst voor hare landgenooten*. Haarlem 1877.

Clerck, K. de en L. Troch, *De opvoeding van een prins van Oranje in het midden van de 19e eeuw*. Den Haag 1979.

Cleverens, R., *Niet verder dan ons Huis... De Koninklijke Hofhouding, het dagelijks leven in de paleizen Noordeinde en Het Loo 1870-1918*. Middelburg 1994.

Coppens, T., *Marie Cornélie, dagboek van haar reis naar het hof van Sint-Petersburg 1824-1825*. Amsterdam 2003.

Cruyningen, A. van, *Trouwen met Oranje: verloving en huwelijk in het Koninklijk Huis*. Kampen 2001.

Curtis, G.W., (ed.), *The Complete Works of John L. Motley, the Correspondence of John Lothrop Motley D.C.L.* Vol. III, New York 1889.

Ditzhuijzen, Reinildis E. van, *Het Huis van Oranje: prinsen, stadhouders, koningen en koninginnen*. Houten 1997.

Ditzhuijzen, Reinildis, E. van, *Oranje-Nassau: een biografisch woordenboek*. Haarlem 2004.

Does, J.C. van der, 'De jeugd en verloving van prinses Sophie van Wurtemberg', in: *Historia* 1935, p. 155-162.

Doorn, J. *Nederland, Oranje en de doofpot: raadsels rond Oranje in de 19de eeuw*. Bussum 1979.

Doorn, J. *Rusland en Oranje: tragiek en glorie van overgrootmoeder Anna Paulowna*. Zaltbommel 1974.

Doorn, J. *Willem III, Emma en Sophie: geluk en ongeluk in het Huis van Oranje*. Zaltbommel 1977.

Dumonceau, C.H.F. graaf, *Sire... Deel 1: Herinnering aan Z.M. Koning Willem III. Periode 1827-1877*. Vertaald en bewerkt door R.W.A.M. Cleverens, Middelburg 1987.

Duyverman, P.J., *Uit de geheime dagboeken van Aenaes Mackay*. Houten 1987.
Fasseur, C. *Wilhelmina: de jonge koningin*. Amsterdam 1998.
Fleurbaay, E., 'Kunstaankopen door Koning Willem III', in: *Antiek* 19 (1984) 1, p. 1-12.
Goddyn, R., *Charlotte en Leopold. De liefdesbrieven van prinses Charlotte van Wales aan prins Leopold van Saksen-Coburg*. Antwerpen/Vianen 2007.
Haasse, Hella S. en Prof. S.W. Jackman, *Een vreemdelinge in Den Haag. Uit de brieven van Koningin Sophie der Nederlanden aan Lady Malet*. Amsterdam 1984.
Heeckeren van Molencaten, E.C. baron van, R.W.A.M. Cleverens en M.G. Emeis, *Boven gezeten en thee gedronken, Herinnering aan Mevrouw A.H. Groeninx van Zoelen-van de Poll, dame du palais en waarnemend grootmeesteres van H.M. Koningin Wilhelmina 1857-1933*. Middelburg 1986.
Hermans, D., en D. Hooghiemstra, *'Vertel dit toch aan niemand'. Leven aan het hof*. Amsterdam 2006.
Hoebe, Y. *Bruiden van Oranje*. Uithoorn 2004.
Iong, H. de, *Oranje Bastaarden. Een Vademecum*. Soesterberg 2001.
Jackman, S.W., *De Romanov Relaties. Uit de privé-correspondentie van Anna Paulowna en haar familie*. Baarn 1987.
Jena, D., *Katharina Pawlowna, Grossfürstin von Russland – Königin von Württemberg*. Regensburg 2003.
Kikkert, J.G., *Geheimen van de Oranjes*. Deel V, Soesterberg 2008.
Klooster, L.J. van der, 'Een souvenir-album van Koningin Sophie', in: Dr. C.A. Tamse, L.J. van der Klooster en J.M.W. Baron van Voorst tot Voorst (red.), *Tentoonstelling rondom een album van Koningin Sophie, terugblik op het leven van Koningin Sophie der Nederlanden (1818-1876), Oranje Nassau Museum*. [Tentoonstellingscatalogus], Delft 1977.
Klooster, L.J. van der, en J.J. Bouman, *Oranje in beeld: een familiealbum uit de 19de eeuw*. Zaltbommel 1966.
'Koninginnedrama over Anna Paulowna', in: *Club Twaalf Magazine* 8 (1994), p. 2-3.
Lammers, F.J., *De vergeten kroonprins*. Baarn 1979.
Lammers, F.J., *Koningskinderen voor de troon geboren*. Baarn 2003.
Leeuwe, H.H.J. de, 'Douwes Dekker, Willem III en Sophie', in: *Over Multatuli* 1986, p. 1-27.
Lieburg, M.J. van, *Het Sophia Kinderziekenhuis 1863-1975*. Rotterdam 1975.
Loonstra, M., *Het huijs int Bosch. Het Koninklijk Paleis Huis ten Bosch historisch gezien*. Zutphen 1985.
Maxwell, Sir H., *The Life and Letters of George William Frederick Fourth Earl of Clarendon*. Deel II, Londen 1913.
Moerman, J.J., en T. Klijnhout-Moerman, *De Prinsen uit ons Vorstenhuis*. Amsterdam 1938.
Montgomery Hyde, H., *A Victorian Historian. Private letters of W.E.H. Lecky 1859-1878*. Londen 1947.
Mulder, A.H., *Geschiedenis van Oranje doorluchtig verteld*. Amsterdam/Antwerpen 1938.
Murat, Princess Caroline, *My Memoirs*. Londen 1910.
Naber J.W.A. en L. de Neve, *De Vorstinnen van het Huis van Oranje-Nassau*. Haarlem 1898.
O'Meara, K., *Un salon à Paris, Madame Mohl et ses intimes*. Parijs 1886.
Orden, L. van, *De broers en de moeder van koningin Wilhelmina*. Haarlem 1960.
Aan tafel bij zeven Koninginnen. Paleis Het Loo Nationaal Museum, [Tentoonstellingscatalogus,] Apeldoorn, 2003.
Postmus, S., *Den Vaderlant Getrouwe*.Velp z.j.
Quack, H.P.G., 'De Koningin der Nederlanden, Sophia van Wurtemberg', in: *De Gids* 1877, p. i-viii.
Ruizendaal, W. en M. Conrads, *Nassau & Oranje, 600 jaar geschiedenis van ons vorstenhuis Van Engelbert I tot Willem-Alexander*. Baarn 1995.
Schaffers-Bodenhausen, K. en M.E. Tiethoff-Spliethoff, *The Portrait Miniatures in the collections of the House of Orange-Nassau*. Zwolle 1993.

Scheffer, H.J., *Henry Tindal. Een ongewoon heer met ongewone besognes.* Bussum 1976.

Schell, S., *Wiwill, Kroonprins van Oranje, Kind tussen twee vuren.* Amersfoort 1994.

Sergeant, Philip W., *The Princess Mathilde Bonaparte.* Londen z.j.

Simpson, M.C.M., *Letters and Recollections of Julius and Mary Mohl.* Londen 1887.

Spliethoff, M.E., *Oranje-Nassau van A tot Z.* Meppel 2002.

Spliethoff, M.E., (e.a.), *Oranje in de wieg, over geboorte en doop van vorstenkinderen.* Apeldoorn 2004.

Spliethoff, M.E. en R. van Heuven-van Nes, *Kinderen van Oranje: vorstelijke kinderportretten toen en nu.* Zwolle 2007.

Stein, I., *Liefdesleven en -leed van de Oranjes.* Rotterdam 1996.

Tamse, C.A., (red.), *Koningin Sophie 1818-1877, jeugdherinneringen in Biedermeierstijl van een Nederlandse vorstin uit Wurtemberg.* Vertaald door G.A. Kamerlingh Onnes, Zutphen 1984.

Tamse, C.A., (red.), *Vrouwen in het landsbestuur.* Den Haag 1982.

Tamse, C.A., (red.), *Nassau en Oranje in de Nederlandse geschiedenis.* Utrecht 1996.

Tamse, C.A., 'Koningin Sophie (17 juni 1818-3 juni 1877). Nederlandse vorstin en wereldburgeres', in: Dr. C.A. Tamse, L.J. van der Klooster en J.M.W. Baron van Voorst tot Voorst (red.), *Tentoonstelling rondom een album van Koningin Sophie, Terugblik op het leven van Koningin Sophie der Nederlanden (1818-1876), Oranje Nassau Museum.* [Tentoonstellingscatalogus], Delft 1977.

Tamse, C.A., 'Sophie, vorstin met inhoud, koninklijk werk in uitvoering', in: *Biografie Bulletin* 9 (1999) p. 37-45.

Tamse, C.A., *Koningin Sophie, Onvermoeibare briefschrijfster met liberale sympathieën.* Den Haag 1985.

Tiethoff-Spliethoff, M.E., 'Verschil in karakter', in: *Oranje en de kunst,* Breda 1992.

Veer, P. van 't, *Maar Majesteit! Koning Willem III en zijn tijd, De geheime dagboeken van Minister A.W.P. Weitzel.* Amsterdam 1985.

Vincent, J.R., (ed.), *Disraeli, Derby and the Conservative Party.* Hassocks 1978.

Vliegenthart, A.W. en A.M.L.E. Erkelens, *Het Loo, Paleis en Tuinen.* Epe 2004.

Voorst tot Voorst, J.M.W. baron van, 'De kunstzaal in Paleis het Loo, I. De bouwgeschiedenis', in: *Antiek* 15 (1980) 1, p. 9-30.

Voorst tot Voorst, J.M.W. baron van, 'De kunstzaal in Paleis Het Loo, II. De kunstzaal als "Pantheon"', in: *Antiek* 15 (1980) 2, p. 67-103.

Voorst tot Voorst, J.M.W. baron van, 'De kunstzaal in Paleis Het Loo, III. Pantheon van negentiende-eeuwse kunstenaars en letterkundigen', in: *Antiek* 15 (1980) 4, p. 189-214.

Voorst tot Voorst, J.M.W. baron van, 'De privé-vertrekken van koningin Sophie', in: Dr. C.A. Tamse, L.J. van der Klooster en J.M.W. Baron van Voorst tot Voorst (red.), *Tentoonstelling rondom een album van Koningin Sophie, Terugblik op het leven van Koningin Sophie der Nederlanden (1818-1876), Oranje Nassau Museum.* [Tentoonstellingscatalogus], Delft 1977, p. 38-86.

Walch, J.L., *Vrouwen van formaat. Een Galerij van Vrouwen uit Nederlands Verleden.* Amsterdam 1941.

Noten

Noten bij 1 Duitse achtergrond

1 Württemberg, een voormalig Duits graafschap, hertogdom en koninkrijk, later vrijstaat, werd oorspronkelijk bewoond door de Sueven, die bij de komst van de Romeinen (ca. 84 na Chr.) onderworpen werden. Ca. 500 kwam het gebied aan de Franken. De naam Württemberg komt het eerst in een oorkonde van ca. 1090 voor; de historisch vaststaande reeks graven begint pas met Ulrich (1241-1265). Oorspronkelijk achterleenmannen van de hertog van Zwaben, werden zij na de val van de Hohenstaufen in 1268 vrijwel onafhankelijk, totdat in 1495 Württemberg een hertogdom werd. Ulrich van Württemberg (1498-1550) voerde de Hervorming in (1534) maar zijn pogingen zich van Habsburg onafhankelijk te maken, mislukten. Evenzo waren de absolutistische neigingen van Frederik I (1593-1608) tot mislukking gedoemd. Zijn kanselier Enzlin werd zelfs onthoofd (1613). De katholieke Karel Alexander (1733-1737) verwekte grote beroering toen men invoering van de katholieke godsdienst vreesde. Berucht werd tijdens zijn regering het regime van zijn Finanzrat Joseph Süss-Oppenheimer. De Franse tijd bracht de zo nodige hervormingen, hoewel Württemberg veel van de doortrekkende Franse en Oostenrijkse troepen te lijden had. Württemberg werd in 1803 een keurvorstendom, onder Frederik I (1797-1816), een koninkrijk in 1806 en in dat jaar tevens lid van de Rijnbond. Het land nam in omvang belangrijk toe. Toen in 1813 Napoleon door Frederik in de steek werd gelaten, eiste het volk een constitutie. Frederiks' voorstellen werden echter afgewezen door de stenden (1815). Frederik werd opgevolgd door zijn zoon Willem I (1816-1864). Een grondwet werd afgekondigd in 1819. Het bestuur bleef sterk gecentraliseerd en van volksinvloed was weinig sprake. Tijdens de Maartrevolutie van 1848 kwam er in Württemberg een liberaal ministerie, dat echter spoedig tot aftreden gedwongen werd. In 1849 werd de grondwet van 1819 hersteld. Na 1871 was Württemberg lid van het Duitse keizerrijk; een grondwetsherziening had plaats in 1906.De laatste koning was Willem II (1891-1918). In 1945 werden twee Länder gevormd: Württemberg-Baden en Württemberg-Hohenzollern, die in 1952 met Zuid-Baden werden verenigd tot Baden-Württemberg. (Grote Winkler Prins, encyclopedie in 26 dln., Amsterdam 1993, dl. 25).

2 Elise van Calcar, *Sophia Frederika Mathilda koningin der Nederlanden, Als vorstin en moeder geschetst voor hare landgenooten*, Haarlem 1877, p. 9, 10.

3 Karl Eugen, die op 16-jarige leeftijd hertog werd, was van mening dat de stad Stuttgart en de standenvertegenwoordiging een geschikte woning voor hem moesten bouwen, een woning die beter bij zijn status als vorst paste. De oude burcht voldeed absoluut niet meer. Door zijn Pruisische opvoeding kende hij de pracht en de praal van de hofhouding daar en zoiets wilde hij zelf ook. Toen hij zijn zin niet kreeg, dreigde hij naar Ludwigsburg te verhuizen en deze stad als zijn residentie te kiezen. Na veel heen en weer gepraat en plannenmakerij werd uiteindelijk de eerste steen gelegd op 3 september 1746. De architect Leopold Retti werd in

eerste instantie in de arm genomen, maar door zijn plotselinge dood moest er een andere architect gezocht worden. Toen kreeg de Parijse architect Philippe de la Guêpière opdracht voor het verder bouwen van het paleis. In 1762 brak er brand uit, waardoor de hertog zijn paleis nog steeds niet kon betrekken. Er werd verder gebouwd maar er ontstonden andere problemen: de stad en de standenvertegenwoordiging vonden Karl Eugen veel te verkwistend. Hij liet de bouwwerkzaamheden stilleggen en vertrok inderdaad naar Ludwigsburg. Pas in 1775 kwam hij naar Stuttgart terug. Toen Karl Eugen in 1793 overleed, was het paleis nog steeds niet gereed. De werkzaamheden werden voortgezet tot in de 19e eeuw; in 1807 was het paleis min of meer voltooid. Tot aan het einde van de Württembergse monarchie in 1871 werden er steeds weer veranderingen aangebracht in de kamers en zalen. Sinds 1918 is het Neues Schloss staatsbezit en doet het dienst als museum. Tijdens de Tweede Wereldoorlog is het door bombardementen een ruïne geworden. In 1957 werd besloten het paleis weer op te bouwen en te gebruiken voor representatiedoeleinden. Grote Winkler Prins, encyclopedie in 26 delen, Amsterdam 1993, dl. 22. www.neues-schloss-stuttgart.de de.wikipedia.org/wiki/Neues—Schloss—Stuttgart de.wikipedia.org/wiki/Datei:Stuttgart—AltesSchloss www.historisches-wuerttemberg.de.

4 Dr. C.A. Tamse (red.). *Koningin Sophie 1818-1877, Jeugdherinneringen in Biedermeierstijl van een Nederlandse vorstin uit Wurtemberg*, vertaling G.A.Kamerlingh Onnes-barones van Dedem, Zutphen 1984, p. 7-15.

5 Detlef Jena, *Katharina Pawlowna, Grossfürstin von Russland - Königin von Württemberg*, Regensburg 2003, p.157, 158, 160, 171, 173, 174, 176

Prof. Dr. J.L. Walch, *Vrouwen van formaat, Een galerij van vrouwen uit Nederlands verleden*, Amsterdam z.j., p. 220,221.

Dr. C.A. Tamse, *Vrouwen in het landsbestuur*, 's-Gravenhage 1982, p. 367.

6 *Prinses Charlotte van Wales* was verliefd geworden op Leopold van Saksen-Coburg-Saalfeld, de eerste koning van België, die in 1814 naar Londen reisde in het gezelschap van de Russische tsaar. Op 16 juni 1814 schreef zij aan prins Willem:

Na het heroverwegen, in overeenstemming met uw wensen, van het gesprek dat wij deze morgen hebben gehad, ben ik nog steeds van mening dat de plichten en de affectie die ons op natuurlijke wijze binden aan onze respectieve landen, ons huwelijk incompatibel maakt, niet alleen uit politieke motieven maar ook voor wat betreft huiselijk geluk. Na de jongste gebeurtenissen ben ik er volledig van overtuigd dat mijn belangen vasthangen aan die van mijn moeder, en dat mijn verblijf buiten dit koninkrijk even schadelijk zou zijn voor haar als voor mij. Aangezien ik nooit de moederlijke aanspraken zal vergeten die zij heeft op mijn plicht en aanhankelijkheid, ben ik mij even goed bewust van de aanspraken die uw land heeft op u. Het was deze overweging, bovenop het beeld dat ik had over het voldoen aan uw wensen, dat mij er enige tijd geleden toe aanzette om in te stemmen om u te vergezellen naar Holland, indien ik bevredigende garanties kreeg over mijn macht om terug te keren. Sindsdien hebben de vele onvoorziene gebeurtenissen, vooral die in verband met de prinses, het voor mij onmogelijk gemaakt om Engeland op dit ogenblik te verlaten, of om enige toezegging te doen voor een vertrek in de toekomst. Na wat vanmorgen tussen ons gebeurd is (wat veel te afdoende was om nog verdere uitleg nodig te hebben), moet ik onze verloving vanaf dit ogenblik beschouwen als volledig en voor altijd ten einde. Reinout Goddyn, *Charlotte en Leopold*, De liefdesbrieven van prinses Charlotte van Wales aan prins Leopold van Saksen-Coburg, Antwerpen/Vianen 2007, p. 49, 70.

7 *Tsaar Paul I Romanov (1754-1801)* De krankzinnige vader van Catharina en Anna Paulowna was

een zoon van tsarina Catharina de Grote. Hij had als kind geen liefde gekregen. Nadat zijn eerste vrouw in haar kraambed was gestorven trouwde hij met Maria Fjodorovna, die hem tien kinderen schonk. Anna Paulowna was de jongste dochter. Paul werd in 1801 vermoord en opgevolgd door zijn zoon: Alexander I. Thera Coppens, **Marie Cornélie,** dagboek van haar reis naar het hof van Sint-Petersburg 1824-1825, Amsterdam 2003.

8 Detlef Jena (2003), p. 193, 201, 202, 203, 207-209, 215-219, 221, 224, 225, 228, 229, 231-251, 252-274. Dr. C.A. Tamse, *Koningin Sophie, Onvermoeibare briefschrijfster met liberale sympathieën, Vereniging Oranje Nassau Museum*, Den Haag 1985, p. 92, 93.

9 *Koninklijk Huis Archief*, Den Haag, Archief Koningin Sophie, 1818-1877, A46, I I: Uittreksel uit Doopregister der Hofkerk in Stuttgart, doop pr. S. op 28 juni 1818.

10 Detlef Jena (2003), p. 308-326.

11 *Elisabeth Alexejevna* (Louise Maria Augusta van Baden, 1779-1826) echtgenote van tsaar Alexander I.

12 Dr. C.A. Tamse (red., 1984), p. 8-11. Johanna W.A. Naber en L. de Neve, *De Vorstinnen van het huis van Oranje-Nassau*, Haarlem 1898, p. 296. Dr. J.C. van der Does, *De jeugd en verloving van prinses Sophie van Württemberg*, **Historia,** 1935, p. 155, 156. Elise van Calcar (1877), p. 10, 11. Detlef Jena (2003), p. 311-319.

Noten bij 2 Kind zonder moeder

1 Tamse, (ed., 1984), p. 15.

2 Ibid., p. 11-13, 21, 22; Jena (2003), p. 332-339; Van der Does (1935), p. 156, 157; Tamse (1985), p. 92, 93.

3 Georgiana Blakiston, *Lord William Russell and his wife 1815-1846*, Londen 1972, p. 319, 396.

4 Tamse, (ed.1984), p. 21, 22.

5 Het mausoleum is nog steeds te bezoeken op de Württemberg bij Stuttgart.

6 Nicolas Boileau-Despréaux (1636-1711), Frans dichter.

7 Jean Racine (1639-1699), Frans treurspeldichter.

8 Treurspel geschreven in 1732 door Voltaire (1694-1778).

9 Pierre Corneille (1606-1684), Frans toneelschrijver.

10 Voltaire (1694-1778), pseudoniem van François-Marie Arouet, was een Frans schrijver, essayist en filosoof. Hij was een belangrijke voortrekker van de Franse Verlichting en had een zeer grote invloed op het intellectuele leven van zijn tijd.

11 Stéphanie Louise Adrienne de Beauharnais (1789-1860) was een aangenomen dochter van Napoleon Bonaparte en groothertogin van Baden. Ze werd gedurende de Franse Revolutie geboren als dochter van Claude de Beauharnais, 2e graaf des Roches-Baritaud. Na de dood van haar moeder drie jaar later leefde ze met haar vader in Zuid-Frankrijk. Teruggekeerd in Parijs maakte haar vader de Eerste Consul Napoleon Bonaparte die was gehuwd met Josephine de Beauharnais (weduwe van Claudes neef Alexandre de Beauharnais), attent op het bestaan van zijn dochter. Napoleon liet haar naar Parijs halen en gaf haar een opvoeding conform haar stand. Als stiefvader van Joséphines kinderen Eugène en Hortense nam hij ook Stéphanie als dochter aan met de titel *princesse française*. Te Parijs resideerde ze in de Tuilerieën.

12 Tamse, (ed. 1984), p. 24-46; Jacqueline Doorn, *Willem III, Emma en Sophie. Geluk en ongeluk in het Huis van Oranje*, Zaltbommel 1977, p. 15, 16; Van der Does (1935), p. 156-159; Naber/de Neve (1898), p. 296, 297; Yvonne Hoebe, *Bruiden van Oranje*, Uithoorn 2004, p. 21,22; Beusekom, Mr.

E. van, A.W.J.Mulder, H.H.P. Rijperman en J. Steur, *Moeders uit ons vorstenhuis*, Amsterdam 1938, p. 248, 249; Van Calcar, (1877), p. 11-13.

Noten bij 3 Tienerjaren

1 Tamse, (ed., 1984), p. 45, 46.
2 Ibid., p. 47, 57, 81; Philip W. Sergeant, *The princess Mathilde Bonaparte*, Londen z.j., p. 23, 24; Doorn (1977), p. 16.
3 Ibid., p. 22, 23, 139, 165; Koninklijk Huis Archief Den Haag, archief koningin Sophie, Dagboek dl. 2, p. 11.
4 Sergeant (z.j.), p. 187; Tamse (ed. 1984), p. 65; Archives Napoléon (400AP), Centre historique des Archives nationals, Parijs, nrs. 1-10. Dr. C.A. Tamse, 'Sophie, vorstin met inhoud, Koninklijk werk in uitvoering', *Biografie Bulletin* jaargang 9, 1999, p. 39, vermeldt hierover: *In 1987 kreeg ik dankzij bemiddeling van Prins Bernhard toestemming in de villa van prins Napoleon aan het meer van Genève de ongeveer zeshonderd brieven te raadplegen die Sophie aan haar vertrouweling en ex-minnaar prins Napoleon (1822-1891) had gericht. Bij haar overlijden waren zij door hem verzegeld en vergeten. Na mijn bezoek verkocht de keizerlijke familie deze brieven met de rest van haar archief aan de Archives Nationales in Parijs.* [Deze brieven zijn tegenwoordig via internet te raadplegen: http://chan.archivesnationales.culture.gouv.fr/sdx/pl/navimages/]. Dankzij een historicus uit 'Groningue' had zij zich gerealiseerd een fortuin in haar bibliotheek te hebben laten sluimeren.
5 Immanuel Kant (1724-1804), Duits filosoof.
6 Georg W.F. Hegel (1770-1831), Duits filosoof.
7 Charlotte (1796-1817), prinses van Groot-Brittannië en Ierland, huwde in 1816 met Leopold van Saksen-Coburg, de latere koning der Belgen. Zij overleed in het kraambed.
8 Tamse, (ed. 1984), p. 46; (1982), p. 204-211.
9 Giorgio Vasari (1511-1574), Italiaans architect, schilder en schrijver over kunst. Werd vooral bekend door zijn levensbeschrijvingen van beroemde beeldende kunstenaars.
10 Il Guercino, pseudoniem voor Giovanni Francesco Barbieri (1591-1666), Italiaans schilder.
11 Gaudenzio Ferrari (1475-1546), Italiaans schilder.
12 Blakiston (1972), p. 319, 330, 363; Tamse, (ed., 1984), p. 49, 52, 53, 54.
13 Ferdinand van Orléans (1810-1842), oudste zoon van koning Louis-Philippe van Frankrijk.
14 William IV (1765-1837), koning van Groot-Brittannië, Ierland en Hannover, voerde voor zijn troonsbestijging de titel hertog van Clarence.
15 De latere koning Willem II.
16 Deze laatste is in 1840 met koningin Victoria getrouwd (die al in 1837 koningin was geworden).
17 Tamse, (ed., 1984), p. 56-64; Van der Does (1935), p. 158, 159, 160. Hanno de Iongh beweert in zijn boek *Oranje Bastaarden. Een Vademecum*, Soesterberg 2001, p. 85, dat Sophie rond 1837 een dochter zou hebben gekregen van Wilhelm van Brunswijk (1806-1884), die later met Alexander zu Sayn-Wittgenstein (1804-1858) zou zijn getrouwd. Ik heb hierover niets terug kunnen vinden.
18 Wilhelmina van Pruisen (1774-1837), koningin der Nederlanden (1815-1837).
19 Anna Paulowna (1795-1865) prinses van Oranje (1816-1840), koningin der Nederlanden (1840-1849).
20 Willem III (1817-1890), Alexander (1818-1848) en Hendrik (1820-1879).

21 Frederik (1797-1881) der Nederlanden, jongste zoon van Willem I en Wilhelmina van Pruisen.
22 Hierin waren opgenomen de genealogieën van regerende en niet-soevereine vorsten.
23 Koningin Wilhelmina, echtgenote van Willem I, overleed op 12 oktober 1837 in Den Haag.
24 Tamse, (ed. 1984), p. 65-75.
25 Koninklijk Huis Archief Den Haag, Archief koningin Sophie, huwelijksverdrag; Van der Does (1935), p. 160-163; Prof. Dr. J.L. Walch, *Vrouwen van formaat, Een galerij van vrouwen uit Nederlands verleden*, Amsterdam z.j., p. 233-237; Arnout van Cruyningen, *Trouwen met Oranje: verloving en huwelijk in het Koninklijk Huis*, Kampen 2001, p. 99-102; Blakiston (1972), p. 396.

Noten bij 4 De bruidegom

1 L. Aletrino, *Drie Koningen van Nederland*, Karakterschetsen van Willem I, Willem II en Willem III, Amsterdam 1959, p. 110, 111, 112; J.J. Bouman, *Op en om Oranje's troon, Ons vorstenhuis in de 19de en 20ste eeuw*, Zaltbommel 1964, 44, 45; Prof. S.W. Jackman, *De Romanov relaties, Uit de privécorrespondentie van Anna Paulowna en haar familie*, Baarn 1987, p. 13, 14, 15; Willem Rozendaal en Marian Conrads, *Nassau & Oranje, 600 jaar geschiedenis van ons vorstenhuis Van Engelbert I tot Willem-Alexander*, Baarn 1995, p. 140,141; Coppens (2003), p. 109-111.
2 M.I. van Bree (1788-1839), schilder/tekenaar werkzaam in Antwerpen, vanaf 1827 directeur van de Academie. Schilderde voornamelijk historische gebeurtenissen en portretten. Aletrino (1959), p. 160, 161; Bouman (1964), p. 50, 51; J.J. Moerman en T. Klijnhout-Moerman, *De prinsen uit ons vorstenhuis*, Amsterdam 1938,p. 145, 146; Coppens (2003), p. 45, 46, 47.
3 Rozendaal/Conrads (1995), p. 146; Doorn (1977), p. 33; Bouman (1964), p. 73, 74; Aletrino (1959), p. 161-166.
4 Paul van 't Veer, *Maar Majesteit! Geheime dagboeken van minister A.W.P. Weitzel over koning Willem III*, Amsterdam 1968, p. 138, 139, 140.

Noten bij 5 Het huwelijk van Willem en Sophie

1 Aletrino (1959), p. 97-101; Bouman (1964), p. 40, 41.
2 www.dbnl.org/auteurs/auteur, Isaac da Costa 1798-1860.
3 Archives Napoléon (400AP), Brieven 14 en 15, Stuttgart mei/juni 1839.
4 Tamse, (ed., 1984), p. 76; Van Cruyningen (2001), p. 102, 103, 104; Hoebe (2004), p. 23.
5 Archives Napoléon (400AP), Brieven 16 (29 juni 1839) en 17 (14 augustus 1839).
6 A.E. van Limburg Stirum (1812-1899), getrouwd met R.F. Groeninx van Zoelen (1800-1853).
7 E.W.A. van Pabst van Bingerden (1812-1878).
8 Een koninklijk huwelijk hoefde niet per se afgekondigd te worden vanaf de stadhuizen.
9 Tamse, (ed. 1984), p. 76-80; Aletrino (1959),p 168, 169; Bouman (1964), p. 81, 82.
10 Koninklijk Huis Archief Den Haag, Archief koningin Sophie, Dagboek dl. 1, p. 1.
11 Van Cruyningen (2001), p. 105-108; Doorn (1977), p. 10, 11.
12 Ibid., p. 12, 13; Jackman (1987), p. 182, 183.

Noten bij 6 De eerste huwelijksjaren

1 Doorn (1977), p. 16, 17; Dr. C.A. Tamse, 'Koningin Sophie (17 juni 1818-3 juni 1877) Nederlandse vorstin en wereldburgeres'. In: Dr. C.A. Tamse, L.J. van der Klooster en J.M.W. Baron van Voorst tot Voorst (red.), *Tentoonstelling rondom een album van Koningin Sophie, Terugblik op het leven van Koningin Sophie der Nederlanden (1818-1876), Oranje Nassau Museum.* [Tentoonstellingscatalogus,] Delft 1977, p. 14; Tamse (1982), p. 211; Koninklijk Huis Archief Den Haag, Archief koningin Sophie, Dagboek dl. 1, p. 1.

2 L.J. van der Klooster, 'Een souvenir-album van Koningin Sophie'. In: Dr. C.A. Tamse, L.J. van der Klooster en J.M.W. Baron van Voorst tot Voorst (red.), *Tentoonstelling rondom een album van Koningin Sophie, Terugblik op het leven van Koningin Sophie der Nederlanden (1818-1876), Oranje Nassau Museum.* [Tentoonstellingscatalogus,] Delft 1977, p. 21-37.

3 Een open wandkastje.

4 Tweemaal gebakken porselein zonder glazuur.

5 Voetstuk.

6 Halfzijden, gegolfde ribstof.

7 André Charles Boulle (1642-1732) maakte meubels ingelegd met schildpad en tin of messing. Er is altijd een kleine groep liefhebbers van dit genre meubels gebleven. In 1840-1844 komt deze techniek weer in de mode.

8 Joos van Cleve (ca. 1485-1540/41), schilder, werkzaam in Antwerpen sinds 1511.

9 Johann Georg Zieseniss (1716-1776), Deens schilder.

10 Onderste verdieping van een gebouw.

11 Een Japans verlakt tafeltje.

12 Catharina van Württemberg, tante van Sophie, echtgenote van Jérôme Bonaparte, voerde deze titel.

13 Houten wandbekleding.

14 M.W. Baron van Voorst tot Voorst, 'De privé-vertrekken van koningin Sophie'. In: Dr. C.A. Tamse, L.J. van der Klooster en J.M.W. Baron van Voorst tot Voorst (red.), *Tentoonstelling rondom een album van Koningin Sophie, Terugblik op het leven van Koningin Sophie der Nederlanden (1818-1876), Oranje Nassau Museum.* [Tentoonstellingscatalogus,] Delft 1977, p. 38-86; Dr. A.W. Vliegenthart, A.M.L.E. Erkelens, *Het Loo, Paleis en tuinen*, Epe 2004, p. 30, 32, 34, 35.

15 E.C. Baron van Heeckeren van Molecaten, M.G. Emeis, R.W.A.M. Cleverens, *Boven gezeten en thee gedronken..., Herinneringen aan Mevrouw A.H. Groeninx van Zoelen-Van de Poll, dame du palais en wnd. grootmeesteres van H.M. Koningin Wilhelmina 1857-1933*, Middelburg 1986, p. 7, 9, 17, 21-23, 81-85; René Cleverens, *Niet verder dan ons Huis..., De Koninklijke Hofhouding, Het dagelijks leven in de paleizen Noordeinde en Het Loo 1870-1918*, Middelburg 1994, p. 5, 7, 125-145, 232-248; Dorine Hermans en Daniela Hooghiemstra, *'Vertel dit toch aan niemand': Leven aan het hof*, Amsterdam 2006.

16 Honoré Gabriel Riqueti, graaf van Mirabeau (1749-1791), meestal kortweg Mirabeau genoemd, was een Franse revolutionair, maar ook schrijver, geheim agent, diplomaat, vrijmetselaar, journalist en politicus.

17 De adellijke familie Boreel. Jonkheer Willem François Boreel (1774-1851) was hiervan een belangrijke representant. Nam deel aan de slagen bij Quatre-Bras en Waterloo. Was opperstalmeester en grootmeester van Willem II. Het door hem opgerichte regiment maakt nog steeds deel uit van de Koninklijke Landmacht, sinds 1950 onder de naam Regiment Huzaren van Boreel.

18 Wilhelmina Anna Maria (Annemie) barones Bentinck, hofdame van Prins Frederik. Trouwde

op14 juli 1855 met Mr. François René Hendrik Robert baron Fagel, die van 1853 tot 1870 kamerheer van koningin Sophie was.

19 Koninklijk Huis Archief Den Haag, Archief koningin Sophie, Dagboek dl. 2, p. 5, 6.
20 Doorn (1977), p. 25.
21 Van Heeckeren van Molecaten/Emeis/Cleverens (1986), p. 22, 23.
22 Lady Mary werd in 1824 geboren als de dochter van de vijfde Earl of De la Warr en Lady Elizabeth Sackville West, ze had zes broers en twee zusjes. In 1847 trouwde ze met James, tweede Markies van Salisbury, een weduwnaar met kinderen waarvan er enkele ouder waren dan zijzelf. De volgende eenentwintig jaar, tot de dood van haar echtgenoot, bracht ze door op het landgoed Hatfield in Hertfordshire. Ze kreeg drie zoons en twee dochters. Lady Mary was erg sociaal bewogen: de opvang van jonge meisjes, het onderbrengen van de armen en het verzorgen van zieken waren zaken die haar zeer bezighielden. Ze hield het contact met haar familieleden met grote toewijding in stand. Ook had ze een grote vriendenschaar: politici als Lord Palmerston, Lord Robert Cecil, Lord Lyndhurst, Disraeli, Lord Clarendon, maar ook bisschoppen, militairen en diplomaten. Door deze uitgebreide kennissenkring, maar vooral door haar vriendschap met Lord Clarendon, Lady William Russell en Sophie was zij goed op de hoogte van verwikkelingen buiten het Victoriaanse Engeland. Zij hertrouwde in 1870 met Lord Derby en overleed in 1900. Lady Burghclere, *A great lady's friendships Letters to Mary, Marchioness of Salisbury Countess of Derby 1862-1890*, Londen 1933, p. 1-33.
23 Burghclere (1933), p. 137, 138, 309, 313.
24 Doorn (1977), p. 17; Tamse (1982), p. 211, 212.
25 Koninklijk Huis Archief Den Haag, Archief koningin Sophie, Dagboek dl. 1, p. 1.
26 Archives Napoléon (400AP), Brief 34 (november 1840).
27 Koninklijk Huis Archief Den Haag, Archief koningin Sophie, Dagboek dl. 1, p. 1, 2.
28 Koninklijk Huis Archief Den Haag, Archief koningin Sophie, brieven van 29-03-1840, 24-04-1840 en augustus 1842.
29 Van 't Veer (1968), p. 63, 140, 141.
30 Koninklijk Huis Archief Den Haag, Archief koningin Sophie, Dagboek dl. 1, p. 1, 2.
31 Koninklijk Huis Archief Den Haag, Archief koningin Sophie, Dagboek dl. 1, p. 3, 4.
32 Doorn (1977), p. 18.
33 Archives Napoléon (400AP), Brief 63.
34 Simone Schell, *Kroonprins van Oranje. Kind tussen twee vuren*, Amersfoort 1994, p. 8-13.
35 Koninklijk Huis Archief Den Haag, Archief koningin Sophie, Dagboek dl. 1, p. 3, 4.
36 Bouman (1964), p. 89.
37 Bouman (1964), p. 90; Doorn (1977), p. 22.

Noten bij 7 Barsten in het huwelijk

1 Lady Marian Dora Malet werd geboren als het enige kind van John Spalding en Mary Anne Eden. Haar moeder werd vroeg weduwe en trouwde in 1821 met de bekende advocaat Henry Peter Brougham, die in 1830 tot Lord Chancellor benoemd werd en in de adelstand werd verheven. Marian had een hechte band met haar stiefvader. Zij trouwde in 1834 met Sir Alexander Malet, die bijna twee keer zo oud was als zij. Hij had gewerkt als attaché en legatiesecretaris in de gezantschappen in St. Petersburg en Lissabon. In het jaar van hun huwelijk werd hij naar Den Haag overgeplaatst. Zij hadden twee zoons, Henry en Edward. Hella

S. Haasse en Prof. S.W. Jackman, *Een vreemdelinge in Den Haag, Uit de brieven koningin Sophie der Nederlanden aan Lady Malet*, Amsterdam 1985, p. 18.

2 Koninklijk Huis Archief Den Haag, Archief koningin Sophie, Dagboek dl. 2, p. 7.

3 Haasse/Jackman (1985), p. 26, 27.

4 Lady Olivia Cowley, een goede vriendin van Sophie. Haar man was diplomaat achtereenvolgens in Den Haag en Stuttgart. Olivia stond bekend als een autoriteit op het gebied van het society- en hofleven en was een opgewekte en amusante persoonlijkheid. Henry Wellesley, eerste graaf Cowley, was tot 1848 als gezantschapsattaché achtereenvolgens werkzaam bij de ambassades in Den Haag en Stuttgart. Hij stond bekend als zeer bekwaam en Sophie's vader was erg op hem gesteld. (Haasse/Jackman (1985), p. 28)

5 Amalia, dochter van groothertog August van Oldenburg, was getrouwd met Koning Otto van Griekenland. Otto van Beieren was in 1832 op 17-jarige leeftijd koning geworden. Dit was dezelfde Otto die om de hand van Sophie had gevraagd. In 1862 waren de meeste Grieken zo uitgekeken op hun kinderloze koning dat hij na een nieuwe opstand tot afstand van de troon werd gedwongen. Otto en zijn koningin Amalia verlieten het land, waarna een rumoerige tijd volgde.

6 Louise (1811-1854) was prinses van Wasa, geboren prinses van Baden. Zij was getrouwd met Gustaf, geboren als prins van Zweden en later prins van Wasa.Hij was de ex-verloofde van onze prinses Marianne. Louise en Gustaf hadden een slecht huwelijk en scheidden uiteindelijk in 1844.

7 Koninklijk Huis Archief Den Haag, Archief koningin Sophie, Dagboek dl. 2, p. 8-13.

8 Haasse/Jackman (1985), p. 36-39.

9 Ibid., p. 37, 40, 41, 42.

10 Graaf Neipperg is de man van prinses Marie, Sophies zuster.

11 Blakiston (1972), p. 476.

12 Doorn (1977), p. 28, 29, 30.

13 Haasse/Jackman (1985), p. 32.

14 Van 't Veer (1968), p. 65-67.

15 Haasse/Jackman (1985), p. 51.

16 Koninklijk Huis Archief Den Haag, Archief koningin Sophie, Dagboek dl. 2, p. 3, 4, 5.

17 Doorn (1977), p. 33 - 35.

18 Haasse/Jackman (1985), p. 45-60.

19 Ibid., p. 29, 30; Doorn (1977), p. 36-38.

20 Blakiston (1972), p. 508.

Noten bij 8 'Femme filosophe'

1 *Du contrat social ou Principes du droit Politique* werd in 1762 door Jean Jacques Rousseau (1712-1778) geschreven, hierin stelde hij dat mensen van nature vredelievend en goed waren, maar door de maatschappij zijn gecorrumpeerd. Wetten zijn ontstaan omdat mensen een deel van hun individuele vrijheid wilden inleveren in ruil voor meer bescherming, de consequentie hiervan was dat een regering op de 'volonté générale', dat wil zeggen de wil van het volk, gebaseerd moest worden en niet alleen op macht van de vorst, de 'volonté particulière'. *Petit Larousse illustré*, Parijs 1978, p. 1656. Archives Napoléon (400AP), Brieven p. 19 t/m 21; Haasse/Jackman (1985), p. 13, 65; Tamse (1985), p. 123; Van Calcar (1887), p. 18, 19, 20, 21, 76, 88;

H.P.G. Quack, *De Koningin der Nederlanden, Sophia van Württemberg, geboren 17 Juni 1818, gestorven 3 Juni 1877*, Utrecht, 20 Juni 1877, p. i-viii.

2 Cd. Busken Huet, 'Een avond aan het hof', In: *Jaarboekje Aurora*, Haarlem 1865, p. 115-131.

3 Drs. M.E.Tiethoff-Spliethoff, 'Verschil in karakter'. In: *Oranje en de kunst, Oranje Ons vorstenhuis door de eeuwen heen*. Breda 1992, p. 113-118; Marieke Spliethoff en Renny van Heuven-van Nes, *Kinderen van Oranje, Vorstelijke kinderportretten toen en nu*, Zwolle 2007, p. 95, 96; E. Fleurbaay, 'Kunstaankopen door Koning Willem III', *Antiek*, 19e jaargang no. 1, juni/juli 1984, p. 1-12; Van Calcar (1877), p. 49, 50.

4 Karen Schaffers-Bodenhausen en M.E. Tiethoff-Spliethoff, *The Portrait Miniatures in the Collections of the House of Orange-Nassau*, Zwolle 1993, p. 61-73.

5 Tamse (1982), p. 204-212; Tamse (1985), p. 89-92; Doorn (1977), p. 83.

6 Haasse/Jackman (1985), p. 68, 69.

7 Tamse, (1999) p. 37,38.

8 Van Calcar (1877), p. 82.

9 Haasse/Jackman (1985), p. 195; Van Calcar (1877), p. 53.

10 Ibid., p. 47.

11 Als historicus gaf hij onder andere de briefwisseling van leden van het Huis Oranje-Nassau uit. Deze *Briefwisseling* is verschenen in vier delen en twee supplementdelen. In de supplementen zijn latere archiefvondsten verwerkt en weglatingen in vroegere delen gecorrigeerd. Ook de oorspronkelijk buiten de reeks verschenen correspondentie tussen Groen en Abraham Kuyper is erin opgenomen. Alle delen hebben bijlagen. Van 1925 tot 1992 zijn de *Brieven en bescheiden G. Groen van Prinsterer 1808-1876* bewerkt door J.L. van Essen, C. Gerretson, A. Goslinga e.a. en H.J. Smit en uitgegeven in 9 delen. www.inghist.nl.

12 Instituut voor Nederlandse Geschiedenis, www.inghist.nl, Guillaume Groen van Prinsterer (1801-1876) en Johan Rudolf Thorbecke (1798-1872).

13 Haasse/Jackman (1985), p. 67, 68.

14 Ibid., p. 69, 103.

15 Tamse (1982), p. 205; H.H.J. de Leeuw, 'Douwes Dekker, Willem III en koningin Sophie', *Over Multatuli* 17, 1986, p. 1- 24.

16 Walch (Amsterdam z.j.), p. 251-255.

17 F.L. Bastet, 'Schliemann en koningin Sophie', *Spiegel Historiael*, 12, 1977, p. 158-161; Tiethoff-Spliethoff (1992), p. 119-121.

18 M.C.M. Simpson, *Letters and recollections of Julius and Mary Mohl*, Londen 1887, p. 59, 99,236, 237.

Noten bij 9 Moeder en koningin

1 Schell (1994), p. 14-21; Haasse/Jackman (1985), p. 63, 64; Cleverens (1987), p. 31.

2 Haasse/Jackman (1985), p. 100, 102, 103; Schell (1994), p. 22-41; Doorn (1977), p. 124-162.

3 Haasse/Jackman (1985), p. 65-68.

4 Doorn (1977), p. 51-61; Jackman (1987), p. 204, 205; Haasse/Jackman (1985), p. 75.

5 Aletrino (1959), p. 147-154; Doorn (1977), p. 212-217.

6 Anna Paulowna wilde graag dat haar zoon de anti-Engelse adviezen van haar broer tsaar Nicolaas I overnam.

7 Jackman (1987), p. 206, 207.

8 Haasse/Jackman (1985), p. 76.
9 Cleverens (1987), p. 55; Doorn (1977), p. 116-124.
10 Deze koets, die in 1826 was gemaakt voor koning Willem I, heeft een donkerblauwe kast met een brede vergulde lijst van laurier- en eikenbladeren. Het rijtuig heeft zeven ramen met geslepen glas. De naam van de koets komt van het glas dat de ornamentrand beschermt. Deze koets werd in de negentiende eeuw meestal gebruikt voor Prinsjesdag en andere bijzondere evenementen.
11 Aletrino (1959), p. 170, 171, 172; Van Calcar (1877), p. 59-61.
12 Doorn (1977), p. 80-82; Haasse/Jackman (1985), p. 78, 79.
13 Cleverens (1987), p. 21, 23, 24.
14 Haasse/Jackman (1985), p. 83, 84, 104, 106; Doorn (1977), p. 90, 94.
15 Haasse/Jackman (1985), p. 78, 79.
16 Marokijn is Marokkaans (geiten)leer; Van Voorst tot Voorst (1977), p. 57-68.
17 Van Voorst tot Voorst (1977), p. 68-71; Vliegenthart/Erkelens (2004), p. 35.

Noten bij 10 Grote veranderingen

1 Schell (1994), p. 40-44; Doorn (1977), p. 94-98; M.E. Spliethoff e.a., *Oranje in de wieg, Over geboorte en doop van vorstenkinderen*, Apeldoorn 2004, p. 34, 35; Haasse/Jackman (1985), p. 84, 85, 106.
2 Doorn (1977), p. 163-166; Haasse/Jackman (1985), p. 84, 107.
3 *Petit Larousse illustré*, Parijs 1978, p. 1732.
4 Schell (1994), p. 51, 52; Haasse/Jackman (1985), p. 107-110.
5 Doorn (1977), p. 104, 108-110.
6 Spliethoff/ Elzenga (2004), p. 35; Haasse/Jackman (1985), p. 112, 113; Burghclere (1933), p. 12.
7 Schell (1994), p. 72-75.
8 Tamse (1985), p.103-112; Haasse/Jackman (1985), p. 114, 115.
9 Prinses Wilhelmina van Pruisen (1751-1820), echtgenote van stadhouder prins Willem V, moeder van koning Willem I.
10 Alida Elisabeth Stolk (1830-1884 of later), woonde en werkte in Den Haag tot 1856, tussen 1856 en 1865 in Brussel, Den Haag en Lyon. Vanaf 1865 woonde ze in Parijs.
11 'Voltaire': een leunstoel met hoge rug en vooruitstaande zijstukken daaraan.
12 Van Voorst tot Voorst (1977), p. 86-100; Marten Loonstra, *Het huijs int bosch, Het Koninklijk Paleis Huis ten Bosch historisch gezien*, Amsterdam 1985, p. 114-117; Haasse/Jackman (1985), p. 135; Burghclere (1933), p. 12, 13.

Noten bij 11 De koningin in functie

1 Van Calcar (1877), p. 48; Haasse/Jackman (1985), p. 55; Reinildis E. van Ditzhuyzen, *Het huis van Oranje: prinsen, stadhouders, koningen en koninginnen*, Houten 1997, p. 109.
2 Ds. Ph.Kroes, *Oranje en Nederland III*, www.pastoralekroes.nl, 6 april 2007.
3 Haasse/Jackman (1985), p. 105.
4 M.J. van Lieburg, *Het Sophia Kinderziekenhuis 1863-1975*, Rotterdam 1975, p. 34, 35.
5 Expositie Historisch Museum Haarlemmermeer, 01-04 t/m 25-04-2004, www.artnet.nu; H.

Metzelaar, 'Hermina Dijk'. In: *Digitaal Vrouwenlexicon van Nederland*, (http://www.inghist.nl/Onderzoek/Projecten/DVN/lemmata/data/Dijk).

6 In het werk van Elise van Calcar (1822-1904) zijn vier belangrijke perioden te onderscheiden: aanvankelijk publiceerde zij literair werk, daarna schreef zij over opvoeding en onderwijs, vervolgens over feministische onderwerpen en ten slotte over spiritualisme. Zij bestudeerde de opvoedkundige ideeën van de Duitse pedagoog Friedrich Fröbel en introduceerde deze in Nederland. In haar beroemd geworden verhandeling *De dubbele roeping der vrouw* uit 1872 bepleitte zij onderwijs voor vrouwen. In 1870 schreef Van Calcar in het eerste nummer van het blad *Onze Roeping*, een nieuw vrouwenblad opgericht door Betsy Perk, een artikel over de tijdgeest die ook vrouwen de mogelijkheid bood om aan het maatschappelijke leven deel te nemen. J. Berns en M. Grever, 'Eliza Carolina Ferdinanda Fleischacker'. In: *Biografisch Woordenboek van het Socialisme en de Arbeidersbeweging in Nederland* (http://www.iisg.nl/bwsa/bios/fleischacker.html).

7 M. de Waal, 'Christina Elizabeth Perk'. In: *Biografisch Woordenboek van het Socialisme en de Arbeidersbeweging in Nederland*, (http://www.iisg.nl/bwsa/bios/perk.html); F. Dieteren, 'Mienette van der Chijs'. In: *Digitaal Vrouwenlexicon van Nederland*, (http://www.inghist.nl/Onderzoek/Projecten/DVN/lemmata/data/StormvanderChijs).

8 F. Dieteren, 'Elisabeth van der Hoop'. In: *Digitaal Vrouwenlexicon van Nederland*, (http://www.inghist.nl/Onderzoek/Projecten/DVN/lemmata/data/Hoop); Tamse (1985), p. 97, 98.

9 Doorn (1977), p. 115; Tamse (1982), p. 216-220.

10 Doorn (1977), p. 166-169; Schell (1994), p. 164; Haasse en Jackman (1985), p. 87, vermelden over deze kwestie: *Wanneer de geruchten waarheid bevatten dat de koningin in deze periode zelf een liefdesaffaire beleefde met haar kamerheer jonkheer W.F. Tindal zouden haar opmerkingen over prinses Marianne* [Sophie vond dat Marianne een *'laag-bij-de-gronds, abominabel leven'* leidde] *op zijn minst getuigen van hypocrisie. In haar brieven aan Lady Malet noemt Sophie de naam van Tindal – die van 1857 tot 1865 in functie was – niet eenmaal. Toen zij een boek gelezen had over de befaamde liaison tussen koningin Mathilde van Denemarken (1751-1775) en de hofarts Johan-Frederik Struensee, schreef zij: 'Ik realiseer mij, hoe dankbaar ik de Voorzienigheid moet zijn, omdat nooit een Struensee mijn pad heeft gekruist en omdat mijn schoonmoeder en zwager, al haten zij mij ook nog zozeer, verplicht zijn mij te respecteren. Niet dat ik mij beter voel dan koningin Mathilde, maar ik ben nooit zo op de proef gesteld.'* Dr. H.J. Scheffer, *Henry Tindal, Een ongewoon heer met ongewone besognes*, Bussum 1976, meldt over Willem Frederik Tindal: Op 4 april 1865 kreeg Willem Frederik Tindal – hij was toen majoor – ongevraagd en oneervol ontslag als officier en daarop ook als kamerheer, waarna hij naar het buitenland vertrok. Zijn oudste zoon, Leonard Jan, die als tweede luitenant in hetzelfde regiment als zijn vader diende, voelde zich verplicht ontslag uit militaire dienst te vragen, wat hem eervol werd verleend, en vergezelde zijn vader naar Mexico, waar beiden in dienst traden in het leger van keizer Maximiliaan. [...] [...] archivalia en persberichten die helaas nogal onvolledig zijn gebleken. [...] Willem Frederik heeft een afschrift van het proces-verbaal gekregen, maar ook dit document is verdwenen; mogelijk heeft hij het zelf vernietigd, mogelijk zijn nabestaanden. Maar in elk geval vernietigde hij niet een stapeltje op de zaak betrekking hebbende brieven, evenmin als bepaalde voorwerpen. Deze kwamen na zijn dood in handen van Mary Tindal, zijn oudste kind. En zo is dan toch nog bekend wat Willem Frederik had misdaan: hij was de minnaar van de echtgenote des konings. Al deze brieven en voorwerpen zijn thans ook verdwenen; de brieven zijn, naar mag worden aangenomen, opgeruimd door de zoon van Mary Tindal, H.P. Heineken (1886-1971), die de brieven en geschenken van Sophie aan Willem Frederik – een armband en een pentekening van Sophie – na de dood van zijn moeder, in 1932, in bezit

kreeg. [...] Willem III en Sophie verfoeiden elkaar, maar zou het incident, als het binnenskamers was gebleven, zo de gramschap van Willem III hebben opgewekt als thans het geval was? Waarschijnlijk niet, ook al gelet op hetgeen hij zichzelf veroorloofde. Willem liet zijn vrouw bespioneren en hij zal dus wel spoedig op de hoogte geweest zijn van wat er tussen zijn echtgenote en zijn kamerheer voorviel, en met hem de hele hofhouding. *Zou Willem Frederik hebben gefraudeerd, de familie zou zijn bijgesprongen, zou hij betrokken zijn geweest in een 'normale' zedenzaak, de politie en justitie zouden zich niet hebben verroerd of al gauw te verstaan hebben gekregen zich nergens mee te bemoeien. In dit geval kon niemand een hand uitsteken, want het gebeurde was een affront tegen de koning persoonlijk en op zijn minst moest de zondige kamerheer van het toneel verdwijnen en als officier uit het leger worden gestoten Dit laatste was niet zo gemakkelijk, want als Tindal ertoe overgehaald had kunnen worden ontslag te vragen, dan had dit op grond van artikel 27 van de betreffende wet slechts eervol verleend kunnen worden. Voor dit laatste zal de koning weinig animo hebben gehad, met als gevolg dat het ontslag ongevraagd verleend zou moeten worden, wat weer betekende dat de raad van onderzoek gehoord diende te worden. Alle betrokkenen, ook de ministers en de hoofdofficieren die in de raad werden benoemd, deden wat van hen in zo'n geval werd geëist: ze zorgden ervoor zo min mogelijk op schrift te stellen en hun mond te houden .[...]* p. 26, 27, 31, 32, 33.

11 Ary Scheffer (1795-1858) was leerling aan de Ecole des Beaux Arts in Parijs, waar hij bevriend raakte met Eugene Delacroix en Theodore Gericault. In 1811 vestigde hij zich permanent in deze stad. Scheffer kwam nog wel regelmatig naar Nederland, om onder andere de Nederlandse zeventiende-eeuwse schilderkunst te bestuderen. Zijn stijl ontwikkelde zich van klassistisch naar romantisch, waarbij vooral Rembrandt zijn grote inspiratiebron was. Hij was een bekende portrettist, maar ook zijn bijbelse voorstellingen waren zeer populair. In Nederland hebben zijn bewogen, dramatische voorstellingen velen vooral sterk aangesproken in hun religieuze gevoelens: uiteenlopend van Jozef Alberdingk Thijm tot Vincent van Gogh. Scheffer was in zijn tijd een zeer belangrijke schilder. Op de jaarlijkse tentoonstellingen van de gevestigde kunst in de salons hadden zijn glad afgewerkte schilderijen veel succes. Behalve schilder was hij ook beeldhouwer; zijn beeldhouwwerken genoten grote bekendheid. In het voormalige paleis Kneuterdijk bevond zich een beeld van een engel met een kind, dat Scheffer gemaakt heeft. Uit circa 1850 dateerde het schilderij 'Maurits prins der Nederlanden door een engel ten hemel gevoerd' door Ary Scheffer gemaakt. Dit schilderij is nu in het bezit van de Stichting Historische Verzamelingen van het Huis Oranje-Nassau. Spliethoff/Van Heuven-van Nes (2007), p. 94, 95. Sophie heeft na de dood van Maurits een aantal herinneringsstukken aan haar zoontje verzameld in een kamer in Paleis Noordeinde en heeft ook een aantal andere kunstenaars opdracht gegeven haar zoontje postuum te vereeuwigen. Interessant is verder dat Scheffer in zijn jonge jaren politiek zeer actief was: in 1830 brak er in Parijs een opstand uit tegen het reactionaire regime van Karel X, de laatste Bourbonkoning. Scheffer koos de kant van de liberale oppositie en samen met Adolphe Thiers, de hoofdredacteur van de krant *Le National* en een goede bekende van Sophie, verzochten ze Louis-Philippe van Orléans namens de liberale burgerij om de leiding van het verzet tegen Karel X op zich te nemen. Deze missie was succesvol en binnen enkele dagen werd Louis-Philippe uitgeroepen tot koning der Fransen. Tijdens de revolutie van 1848 hielp Scheffer als kapitein van de Garde Nationale de koninklijke familie bij de vlucht uit de Tuilerieën. Met het regime van Lodewijk-Napoleon, die sinds 1852 keizer Napoleon III was, had hij weinig bemoeienis. Waarschijnlijk heeft Scheffer niet alleen als schilder van de romantiek, met zijn hang naar diepe religiositeit, Sophie aangesproken, maar ook door zijn politieke voorkeuren. Pieter A. Scheen, *Nederlandse Beeldende Kunstenaars 1750-1950*, 's-Gravenhage 1970.

12 Koninklijk Huis Archief Den Haag, Archief Koningin Sophie, Verblijf in Frankrijk van Hare Majesteit de koningin der Nederlanden van 6 mei tot 1 juni 1858.

Noten bij 12 Intieme vrienden

1 Haasse/Jackman (1985), p. 182, 188, 189, 193.
2 M.C.M. Simpson, *Letters and Recollections of Julius and Mary Mohl*, Londen 1887, p. 216.
3 Wiwill bracht veel tijd in Parijs door, waar hij de aandacht op zich vestigde door zijn bizarre gedrag, opmerkelijk aangezien in een dergelijke wereldstad wel meer excentrieke figuren rondliepen. Wiwill haalde regelmatig de voorpagina's van verschillende boulevardbladen. In 1874 verzocht de kroonprins toestemming voor een huwelijk met gravin Anna Mathilda ('Matti') van Limburg Stirum. Zowel Sophie als Willem III waren vierkant tegen dit voornemen, evenals de ministers die een huwelijk met een Nederlandse jonkvrouw ongewenst vonden. Het voornaamste bezwaar was dat de toekomstige koning door dit huwelijk familiebanden zou krijgen met zijn onderdanen. Het bestaande systeem van koning en dienaar zou verstoord worden. Wiwill vestigde zich definitief in Parijs toen hem duidelijk was geworden dat hij absoluut nooit toestemming zou krijgen om met Matti te trouwen. J.G. Kikkert, *Geheimen van de Oranjes V*, Soesterberg 2008, p. 99-104. Doorn (1977), p. 218-223. Tamse (1984) p. 114.
4 Schell (1994), p. 150, 151, 152, 158, 159; Tamse (1999), p. 37, 38, 39; Tamse (1985), p. 93; Burghclere (1933), p. 7, 13, 14, 15; Tamse (1985), p. 85, 86, 87; Haasse/Jackman (1985), p. 90, 91; Koninklijk Huis Archief Den Haag, Archief Koningin Sophie, correspondentie met Lord Clarendon, brief 1856.
5 Digitale bibliotheek voor de Nederlandse letteren, www.dbnl.org; Haasse/Jackman (1985), p. 92, 93.
6 Victoria, de oudste dochter van koningin Victoria, getrouwd met de kroonprins van Pruisen.
7 Tamse (1985), p. 120, 121.
8 Koninklijk Huis Archief Den Haag, Archief Koningin Sophie, correspondentie met Lord Clarendon, brieven van 11-10-1859 en 23-08-1860.
9 Koninklijk Huis Archief Den Haag, Archief Koningin Sophie, correspondentie met Lord Clarendon, brieven 1866-1869.
10 Ibid., brieven van 15-01,27-06, 28-06-1865; Burghclere (1933), p. 18.
11 Ibid., p. 1, 2, 3, 62, 63, 64; Haasse/Jackman (1985), p. 93.
12 Ibid., brieven van 16-09-1865, 04-11-1865, 19-08-1867.
13 Burghclere (1933), p. 123, 124, 129.
14 Koninklijk Huis Archief Den Haag, Archief Koningin Sophie, correspondentie met Lord Clarendon, brieven 1866-1869. Van het jaarlijkse verplichte verblijf samen met de koning op het Loo schetste graaf R.J. Schimmelpenninck in een brief van juni 1868 een beeld: *Hier begint de dag te 5 à 6 uren voor de heeren, daar de koning reeds vanaf vier ure op is en in beweging en dan met dezen of geenen een tuin-, park- of boschwandeling doet, een of ander werk inspecteert, zijne boerderijen, wildbanen of vischinrichtingen; (na het ontbijt) komen de rijtuigen voor en gaan de daartoe uitgenodigde heeren met den koning en course, het zij tot vischpartij of wel tot een of ander landelijk bezoek aan de fraaiste gedeelten der omstreken. Daar ontmoet men dan op eene geschikte plek niet zelden tegen den middag de koningin met de dames, en versterken den inwendigen mensch met een in de openlucht toebereiden lunch of wel daar aangevoerd koud déjeuner; tegen drie ure keert men gewoonlijk hier terug en blijft dan tot etenstijd vrijelijk beschikken over den tijd, te zes ure*

dineert men, meestal op het paleis, soms in een jachthuis in het Bosch of wel elders in het park in de openlucht. Na het diner gaat Z.M. met een of twee heeren wandelen of een sigaar roken [...] totdat te negen ure men weder tesamen komt aan de theetafel der koningin, die de avond eindigt met eene Whistpartij... Haasse/Jackman (1985), p. 200.

15 Burghclere (1933), p. 133-153; Haasse/Jackman (1985), p. 199.

16 Koninklijk Huis Archief Den Haag, Archief Koningin Sophie, correspondentie met Lord Clarendon, 1870.

17 Haasse/Jackman (1985), p. 238, 239.

18 Tamse (1999), p. 37, 38, heeft eveneens de correspondentie van Sophie met Clarendon doorgenomen: *Ik kon Sophies streven naar Brits-Franse vriendschap volgen tot Clarendons overlijden in 1870. Daarbij kwam ook aan het licht dat zij en Clarendon een buitenechtelijke verhouding hadden die ze op allerlei gewiekste manieren voor de buitenwereld verborgen hielden.*

Noten bij 13 Ouderdom

1 Alexander had een kromme rug en zijn linkerschouder was hoger dan de rechter, vanwege zijn zwakke ruggengraat moest hij vanaf 1868 een ijzeren korset dragen. Dit resulteerde in een leverkwaal. http://www.xs4all.nl/~monarchs/madmonarchs/alexander/alexander—bio.htm.

2 Burghclere (1933), p. 171-210, 237.

3 Haasse/Jackman (1985), p. 202, 203, 242; Burghclere (1933), p. 267, 268-271, 309-313.

4 Haasse/Jackman (1985), p. 245, 246, 247; Burghclere (1933), p. 318, 319. Sophie refereert aan haar schoonzuster Thérèse (Theresia Wilhelmina Frederika Isabella Charlotte (Weilburg, Duitsland, 17 april 1815-Praag, Tsjechië, 8 december 1871), née Prinses van Nassau Weilburg.

5 Koninklijk Huis Archief Den Haag, Archief Koningin Sophie, correspondentie met Elisabeth Lecky-van Dedem, brieven van 30-06-1871, 07-01-1872, 19-01-1872, 16-02-1872, 11-03-1872, 27-03-1872, 05-06-1872.

6 Burghclere (1933), p. 339, 340; Haasse/Jackman (1985), p. 250, 251.

7 Burghclere (1933), p. 346, 347; Haasse/Jackman (1985), p. 254.

8 Ibid., p. 255-257; Koninklijk Huis Archief Den Haag, Archief Koningin Sophie, correspondentie met Elisabeth Lecky-van Dedem, brieven van 09-09-1872, 03-01-1873, 13-01-1873, 17-01-1873, 15-03-1873, 13-05-1873, 22-05-1873.

9 Cleverens (1987), p. 77.

10 Koninklijk Huis Archief Den Haag, Archief Koningin Sophie, correspondentie met Elisabeth Lecky-van Dedem, brieven van 26-06-1874, 06-07-1874; Koninklijk Huis Archief Den Haag, Archief Koningin Sophie, correspondentie met Mr. Lecky, van 12 juni 1870 tot en met 14 mei 1877; Haasse/Jackman (1985), p. 257, 258, 259, 261, 262; Burghclere (1933), p. 398, 399.

Noten bij 14 De dood van koningin Sophie

1 Ibid., p. 451; Joseph Ernest Renan, *Brief aan koningin Sophie*, Parijs, 12 februari 1877, nr. 62, Koninklijke Bibliotheek Den Haag.

2 Archives Napoléon (400AP), Brief 2105; Haasse/Jackman (1985), p. 264.

3 Paul van 't Veer, *Maar Majesteit! Geheime dagboeken van minister A.W.P. Weitzel over koning Willem III*, Amsterdam 1985, p. 141.
4 Van 't Veer (1985), p. 141.
5 Haasse/Jackman (1985), p. 269, 270, 271.
6 Van Calcar (1877), p. 99, 100.
7 Doorn 1977, p. 227.
8 Koninklijk Huis Archief Den Haag, Archief Koningin Sophie, begrafenis 20 juni 1877.
9 Van 't Veer (1985), p. 143, 144.
10 Cleverens (1987), p. 83-87.
11 Haasse/Jackman (1985), p. 271, 272, 273.

Noten bij 15 Tot besluit

1 Doorn 1977, p. 33-34.
2 Van 't Veer 1985, p. 140, 141.
3 Tamse, van der Klooster en van Voorst tot Voorst. 1977, p. 10, 11.

Personenregister

Curriculum Vitae

Dianne Hamer (Amsterdam, 1956) heeft kunstgeschiedenis gestudeerd in Utrecht. Na haar afstuderen heeft zij gewerkt in het Goud-, Zilver- en Klokkenmuseum in Schoonhoven, in kasteel Amerongen en in Museum Catharijneconvent in Utrecht als wetenschappelijk medewerkster. Voor de Van de Poll Stichting te Zeist heeft zij onderzoek gedaan naar en meegewerkt aan de organisatie van een tentoonstelling over historische buitenplaatsen in Zeist.

Zij heeft regelmatig gepubliceerd in tijdschriften over kunst en geschiedenis zoals *Antiek*, *Spiegel Historiael*, *Bulletin KNOB*, *Maandblad Oud-Utrecht*, *Kunst- en Antiek Journaal* en tevens in *Literatuur*, een tijdschrift over Nederlandse letterkunde.

Zij voert de redactie van het tijdschrift van de historische vereniging 'Ampt Epe' in Epe, waar zij woonachtig is. Hierin heeft zij geschreven over beeldende kunstenaars uit de gemeente Epe, historische villa's en diverse andere onderwerpen. Daarnaast zit zij in de Kunstcommissie van de Gemeente Epe en is nauw betrokken bij het gemeentelijke kunstbeleid. In 2009 heeft zij de *Catalogus Kerncollectie Gemeente Epe* samengesteld.

Zij is getrouwd en heeft twee dochters.

16W65607/ T1/ 9789087042011